中华人民共和国经济与社会发展研究丛书（1949—2018）
编委会

顾　问

杨胜群　（中共中央党史和文献研究院）
章百家　（中共中央党史和文献研究院）
张卓元　（中国社会科学院）

主　编

武　力　（中国社会科学院）

编　委（按姓氏拼音排序）

陈争平　（清华大学）
董香书　（首都经济贸易大学）
段　娟　（中国社会科学院）
郭旭红　（中国矿业大学〈北京〉）
兰日旭　（中央财经大学）
李　扬　（中央财经大学）
肜新春　（中国社会科学院）
申晓勇　（北京理工大学）
王爱云　（中国社会科学院）
王瑞芳　（中国社会科学院）
吴　超　（中国社会科学院）
肖　翔　（中央财经大学）
郁　辉　（山东第一医科大学）
赵云旗　（中国财政科学研究院）
郑有贵　（中国社会科学院）

国家出版基金资助项目
"十三五"国家重点图书出版规划项目
中华人民共和国经济与社会发展研究丛书（1949—2018）
丛书主编：武力

2013年度国家社会科学基金青年项目"中国工业化中的大国因素研究"（项目号:13CJL009）阶段性成果

中国工业经济发展研究

Research on Industrial Economic Development of the People's Republic of China

肖　翔　董香书 ◎ 著

中国·武汉

图书在版编目(CIP)数据

中国工业经济发展研究/肖翔,董香书著.—武汉:华中科技大学出版社,2019.6
(中华人民共和国经济与社会发展研究丛书:1949—2018)
ISBN 978-7-5680-5409-6

Ⅰ.①中… Ⅱ.①肖… ②董… Ⅲ.①工业经济-经济发展-研究-中国-1949—2018
Ⅳ.①F424

中国版本图书馆 CIP 数据核字(2019)第 130065 号

中国工业经济发展研究 肖 翔 董香书 著
Zhongguo Gongye Jingji Fazhan Yanjiu

策划编辑：周晓方　周清涛
责任编辑：吕蒙蒙
封面设计：原色设计
责任校对：李　琴
责任监印：周治超

出版发行：华中科技大学出版社(中国·武汉)　　电话：(027)81321913
　　　　　武汉市东湖新技术开发区华工科技园　　邮编：430223
排　　版：华中科技大学惠友文印中心
印　　刷：湖北新华印务有限公司
开　　本：710mm×1000mm　1/16
印　　张：20.5　插页：2
字　　数：345千字
版　　次：2019年6月第1版第1次印刷
定　　价：169.00元

本书若有印装质量问题,请向出版社营销中心调换
全国免费服务热线：400-6679-118　竭诚为您服务
版权所有　侵权必究

内容提要
ABSTRACT

本书从中国后发大国国情出发,以赶超发展为主线,重点讨论新中国70年工业经济从小到大、从弱到强的发展历程。本书分四个大的历史阶段,对新中国工业经济演变进行阐述。第一个阶段是改革开放前30年,中国优先重工业发展战略的选择,重点阐述中国如何发挥大国优势突破工业发展的瓶颈,实现"贫困陷阱"的跨越。第二个阶段是1979—2002年,重点讨论这一时期中国工业经济均衡增长与高速发展,最终告别"短缺经济"的历程。第三个阶段是2002—2012年,重点阐述新中国重化工业重启与成为世界工业大国的历程。第四个阶段是2012—2018年,经济新常态下,中国迈向世界工业强国的历史进程。通过四个大的历史阶段的梳理,较为全面系统地展现了新中国工业发展的历史。在不同时期,注重对主导产业和一些大型工业企业的发展进行较为详尽的个案讨论。

本书主要特点有:紧扣中国后发大国的特点,从大国现代化的视角对中国工业经济演变进行解读;在宏大叙事的基础上,注重微观案例分析,强调对具体行业、具体企业的讨论,避免过多抽象理论的阐述;强调在全球化的视角下讨论新中国工业经济发展,注重新中国工业经济的横向与纵向比较;在历史描述过程中注重量化分析,通过定量分析对工业经济演变进行更为深入的刻画。

总序
GENERAL PREFACE

早在2013年6月,习近平总书记就指出,历史是最好的教科书,学习党史、国史,是坚持和发展中国特色社会主义、把党和国家各项事业继续推向前进的必修课。这门功课不仅必修,而且必须修好。要继续加强对党史、国史的学习,在对历史的深入思考中做好现实工作,更好走向未来,不断交出坚持和发展中国特色社会主义的合格答卷。党的十八大以来,习近平总书记多次强调要加强历史研究,博古通今,特别是总结中国自己的历史经验。在以习近平同志为核心的党中央领导下,中国特色社会主义进入了新时代。2017年是俄国十月革命胜利100周年;2018年是马克思诞辰200周年和《共产党宣言》发表170周年,同时也是中国改革开放40周年;2019年是中华人民共和国成立70周年;2020年中国完成工业化和全面建成小康社会;2021年是中国共产党成立100周年。这些重要的历史节点,已经引发国内外对中共党史和新中国历史研究的热潮,我们应该早做准备,提前发声、正确发声,讲好中国故事,让中国特色社会主义主旋律占领和引导宣传舆论阵地。

作为专门研究、撰写和宣传中华人民共和国历史的机构,中国社会科学院当代中国研究所、中国经济史学会中国现代经济史专业委员会与华中科技大学出版社一起,从2014年就开始策划出版一套总结新中国经济与社会发展历史经验的学术丛书。经过多次研讨,在2016年5月最终确立了编撰方案和以我为主编的研究写作团队。从2016年7月至今,研究团队与出版社合作,先后召开了7次编写工作会议,讨论研究内容和方法,确定丛书体例,汇报写作进度,讨论写作中遇到的主要问题,听取学术顾问和有关专家的意见,反复讨论大纲、改稿审稿并最终定稿。

这套丛书是以马克思列宁主义、毛泽东思想、邓小平理论、"三个代表"重要思想、科学发展观、习近平新时代中国特色社会主义思想为指导,以中华人民共和国近70年经济与社会发展历史为研究对象的史学论著。这套丛书共14卷,分别从经济体制、工业化、区域经济、农业、水利、国防工业、交通、旅游、财政、金融、外贸、社会建设、医疗卫生和消除贫困14个方面,研究和阐释新中国经济与社会发展的历史和经验。这套丛书从策划到组织团队再到研究撰写专著,前后历时5年,这也充分反映了这套丛书各位作者写作态度的严谨和准备工作的扎实。从14个分卷所涉及的领域和研究重点来看,这些问题都是中共党史和新中国历史,特别是改革开放以来历史研究中的重要问题,有些是非常薄弱的研究环节。因此,作为研究中华人民共和国近70年经济与社会发展的历程和功过得失、总结经验教训的史学论著,这套丛书阐述了新中国成立前后的变化,特别是改革开放前后两个历史时期的关系、改革开放新时期与新时代的关系,这些论述不仅有助于坚定"四个自信"、反对历史虚无主义,而且可以为中国实现"两个一百年"奋斗目标提供历史借鉴,这是这套丛书追求的学术价值和社会效益。

今年是中华人民共和国成立70周年,70年的艰苦奋斗,70年的壮丽辉煌,70年的世界奇迹,70年的经验教训,不是一套丛书可以充分、完整展示的,但是我们作为新中国培养的史学工作者,有责任、有激情去反映它。谨以这套丛书向中华人民共和国成立70周年献礼:祝愿中华民族伟大复兴的中国梦早日实现!祝愿我们伟大的祖国像初升的太阳,光芒万丈,照亮世界,引领人类命运共同体的构建!

中国社会科学院当代中国研究所

武力

2019 年 5 月

目 录
CONTENTS

绪论　中国工业赶超型发展的历史与逻辑

一、优先重工业发展道路的历史选择　1
二、工业结构均衡发展　4
三、重化工业重启与世界工业大国的形成　7
四、新常态下的工业发展　8
五、新中国工业赶超发展的历史启示　10

第一章　新中国工业基础与新民主主义工业发展（1949—1952）

第一节　新中国成立前的工业发展水平 / 15
一、新中国成立前工业基础薄弱　15
二、新中国成立前夕工业破坏严重　19

第二节　新民主主义经济下的工业恢复 / 22
一、新民主主义工业化道路的构想　22
二、1949—1952年工业发展的政策与措施　23
三、1949—1952年工业经济的恢复　33

第二章　优先重工业发展战略的选择与工业发展的起步（1953—1957）

第一节　优先重工业发展战略的选择 / 41
一、优先重工业发展战略选择的背景　41

二、中国共产党对优先重工业发展战略的选择　44

第二节　高度集中计划经济体制的建立/46

一、社会主义改造与单一公有制的建立　47

二、物资计划调配体系的建立　52

三、价格机制的变化　53

第三节　156项工程建设与工业化的起步/54

一、156项工程建设的行业选择与空间布局　54

二、156项工程与中国重工业基础的奠定　57

三、社会主义国家对中国工业的援助　60

第四节　"论十大关系"与工业发展战略的探索/62

一、毛泽东《论十大关系》对工业化战略的探索　63

二、中国共产党对高度集中的经济体制的探索　64

三、中国共产党对工业结构的探索　65

四、中国共产党对工业发展其他方面的探索　66

第五节　"一五"时期工业发展的绩效评估/67

一、工业结构与效率的提升　67

二、中国工业发展的国际比较　73

第三章　社会主义全面建设时期工业发展(1958—1966)

第一节　"以钢为纲"的工业"大跃进"/75

一、"大跃进"的战略选择　75

二、"以钢为纲"的全面跃进　79

三、高指标压力下的"人海战术"与权力下放　82

四、工业"大跃进"与国民经济紧张　90

第二节　国民经济调整时期的工业经济/93

一、八字方针与工业速度调整　93

二、工业企业的关、停、并、转　99

三、压缩工业基本建设,精简工业企业职工　101

四、调整产业结构　107

五、经济体制的调整　111

第三节　国民经济继续调整与"三线建设"的战略选择／113

　　一、国民经济继续调整　113

　　二、"三线建设"的战略选择　119

第四节　全面社会主义经济建设的经济绩效分析(1958—1966)／122

　　一、中国工业发展的速度、结构与效益分析　122

　　二、工业发展的国际比较　126

第四章　1966—1976年工业的曲折发展

第一节　"文化大革命"中工业的曲折发展／129

　　一、"文革"初期工业经济的破坏　129

　　二、"三个突破"与周恩来的调整　130

　　三、邓小平整顿与工业发展　131

　　四、"批邓"与工业经济的破坏　132

第二节　"三线建设"、"四三方案"与"五小工业"／133

　　一、"三线建设"与工业布局　133

　　二、"四三方案"与技术引进　139

　　三、"五小工业"的发展　142

第三节　"文化大革命"时期工业曲折发展的绩效分析／146

　　一、中国工业发展的速度、结构与效益分析　146

　　二、工业发展水平的国际对比　150

第五章　改革开放的起步与工业调整(1978—1984)

第一节　"新八字方针"的提出与工业发展战略的调整／153

　　一、"洋跃进"与国民经济形势紧张　153

　　二、"新八字方针"与工业化战略的调整　155

　　三、"新八字方针"在工业领域的落实　157

第二节 放权与工业经济体制改革的探索／161

一、向地方政府的放权　162

二、向企业放权——国有工业企业改革　163

三、向个人放权——各种所有制企业的兴起　166

第三节 对外开放的起步与工业发展／168

一、经济特区的设立　168

二、经济特区的发展与对外开放　169

第四节 1976—1984年工业发展的绩效评估／172

一、中国工业结构的均衡发展　172

二、中国工业发展的国际比较　174

第六章 "双轨制"改革与工业赶超(1984—1992)

第一节 "双轨制"改革下的工业发展／179

一、价格"双轨制"与工业化推进　179

二、价格"双轨制"的弊端与治理整顿　182

第二节 企业改革与工业发展／185

一、国有企业改革的新尝试——承包制　185

二、乡镇企业的兴起　190

三、工业化中私营经济的发展　196

第三节 对外开放的深入与工业发展／198

一、进一步扩大开放区域　198

二、扩大对外贸易、积极引进技术与工业发展　200

三、利用外资与工业发展　206

第四节 1984—1992年工业发展绩效分析／209

一、工业保持较快发展速度　209

二、工业发展的国际比较　212

第七章 社会主义市场经济建设时期的工业发展(1992—2002)

第一节 市场化改革加速与"短缺经济"结束 / 216
一、价格改革的加速　216
二、所有制改革的继续推进　218
三、工业化中的"软着陆"与"短缺经济"的结束　222

第二节 工业战线调整与国有企业改革深入(1998—2012) / 224
一、部分工业行业生产过剩　224
二、工业行业的调整　227
三、国有企业改革的深入　229

第三节 1992—2002年工业发展的绩效评估 / 233
一、工业保持高速、均衡发展　233
二、重要工业产品取得长足发展　236
三、与世界工业强国仍然存在较大差距　239

第八章 重化工业重启与工业大国的形成(2002—2012)

第一节 新型工业化的探索 / 242
一、新型工业化提出的背景　242
二、新型工业化的主要内容　245
三、中国新型工业化道路的探索　247

第二节 中国的重化工业重启及原因分析 / 252
一、重化工业的重启　252
二、重化工业重启的原因分析　257

第三节 加入WTO与世界工厂 / 263
一、中国加入WTO与出口的扩大　263
二、吸引外资与工业发展　267

三、中国资本"走出去" 271

第四节 世界工业大国地位的形成/277

一、中国工业高速增长 277

二、工业技术研发力度加大,重大技术领域取得一些突破 280

第九章 从工业大国迈向工业强国(2012—2018)

第一节 经济发展新常态与工业发展的顶层设计/283

一、经济发展新常态与工业发展环境变化 283

二、"中国制造2025"与工业发展的战略部署 292

第二节 供给侧结构性改革与工业发展/297

一、去产能与工业转型升级 297

二、"降成本"与工业发展 299

第三节 新时代全面对外开放与中国工业发展/301

一、"一带一路"与工业发展 301

二、自贸区与中国制造升级 303

第四节 从工业大国向工业强国展望/307

一、2012年以来中国工业的发展 307

二、2012年以来工业领域重大技术进步 309

参考文献/311

后记/314

绪论
中国工业赶超型发展的历史与逻辑

在第一次工业革命出现之前,世界经济增长是近乎停滞的"马尔萨斯"增长模式,而工业革命之后,世界经济进入了经济增长的新阶段。由于中国错过了第一、二次工业革命的历史契机,在世界农业文明向工业文明转型的过程中落伍。自鸦片战争以来,落后挨打的惨痛教训,使得自洋务运动开始,推动中国工业的赶超发展成为中国政府的重要目标。但历经晚清政府、北洋政府、国民政府近百年工业化的努力,中国仍然未能完成从农业国向工业国的转变。新中国成立以后,中国共产党开始了工业化的艰辛探索,经过70年的努力,中国从落后挨打的农业国变成世界第一工业大国,成为"世界工厂"。中国赶超型工业化,用70年的时间走完了西方世界数百年才走完的工业化道路,为世界农业国向工业国转变提供了"中国方案"。虽然中国当前已经成为世界第一工业大国,但是工业质量与效率同发达国家相比,仍然存在较大的差距。如果说中国工业经过70年的发展已经实现了工业产品数量的赶超,未来中国工业的发展则应更多集中在质量与效率的赶超。中国如何实现高质量的发展,完成2035年制造业整体达到世界制造强国阵营中等水平,2049年综合实力进入世界制造强国前列的目标,仍然任重道远。回顾新中国成立以来70年的工业发展历程,总结历史经验,可以为未来中国工业转型升级提供历史智慧。

一、优先重工业发展道路的历史选择

中国落后挨打的百年屈辱,让加快工业发展,尤其是重工业发展成为中国共产党建立政权后面临的重要任务。早在七届二中全会,毛泽东同志就提出"由农业国变成工业国"①。1949年9月,中国人民政治协商会议通过的《共同纲领》明确指出:"应以有计划有步骤地恢复和发展重工业为重点,例如矿业、钢铁业、动力工业、机器制造业、电器工业和主要化学工业等,以创立国家工业化的基础。"②苏联优先发展重工业的工业化模式在"二战"中体现出的强大生命力,契合了新中国在冷战背景下急于摆脱落后挨打的地位和追求大国经济独立的需求。苏联为首的社会主义阵营给新中国建设的援助,更促使我国选择了学习苏联,走优先重工业发展的道路。经过三年国民经济恢复之后,1953年开始,我国选择了优先重工业发展的道路,并在这条道路上进行了20多年的艰辛探索。这条工业化道路有其自身的特点。

1. 追求工业高速增长

新中国是在国际环境恶劣、生产力落后的条件下开始推进工业化的。在激烈的国际竞争下,要摆脱落后挨打的历史,就要保持工业的高速发展。正如1956年八大预备会议上毛泽东同志提出的:"你有那么多人,你有那么一块大地方,资源那么丰富,又听说搞了社会主义,据说是有优越性,结果你搞了五六十年还不能超过美国,你像个什么样呢?那就要从地球上开除你的球籍!"③毛泽东同志还提出:"美国建国只有180年,它的钢在60年前也只有400万吨,我们比它落后60年。假如我们再有50年、60年,就完全应该赶过它,这是一种责任。"④1957年11月,毛泽东同志提出,要用15年时间在经济上超过英国。1958年元旦,中国政府明确提出了"超英赶美"的战略任务。⑤ 1958年"大跃进"追求经济高速出现了问题,国民经济调整时期将经济增长速度降下来,但这仅是权宜之计。待经济好转以后,实现工业赶超再次成为中国政府的重要目标。

2. 追求重工业优先发展,建设独立经济体系

重工业是国民经济的根基,是大国建立独立经济体系的关键。正如经过毛泽东同志亲自修订的党在过渡时期总路线宣传提纲所说:"因为我国过去重工业的基础极为薄弱,经济上不能独立,国防不能巩固,帝国主义国家都来欺侮我们,这种痛苦我们中国人民已经受够了。如果现在我们还不

---

① 《毛泽东选集(第四卷)》,人民出版社,1991年,第1245页。
② 中共中央文献研究室编:《建党以来重要文献选编(1921—1949)》(第二十六册),中央文献出版社,2011年,第765页。
③ 中共中央文献研究室编:《毛泽东文集(第七卷)》,人民出版社,1999年,第89页。
④ 中共中央文献研究室编:《毛泽东文集(第七卷)》,人民出版社,1999年,第89页。
⑤ 刘国光主编:《中国十个五年计划研究报告》,人民出版社,2006年,第149页。

建立重工业,帝国主义是一定还要来欺侮我们的。"① 1953年开始的"一五"计划中,苏联援建的156项工程集中在机械工业、钢铁工业等重工业和军事工业领域,奠定了中国工业赶超的物质基础。为避免苏联工业模式下消费品生产不足的弊端,1956年毛泽东同志在《论十大关系》中强调"重工业是我国建设的重点。必须优先发展生产资料的生产,这是已经定了的",同时,也强调了"决不可以因此忽视生活资料尤其是粮食的生产"。② 但在赶超压力下,1958年的"大跃进"再次强调"以钢为纲",轻、重工业严重失衡。国民经济调整时期,虽然曾经将钢铁等重工业指标调低,加强了消费品工业的生产,但这仅仅是渡过经济困难时期的政策选择。国民经济逐步走出泥潭之后,毛泽东同志否决了"三五"计划原先的"先抓吃穿用,实现农轻重"设想,又开始推进以备战为中心的"三线建设"。毛泽东同志根据自己对国际形势的判断,提出了"一个屁股和两个拳头"的"三五"投资和建设重点的设想:两个拳头——农业,国防工业;一个屁股——基础工业,要摆好。③ 努力实现重工业领域的突破,是贯穿这一时期工业赶超的重要特征。

3. 建立了高度集中的计划经济体系

重工业投资巨大,建设周期较长,其优先发展与我国资本、技术匮乏,劳动力丰富的要素禀赋不符,为将有限的资源投入到重工业领域,我国选择了建立高度集中的计划经济体制。1956年以后,中国大陆基本形成了以单一公有制和行政性计划管理为特征的传统社会主义经济体制。这套体制虽然克服了市场机制与重工业赶超发展在资源配置方面之间的矛盾,但也带来了较为严重的效率问题。在"八大"上主管经济工作的陈云同志曾提出"三个主体、三个补充",在20世纪60年代国民经济困难时期,我国也曾经默许"地下工厂",在农村推行了"三自一包,四大自由",在高度集中的计划经济中有限度地引入了市场的力量;但这些探索都未能长久实施,从整体上来说,我国经济运行未能突破高度集中的计划经济体制。

4. 内向型经济发展与政府主导的技术引进

一方面,在"冷战"背景下,中国追求独立自主地发展工业,走上了"进口替代"的道路;另一方面,工业发展水平落后的客观约束,使得要在较短

---

① 中共中央文献研究室编:《建国以来重要文献选编》(第四册),中央文献出版社,1993年,第705页。
② 中共中央文献研究室编:《建国以来重要文献选编》(第八册),中央文献出版社,1994年,第244页。
③ 毛泽东同志在国家计委领导小组汇报第三个五年计划设想时的插话。转引自顾龙生编著:《毛泽东经济年谱》,中共中央党校出版社,1993年,第596页。

时间内实现重工业赶超,必须向先进国家学习先进技术,克服本国技术创新不足的短板。在计划经济时期,我国在政府的主导下进行了三次大规模的技术引进。第一次是在苏联的援助下,以156项重大工程建设为核心的技术引进。从苏联大规模引进的技术集中吸收了第二次工业革命的成果,有效缩小了中国工业技术与当时世界先进技术的差距。20世纪60年代,中苏关系破裂,进入20世纪70年代之后,我国与美国等西方国家的关系有所改善,毛泽东与周恩来等国家领导人根据当时国际、国内形势的有利条件,做了引进西方国家的先进技术,加快中国新兴石油、化学工业建设的决策,同时针对基础工业中的薄弱环节,相应地引进部分设备和装置。第二次是主要面向西方国家的大规模技术引进,总规模达到43亿美元(被称为"四三方案")。这些项目有效提升了我国的工业技术水平,尤其是一批大型石油化工项目的引进和建设,从数量和质量上为解决人民的"吃穿用"问题发挥了重要作用。第三次是在改革开放前夕,我国向西方国家大规模引进工业技术,集中引进了知识密集型、技术密集型的工业项目,建立了宝钢、咸阳彩色显像管总厂等先进的工厂。由政府主导的三次大规模技术引进,为我国建立独立完整的工业体系、提升工业技术水平做出了历史贡献。但是随着中国工业化的推进,经济运行日益复杂,政府主导的技术引进模式弊端凸显,需要新的变革。

经过20多年的实践,我国工业取得了长足进步,主要表现在:一方面,钢铁、电力、石油等基础性工业产品有长足进步,缩小了与世界强国的差距;另一方面,汽车、航天等技术密集型的工业产品经历了"从无到有",为日后工业赶超奠定了重要基础。但是,由于高度集中的计划经济体制未能克服经济效率低下的问题,经过20多年的发展,我国未能成为世界工业大国。1970年,我国工业总产值是日本的41%,美国的10%;1978年,我国工业总产值仅为日本的18%,美国的9%。由于我国推行了优先重工业发展战略,整体工业吸纳的劳动力较少,1978年二次产业就业人数占比仅为15.2%,而美国、日本、印度则在25%左右。[①] 如何实现农业国工业化,依旧是我国面临的重要任务。

二、工业结构均衡发展

1978年改革开放以后,中国工业发展进入了新的阶段。1981年,全国

---

① 笔者根据世界银行相关统计数据计算。

五届人大四次会议提出了我国今后建设的十条方针,包括依靠政策和科学,加快农业的发展;把消费品工业的发展放到重要位置,进一步调整重工业的发展方向;提高能源利用效率,加强能源工业和交通运输工业的建设等方面的内容。① 它标志着我国从优先重工业发展的战略逐渐转变为农、轻、重均衡发展的战略。为了克服传统计划经济模式下管得过死的弊端,这一时期,我国进行了以"放权让利"为特征的市场化渐进式改革,并且加大了对外开放的力度。在政府与市场的双重作用下,工业得到高速增长,并且工业内部结构均衡发展。这一阶段的工业赶超发展有如下特征:

1. 工业高速发展仍然是政府的重要目标

改革开放之初,中外存在的工业差距给中国政府以较大压力。中共十二大明确提出"翻两番",十三大提出了"三步走"的战略目标。邓小平同志认为,"百分之四、百分之五的速度,一两年没问题,如果长期这样,在世界上特别是同东亚、东南亚国家和地区比,也叫滑坡了"②。工业高速发展,成为当时政府推动生产力发展的重要抓手。高度集中的计划经济体制经过20多年的发展,其活力已经走到尽头,而中国经济基础仍然薄弱。在"发展才是硬道理"的思想指导下,通过改革开放,提高经济效率,实现工业经济高速增长的目标成为历史的必然选择。

2. 市场化改革的推进,释放"改革红利"

这一时期的市场化改革,从范围上来看可以分为价格改革和企业改革两条主线。从时间维度来看,又可以1992年为界分为两个阶段。1978—1992年,市场化改革整体是"摸着石头过河",呈现出"双轨制"的特征。价格"双轨制"改革过程中,政府用"计划轨"保持既定的利益格局,维持价格的稳定;而逐步放开的"市场轨"则扩大了市场力量对资源配置的调节,并逐步渗透、侵蚀原有的体系。价格"双轨制"改革,逐步改变了我国政府计划作为资源配置唯一手段的局面,在一定程度上克服了计划经济中资源配置的扭曲。

在我国企业发展中,也体现出"双轨制"的特点。一方面,原有的国有企业(包括集体所有制企业)进行较为稳健的改革,在提高效率的基础上,维持了原有经济体系的运转;另一方面,乡镇企业和民营企业在计划经济的夹缝中异军突起,这类企业虽然规模较小,但大多面向市场,具有较灵活

---

① 刘国光主编:《中国十个五年计划研究报告》,人民出版社,2006年,第456页。
② 《邓小平文选(第三卷)》,人民出版社,1993年,第354页。

的经营机制,也正因为这些企业面向市场,许多企业生产都集中在当时短缺的消费品工业领域,这类企业的兴起推动了中国工业的均衡发展。随着对外开放的推进,外资企业、合资企业在这一时期也不断壮大。这些企业大多面向国际市场,采用先进技术与管理方式,具有较强的企业经营能力。外资的进入,较好地弥补了中国工业发展中资本与技术的不足。乡镇企业、民营企业与外资企业等非国有企业的兴起,在计划经济体制内植入了市场因素,使工业发展的微观主体呈现出多元化的特征;不同性质企业之间的竞争,有效提高了资源配置效率,促进了中国工业化的全面推进。

1992年邓小平同志"南方谈话"之后,我国加快了改革步伐。价格双轨制进行了并轨,国有企业也进行了"抓大放小"等改革,我国政府不断改进非国有工业企业发展的环境。在多元力量的推进下,我国政府主导的工业化进入了全面推进的快车道,20世纪90年代末,我国终于告别了"经济短缺"。

3. 对外开放释放"开放红利"

改革开放之后,为更好地利用国际市场与国际资源,中国逐步打开大门,加强了与世界的交流与沟通。这一时期,中西方的经济、技术水平差距较大。一方面,中国的学习空间很大,技术引进是这一时期中国经济增长的重要来源。在市场优胜劣汰的竞争机制下,一些企业通过技术引进实现了跨越式发展。另一方面,中国凭借低成本优势,大量吸引外资。对外开放的不断扩大,又推动了市场力量的壮大,"开放红利"与"改革红利"相互作用、相互影响,有效推动了工业增长。

4. 低价工业化

这一时期我国工业发展的低成本,是实现工业赶超的重要保证。我国是人口大国,一方面,农村改革,城乡壁垒松动,让大量原本隐蔽的失业农村劳动力涌入城市;另一方面,随着计划生育政策的严格执行,以及计划经济时期生育高峰的人口进入劳动年龄,我国在20世纪80年代以后,"人口红利"得到充分释放,中国劳动力密集的比较优势得到充分发挥。由于市场化改革的推进,廉价劳动力吸引了外资以及民营资本进入劳动力密集型行业,中国的"比较优势"在世界经济竞争中充分凸显,有效推动了中国经济的高速发展。并且在"发展才是硬道理"的指导思想下,地方政府有动力推动工业发展。许多地方政府压低土地、能源资源价格发展工业,吸引了大量资金向工业领域汇聚。

1979—1997年,工业增长速度为682.9%,明显高于国内生产总值的增速461.2%。从轻重工业的比重来看,轻工业的增长速度高于重工业的增长速度,重工业比重由1979年的56.3%,下降到1997年的51%。中国工业与世界工业强国的差距缩小,1979年中国工业总产值分别为日本、美国的21%与9%;而到1997年,则上升到日本、美国的30%与23%。①

三、重化工业重启与世界工业大国的形成

20世纪后期中国"短缺经济"结束后,国内消费需求不足的问题困扰着我国经济发展。1998年亚洲金融危机的冲击,也使我国工业一度受到影响。这一时期,政府采取了积极财政政策,并且加快了加入WTO的步伐,城市化与居民消费升级也在这一时期加速,最终带来了重化工业的重启。工业在这一时期取得了较快发展水平,最终让我国成为世界第一工业大国,实现了数量方面的赶超。这一时期我国工业的主要特征包括:

1. 保持工业高速增长是政府宏观经济的重要目标

面对20世纪90年代中后期经济形势的变化,1998年我国政府提出了保持经济增长速度不低于8%的目标。工业作为国民经济的重要支柱,成为"保八"的重要抓手。为刺激经济增长,中央政府出台了积极财政政策,加大对基础设施建设的投资,有效拉动了工业增长。2008年爆发了世界经济危机,中国政府将"稳增长"作为重要的宏观战略目标,提出"4万亿"计划,刺激了中国经济高速增长。

2. 重化工业重启具有政府与市场双重推动的特点

20世纪90年代末期以来的重化工业重启,既不同于改革开放前政府主导的优先重工业发展模式,也不同于市场引导的"霍夫曼定律"下的重工业升级,这一时期重化工业重启,笔者认为有政府与市场的双重作用。一方面,政府保持较高的经济增长速度,采取积极财政政策,加大基础设施投入,推动城市化建设,并且推动房地产市场、汽车市场的发展,有效拉动了重化工业的发展。另一方面,随着居民收入的提高,居民消费收入不断升级,居民对房地产、汽车等耐用品的巨大需求,成为拉动重化工业高速增长的重要动力。经过改革开放以来的高速发展,民营资本已经具备较强的经营能力,民营资本在重化工业旺盛的需求刺激下有动力进入重化工业领域。在政府与市场的双重推动下,重化工业得到较快发展,推动了国民经济的发展。

---

① 笔者根据世界银行相关统计数据计算。

3. 融入世界全球化实现的工业赶超

21世纪前十年,中国工业高速增长是在融入全球化的过程中进行的。2001年加入WTO之后,中国更好地利用了"两种资源、两个市场"。工业发展的成本(包括劳动力、资源等生产要素)优势凸显,中国逐步成为"世界工厂"。而且为推动经济高速增长,中国地方政府人为压低资源、能源等要素价格以及环境成本,外商投资将高耗能、高污染产业转移给我国,进一步促进了我国重化工业的发展。

4. 粗放型工业经济发展方式

虽然中国在21世纪初期曾经进行了新型工业化的探索,也取得了一些成效,但是总体上尚未摆脱粗放型数量扩张的发展模式。为追求经济高速增长,我国压低了能源、资源等生产要素的价格,形成了依靠投资与物资消耗的工业发展特征。中国单位能耗所产生的GDP水平较低,不仅低于美国、日本等发达国家,还低于印度等发展中国家。由于能源利用率偏低,中国工业化过程中对能源的需求量巨大。2009年,中国能源消耗量超过美国,成为世界第一大能源消费国。中国的二氧化碳排放量,2001年是美国的62.26%,2006年超过美国。随着经济规模的逐步增大,这种粗放型的发展方式日益受到严峻的挑战。

从1998年到2012年,我国工业产值增长了312.5%,高于国内生产总值的增速272%。重化工业重启后,重工业比重1998年为50.7%,2011年达到71.8%;轻工业比重1998年为49.3%,2011年为28.2%。1998年,中国工业产值是美国的22.9%,日本的34.8%,德国的73.9%。中国2000年超过德国,2007年超过日本,2011年超过美国,成为世界第一工业大国。2012年,中国工业总量是美国的120.5%,日本的233.6%,德国的396.3%。①

四、新常态下的工业发展

2012年以后,中国经济进入"新常态",中国经济发展成本不断上升(包括劳动力成本不断提升,资源、能源成本增加,环境压力增大),自主创新不足。国际竞争中,中国的高端产业受到美国"再工业化"、德国"工业4.0版"的挤压,而低端产业又承受印度、越南的低成本竞争。在新的条件下,我国开始努力从工业大国向工业强国转变。这一时期,工业发展主要有如

---

① 笔者根据世界银行相关统计数据计算。

下几个特征：

1. 追求质量与效益提升

经过60余年的发展,从数量上中国已经成为世界第一工业大国,但是由于自主创新能力不强,核心技术掌握不足,中国被锁定在价值链的低端。如果说在新中国成立初期,中国与外国的工业差距突出表现在数量方面,现在这种差距则表现为质量与效率的差距。随着中国经济进入新常态,中国工业发展追求的赶超目标迫切要求从数量的赶超转变为质量的赶超。《中国制造2025》提出了中国工业的"三步走",到2025年,迈入制造强国行列;到2035年,我国制造业整体达到世界制造强国阵营中等水平;新中国成立一百年时,制造业大国地位更加巩固,综合实力进入世界制造强国前列。① 十九大报告也明确指出,"我国经济已由高速增长阶段转向高质量发展阶段","推动经济发展质量变革、效率变革、动力变革,提高全要素生产率"。②

2. 创新驱动成为工业发展的主要驱动力

要完成追求数量赶超的工业发展老路向追求质量、效益赶超的工业发展道路转变,就必须实现经济增长动力由要素投入、物资消耗向创新驱动转变。十八大报告指出:"科技创新是提高社会生产力和综合国力的战略支撑,必须摆在国家发展全局的核心位置。"③十八届五中全会将"创新发展"作为"新发展理念"之首。中国政府出台了《关于深化体制机制改革加快实施创新驱动发展战略的若干意见》、《深化科技体制改革实施方案》、《促进科技成果转移转化行动方案》、《国家创新驱动发展战略纲要》、《关于加强高等学校科技成果转移转化工作的若干意见》,有效推动了中国的创新发展。十八大以来,太空实验室"天宫二号"成功发射,"蛟龙号"载人深潜器深潜探测取得成功,世界最大单口径射电望远镜"天眼"落成启用,暗物质粒子探测卫星"悟空"发射升空,世界上第一颗空间量子科学实验卫星"墨子号"发射升空,C919大飞机首飞等重大科技成果的突破,有效地提升了我国的创新能力与水平。经过努力,我国逐步从跟跑转变为跟跑、并跑、领跑三跑并行,创新逐步成为推动我国经济高质量增长的重要动力。

3. 工业的供给侧结构性改革

虽然当前中国成为世界第一工业大国,但是工业结构不合理的问题困

---

① 《中国制造2025》,人民出版社,2015年,第10、11页。
② 《中国共产党第十九次全国代表大会文件汇编》,人民出版社,2017年,第24页。
③ 《十八大以来重要文献选编(中)》,中央文献出版社,2016年,第19页。

扰着中国工业的发展。主要表现是,钢铁、电解铝、水泥等传统工业领域存在较为严重的产能过剩问题,而数控机床、新材料、新能源等高端产业发展不足。这一时期,我国推进了供给侧结构性改革,一方面,培育和壮大新兴产业,推动重点领域率先突破。推动互联网、大数据、人工智能和实体经济深度融合,加快形成一批新兴产业集群和龙头企业。大力发展增材制造、高性能医疗器械、工业机器人等高端装备制造,加快新能源汽车等节能环保产业创新发展,构建新一代材料产业体系。① 另一方面,加大对传统产业的转型升级。2013—2015 年,全国共计淘汰落后炼铁产能 4800 万吨、炼钢 5700 万吨、电解铝 110 万吨、水泥(熟料和粉磨能力)2.4 亿吨、平板玻璃 8000 万重量箱。2016 年,全年钢铁行业去产能超过 6500 万吨,超额完成年度目标任务。2017 年 6 月底,全面取缔了"地条钢"。② 并且注重通过实施制造业重大技术改造升级工程,提高传统产业的产品技术、工艺装备、能效环保和本质安全水平。通过绿色制造工程,推进工业资源全面节约和循环利用。

4. 释放新的"开放红利"中国制造的发展

中国自改革开放以后,逐步融入世界经济发展潮流,尤其是 2001 年加入 WTO 以来,出口成为中国工业经济增长的重要动力。进入经济发展新常态以来,面对外需高端与低端的双重挤压,中国政府推动了"一带一路"建设、自贸区建设、亚投行等新的措施。这一时期的"开放红利"可以表现为高水平的"引进来"和大规模的"走出去"并存。高水平的"引进来",即通过自贸区建设,在更高水平上进行开放,吸引世界优质资源流向中国。新一轮的"引进来"已不仅仅是简单地引进物质资本或者消费品,而是要注重引进人力资本、技术资本和知识资本。大规模的"走出去",不仅通过"一带一路"消化我国过剩产能,还将推动我国高铁、电力、通信、工程机械,以及汽车、飞机、电子等中国装备走向世界,提升我国工业结构。这一时期,我国还积极参与全球经济治理,参与主导国际规则,逐步改变中国被动适应国际规则的局面。

五、新中国工业赶超发展的历史启示

回顾新中国工业赶超发展的 70 年历史,我们可以得出以下一些历史

---

① 《党的十九大报告辅导读本》,人民出版社,2017 年,第 197 页。
② 林远:《发展梦:中高速增长开启换挡模式》,新华网,http://www.xinhuanet.com//fortune/2017-10/19/c_1121823683.htm,2017 年 10 月 19 日。

启示：

1. 实现工业赶超需要正确发挥政府与市场的双重作用

（1）正确发挥中国共产党与中国政府在工业赶超中的独特优势。中国共产党领导下的工业赶超，是经济建设领域中最鲜明的"中国特色"之一。西方政府大多是"两党制"、"多党制"，对国家长期发展缺乏整体的认识与规划。而对中国这样的后发社会主义大国来说，在工业赶超过程中更需要政府的整体设计与规划。中国共产党长期的执政地位，可以将工业赶超的蓝图绘到底。从优先发展重工业的道路选择，到《中国制造 2025》，都体现出中国共产党与中国政府对工业加速赶超的顶层设计与通盘考虑。社会主义集中力量办大事的制度优势，让中国工业在赶超过程中可以避免多方利益掣肘，充分抓住历史机遇，创造中国奇迹。未来实现工业大国向工业强国转变，突破西方先进国家对我国工业升级的封锁，实现更高水平的发展，应当注重发挥中国共产党与中国政府的优势。

（2）工业赶超过程中要注重寻求政府与市场的合理边界。中国工业在赶超过程中，政府与市场的边界应当根据不同行业、不同地区、不同发展阶段进行调整。既要注重发挥社会主义国家的优越性，更好地防止"市场失灵"；又要充分发挥市场在资源配置中的作用，避免"政府失灵"。从改革开放的经验来看，经济发展水平与市场化进程具有相互促进的作用。一方面，市场化进程有利于资源优化配置，提高经济效率；另一方面，随着经济总量不断提升，经济活动日益复杂及不确定性增加，更应通过市场配置资源，分散决策风险。当前中国已处于世界第一工业大国的地位，中外技术差距缩小，技术进步的不确定性加剧。政府虽然可以有效调动资源，实现技术赶超，但是其对信息捕捉的能力远不如企业，政府选择的技术升级方向并不一定能够符合市场的需求。正如十八届三中全会报告指出的："经济体制改革是全面深化改革的重点，核心问题是处理好政府和市场的关系，使市场在资源配置中起决定性作用和更好发挥政府作用。"① 未来，在工业大国向工业强国转变的过程中，更应当充分发挥市场在资源配置中的决定性作用，政府不能"越俎代庖"。

（3）未来工业赶超还应当注重发挥中央与地方政府的双重积极性。工业一方面是 GDP 的重要组成部分，另一方面又是地方政府收入的重要来源。改革开放之初，在政治与经济双重激励下，地方政府积极推动中国工

---

① 《十八大以来重要文献选编（上）》，中央文献出版社，2014 年，第 778 页。

业经济加速发展。进入21世纪,中央政府开始强调科学发展观,但一方面地方政府追求经济数量扩张,仍然有其自身的经济利益考虑;另一方面科学发展观的具体考核指标并未能及时出台,而GDP的指标容易量化。所以,科学发展观提出十多年了,地方政府仍未能根治"GDP崇拜症"。一方面,地方政府热衷于开发大工业项目,扶持大型企业发展,导致当前中国存在相当数量的"僵尸企业",产能过剩较为严重;另一方面,一些地方政府片面追求工业高速发展,对环境污染治理力度不够,优质公共服务提供不足,与人民对美好生活的追求存在较大的差距。未来如何形成中央与地方的良性互动机制,完善地方官员考核机制,贯彻新的发展理念,以实现工业高质量的发展,都值得进一步探索。

2. 工业赶超要注意发挥好国有企业与其他所有制企业的积极性

在计划经济时期,我国建立了大批国有企业,确保了优先重工业发展战略的推进。改革开放以来,我国所有制结构发生了深刻的变化,非公有制企业的兴起有效推动了中国工业的高速增长。习近平同志提出,"公有制经济、非公有制经济应该相辅相成、相得益彰,而不是相互排斥、相互抵消"。[①] 未来实现工业的高质量发展,要发挥好国有企业与其他所有制企业的双重积极性。

(1) 发挥好国有企业在工业赶超中的独特优势。为实现优先重工业发展战略,我国建立了大批国有企业。改革开放以来,国有企业通过近40年的改革,已经摆脱了政府附属物的地位,逐步成为自主经营、自负盈亏、自我发展的微观市场主体,经营领域也向关系国计民生的关键领域集中。但国有企业的目标不是简单追求经济利益最大化,它更强调国家意志与社会责任等方面的内容。在中国迈向经济强国、打造"中国经济升级版"的过程中,国有企业应当凭借雄厚的资本与技术,在自主创新、"走出去"等重大领域发挥作用。

(2) 注重发挥非公有制企业在工业赶超中的作用。从改革开放40年的经验来看,非公有制经济的效率与活力是工业高速发展的重要动力。而且公有制企业与非公有制企业已经不是此消彼长的关系了,而应当是共同发展的关系。未来要提高工业的质量与效率,应当注重发挥非公有制经济经营灵活的优势,积极推动其转型升级。

3. 在开放中实现工业赶超

中国是后发社会主义大国,通过开放吸纳资金与先进的技术,是中国

---

① 《习近平谈治国理政(第二卷)》,外交出版社,2017年,第260页。

工业实现赶超的重要手段。即使在冷战背景下,中国强调自力更生的同时也积极向发达国家引进技术与设备。改革开放40年来,中国更是加快融入全球化的步伐,有效释放了"开放红利",推动了中国现代化,未来实现工业赶超也应当注意积极吸纳全球的智慧与文明。未来的工业赶超发展应当注重以下几个方面:

(1) 更好地利用两种资源、两个市场。在中国从经济大国向经济强国转变的过程中,中国不仅不能与资本主义经济体系隔绝,还应当通过深化对外开放,更高水平地利用两种资源、两个市场。一方面通过大规模的"走出去",扩大国内市场需求,消化过剩产能;另一方面通过更高水平的"引进来",既缓解要素成本上升压力,又在更高水平进行合作,提升自身能力。

(2) 更积极地参与国际规则的制定。中国参与全球化进程较晚,在改革开放以后的相当长一段时间,更多是西方主导的国际规则的参与者。随着中国工业的国际地位不断上升,中国的工业发展也受到西方主导规则的束缚。西方国家利用WTO规则不断向中国政府提出对工业品的"反倾销"以及对中国"碳排放"的指责就是证明。随着中国经济实力的不断增强,中国应当在国际规则中取得更大的话语权,改变当前世界经济格局,为工业未来发展创造良好的条件。

4. 技术跨越式发展与自主创新的关系

技术取得革命性突破是工业革命的重要特征。新中国成立之初,中国尚未摆脱农业国的地位,而世界发达国家已经完成了两次工业革命,美国正开始引领第三次工业革命。新中国成立之后,中国通过大规模技术引进、模仿、吸收、再创新,加速走完第一、二次工业革命的道路,并在21世纪以后加速信息化进程,基本赶上了发达国家第三次工业革命的步伐。但当前美国、德国等发达国家正在开展以人工智能、清洁能源、机器人技术、量子信息技术、虚拟现实,以及生物技术为主的第四次工业革命,而中国要实现工业质量的赶超发展,必须加强自主创新能力,争取在新一轮工业革命中占领制高点。以下几个方面值得注意:

第一,加强政府在基础研究中的作用。世界历史证明,通过基础研究形成的原始创新成果,才可以转化为具有自主知识产权的核心技术。美国成功引领第二次和第三次工业革命,与其强大的基础研究能力与原始创新能力密切相关。中国在新一轮工业赶超过程中,尤其要注重基础研究的重要性。基础研究资金投入大、研发周期长,且具有不确定性,常常面临私人部门投资不足的问题。这就需要国家加大支持力度,包括建设支撑基础研究的平台(如国家重点实验室和研究基地),组建处于科学前沿的高水平研究团队,组织跨领域的大科学计划和大科学工程,力求在世界前沿科学、尖端技术领域取得重大突破。

第二,加强产学研互动,发挥企业在技术进步中的重要作用。企业的市场信息捕捉能力优于政府。随着中国技术日趋走向世界领先地位,中国未来的具体技术进步,尤其是面向市场的技术进步的不确定性日益增大。未来要促成健全技术创新的市场导向机制,使企业真正成为技术创新决策、研发投入、科研组织和成果转化应用的主体,通过产学研的良性互动,促进科技成果向现实生产力转化,以增强企业在市场竞争中的核心竞争力。

第三,发掘"二次人口红利"。人力资源是一国最重要的经济资源,雄厚的人力资本是高质量经济发展的关键。当前人口红利在迅速消失,支撑我国经济增长的传统动力枯竭,此时必须发掘"二次人口红利",通过提升我国人力资本,寻求新的增长源。一方面,要突出创新型科技人才队伍建设,围绕重点领域,培养一批科技领军人才和创新团队。另一方面,要实施更加积极的创新人才引进政策,优先引进海内外高层次创新人才,形成人才汇聚的凹地,以高层次人才引领高水平创新。同时,还应当营造良好的人才成长环境,为科研人员营造更加宽松的科研环境,完善鼓励技术要素参与收益分配政策,建立重实绩、重贡献的薪酬激励机制。

第一章

新中国工业基础与新民主主义工业发展（1949—1952）

鸦片战争以前，中国是一个建立在传统农业文明高度发达基础上的封建社会。但是，中国数千年形成和发展的高度发达的农业文明，在19世纪40年代遭遇了以欧美国家为代表的资本主义工业文明的强烈冲击，被迫卷入资本主义全球化的浪潮之中。从追求自强的"洋务运动"开始，中国工业化起步就具有赶超的特征。历经"洋务运动"、北洋政府、国民政府的近百年工业化探索，虽然工业建设取得了一些成绩，但总体上是不成功的。到新中国成立时，西方发达国家的工业化已经经历了以蒸汽机、煤炭和纺织业为代表的第一次工业革命和以电力、石油、钢铁和水泥为代表的第二次工业革命，在二战后进入了以核能、电子、化工为代表的第三次工业革命。而中国还没有完成第二次工业革命，甚至很多领域还没有完成第一次工业革命，新中国成立之后，面临着艰巨的工业化赶超任务。长期战争的影响让中国工业破坏严重，在1949—1952年的国民经济恢复时期，中国选择了新民主主义的经济政策，中国工业化更多带着恢复生产的性质，工业取得了较快发展，为下一步大规模推动工业化奠定了重要的基础。

第一节 新中国成立前的工业发展水平

一、新中国成立前工业基础薄弱

新中国成立之初，工业基础薄弱，工业产值仅仅占工农业总产值的

15.5%,农业则占84.5%,中国仍然属于落后的农业国。在国民经济形势最好的1936年,我国新式工业产值也仅为工业总产值的三分之一左右。① 从薄弱的产业结构中,我们发现,1936年帝国主义在华工业资本总额占全国工业资本总额比重高达61.4%,中国工业资本总额为38.6%,而民族资本总额仅为32.81%(参见表1.1.1)。1936年,华商纱厂的纱锭仅为全国的51.8%,日本控制44.1%(参见表1.1.2)。中国电力、煤矿工业的外国资本也占相当比重(参见表1.1.3和表1.1.4)。1946年,虽然帝国主义在华工业资本总额下降到32.8%,中国工业资本总额上升到67.2%,但官僚资本则从中国工业资本总额比重中的15%上升到67.3%,民族资本则从85%下降到32.7%(参见表1.1.1)。

表1.1.1 半殖民地半封建中国工业所有制结构

(不包括东北和台湾地区,按1936年不变价格计算)

年 份		1936年	1946年
全国工业资本总额/(%)	帝国主义在华工业资本	61.4	32.8
	中国工业资本	38.6	67.2
	总计	100	100
中国工业资本总额/(%)	官僚资本	15	67.3
	民族资本	85	32.7
	总计	100	100

资料来源:陈真编《中国近代工业史资料·第四辑:中国工业的特点、资本、结构和工业中各行业概况》,生活·读书·新知三联书店,1961年,第53页。

表1.1.2 帝国主义资本在棉纺织工业中的比重

年份	华商纱厂			日本纱厂			英国纱厂		
	厂数/家	纱锭/枚	百分比/(%)	厂数/家	纱锭/枚	百分比/(%)	厂数/家	纱锭/枚	百分比/(%)
1915年	35	599034	56.3	4	219152	20.6	5	245824	23.1
1920年	63	1774974	62.7	29	801662	28.3	5	256284	9.0
1925年	69	2034816	57.0	45	1332304	37.3	4	205320	5.7
1930年	82	2499394	55.6	45	1821280	40.5	3	177228	3.9
1936年	96	2919708	51.8	48	2485352	44.1	4	230006	4.1

① 吴承明、董志凯主编:《中华人民共和国经济史(1949—1952)》(第一卷),中国财政经济出版社,2001年,第62页。

续表

年份	华商纱厂			日本纱厂			英国纱厂		
	厂数/家	布机/台	百分比/(%)	厂数/家	布机/台	百分比/(%)	厂数/家	布机/台	百分比/(%)
1915年	—	2254	49.4	—	1386	30.4	—	924	20.2
1920年	18	7740	65.2	3	1486	12.5	5	2653	22.3
1925年	28	13371	58.3	25	7205	31.4	4	2348	10.3
1930年	34	17018	50.7	16	14082	41.9	3	2480	7.4
1936年	53	25503	43.6	27	28915	49.5	4	4021	6.9

资料来源:吴承明编《帝国主义在旧中国的投资》,人民出版社,1955年,第102页。

表1.1.3　帝国主义资本在中国电力工业的比重

项目		外国资本		中国资本		外国资本		中国资本	
		设备容量/千瓦	占比	设备容量/千瓦	占比	发电量/千瓦时	占比	发电量/千瓦时	占比
1931年	关内	242241	50.60%	236464	49.40%	833890	62.10%	509182	37.90%
	东北	203800	77.00%	60800	23.00%	492910	83.10%	100000	16.90%
	合计	446041	60.00%	297264	40.00%	1326800	68.50%	609182	31.50%
1936年	关内	321795	51.00%	309370	49.00%	1018991	59.1%	705314	40.90%
	东北	518725	—			1350500	—		
	合计	840520	73.10%	309370	26.90%	2369491	77.10%	705314	22.90%

注:1931年关内有外国资本电厂11家,中国资本电厂452家;1936年关内有外国资本及中外"合资"电厂14家,中国资本电厂446家;关外电厂包括工矿自用发电在内。

资料来源:吴承明编《帝国主义在旧中国的投资》,人民出版社,1955年,第97页。

表1.1.4　帝国主义资本在中国采煤工业中的比重

年份	全国总产量/万吨	新法采煤产量/万吨	外资关系矿产量/万吨	外资关系矿占全国总产量/(%)	外资关系矿占新法采煤产量/(%)
1916年	1343.8	742.0	697.0	51.9	93.9
1920年	2126.0	1466.9	977.9	46.0	66.7
1930年	2599.1	1993.2	1475.2	56.8	74.0
1936年	3592.3	2560.5	1982.7	55.2	77.4

资料来源:吴承明编《帝国主义在旧中国的投资》,人民出版社,1955年,第95页。

即使是中国工业形势较好的1936年,中国工业技术水平仍远低于世界其他大国。从工人人均净产值来看,美国、英国、德国分别是中国的19.19、8.52、9.48倍(参见表1.1.5)。中国的工业也远未能自给自足。即使是国民经济较好的1936年,钢铁工业自给率仅为5%,石油、汽油的自给率仅为0.2%,机械工业自给率仅为23.5%,中国工业化任重道远(参见表1.1.6)。

表1.1.5 中、德、英、美四国操作工人人均净产值

	中国(1936年)	德国(1936年)	英国(1935年)	美国(1935年)
英镑	31	294	264	595
指数	100	948	852	1929

资料来源:汪敬虞《中国资本主义的发展和不发展——中国近代经济史中心线索问题研究》,经济管理出版社,2007年,第325页。

表1.1.6 1936年中国工业自给率

产品名称	年产值或年产量	自给率
棉纺织品	7785300 吨	79%
丝织品	41800000 元	200.0%
小麦粉	76000000 袋	95.8%
砂糖	362000 吨	40.4%
烟草	78614000 元	98.8%
玻璃制品	6500000 元	53%
珐琅铁器	4475000 元	83.5%
火柴	7000000 箱	101.5%
纸类	25660000 元	38.9%
皮制品	4336000 元	60.4%
纤维制品	22108000 元	76.5%
炼瓦	3855000 元	92.3%
毛及毛织品	8799000 元	26.7%
灰泥土类	22350000 元	98.3%
洋灰	3130000 桶	83.3%
酸类	24000 吨	88.8%
碱类	160000 吨	85.1%

续表

产品名称	年产值或年产量	自给率
染料	2000000 元	7.4%
植物油	88000000 元	237.8%
石油、汽油	200 吨	0.2%
铁钢	30000 吨	5%
机械	20000000 元	23.5%
车辆船舶	6140000 元	16.5%
电气	269000 千瓦	49.6%

资料来源:中国文化建设协会编《十年来之中国》,1937年。转引自杜恂诚:《民族资本主义与旧中国政府(1840—1937)》,上海社会科学院出版社,1991年,第251页。

二、新中国成立前夕工业破坏严重

新中国成立前夕,在内战的冲击下,中国的工业更是雪上加霜。1949年的工业产值比重中,资本、技术密集的重工业仅占工农业总产值的4.5%。新中国成立前落后的重工业无法为国民经济各部门提供充足的生产资料,也无法支撑大国的国防体系(参见表1.1.7)。虽然经过了近百年工业化的发展,我国的主要工业产品规模仍然较小。钢铁、原油等重要工业产品的数量不仅远远落后于美国,即使与印度相比差距也很大(参见表1.1.8)。作为各国工业化基础与支柱的钢铁工业,早在1890年张之洞兴建汉阳铁厂,中国就开始发展近代钢铁工业。但1949年仅生产钢铁15.8万吨,同期美国生产7074万吨,印度生产137万吨。即使新中国成立前产钢最多的1943年,产量也仅为92.3万吨[①],仍然远低于其他大国。近代中国不仅工业落后,农业也与世界强国存在较大差距。1949年中国粮食亩产仅为137斤[②],不仅低于美国的218斤,日本的399斤,即使与世界平均水平的154斤相比,也存在较大差距。[③] 农业的不发达又使得中国难以为工业化建设提供足够的积累,阻碍了中国工业化的推进。

---

① 《当代中国的钢铁工业》编辑委员会编:《当代中国的钢铁工业》,当代中国出版社,2009年,第14页。
② 中国农业年鉴编辑委员会编:《中国农业年鉴(1980)》,农业出版社,1981年,第35页。
③ 中国农业年鉴编辑委员会编:《中国农业年鉴(1981)》,农业出版社,1982年,第606页。

表 1.1.7　1949 年中国的工农业结构

	农业	工业		
		总额	轻工业	重工业
产值/亿元	245	45	32	13
比重/(%)	84.5	15.5	11.0	4.5

资料来源：马洪、孙尚清主编《中国经济结构问题研究》，人民出版社，1981 年，第 103 页。

表 1.1.8　1949 年中国主要工业产品产量与美国、印度之比较

产品名称	中国	美国		印度	
	产量	产量	为中国倍数	产量	为中国倍数
原煤	0.32 亿吨	4.36 亿吨	13.63	0.32 亿吨	1
原油	12 万吨	24892 万吨	2074.33	25 万吨	2.08
发电量	43 亿千瓦时	3451 亿千瓦时	80.26	49 亿千瓦时	1.14
钢	15.8 万吨	7074 万吨	447.72	137 万吨	8.67
生铁	25 万吨	4982 万吨	199.28	64 万吨	2.56
水泥	66 万吨	3594 万吨	54.45	186 万吨	2.82

资料来源：中华人民共和国国家经济贸易委员会编《中国工业五十年》（第一部）（上卷），中国经济出版社，2000 年，第 9 页。

以当时全国经济发展水平最高的上海为例，1949 年上海有 88 个工业行业，绝大多数是投资额较少的轻工业。工业总产值中，轻工业占 88.2%，重工业仅占 11.8%。工业的主体是纺织、造纸、卷烟、火柴、肥皂、面粉、橡胶、皮革 8 个行业，其产值占工业总产值的 76%，其中纺织行业即占 54.8%，被称为上海工业的"半壁江山"。重工业中，冶金、化学等原材料工业产值只占工业总产值的 3.3%，炼钢能力只有 3 万吨，轧钢能力只有 7 万吨，有色金属生产能力仅有 2000 吨，1949 年仅产钢 5200 吨、钢材 1.5 万吨；化工原料只能生产 99 个普通品种，而且产量有限，硫酸日产量只有 31 吨，烧碱日产量仅 5 吨。装备工业产值占工业总产值的 8.5%，仅有 1.8 万台金属切削机床，大多数企业从事修配业务，设备条件较好的工厂也只能生产一些结构简单、精度较低的机械产品。在战争的破坏下，1949 年全市 2 万多个工业企业中，大中型企业只有 46 个。70% 的企业职工人数不满 10 人。据解放时对 1.36 万多个工厂的调查，开工的仅有四分之一，而且大多是半开工状态，设备利用率高的不过 40%—50%，低的只有 20%—30%；大批工人处于失业和半失业状态。上海解放后，尽管人民政府采取

了多种措施帮助工厂恢复生产,1949年的工业总产值也只有历史最高年份的50%。①

抗战时期作为大后方的四川省,在战争的破坏下,建国前工业生产已成全面崩溃之势。在20世纪40年代末期,四川省已经形成了数万吨钢、铁的生产能力,但1949年只产铁1万吨、钢0.9万吨。曾经年产50万吨的原盐,1949年仅产27.2万吨。10家机制纸厂中,只有一家日夜赶造钞票纸,能够维持生产,其余全都处于半停工状态,机制纸产量从年产6000—7000吨下降到2400吨。②

经济发展水平较高的广东省的民族工业也濒临破产,工厂倒闭情况严重。1946年9月,国民党政府限制花纱南运,广州纱价上涨,成本加重。全市大小近400家织布工厂,初则停开夜工,继则减机生产,终于歇业倒闭的达75%。广东的卷烟工业,因外国烟大量输入,国产烟捐税过重,无法与外烟竞争,销量大减,广州近百家卷烟厂(场),在同一时期倒闭的过半数。橡胶工业因原料和动力缺乏,大小厂家230个,大都陷于停工状态。到1948年上半年,广州的火柴、橡胶、卷烟、纺织、五金等行业,被迫关闭的厂家达70%—80%。到1949年,全省积累下的工业固定资产只有3亿多元,这一年的工业总产值只有6亿多元,人均国民收入只有61元。③

曾经年产钢100万吨的鞍山钢铁公司(日本占领东北时期称为昭和制钢所),在苏联红军占领鞍山后,许多设备被拆走。在国民党接收、统治的22个月中,鞍钢总共生产了仅仅9500吨钢。鞍钢被中国人民解放军接管时,已是千疮百孔、满目凄凉了。本溪煤铁有限公司(1953年3月2日,煤、铁分开,始成立本溪钢铁公司)和大连钢厂、抚顺制钢厂所遭受的破坏也很严重,高炉、电炉冻结,设备停产,到处是残垣断壁,蔓草丛生。④

由于中国工业化未能顺利推进,中国的国民经济发展水平也远落后于世界平均水平。根据英国著名经济史学家安格斯·麦迪森的计算,1820—1952年,中国国内生产总值由2286亿国际元增长到3059亿国际元,年均

---

① 《当代中国的上海》编辑委员会编:《当代中国的上海(上)》,当代中国出版社,2009年,第306-307页。
② 《当代中国的四川》编辑委员会编:《当代中国的四川(上)》,当代中国出版社,2009年,第23页。
③ 《当代中国的广东》编辑委员会编:《当代中国的广东(上)》,当代中国出版社,2009年,第14,15页。
④ 《当代中国的钢铁工业》编辑委员会编:《当代中国的钢铁工业》,当代中国出版社,2009年,第28页。

增长率为0.22%,而印度、日本、欧洲、美国和全世界年均增长率分别为0.56%、1.74%、1.71%、3.76%和1.64%;中国人均国内生产总值不仅没有上升,反而下降了0.1%,而印度、日本、欧洲、美国和全世界年均增长率分别为0.13%、0.95%、1.05%、1.61%和0.93%。[1]

第二节 新民主主义经济下的工业恢复

新中国成立后,中国工业化的重担落在了中国共产党的肩上。早在1949年3月的中共七届二中全会上,中国共产党就确定了革命胜利后稳步地由农业国转变为工业国,把中国建设成为一个伟大的社会主义国家的战略任务。在内战的影响下,工业生产濒临崩溃。新中国成立之后,当务之急就是要恢复工业生产,为整个国民经济恢复创造良好的条件。为尽快恢复国民经济,1949—1952年,中国选择了新民主主义经济政策。中国政府通过没收官僚资本建立了较为强大的国营经济,并且在社会主义性质的国营经济领导下,发展多种所有制经济,共同推动了工业恢复。当时提出了"农业是基础,工业是领导",强调农轻重协调发展。最终经历了三年的恢复,中国工业基本恢复到新中国成立前的最好水平,为日后大规模推进工业化创造了良好的物质基础。

一、新民主主义工业化道路的构想

新中国成立后,在近代中国工业基础薄弱的半殖民地半封建的落后农业大国基础上,如何推动工业化的快速发展,成为中国共产党面临的艰巨任务。

新中国成立前夕,中国共产党提出的《共同纲领》指出:"应以有计划有步骤地恢复和发展重工业为重点,例如矿业、钢铁业、动力工业、机器制造业、电器工业和主要化学工业等,以创立国家工业化的基础。同时,应恢复和增加纺织业及其他有利于国计民生的轻工业的生产,以供应人民日常消费的需要。"[2]周恩来同志指出:"我们强调城市领导乡村、工业领导农业,绝

---

[1] 〔英〕安格斯·麦迪森著,伍晓鹰、马德斌译:《中国经济的长期表现(公元960—2030年)》,上海人民出版社,2008年,第36,37页。

[2] 汪海波:《新中国工业经济史(1949.10—1957)》,经济管理出版社,1994年,第96页。

不是忽视广大的农业生产对发展工业的作用。"[①]当时设想的新民主主义的工业化,应当是以重工业为中心,但同时注重以纺织业为代表的轻工业的发展。重工业内部也应当注重保持协调发展。周恩来同志还认为:"我们要重视重工业,但决不能把它当作唯一的工业。重工业中,钢铁业是占第一位的,但它也不是重工业的全部。"[②]

对于推动工业化的动力,《共同纲领》的总纲部分指出:"中华人民共和国必须取消帝国主义国家在中国的一切特权,没收官僚资本归人民的国家所有,有步骤地将封建半封建的土地所有制改变为农民的土地所有制,保护国家的公共财产和合作社的财产,保护工人、农民、小资产阶级和民族资产阶级的经济利益及其私有财产,发展新民主主义的人民经济,稳步地变农业国为工业国。"[③]依据《共同纲领》的设想,中国工业化的微观动力应当是在国营经济的领导下,多种经济共同发展。尤其是建国初期,在国民经济破坏非常严重的基础上,调动民族资产阶级的积极性,对工业的恢复有着积极作用。

在新民主主义经济体制下推进工业化其实有双重任务,一方面是要尽快恢复工业生产,维持国民经济的运行;另一方面需要推动工业化的发展,增强工业生产能力。新民主主义的工业化强调重工业的发展,但是又注重农轻重之间、重工业内部的协调发展。公有制领导下,多种所有制共同发展成为新民主主义工业化的微观基础,市场在新民主主义工业化中仍旧起着重要作用。

二、1949—1952年工业发展的政策与措施

1. 没收官僚资本,国家控制工业命脉

没收官僚资本归国家所有,是新民主主义革命三大经济纲领之一,也是新中国顺利向社会主义过渡的重要经济因素。新中国成立之后,中国政府凭借强大的政治权力对官僚资本予以没收。据统计,到1949年底,仅没收的官僚企业就有2858个,这些企业拥有生产工人75万人。在1949年的全国大型工业产值中,社会主义国营工业所占的比重达到40%。国营工业拥有全国发电量的58%,原煤产量的68%,生铁产量的92%,钢产量的

---

① 中共中央文献研究室编:《建国以来重要文献选编》(第一册),中央文献出版社,1992年,第79页。
② 中共中央文献研究室编:《周恩来经济文选》,中央文献出版社,1993年,第27页。
③ 汪海波:《新中国工业经济史(1949.10—1957)》,经济管理出版社,1994年,第95页。

97％,水泥产量的68％,棉纱产量的53％。同时,国家还掌握了全国的铁路和大部分现代交通运输业。① 通过没收官僚资本,中国政府在较短时间内控制了国民经济的命脉。

以钢铁工业为例,随着各大中小城市相继解放,人民政府及时接管了官僚资本的钢铁企业和冶金矿山。对于官僚企业,由人民政府派军代表接管,组织工人和技术人员协助接管人员管理。如国民党管理人员逃跑,企业处于停歇状态,而人民政府一时又派不出接管人员,则由工人、技术人员选出代表,组织管理委员会暂行接管,然后由人民政府委任经理或厂长。

1947年接管的有山西阳泉铁厂、大连大华矿业株式会社(大连炼钢工厂)、进和商事株式会社(大连金属制造工厂)。1948年接管的有辽宁鞍山钢铁有限公司、山东模范窑业厂(山东耐火材料厂前身)、山东金岭镇铁矿、辽宁本溪煤铁有限公司、抚顺制钢厂、沈阳实习工厂炼钢厂、热河大庙铁矿和双塔山选矿厂、河北唐山制钢厂、北平石景山钢铁厂、察哈尔龙烟铁矿。1949年接管的有天津炼钢厂、太原西北炼钢厂和西北窑厂、华北钢铁公司总部、北平矿冶研究所、北平工业试验所、华中矿务局马鞍山分矿、上海钢铁股份有限公司7家官僚资本企业、江苏利国铁矿、华中钢铁公司,以及重庆兵工署第29、24兵工厂。1950年接管的有云南中国电力制钢厂、云南钢铁厂、海南铁矿局、四川威远铁厂。②

以技术密集型电子行业为例,新中国建立后,根据中国共产党的政策,国家对国民党政府官僚资本电信企业实行没收和接管,先后接管了国民党政府资源委员会、国防部、交通部、联合勤务总部,以及国民党中央广播事业管理处等所属的电信企业12个,其中收音机、广播机、通信机厂4个,电话机、交换机厂2个,电线、电池、电灯泡厂5个,雷达修理厂1个。职工总共不到4000人,加上后来征用美商经营的上海奇异安迪生电器公司(生产灯泡)和中美合资的上海中国电气股份有限公司(生产有线电设备),职工总数也只有4500人,设备1000多台。③

当时工业较为发达的辽宁,在人民政权建立后,就集中力量没收了日伪和国民党官僚资本在辽宁的一切工厂、矿山、铁路、银行和其他企业,使

---

① 祝慈寿:《中国现代工业史》,重庆出版社,1990年,第95页。
② 《当代中国的钢铁工业》编辑委员会编:《当代中国的钢铁工业》,当代中国出版社,2009年,第29页。
③ 《当代中国的电子工业》编辑委员会编:《当代中国的电子工业》,当代中国出版社,2009年,第21、22页。

之变为社会主义性质的国营经济。经过1949年一年的工作,在辽宁全省共接收了448个工业企业,其中包括四大钢厂(鞍钢、本钢、抚钢、大钢)、四大煤矿(抚顺、阜新、本溪、北票)、五大石油厂、四大化工厂、四大机床厂、四大重型机器制造厂、两大机车车辆厂、五大水泥厂、两大玻璃厂、两大油漆厂等一批大中型骨干企业,并迅速组织恢复了生产。1949年全省国营工业总产值为7.73亿元,占全省工业总产值的63.2%;其中,国营工业在主要行业总产值所占比例分别为钢铁工业99.7%,燃料工业99.2%,机械制造业93%,纺织工业92.3%,从而有效地掌握了全省的经济命脉,为国民经济的恢复和社会主义改造奠定了物质基础。[1]

2. 多种所有制共同发展

为推动工业的恢复,中国共产党保护民族资本,调动民族资本家的积极性。由于民族资本主义工商业本身力量较为薄弱,而且受到战争的严重破坏,在新中国成立之初,为解决民族资本主义生产困难,国家采取加工订货、统购包销等方式扶持其发展。一些私人企业还实行了公私合营。以钢铁工业为例,公私合营的钢铁企业1949年有4个,1950年有6个,1951年有16个,1952年有19个。合营钢铁企业的产值由1949年的574.2万元,增至1952年的7704.2万元,在钢铁工业总产值中的比重由1949年的3.0%,上升到1952年的5.6%。而同期私营钢铁企业的产值比重,由1949年的14.2%下降到1952年的9.6%。[2]

从全国范围来看,资本主义工业总产值在1949—1952年增长了54.2%,得到了迅速的恢复;资本主义工业增长中属于社会主义性质的加工订货、统购包销收购的部分1949年仅为11.9%,1952年上升为58.2%(参见表1.2.1)。一些工厂在这一阶段已经进行了公私合营。资本主义工业在公私合营后,即改变为由资本主义到社会主义的过渡性质的生产关系,其生产直接受国家领导。生产关系的转变使企业劳动生产率迅速提高,以1952年的劳动生产率为例:机器工业中公私合营企业较私营企业高58.8%,纺织工业高19%,化学加工业高56.6%。[3]

---

[1] 《当代中国的辽宁》编辑委员会编:《当代中国的辽宁(上)》,当代中国出版社,2009年,第37、38页。

[2] 《当代中国的钢铁工业》丛书编辑委员会编:《当代中国的钢铁工业》,当代中国出版社,2009年,第33页。

[3] 《我国社会主义工业化的概况(节录)》,中国社会科学院、中央档案馆编:《1949—1952中华人民共和国经济档案资料选编(工业卷)》,中国物资出版社,1996年,第810页。

表 1.2.1　资本主义工业与公私合营工业历年总产值的增长情况

单位：百万元

年　份	1949年	1950年	1951年	1952年	定比/(%)（以1949年为100）		
					1950年	1951年	1952年
资本主义工业	6828	7278	10118	10126	106.6	148.2	148.3
资本主义工业中加工订货统购包销收购的部分	811	2098	4321	5898	258.7	532.8	727.3
资本主义工业中自产自销部分	6017	5180	5797	4628	86.1	96.3	76.9
公私合营工业	220	414	806	1367	188.2	366.4	621.4

资料来源：中国社会科学院、中央档案馆编《1949—1952中华人民共和国经济档案资料选编（工业卷）》，中国物资出版社，1996年，第809页。

当时与民生密切相关的火柴行业，1949年的火柴产量中，国营火柴企业产量比重仅为14.6%，私营火柴企业产量比重为85.4%；而1952年的国营火柴企业产量比重为57.1%，私营火柴企业产量比重为42.9%（参见表1.2.2）。

表 1.2.2　火柴工业的所有制比重

项　目	1949年	1950年	1951年	1952年
火柴产量/万件	672	586	648	912
国营火柴企业/(%)	14.6	42.6	45.0	57.1
私营火柴企业/(%)	85.4	57.4	55.0	42.9

资料来源：中国日用化工协会火柴分会编《中国火柴工业史》，中国轻工业出版社，2001年，第72页。

通过公司合营，一些民族企业得到了较快发展。1951年，人民政府与永利公司签订了包销纯碱、烧碱和统购硫酸铵的合同，将永利公司的生产纳入了国家计划。同时，在企业内部，通过劳资协商，改进经营管理，降低成本。在人民政府的扶持下，该公司不断创造生产新纪录，碱和硫酸铵的产量超过了战前最高生产水平。1951年，硫酸铵产量为1948年的1.6倍。1952年，永利公司实现了公私合营。合营后一年，生产的纯碱增长了28.5%，烧碱增长了29.9%，硫酸铵增长了23.7%，利润大大增加，1953

年的股息约为1951年的5倍。资本家过去多年筹划扩建的愿望,在合营后得到了逐步实现。①

3. 企业的民主改革与节约增产运动

如何较快提高工人的积极性和工业生产的效率,是新民主主义经济时期推动工业恢复的又一工作重点。一方面,人民政府在新接管的企业中开展了民主改革,建立了新的管理制度,破除了官僚资本中不适应提高工人积极性的制度;另一方面,通过节约增产运动、劳动竞赛等提高工人的工作热情。

(1) 企业的民主改革。

接收官僚资本之后,如何提高企业生产效率是中国政府面临的难题。1950年,国营企业开展民主改革的主要内容是:在纺织企业废除"搜身制"、"工头制";在煤炭企业废除"把头制";各个企业进行人事调整,裁汰冗员。1950年10月,镇压反革命运动开始后,各企业通过"镇反"运动,清查处理了企业内部的反动帮会组织、历史反革命分子和现行反革命分子。为了在"镇反"运动中搞好民主改革,中共中央于1951年11月5日发出《关于清理厂矿交通等企业中的反革命分子和在这些企业中开展民主改革的指示》,要求在1952年底以前,对国营企业内的残余反革命势力加以系统清理,对遗留的旧制度实行适当和必要的民主改革,并提出了具体的办法和指示。1952年,"三反"、"五反"运动开展以后,国营企业又配合运动,在企业职工中开展了清查经济方面违法行为(主要为贪污、占用、盗窃公物)的检举和自查运动。②

民主改革的推进,粉碎了束缚工人的封建枷锁,有效地把工人从机器的附庸变成了管理机器的自觉劳动者。纺织工业是建国前的重要工业部门,但是纺织工业普遍实行侮辱工人人格的搜身制。解放以后,人民政府把废除搜身制作为一条法令予以公布。1949年12月,在陈少敏同志的主持下,中国纺织工会代表会议通过了废除搜身制的决议。全国各国营纺织企业在1950年春天,先后废除了搜身制。当时,许多工厂专门召开大会,由军代表郑重宣布废除搜身制。工人们自己动手,拆掉了常年受气的"抄纱弄堂",搭起了"光荣门",张灯结彩,热烈庆贺。从此,工人能够昂首阔步

---

① 《当代中国的化学工业》编辑委员会编:《当代中国的化学工业》,当代中国出版社,2009年,第14页。

② 吴承明、董志凯主编:《中华人民共和国经济史(1949～1952)》,社会科学文献出版社,2010年,第147、148页。

进出厂门。1950年冬,上海等地私营纺织企业也废除了搜身制。废除搜身制,是对职工进行的一次生动的翻身做主的教育,使大家增强了主人翁的责任感,提高了生产积极性。①

旧中国的煤矿,实行雇佣把头管理的制度。把头之上有大把头,也叫包工大柜。解放初期,各地煤矿把头依仗残余势力,仍然把持矿山,压抑了广大煤矿工人建设新中国的积极性。② 煤矿废除把头制度,最早始于东北黑龙江的鸡西和鹤岗两个矿区。这两个矿区1946年就已从日本侵略者手中接管。当时,解放战争正在进行,由于没有煤炭,军用列车只能靠烧豆饼维持运行。煤矿亟待恢复正常生产,以支持解放战争,稳定解放区的经济。但矿工的生产积极性不高,产量上不去。起初政府还以为是由于矿工的生活问题没有解决,就从解决矿工的吃饭、穿衣等生活问题入手,以期动员恢复生产,但恢复生产的进度仍然不快。经过深入访问工人,才了解到原来是把头从中作梗。煤矿虽然解放了,但把头没撤,有的尽管名义上不叫把头了,然而他们人还在,势力还在。当时战局未定,工人们很怕共产党走了后仍然受把头的欺压。这说明,不彻底废除把头制,矿工就不能彻底翻身,生产就不能迅速发展。据此,1946年至1947年,鸡西和鹤岗两个矿区,先后开展了轰轰烈烈的民主改革运动。工人控诉了敌伪的罪恶,斗倒了把头,法办了其中的罪大恶极分子。工人们扬眉吐气,阶级觉悟提高了,便以主人翁的态度投入了生产,煤炭产量迅速提高,不仅有力地支援了解放战争,而且为已解放城市的工业生产和人民生活提供了重要的燃料。这两个矿区的民主改革和迅速恢复生产,为以后解放的矿区的民主改革提供了丰富的经验。

随着各矿区的相继解放,全国煤矿的民主改革也结合土地改革、镇压反革命和抗美援朝陆续开展起来。1950年3月21日,燃料工业部根据中华全国总工会常务委员会批准的中国煤矿工会代表会议的建议,发布了《关于全国各煤矿废除把头制度的通令》,号召普遍开展反把头运动,彻底废除大大小小的把头。对那些依靠帝国主义、国民党政权迫害工人的血债累累的把头,发动工人斗争后由司法部门依法制裁。对于原把头所雇佣的人员,根据工人群众意见,视其过去行为是否端正及有无生产经验,分别审

---

① 《当代中国的纺织工业》编辑委员会编:《当代中国的纺织工业》,当代中国出版社,2009年,第64页。

② 《当代中国的煤炭工业》编辑委员会编:《当代中国的煤炭工业》,当代中国出版社,2009年,第21页。

查留用或调用。对于在技术上有经验、在群众中有威信的工人及职员,大胆提拔到行政管理岗位上来。广大工人在斗争中受到了教育,增长了才干,涌现出一批积极分子,成为矿山的骨干。据不完全统计,东北和华北两个地区在民主改革中,共清除把头 1661 人,提拔 6876 名有觉悟的优秀工人担任了矿长、队长、区长、班长等基层领导职务。在废除把头制度的同时,燃料工业部和中国煤矿工会筹备委员会还发布了《关于贯彻煤矿管理民主化的联合指示》,要求在国营、合营煤矿企业中认真实行民主化管理,建立由煤矿职工民主选举的煤矿管理委员会和职工代表会议,参加煤矿的管理,以铲除官僚资本主义和封建主义管理的残余,真正体现煤矿工人是煤矿的主人。①

(2) 节约增产运动。

新中国成立初期,发起节约增产运动提高生产效率,成为我国当时经济政策的重要选择。陈云在 1949 年 12 月 2 日召开的中央人民政府委员会上做了题为《发行公债弥补财政赤字》的报告,报告指出:"现在,政府正努力整理税收,增加收入,并且决定在政府机关和部队中厉行节约,增加生产。在增产节约的方针下,已经很苦的军政公教人员的待遇,还不能提高。后方的部队、机关、学校人员,应该尽可能进行生产,以自给一部分粮食和蔬菜。没有直接战斗任务的部队,在可能条件下,要进行农工业生产。一切可能节省的支出,要统统加以节省。"②随着抗美援朝战争的爆发,节约增产被提上议事日程。

1951 年,东北人民政府提出"东北工业生产当前的严重政治任务就是要动员一切力量发挥工业的潜在能力,争取今年为国家增产和节约价值等于 500 万吨粮食的财富"③。1951 年 11 月 9 日,中共中央批转东北局关于增产节约运动的报告。东北局在报告中总结了 1951 年以来东北地区开展增产节约运动的经验。开展这个运动,要经过以下几个步骤:①运动开始,须反复说明意义和方针;②发掘潜力,潜在力量在工厂里、在群众中间;③制订计划;④找窍门,订合同,组织竞赛。中共中央对这个文件的批示是要求各中央局:"根据中央政治局扩大会议的精神和本区具体情况,并参照

---

① 《当代中国的煤炭工业》编辑委员会编:《当代中国的煤炭工业》,当代中国出版社,2009年,第 22 页。
② 《陈云文选(第二卷)》,人民出版社,1995 年,第 35、36 页。
③ 《开展爱国增产节约运动的目的和任务》,中国社会科学院、中央档案馆编:《1949—1952 中华人民共和国经济档案资料选编(工业卷)》,中国物资出版社,1996 年,第 611 页。

东北经验,做出你们自己的全面的(不仅工业也不仅财经)增产节约计划,报告中央。"①

组织生产竞赛,提高生产效率,成为节约增产运动的重要组成部分。1951年1月,在抗美援朝中,东北第15机械厂(后改为齐齐哈尔第二机床厂)马恒昌小组,向全国提出开展爱国主义劳动竞赛的倡议,得到全国的广泛响应。② 煤矿的增产节约运动在整个东北地区于1951年下半年全面开展,华北、华东地区以及其他地区也有初步开展。如东北煤矿管理局所属各局布置的增产节约任务,经过群众讨论后提高32%,华北、华东各矿也同样表现出这种情况。由于紧紧地抓住了推广先进经验的中心环节,各矿区都出现了许多对改进生产方法和管理方法具有重要意义的先进经验和典型事迹,并组织力量普遍推广,这样就使生产改革更加深入了。如掘进工序上出现了大同的马六孩快速掘进循环作业法,山东洪山在打眼上出现了深孔爆破,以及华北焦作出现了空心爆破,使掘进速度由过去的月进150米左右提高到300米左右,整体比过去提高了一倍,最高可达500米左右;长壁回采掌子出现了山东洪山、华北大同、东北鹤岗的正规作业的循环图表制,月产量达15000吨,尤其是洪山五四队在薄煤层的条件下以双循环的方法提高了产量;井下运输方面出现了大同二矿的运输图表制与王凤梧的绞车一千日无事故安全运输经验;机电方面出现了大同的机电定期检修制以及山东洪山具体研究如何掌握截煤机、电溜子保证机电安全运输,这样就配合了生产的需要,克服了采、掘、运、机电安全运转不协调的现象,就有可能按照计划有节奏地生产;机电厂大部推进了多刀多刃及快速切削法;基本建设方面出现了阜新马文志快速钻探法,西安砌井的平行作业法;土建方面均在推行苏长有、谢万福的先进作业法。在推广先进经验的过程中,做得好的地方,片面加强劳动强度突击产量的气氛淡薄了,群众性技术改进的气氛浓厚了,合理组织与技术的互相结合被提出来了,有些厂矿已开始实行小组车间(掌子)成本管理。③

纺织工业则推广了郝建秀细纱工作法和"1951织布工作法",促使工人

---

① 吴承明、董志凯主编:《中华人民共和国经济史(1949~1952)》,社会科学文献出版社,2010年,第299页。
② 《当代中国的机械工业》编辑委员会编:《当代中国的机械工业(上)》,当代中国出版社,2009年,第11页。
③ 《中国煤矿工会全国委员会分党组:关于目前国营煤矿工业增产节约运动的基本情况与今后的意见的报告》,中国社会科学院、中央档案馆编:《1949—1952中华人民共和国经济档案资料选编(工业卷)》,中国物资出版社,1996年,第619页。

主动掌握机器,有计划有规律地使用劳动力,提高产品数量与质量。郝建秀工作法推广后,降低了细纱断头率,减少了皮辊花,从全国范围看,皮辊花从推广前的1.85%降低至推广后的0.9%,棉纱产量从3%提高至5%;"1951织布工作法"推广后,大大地减少了次布率,许多工人消灭了次布,棉布产量提高约4%。在工会与行政部门的配合下,组织两个工作法的学习班和推广组,培养了大批"小先生",全国仅在市级以上即训练了3000余人。这两个工作法的基本精神,不但适用于细纱和织布部门,同样也适用于其他多机床管理部门。细纱与织布工人看锭、看台能力迅速提高,天津出现看1000锭的细纱工人(原看500锭左右),青岛有看40台自动换梭机的织布工人(原看18台到24台)。①

4. 通过召开全国行业会议协调工业发展

1949—1952年新民主主义经济时期,为尽快实现国民经济恢复,人民政府通过召开行业会议,协调各产业以及相关产业的产、供、销关系,协调产业内部的公私关系,实现工业的发展。

最早通过召开全国性专业会议来协调安排生产和建设的是中央重工业部。1949年12月,中央重工业部召开全国钢铁会议,周恩来、朱德、陈云、薄一波均到会做报告。会议讨论了钢铁工业的状况,研究了1950年钢铁工业恢复和建设的方针、任务、投资,以及技术人员的调配问题。钢铁会议上确定了1950年钢铁建设方针、任务及投资,确定东北为当前钢铁建设中心,其次为华北,在生产任务及兴建投资上以东北为最多。1950年的生产任务是:生铁,东北689000吨,关内各区186000吨;钢锭,东北534700吨(大连在内),关内各区123000吨;钢材,东北360000吨(大连在内),关内各区134500吨;在投资方面,东北1300000吨小米,关内共260000吨小米(后改为232500吨)。② 会议还提出:"目前钢铁生产情况突出点是钢锭生产能力大于钢材生产能力,缺乏重型钢材压碾设备,因之今年钢铁建设中在东北增加75万吨重型钢材轧钢机一座,5万吨薄板及9万吨无缝钢管设备,已向苏联交涉订货,在太原改装现有中型轧机试轧重道轨,此外在鞍山修建700吨高炉,天津、上海、太原等地修建马丁炉,并责成东北建厂制

---

① 《中央人民政府纺织工业部:一九五一年工作总结及一九五二年方针任务》,中国社会科学院、中央档案馆编:《1949—1952中华人民共和国经济档案资料选编(工业卷)》,中国物资出版社,1996年,第561-562页。

② 《中央重工业部:关于五个全国性专业会议结果及问题的综合报告》,中国社会科学院、中央档案馆编:《1949—1952中华人民共和国经济档案资料选编(工业卷)》,中国物资出版社,1996年,第203页。

造钢铁工业不可缺少之电极。"①

随后,重工业部在1950年上半年陆续召开了有色金属、电机、化工、机器四个专业会议。有色金属会议提出,重点要解决目前各方亟须的铜、锰、铝、铅问题。1950年的有色金属生产任务是,东北电铜4000吨、电铅4000吨、金35000两、银350000两等,关内则开发湘潭及乐平的锰矿,使1950年产量达到25000吨(后改为50000吨)。在1950年的恢复及修建计划中,关内为山东铝厂、云南东川铜矿、湖南水口铅矿、安徽铜官山铜矿,东北为恒仁铅锌矿、杨家杖子铜矿等。在投资方面,东北共投资150000吨小米,关内则计划投资208000吨小米(后改为5715160吨,地质勘查费在内)。②

在此期间,中财委还专门召开了钨、锑、锡会议;轻工业部召开了首次全国纸张会议。在纸张会议上,大会认为要使国内造纸工业顺利发展,必须首先解决纸浆的供应问题,由于当时国家财政艰难,暂时还不可能提出大规模的建设计划,普遍建立纸浆厂来彻底解决纸浆问题。因此会议决定了重点投资及整理、扩充原有浆厂的计划,同意先扩充四川宜宾木浆厂,华东筹设草浆厂,同时恢复和发展东北的木浆厂;为了解决当前纸张增产的迫切需要,大会同意暂时请政府进口一部分木浆,以协助完成1950年的生产计划。各地国营纸厂由于解放时间的先后不同,行政领导机构事实上还无法统一,互相联系还不够多。经过这次会议,大家不仅进行了互相了解,而且交流了意见和经验,特别是东北纸厂在苏联专家的协助之下,实行了经济核算制度和民主管理,获得了宝贵经验与成果,鼓舞着大家向他们学习和看齐。因此,会议根据各地的现实环境和客观条件,规定了向企业化经营奋斗的具体步骤,同时对今后各地国营纸厂的统一领导和互相联系,也有了明确的原则规定,这必然会对推动各地国营造纸工业进步起到重大作用。③

轻工业部在此期间还召开了全国火柴工业会议;燃料工业部召开了全

---

① 《中央重工业部:关于五个全国性专业会议结果及问题的综合报告》,中国社会科学院、中央档案馆编:《1949—1952中华人民共和国经济档案资料选编(工业卷)》,中国物资出版社,1996年,第204页。

② 《中央重工业部:关于五个全国性专业会议结果及问题的综合报告》,中国社会科学院、中央档案馆编:《1949—1952中华人民共和国经济档案资料选编(工业卷)》,中国物资出版社,1996年,第204页。

③ 《黄炎培:第一次全国纸张会议总结》,中国社会科学院、中央档案馆编:《1949—1952中华人民共和国经济档案资料选编(工业卷)》,中国物资出版社,1996年,第217页。

国电力会议、全国煤矿会议和全国石油工业会议;食品工业部与贸易部联合召开了全国粮食加工会议;轻工业部与卫生部联合召开了全国制药会议;燃料工业部与贸易部联合召开了全国煤炭产销会议。此外,中央有关各部还召开了全国橡胶工业会议、全国卷烟工业会议、全国水力发电工程会议、全国汽车工业会议、全国电信工业会议、全国棉纺织工业会议、第二次全国造纸工业会议、全国钢铁标准工作会议等。[①] 通过召开全国性工业会议,中央政府经济管理部门迅速掌握了各产业的全局,制定正确的方针、政策和措施,较为有效地避免了工业恢复过程中的盲目性,平衡了产销关系,在分清轻重缓急、有重点地进行建设和投资等方面,起到了快速有效的作用。

三、1949—1952年工业经济的恢复

在中国政府的努力下,1950年中国工业生产有所恢复。1950年全国重工业生产完成情况,根据21种主要产品统计,1950年计划生产总值为70651亿元,实际生产总值为72566亿元;完成计划率为103%,其中钢铁工业完成101%,有色金属工业完成112%,化学工业完成102%,电器工业完成99.5%,机器工业完成100%。上述21种产品在1949年的生产总值为22362亿元,因此1950年的生产总值相当于1949年的325%,即3.25倍。其中,钢铁工业为1949年的394%,有色金属工业为1949年的290%,化学工业为1949年的194%,电器工业为1949年的389%,机器工业为1949年的341%。[②] 许多工业产品的生产能力都得到了恢复与发展(参见表1.2.3)。

表1.2.3　国民经济恢复时期主要工业产品产量与基建新增生产能力

产品名称	1952年比1949年增加产量	1952年比1949年基建新增生产能力	新增生产能力在增加产量中所占比重
生铁	168.0万吨	76.4万吨	45.5%
钢	119.2万吨	55.8万吨	46.8%

---

① 吴承明、董志凯主编:《中华人民共和国经济史(1949～1952)》,社会科学文献出版社,2010年,第407页。

② 《中央人民政府重工业部:1950年工作简要总结和1951年的方针与任务(节录)》,中国社会科学院、中央档案馆编:《1949—1952中华人民共和国经济档案资料选编(工业卷)》,中国物资出版社,1996年,第448页。

续表

产品名称	1952年比1949年增加产量	1952年比1949年基建新增生产能力	新增生产能力在增加产量中所占比重
原煤	3400.0万吨	1564.0万吨	46.0%
原油	32.0万吨	12.7万吨	39.7%
发电量	30.0万千瓦时	22.2万千瓦时	74.0%
合成氨	3.3万吨	0.8万吨	24.2%
硫酸	15.0万吨	2.5万吨	16.7%
烧碱	6.4万吨	1.5万吨	23.4%
纯碱	10.4万吨	9.1万吨	87.5%
水泥	220.0万吨	55.8万吨	25.4%
机制纸	26.0万吨	9.4万吨	36.2%
机制糖	25.0万吨	1.3万吨	5.2%

资料来源:汪海波主编《新中国工业经济史》,经济管理出版社,1986年,第115页。

1950年全国国营电厂的设备利用率比1949年增加了13.8%(参见表1.2.4),发挥了设备效能,节省了增加发电设备的投资。

表1.2.4 全国国营电厂1950年与1949年设备利用率比较表

地区	设备利用率/(%)		设备利用小时数/小时		1950年比1949年增减的百分数/(%)
	1949年	1950年	1949年	1950年	
全国	26.1	29.7	2290	2600	+13.8
东北	24.5	30.0	2148	2630	+22.4
华北	28.8	33.5	2530	2940	+16.3
华东	24.6	27.2	2155	2380	+10.6
中南	26.3	22.5	2300	1940	-14.4
西南	43.5	35.6	3810	3120	-18.2
西北	36.5	38.2	3200	3350	+4.66

资料来源:中国社会科学院、中央档案馆编《1949—1952中华人民共和国经济档案资料选编(工业卷)》,中国物资出版社,1996年,第470页。

经过三年努力,1952年同1949年相比,工农业总产值增长了73.8%,其中农业增长了48.4%;工业取得了较快速度的恢复,增长了145%,其中重工业增长了329.7%,轻工业增长了214.6%。①

机械工业在国民经济恢复期间得到较快发展(参见表1.2.5)。机械工业制造技术在这期间有所提高。通过测绘仿制,整理图纸资料,三年中试制了上千种新产品,到1952年已经能够制造一些较大、较精密的设备。例如,300马力柴油机、375马力蒸汽机、直径1米和2米立车、3628型刀具磨床、6H82型万能铣床、75毫米镗床、200马力空气压缩机、1000米地质钻机、3000千瓦水轮发电机等,为国民经济各部门的重要厂矿以及淮河整治等,提供了许多关键配件和设备。②

表1.2.5　1949年、1952年主要机械产品产量与1947年的产量对比

产品名称	单　　位	1949年	1952年	1947年
金属切削机床	台	1582	13734	2616(1941年)
工业锅炉	台	209	1000	690
发电机	千瓦	10181	29678	22700
电动机	万千瓦	6.1	63	5.13
变压器	万千伏安	11.9	117.2	14.6
柴油机	马力	—	17995	13800
轴承	万套	13.8	117.9	—

资料来源:《当代中国的机械工业》编辑委员会编《当代中国的机械工业(上)》,当代中国出版社,2009年,第12页。

到1952年底,电力工业恢复了30多万千瓦的出力。1949年,东北、华北和华东三个大区的国营电厂的设备容量为88.9万千瓦,而实际可能出力仅57.9万千瓦,占设备总容量的65%。经过恢复改建,到1952年底基本上都恢复了铭牌出力,提高了发电设备利用小时。1949年,东北、华北和华东三个地区的电厂全年的平均设备利用小时仅2170小时,东北为2140小时,华北为2480小时,华东国营9个电厂为1880小时。到1952年,电厂的平均设备利用小时数均升高了,东北为4541小时,华北为4310小时,华东为4510小时。原定两三年内增加发电设备容量32万千瓦,到1952年超额完成了任务。生产消耗有较大降低,1950年东北、华北、华东三个大区平均发电煤耗率为833克/千瓦时,厂用电率为6.8%,线损率为

---

① 笔者根据国家统计局编《中国统计年鉴(1981)》第17页相关数据计算。
② 《当代中国的机械工业》编辑委员会编:《当代中国的机械工业(上)》,当代中国出版社,2009年,第12页。

19.85%。1952年全国部属企业发电煤耗率为660克/千瓦时,厂用电率为5.58%,线损率为12%左右。在此期间,电力工业逐步推行了生产、技术和经营管理制度,如定额管理、经济核算制度、预算制度,强调生产上实行定期检修制度、安全规程、各种运行规程等,基本上改变了国民党时期企业管理混乱的现象,为实行计划经济创造了条件。①

到1952年底,全国钢铁工业共恢复和扩建了高炉34座,平炉26座。钢铁工业的产值、产量有了迅速增长。1949年全国钢铁工业总产值为19179.8万元,1950年为60952.1万元,1951年为91178.4万元,1952年为136959.4万元。1952年,钢产量超过历史最高年产量(1943年)的46.1%,生铁超过历史最高年产量(1943年)的7.1%,成品钢材超过历史最高年产量(1943年)的91.2%,只有铁矿石未超过历史最高年产量(钢铁产量增长可参见表1.2.6)②。鞍钢在国民经济恢复时期较快地恢复了生产,1949年,鞍钢钢材年产量为9.97万吨,1952年达到78.87万吨,为全国钢材产量的58.4%,有力地支援了全国的工业建设(参见表1.2.7)。

表1.2.6 国民经济恢复时期钢、生铁、成品钢材、铁矿石产量 单位:万吨

年 份	钢	生铁	成品钢材	铁矿石
1949年	15.8	25.2	14.0	58.9
1950年	60.6	97.8	40.9	235
1951年	89.6	144.9	66.9	270
1952年	134.9	192.9	112.9	428.7

资料来源:《当代中国的钢铁工业》编辑委员会编《当代中国的钢铁工业》,当代中国出版社,2009年,第35页。

表1.2.7 1942—1952年鞍钢与全国生铁、钢、钢材产量比较

年 份	生铁			钢			钢材		
	全国/万吨	鞍钢/万吨	鞍钢占全国/(%)	全国/万吨	鞍钢/万吨	鞍钢占全国/(%)	全国/万吨	鞍钢/万吨	鞍钢占全国/(%)
1949年	25	10.16	40.6	15.8	9.97	63.1	14	7.76	55.4
1950年	98	51.6	52.7	61	44.37	72.7	40.9	22.63	55.3

---

① 《当代中国的电力工业》编辑委员会编:《当代中国的电力工业》,当代中国出版社,2009年,第27、28页。

② 《当代中国的钢铁工业》编辑委员会编:《当代中国的钢铁工业》,当代中国出版社,2009年,第35页。

续表

年份	生铁			钢			钢材		
	全国/万吨	鞍钢/万吨	鞍钢占全国/(%)	全国/万吨	鞍钢/万吨	鞍钢占全国/(%)	全国/万吨	鞍钢/万吨	鞍钢占全国/(%)
1951年	145	67.63	46.6	90	58.69	65.2	66.9	32.54	48.6
1952年	193	82.56	42.8	135	78.87	58.4	112.9	47.0	41.6
合计	461	211.95	46.0	301.8	191.9	63.6	234.7	109.93	46.8

资料来源:鞍钢史志编纂委员会《鞍钢志(1916—1985)(上卷)》,人民出版社,1991年,第16页。

经济最为活跃的华东地区,集中主要力量恢复和发展了重工业生产,并相应地恢复与发展了轻工业的生产。在各主要工业部门中,一般说来,重工业部门的发展速度多半快于轻工业部门的发展速度,特别是重工业的心脏——机器制造工业部门的增长速度,取得了较快发展。例如,金属切削机床、发电机等产品生产都取得了长足的发展(参见表1.2.8)。

表1.2.8 华东地区重要工业产品的恢复

工业产品	1953年与1950年之比/(%)	1953年与1952年之比/(%)
电力	184	123
钢	695	210
钢材	428	145
铜	854	122
发电机	2980	217
金属切削机床	779	139
裸铜线	1210	255
电缆	40836	335
棉纱	174	114
棉布	144	105
胶鞋	210	156
卷烟	244	151

资料来源:中国社会科学院、中央档案馆编《1949—1952中华人民共和国经济档案资料选编(工业卷)》,中国物资出版社,1996年,第839页。

上海经济也有所恢复。在1950年到1952年的三年经济恢复时期,国家财力有限,上海全民所有制工业企业基本建设投资仅为7249万元,其中的5970万元用于改造几个国营冶金、机械、化学工业企业,同时鼓励私人金融资本、商业资本向原材料工业方面转移,使原材料工业和机械工业在经济恢复时期率先得到发展。到1952年,原材料工业中,钢产量由1949年的5200吨增至7.14万吨,增长了12.7倍;仿制和研制了一批国家急需的机械产品,如为解决上海电力供应不足的问题,生产了一批柴油发电机,为恢复煤矿生产试制成功750千瓦四极异步发电机、75马力卷扬机,为治理淮河提供了闸门启闭机,为中国人民志愿军提供了修理桥梁用的打桩机、坑道通信发电用的小汽油机和通风机等新产品。1952年,全市工业总产值比1949年增长94%,其中重工业产值增长2.42倍,轻工业产值增长74.2%;重工业产值占工业总产值的比重由1949年的11.8%上升到20.9%。①

1949—1952年,由于东北工业的迅速发展,东北机械工业产值在发展最好时期的1943年仅占整个工业总产值的6.7%,在1952年增长到12.5%,大大超过了旧时代的水平。机械工业中新产品不断增加,三年多时间里新产品增加近1000种,许多过去不能制造的大型精密机械如万能铣床、人字牙轮镗床和精密刨床等,都能够自主制造了。为了提高职工管理企业的能力和技术水平,三年多时间里,中国共产党和中国政府一方面号召干部努力钻研生产,另一方面在依靠工人阶级办好国家企业的方针下,得到了苏联专家的帮助,发挥了全体职工的创造性和劳动热忱,使职工管理现代企业的能力和技术水平大大提升。通过学习苏联的先进经验和技术,不断地提倡发明创造,各个企业部门都出现了一些有决定意义的先进生产经验。1952年大力推广的就有机械工业中的高速切削、快速切削和多刀多刃切削法,按指示图表组织有节奏生产的方法和杨守训翻砂造型法;煤矿工业中的周期采煤、崔国山快速掘进法、马文志快速钻探法、施玉海安全生产经验;钢铁工业中的平炉快速炼钢法;电器工业中的劳动分工专业化;基本建设中的苏长有砌砖法、杨德重抹灰法、谢万福木工流水作业法;电力工业中的调整负荷办法和快速检修经验;造纸工业中的快速蒸煮法;食品工业中的李川江车间和张文富小组的制油经验等。东北工业部门

---

① 《当代中国的上海》编辑委员会编:《当代中国的上海(上)》,当代中国出版社,2009年,第320页。

的劳动生产率,比日伪时代提高了40%—50%,有的单位甚至提高了一倍到数倍。[①]

西北地区工业恢复发展的成就显著,电、原油等重要工业产品产量都有较大幅度提升。重工业产品的恢复为日后的大规模工业化奠定了重要基础。棉纱、布匹等轻工业产品也取得了较快的发展(参见表1.2.9)。

表1.2.9 西北地区主要工业1952年与1949年产量比较

产品名称	计量单位	1949年	1952年	1952年较1949年增加
电	10^3千瓦时	14155.60	53889.74	280.70%
原煤	吨	988318.02	1465961.09	48.33%
原油	10^3升	81737.82	165971.75	103.05%
汽油	10^3升	27046.44	66522.96	145.96%
机器	百万元(总值)	4100.76	70144.12	1610.52%
硫酸	吨	10.28	168.61	1540.18%
棉纱(折合20支)	件	37929.74	101383.13	167.29%
布匹(折合人民市布)	匹	476924.97	1375452.70	188.40%
洗毛	吨	228.24	1522.10	566.89%
火柴	件	97999.26	109219.00	11.45%
面粉	袋	3117026.36	5700754.50	82.89%

说明:(1) 1952年各产品年产量,11、12月多数为预计数字;
(2) 1952年电力设备总能力为14256千瓦,较1949年(4612千瓦)增加209.11%;
(3) 1952年纺织设备能力,纱机为174912锭,较1949年(92350锭)增加89.40%,布机为2461台,较1949年(1366台)增加80.16%;
(4) 1952年硫酸产量是至11月底的实产数。

资料来源:中国社会科学院、中央档案馆编《1949—1952中华人民共和国经济档案资料选编(工业卷)》,中国物资出版社,1996年,第870页。

在恢复和改建的同时,国营工业劳动生产率及原有设备利用率大为提高(参见表1.2.10、表1.2.11)。

---

① 《东北人民政府:三年来东北工业建设获得伟大成就》,中国社会科学院、中央档案馆编:《1949—1952中华人民共和国经济档案资料选编(工业卷)》,中国物资出版社,1996年,第850—851页。

表 1.2.10 劳动生产率的变化

年　份	1949 年	1950 年	1951 年	1952 年
每工人全年平均产值/元	4900	6200	7100	7900
以 1949 年为 100	100	127	145	161
以前一年为 100	—	127	115	111

资料来源：中国社会科学院、中央档案馆编《1949—1952 中华人民共和国经济档案资料选编（工业卷）》，中国物资出版社，1996 年，第 807 页。

表 1.2.11 国民经济恢复时期设备利用率

年　份	1949 年	1952 年	1952 年较 1949 年的比值
发电设备利用率	26.3%	42.0%	＋60%
炼铁设备能力利用率	31.6%	84.4%	＋168%
炼钢设备能力利用率	24.9%	58.6%	＋135%
棉纺机时间利用率	58.2%	94.2%	＋62%
织布机时间利用率	58.0%	95.6%	＋65%

资料来源：中国社会科学院、中央档案馆编《1949—1952 中华人民共和国经济档案资料选编（工业卷）》，中国物资出版社，1996 年，第 807 页。

第二章

优先重工业发展战略的选择与工业发展的起步(1953—1957)

经过1949—1952年的努力,中国工业逐步恢复。在严峻的国际形势下,为了建立强大的工业体系,巩固国家安全,实现工业的赶超发展,中国共产党和中国政府选择了优先重工业发展的战略。在苏联的援助下,1953—1957年,中国开始了以156项工程为核心的"一五"计划建设。重工业技术含量高、投资规模大、建设周期长,而当时中国技术水平落后,物质资本、人力资本均匮乏,但普通劳动力人数众多。优先重工业发展的战略要求和中国的要素禀赋不符,为保证优先重工业发展战略的实现,中国共产党和中国政府选择了计划经济、单一公有制和固定价格机制为重要特征的传统社会主义经济体制。优先重工业发展战略和传统社会主义经济体制的弊端于1956年初现苗头,中国共产党为摆脱苏联模式,召开八大对建国以来的经济建设经验进行总结,对产业结构、经济体制等问题也进行了探索。整体而言,1953—1957年的工业发展速度较快,奠定了中国工业化的基础。

第一节 优先重工业发展战略的选择

一、优先重工业发展战略选择的背景

1. 落后挨打的历史教训

面对旧中国落后挨打的国情,近代仁人志士都有赶超世界发达国家的

理想。虽然我国从洋务运动开始就追求"机船矿路",但历经百年的工业化努力,仍然远未能成为工业强国。自鸦片战争以后,百年落后挨打的历史也给新中国领导人以较大的压力。以毛泽东为核心的党的第一代中央领导集体有强烈的动力让中国屹立于世界强国之林。在国际环境紧张、祖国完全统一尚未完成的背景下,加快速度发展重工业,成为中国作为后发大国实现国家独立的必要途径。

2. 薄弱的重工业基础制约了国民经济发展水平

正如毛泽东同志所指出的:"现在我们能造什么?能造桌子椅子,能造茶碗茶壶,能种粮食,还能磨成面粉,还能造纸,但是,一辆汽车、一架飞机、一辆坦克、一辆拖拉机都不能造。"[1]薄弱的重工业基础不仅使我国的国家安全难以保障,而且严重制约了我国农业、轻工业的发展,成为我国经济发展、人民福利提高的重要瓶颈。当时估算,如果全国人民每人要多做一套衣服,就要多生产出9000万匹布,就得建设10万锭子的大纺织厂27个,而这27个纺织厂所需的纺纱机和织布机,要由9个年产30万纱锭的纺织机械制造厂来生产。要建造这些工厂,并维持它的不断生产,除需要农业上不断供给大量的棉花外,还要有大量的钢铁、水泥、电力以及化学原料。以发展供应人民食用和供应工业原料的农业为例,如果我们要在全国40%的耕地上施用化学肥料,每年就得生产五百多万吨硫铵及其他产品,就需要建设二三十座巨大的化学工厂。如果要在全国10%的耕地上使用拖拉机,就要生产五万多台拖拉机,建立起供应这些机器以各种油料的石油工业。[2] 中国要建立完备的工业体系,推动国家的富强,就离不开重工业的较快发展。

3. 冷战背景与紧张的国际环境

第二次世界大战结束前后,两大阵营日渐形成。在这种新格局下,作为东方大国的中国显然不能置身局外。新中国诞生之时,正是东西方冷战升级、社会主义阵营和资本主义阵营尖锐对立的时候,美苏两国都不可能允许新中国在它们之间采取某种较为平衡的策略,新中国要保持中立的做法显然是行不通的,必须在两大阵营中做出抉择。中国政府选择了"一边

---

[1] 《关于中华人民共和国宪法草案》,中共中央文献研究室编:《毛泽东文集(第六卷)》,人民出版社,1999年,第329页。

[2] 《人民日报社论:发展重工业是实现国家社会主义工业化的中心环节》,中国社会科学院、中央档案馆编:《1953—1957中华人民共和国经济档案资料选编(工业卷)》,中国物价出版社,1998年,第12页。

倒"的外交战略,加入了社会主义阵营。中国与当时发达的西方资本主义国家关系紧张,在严峻的国际局势下利用国内外两个市场、国内外两种资源比较困难。以苏联为首的社会主义阵营给了中国真诚的帮助,这也让中国的工业化道路受到苏联的较大影响。

4. 苏联的示范效应

20世纪中叶,世界上成功的工业化道路主要有三条。第一条是以英、美为代表的先发资本主义国家的工业化道路。先发国家主要立足于市场的力量,从轻工业起步,通过工业革命和资本积累进行产业结构升级。国家对外扩张主要为本国工业化扩展市场和原料产地。第二条是德国、日本等后发工业化国家的道路。这些国家在发展过程中面对日趋激烈的竞争,选择了政府干预,并加紧对外争夺殖民地、半殖民地,完成工业化进程,走上军国主义道路。第三条是以苏联为代表的社会主义工业化道路。在工业基础薄弱、外部环境严峻的基础上,通过强大的国家力量,运用计划经济的方式最大限度地调动资源,推进重工业的优先、高速发展。这条工业化道路有战时经济的特点,并在取得"二战"的胜利中发挥了重要的作用。

当时认为,为缩短工业化的时间,苏联采取了优先发展重工业的方针,在十月革命胜利后的十五年内,就走完了资本主义国家需要几十年才能走完的道路,由一个落后的农业国变成工业化的国家。斯大林在总结苏联社会主义建设的经验时曾一再指出,苏联所以能够迅速地实现工业化,最重要的经验,就是排斥了"通常的"工业化道路,而采取了优先发展重工业的社会主义工业化道路。显然,苏联过去所走的道路,正是刚刚建立的新中国要学习的榜样。[①]

中国是一个大国,百年发展的屈辱让毛泽东等第一代领导人也不甘于让中国成为大国的附庸,必须要自力更生建立独立的工业体系,而建立独立的工业体系就要让重工业优先发展。欧美先发资本主义国家的工业化道路,中国已经难以模仿,而德、日对外扩张的工业化道路也难以选择。苏联工业化道路具有强大生命力,成为中国学习与模仿的对象。

---

① 《人民日报社论:发展重工业是实现国家社会主义工业化的中心环节》,中国社会科学院、中央档案馆编:《1953—1957中华人民共和国经济档案资料选编(工业卷)》,中国物价出版社,1998年,第10-11页。

二、中国共产党对优先重工业发展战略的选择

列宁指出:"大机器工业是社会主义唯一可能的经济基础。"①民主革命时期毛泽东指出:"新民主主义社会的基础是机器。"②1949年3月的中共七届二中全会上,中国共产党就确定了革命胜利后稳步地由农业国转变为工业国,把中国建设成为一个伟大的社会主义国家的战略任务。

随着国民经济的恢复,加速工业化也逐渐提上议事日程。1952年9月,中央人民政府政务院财政经济委员会(简称中财委)提出编制第一个五年计划轮廓的方针,认为第一个五年计划建设的重点是工业,而重工业是工业中的决定性环节。因此,第一个五年计划建设应"以重工业为主,轻工业为辅"。③毛泽东同志在修改和审定党在过渡时期总路线学习和宣传提纲时,提出"实现国家的社会主义工业化的中心环节是发展国家的重工业",进一步明确了社会主义社会的基础是大机器工业。④

1953年9月24日,中共中央正式向全党和全国人民公布了党在过渡时期的总路线,其内容为:"从中华人民共和国成立,到社会主义改造基本完成,这是一个过渡时期。党在这个过渡时期的总路线和总任务,是要在一个相当长的时期内,基本上实现国家工业化和对农业、手工业、资本主义工商业的社会主义改造。这条总路线,应是照耀我们各项工作的灯塔,各项工作离开它,就要犯右倾或'左'倾的错误。"⑤实现工业化的同时完成社会主义改造成为当时党和政府工作的中心。1953年9月,周恩来同志在向全国政协常务委员会所做的《过渡时期的总路线》的报告中强调,"首先集中主要力量发展重工业,建立国家工业化和国防现代化的基础"⑥。周恩来同志还强调:"重工业是国家工业化的基础。我们虽然还有一点重工业的底子,但是作为工业化的基础,是很不够的。因此,不能不首先集中主要力量来发展重工业。苏联在第一个五年建设计划开始时,重工业的基础比我

---

① 《关于俄共策略的报告(1921.7.5)》,中共中央马克思恩格斯列宁斯大林著作编译局编译:《列宁全集(第四十二卷)》,人民出版社,2017年,第57页。
② 《致秦邦宪(1944.8.31)》,《毛泽东书信选集》,人民出版社,1983年,第239页。
③ 《中财委:关于编制五年计划轮廓的方针(1952.9)》,中国社会科学院、中央档案馆编:《1953—1957中华人民共和国经济档案资料选编(综合卷)》,中国物价出版社,2000年,第390页。
④ 高伯文:《中国共产党与中国特色工业化道路》,中央编译出版社,2008年,第72页。
⑤ 《过渡时期的总路线》,中共中央文献研究室编:《建国以来重要文献选编》(第四册),中央文献出版社,1993年,第348-349页。
⑥ 《过渡时期的总路线(1953.9.8)》,《周恩来选集(下卷)》,人民出版社,1984年,第109页。

第二章 优先重工业发展战略的选择与工业发展的起步(1953—1957)

们大,但他们仍然是集中主要力量发展重工业。我们更需要集中主要力量发展重工业,因为我们的底子不行。国防工业是要在重工业的基础上发展的。我们现在还不能制造坦克、飞机、汽车、拖拉机和高级的炮。苏联从1928年开始计划建设,当时许多资本主义国家还把机器卖给苏联,国际形势还不像后来那样紧张,希特勒还没有上台,还可以按部就班地做。我们现在的情况与苏联当时的情况不同,更要加速发展重工业以加强国防。"[1] 1953年前后,优先重工业发展战略已经成为我国经济发展的指导思想。当时我国认为"只有建立了重工业,才能使全部工业、运输业以及农业获得为发展和改造所必需的装备"。[2] 1954年9月,一届全国人大第一次会议召开,周恩来同志在会上所做的《政府工作报告》又进一步展开说明,第一个五年计划要集中力量发展重工业,即冶金工业、燃料工业、化学工业、动力工业、机械制造工业。[3] 1955年7月,一届人大二次会议通过的《中华人民共和国发展国民经济的第一个五年计划(1953—1957)》,明确规定了五年中工业化的主要任务:集中主要力量进行以苏联帮助我国设计的156项工程建设单位为中心的、由限额以上的694个单位组成的工业建设,建立我国社会主义工业化的初步基础。[4] 关于优先发展重工业的战略,国务院副总理李富春在《关于发展国民经济的第一个五年计划的报告》中做了精辟的说明,他指出:社会主义工业化是我们国家在过渡时期的中心任务,而社会主义工业化的中心环节,则是优先发展重工业。只有建立起强大的重工业,即建立起现代化的钢铁工业、机器制造工业、电力工业、燃料工业、有色金属工业、基本化学工业等等,我们才可能制造现代化的各种工业设备,使重工业本身和轻工业得到技术的改造;我们才可能供给农业以拖拉机和其他现代化的农业机械,供给农业以足够的肥料,使农业得到技术的改造;我们才可能生产现代化的交通工具,如火车头、汽车、轮船、飞机等等,使运输业得到技术的改造;我们也才可能制造现代化的武器,来装备保卫祖国的战士,使国防更加巩固。同时,只有在发展重工业的基础上,我们才能显著

---

[1] 《过渡时期的总路线》,中共中央文献研究室编:《建国以来重要文献选编》(第四册),中央文献出版社,1993年,第354页。
[2] 《为动员一切力量把我国建设成为一个伟大的社会主义国家而斗争(1953.12)》,中共中央文献研究室编:《建国以来重要文献选编》(第四册),中央文献出版社,1993年,第705页。
[3] 《把我国建设成为强大的社会主义的现代化的工业国家(1954.9.23)》,《周恩来选集(下卷)》,人民出版社,1984年,第133页。
[4] 《中华人民共和国发展国民经济的第一个五年计划(1953—1957)》,中共中央文献研究室编:《建国以来重要文献选编》(第六册),中央文献出版社,1993年,第288页。

地提高生产技术,提高劳动生产率,能够不断地增加农业和消费品工业的生产,保证人民生活水平的不断提高。由此可见,优先发展重工业的政策,是使国家富强和人民幸福的唯一正确的政策,实行这个政策,将为我国建立起社会主义的强大的物质基础。① 优先发展重工业战略成为贯穿我国20多年工业化的指导思想。

我国的优先重工业发展战略,不是在市场经济充分发达的基础之上进行的,也不是在轻工业充分发展、生产力发展水平较高的基础之上推进的。虽然1949—1952年中国经济有所恢复,但是在物质资本和人力资本②上仍然稀缺,市场发育不完全,工业化水平低,重工业极不发达。在积弱的经济基础与恶劣的外部条件下,中国如何跨越"贫困陷阱",克服"低收入—低储蓄—低投入—低生产率—低收入"的"贫困循环"③,成为我国政府面临的重要问题。在这个大背景下,由于重工业发展经济的外部性,以及它在保障国家安全方面的重要性,我国选择了优先重工业发展战略。这种经济发展战略具有以下几个特点:①以高速度发展为首要目标;②优先发展重工业;③以外延型的经济发展为主,外延型经济发展是指实现经济增长的主要途径是靠增加生产要素;④从备战和效益出发,加快内地发展,改善生产力布局;⑤以建立独立的工业体系为目标,实行进口替代。但是,重工业的发展投资数额巨大、建设周期长,和我国资本稀缺、劳动力丰富的资源禀赋不符。这就需要集中有限力量,通过拥有强大动员能力的政府,调动国内资源来突破"贫困陷阱"。在优先发展重工业的战略下,我国加快了经济的制度变迁,建立了高度集中的计划经济体制。

第二节　高度集中计划经济体制的建立

中国是一个发展中大国,它的工业化是在温饱问题没有解决、市场孕育极不充分、资本积累十分有限、人均资源非常匮乏、国际环境恶劣的状况中起步的。我国重工业的优先发展无法借助市场机制进行资源配置得以实现,采用计划手段,集中有限的资源进行重工业建设,成为我国政府推进

---

①　董志凯、吴江:《新中国工业的奠基石——156项建设研究(1950—2000)》,广东经济出版社,2004年,第93页。

②　这里的人力资本主要指受过教育的人才。

③　纳克斯归纳了贫困循环,即从供给来看存在"低收入—低储蓄—低资本形成—低生产率—低产出—低收入"的恶性循环,而从需求上看存在"低收入—投资引诱不足—低资本形成—低生产率—低收入"的恶性循环。

第二章 优先重工业发展战略的选择与工业发展的起步(1953—1957)

工业化的必然选择。

新民主主义经济建设时期,我国政府曾设想待生产力发展到一定水平之后再进行生产关系的变革(也可以看作是制度变革)。当时设想经过15—20年时间,在工业化基本完成之后再发动社会主义改造,实现社会主义。[①]但是要完成工业化的快速发展,需要加大资本积累,而当时中国要完成资本积累只能通过政府的力量,以计划替代市场,进行当时并不具备比较优势的重工业建设。1952年底,随着国民经济顺利恢复和发展,毛泽东同志不再坚持新民主主义社会的构想,开始思考尽快向社会主义过渡的问题,并认为"十年至十五年内在中国有可能基本上实现社会主义的转变"。[②] 1953年,中共中央按照毛泽东同志的建议,正式提出过渡时期的总路线,要经过三个五年计划,逐步实现国家的社会主义工业化,并逐步实现国家对农业、手工业和对资本主义工商业的社会主义改造,实现中国社会从新民主主义到社会主义的过渡。[③] 我国的指导思想演变为"一化三改",一方面,"实现国家的社会主义工业化的中心环节是发展国家的重工业",以建立国家工业化和国防现代化的基础;另一方面,把现有的资本主义工业改造为社会主义性质的工业,"使社会主义工业成为我国唯一的工业"。[④] 此时,工业化的意义包含着两个层面的问题:一个是生产力的层面,即从农业国向工业国的转变;另一个是生产关系的层面,即从资本主义的生产关系向社会主义公有制的关系转变。但在实际的推进过程中,制度变迁的速度远远大于工业化的速度。"三大改造"仅用3年时间就基本完成,从此我国建立了单一公有制和计划经济的体制。我国工业领域的变化主要包括以下几个方面。

一、社会主义改造与单一公有制的建立

经过1949—1952年的发展,社会主义性质的公有制经济比重不断上升。当时在工业方面,高级的形式是公私合营,即企业中有公股参加,公私共同管理,公方处于领导地位,私人所有制是被承认的,但已经受到限制。中级的形式是加工订货,即原材料由国家供给,产品由国家收购,由私人进行生产,私人所有制也受到限制,不能到自由市场去购买原材料和销售产

---

① 赵德馨主编:《中国经济通史(第十卷)》(上册),湖南人民出版社,2002年,第14-18页。
② 《建国以来毛泽东文稿(第三册)》,中央文献出版社,1989年,第609页。
③ 高伯文:《中国共产党与中国特色工业化道路》,中央编译出版社,2008年,第58-59页。
④ 高伯文:《中国共产党与中国特色工业化道路》,中央编译出版社,2008年,第59、60页。

品了。低级的形式,一般是原材料主要由私人购买,由私人进行生产,国家收购其产品的大部分,私人还能保留一小部分自销。① 通过与政府合作,私营企业摆脱了建国初期资金、原材料不足,销路不畅的难题。1953年是私营工业生产发展较大的一年,国家对私营工业加工、订货的投放也较多,如以产值计算,国家加工、订货、包销、收购的价值占10人以上的私营工业企业全部生产的70%,占500人以上的企业生产的比重最大,约89.2%;占100—499人的企业生产的77.6%;占50—99人的企业生产的67.2%;不足50人的大型企业约64.1%,比重最少的为10人以上的小型企业,约46.7%。② 这一时期,许多私营工业通过公私合营已经有了社会主义成分(参见表2.2.1)。

表 2.2.1　1953年10人以上私营工业企业主要行业情况

	企业单位数/个	全部职工人数/人	总产值/亿元	加工、订货、包销、收购产值/亿元
煤炭开采	1297	69046	3941	1349
机器制造	3885	114192	8298	38568
金属制品	4709	118767	72250	41620
化学加工	1294	38860	47186	22010
建筑材料	3739	84738	14254	9234
橡胶工业	393	25235	35378	27590
生产用木材加工	871	20378	12422	7444
火柴工业	197	21586	4871	3152
造纸工业	574	21476	11183	7025
日用棉纺	153	122779	108180	104944
日用棉织	4531	195723	119053	94215
毛纺织	97	9357	11929	6623
针织业	1461	47996	28119	18137
缝纫业	988	20450	14238	9605
碾米业	1812	34040	69788	64878

---

① 中国社会科学院、中央档案馆编:《1953—1957中华人民共和国经济档案资料选编(工业卷)》,中国物价出版社,1998年,第270页。
② 中国社会科学院、中央档案馆编:《1953—1957中华人民共和国经济档案资料选编(工业卷)》,中国物价出版社,1998年,第299页。

续表

	企业单位数/个	全部职工人数/人	总产值/亿元	加工、订货、包销、收购产值/亿元
食用油脂	788	18128	18854	14146
烟草制造	680	41543	27045	7591
制糖	74	2064	1159	1062
食盐	968	25807	2294	2154
印刷	1088	26443	13859	5486

资料来源：中国社会科学院、中央档案馆编《1953—1957 中华人民共和国经济档案资料选编（工业卷）》，中国物价出版社，1998 年，第 300-301 页。

这一时期，由于原材料供应困难，公私生产未能很好地统一安排，以及私营工厂本身技术条件的限制，私营工业生产设备的利用率一般都很低。例如，日用橡胶工业的设备利用率约达 60%（重庆资料），棉织业约达 60%（山东资料），木材加工业约达 40%，针织业约达 70%，缝纫业不到 50%，面粉约达 25%，碾米约达 80%，机器榨油约达 80%，卷烟约达 25%，火柴约达 15%（上海资料）。①

1952 年，中国政府进行了"五反"运动，工业资本家偷税、行贿等问题揭露出来，有的还较为严重。私营企业生产的自发性与大规模工业的矛盾日益凸显。1953 年，我国开始了资本主义工商业的社会主义改造。中财委于 1953 年 12 月召开了"全国扩展公私合营企业计划会议"。会后，李维汉向中央提交了《关于将资本主义工业纳入国家资本主义的轨道的意见》，这个汇报提纲提出，在两个五年计划内基本上完成对雇佣 10 个工人以上的私营企业的公私合营。中共中央批准了这个提纲。1954 年国家发展公私合营工业企业的计划即是按照这个提纲的设想制订的。到 1954 年底，全国公私合营工业企业的户数已经达到 1746 户，职工人数为 53.3 万余人，产值 51.1 亿元，分别占全国公私合营与私营工业总职工和总产值的 23% 和 33%，实行公私合营的工业企业一般都是有发展前途并且职工人数在 100 人以上的大型企业。由于截至 1954 年底所实行的公私合营都是单个企业分别进行的，当时称之为"吃苹果"（称全行业公私合营为"吃葡萄"），所选择的企业一般都是发展有潜力、产品有市场的大型企业，加上国家又注入

---

① 《国家统计局：十个职工以上的私营工业调查报告》，中国社会科学院、中央档案馆编：《1953—1957 中华人民共和国经济档案资料选编（工业卷）》，中国物价出版社，1998 年，第 299 页。

资金,因此这些企业合营后的劳动生产率和利润一般都明显高于合营前。[①] 随着公私合营的不断深入,私营工业的力量逐步式微,在重要工业品中的比重日益减少(参见表2.2.2、表2.2.3)。1955年公私合营的工业和国家委托、订购的工业的产值已经占了绝对优势。

表 2.2.2 私营工业主要产品产量占全部工业产品产量百分比　　　单位:%

年　份	1949年	1952年	1955年
电力	36	6	0
原煤	28	12	4
硫酸	27	4	0
烧碱	59	33	17
水泥	26	27	0
电动机	80	21	6
金属切削机床	—	53	21
胶鞋	70	53	25
棉纱	47	37	1
棉布	40	49	26
纸	63	35	5
火柴	81	45	16
食用油	—	48	17
面粉	79	46	7
卷烟	80	29	5

注:列表不包括个体手工业数据(表2.2.3同)。
资料来源:中国社会科学院、中央档案馆编《1953—1957中华人民共和国经济档案资料选编(工业卷)》,中国物价出版社,1998年,第326页。

表 2.2.3 历年国家经济成分的变化情况　　　单位:%

年　份	1949年	1950年	1951年	1952年	1953年	1954年	1955年
全部合计	100	100	100	100	100	100	100
公私合营工业	3	5	7	11	13	33	50
加工、订货、包销、收购部分	12	28	40	50	54	53	41

[①] 武力主编:《中华人民共和国经济史》(上册),中国经济出版社,1999年,第290页。

续表

年　份	1949年	1950年	1951年	1952年	1953年	1954年	1955年
私营工业自产自销部分	85	67	53	39	33	14	9

资料来源：中国社会科学院、中央档案馆编《1953—1957中华人民共和国经济档案资料选编（工业卷）》，中国物价出版社，1998年，第337页。

1955年下半年，在毛泽东同志的推动下，中国农村出现了农业社会主义改造高潮。农业社会主义改造高潮的出现，一方面消灭了广大农村的私有经济，使私人资本主义工商业更加孤立，使其感到社会主义已是大势所趋；另一方面，也使党和政府产生了早日完成社会主义改造的急躁心情。同年10月，毛泽东同志邀请全国工商联执委召开座谈会，希望私营工商业者认清社会发展规律，接受社会主义改造，把自己的命运与国家的前途结合起来。不久，在全国工商联会议上，陈云副总理又对全行业公私合营和定息等问题做了进一步说明。随后会议通过了《告全国工商界书》，要求全国各地工商业者响应中共中央号召，积极接受社会主义改造。同年11月，中共中央召开资本主义工商业改造问题座谈会和七届七中全会，会议确定了实行全行业公私合营的方针、政策和计划。根据会议部署，从1956年1月起，全国又掀起了资本主义工商业的社会主义改造高潮。1956年1月1日，北京市的私营工商业者首先向政府提出实行全行业公私合营的申请，要求政府批准。到1月10日，仅用了10天时间，北京市就实现了全市私营工商业的公私合营。紧接着，这种方式就在全国各个城市迅速推广。到1956年1月底，私营工商业集中的上海、天津、广州、武汉、西安、重庆、沈阳等大城市，以及50多个中等城市，相继实现了全行业公私合营。到1956年3月底，除西藏等少数民族地区外，全国基本上实现了全行业公私合营。到1956年底，全国私营工业户数的99%，私营商业户数的82.2%，分别纳入了公私合营或合作社。①

在高度集中的公有制基础上，对于工业管理方面，还形成了各大中型企业由中央各部门直接管理的体制。从产值来看，中央直属企业在工业总产值中占49%。各主要部门中央直属企业在各部门总产值的比重情况是：钢铁部门占94%，有色金属部门占87%，电力部门占83.8%，煤炭部门占

① 武力主编：《中华人民共和国经济史》（上册），中国经济出版社，1999年，第294-295页。

72%，化学部门占57%，机械部门占47.2%。①辽宁作为"一五"计划的重镇，其重要企业大多由中央直接管理，中央直属工业企业占据了辽宁工业经济的主体。"一五"计划确定的中央在辽宁的工业建设项目，按行业分包括以下几种：冶金工业，鞍钢总体改造和本溪钢铁公司的改建；煤炭工业，以老虎台斜井、龙凤矿立井和两个露天矿的改建为中心的抚顺煤田的改建和扩建，以平安立井、海州露天矿的建设为中心的阜新煤田的改建和扩建；电力工业，阜新、抚顺发电厂、大连发电站和鞍钢、本钢自备电厂的建设；机械工业，以沈阳、旅大两个城市为重点的机械工业的新建和扩建，主要有沈阳重型机器厂、矿山机械厂、变压器厂、低压开关厂、电缆厂、风动工具厂和第一、第二机床厂，以及锦西造船厂等建设项目；有色金属工业，杨杖子钼矿、沈阳冶炼厂和抚顺铝厂等主要工程建设；石油工业，抚顺石油二厂的扩建等。而地方工业建设，限额以上的主要项目仅有辽宁绢纺厂、辽宁棉纺厂、沈阳红砖厂和旅大氯酸钾厂等。②

通过公私合营，我国分散的薄弱的私营企业生产效率有所提高。例如，由于上海市面粉业和碾米业的统一裁并，基本上把处于分散状态的手工作业的碾米厂变成了集中的、技术先进的近代大企业，使碾米厂能够采用"分离加工"法的先进操作技术，（当时，笔者注）估计由此一年可节约原粮200多万斤。又如毛纺、制笔、缝纫机、无线电等行业，都因把先进的设备充分利用和加以改进，使生产技术大大地提高了一步，或者组成了全能厂，或者把某些工序从手工操作变成自动化和半自动化。③

二、物资计划调配体系的建立

在优先重工业发展道路下，为保证在短缺经济下将有限的资源投入到重工业的发展之中，我国加强了对生产资料的计划配置，建立了物资调拨体系。1953年召开的第一次全国物资分配会议，将平衡与分配的物资分为三类。①国家统一分配物资。根据当时情况的需要及国家计划委员会和中财委的指示，计为35类，品名如下：原煤、汽油、生铁、钢、普通碳素钢材、黑色金属制品、钢管、铁铸管、冶金焦炭、钢铁废料、杂铜、精铜、电解铜、铅、

---

① 赵德馨主编：《中国经济通史（第十卷）》（上册），湖南人民出版社，2002年，第166页。
② 鲍振东、李向平等：《辽宁工业经济史》，社会科学文献出版社，2014年，第396页。
③ 《国家统计局上海工作组：关于公私合营工业在经济改组中的几个问题（初稿）》，中国社会科学院、中央档案馆编：《1953—1957中华人民共和国经济档案资料选编（工业卷）》，中国物价出版社，1998年，第422页。

第二章 优先重工业发展战略的选择与工业发展的起步(1953—1957)

锌、锡、铝、紫铜材、黄铜材、碱、天然橡胶、动力设备、电器设备、金属切削机床、地质勘探设备、煤矿工业设备、起重及运输机械、泵及空气压缩机、铜电线、铝电线、电缆、木材、锯材、水泥、炸药。②中央各部的平衡分配物资,由各部平衡分配后报政府备案。③地方性的物资如砖瓦灰石,由地方财委平衡,使这些物资的生产和供应亦逐步走向计划化。①

随着公私合营的快速推进,"申请单位"逐步增多,国家物资计划配置的力量不断增大。例如,商业部门在市场上销售的钢材由1954年的30%,剧减到1955年的18.2%,而到1956年进一步降至8.2%,到1957年则实行单一的计划分配和供应。随着工业化的推进,国家对重工业产品的分配范围逐步增大,1953年统配物资为112种,如生铁、钢材等。而到1957年则增加为231种,主要有煤油、炸药、导火线、载重汽车等产品。1953年部管物资为115种,而到了1957年则增加为301种。②

三、价格机制的变化

随着国家在资源配置中力量的扩大,市场的价格机制已经不适于国家物资配置。为核算方便,价格机制从市场向计划进行了转变。1953年,国家计委成立物价局,开始在苏联成本物价专家的帮助下,会同工业部门制定重工业产品出厂价格。1953年,中央政府对国营煤炭出厂价格实行统一计划管理,并且通过对煤炭实行低价政策来推进工业化。1953年,在编制第一个五年计划的过程中,中财委和第一机械工业部共同制定了国营企业的机械产品全国统一出厂价格,即调拨价格。③

1953年第一个五年计划开始时,中财委还与各工业部门共同制定了国营工业主要产品的全国统一出厂价格。实行统一出厂价格的重工业产品包括煤炭、钢铁、水泥、木材、汽油、轮胎、机床,以及铁路运价等200多种。④1953年,国家还对主要农产品陆续进行统购统销,对轻工业产品价格也进行了较为严格的控制。1953年以前,国务院有关部门只管理十几个大城市的几种主要产品价格;第一个五年计划末期,国务院掌握价格的产品达到

---

① 中国社会科学院、中央档案馆编:《1953—1957中华人民共和国经济档案资料选编(商业卷)》,中国物价出版社,1998年,第955页。
② 赵德馨主编:《中国经济通史(第十卷)》(上册),湖南人民出版社,2002年,第667、668、670页。
③ 张卓元主编:《中国生产资料价格改革》,经济科学出版社,1992年,第329页。
④ 《当代中国的物价》编辑委员会编:《当代中国的物价》,当代中国出版社,2009年,第31页。

322种,管理的市场也大大增加。① 按照当时规定,属于国务院平衡和掌握的产品的出厂价格,由国务院审查批准;属于中央各部平衡和管理的产品的出厂价格,由中央各主管部门批准;属于各省市平衡和管理的产品的出厂价格,由各省市批准,报国务院备案。随着高度集中的管理体制的建立,我国政府开始集中全国资源推进工业化。

第三节 156项工程建设与工业化的起步

一、156项工程建设的行业选择与空间布局

"一五"计划时期,在苏联帮助下,我国政府集中全国力量,在机械、钢铁、能源、原材料和军工为核心的重化工业方面取得了较快发展,为日后的工业化奠定了基础(参见表2.3.1)。

表2.3.1 实际实施的150项工程的工业部门构成

种 类		数量/项	合计/项
能源工业	煤炭工业	25	52
	电力工业	25	
	石油工业	2	
冶金工业	有色金属工业	13	20
	钢铁工业	7	
化学工业		7	7
机械工业		24	24
军事工业	兵器工业	16	44
	航空工业	12	
	电子工业	10	
	船舶工业	4	
	航天工业	2	
轻工业和医药工业		3	3

资料来源:张柏春、姚芳等《苏联技术向中国的转移(1949—1966)》,山东教育出版社,2004年,第75页。

---

① 《当代中国的物价》编辑委员会编:《当代中国的物价》,当代中国出版社,2009年,第260页。

第二章 优先重工业发展战略的选择与工业发展的起步(1953—1957)

苏联援建的 156 项工程是在政府的主导下进行的,改善了我国的工业区域布局。当时考虑到中国经济发展不平衡和国家安全等因素,苏联援建的 156 项工程,遍布东北、中部、西部地区。156 项工程主要分布在哈尔滨、长春、沈阳、西安、洛阳、株洲等地。在 106 个民用工业企业中,东北拥有 50 个(占总项目的 47% 以上),中部与西部分别拥有 50 个与 24 个;在 44 个国防企业中,有 35 个布置在中、西部地区,其中有 17 个安排在陕西省。① (参见表 2.3.2、表 2.3.3、表 2.3.4)政府主导的 156 项工程建设使得原本技术落后、工业化较低的地区技术水平得到了较大的改进。

表 2.3.2 实际实施的 150 项工程在 17 省区市的投资情况

(按实际完成投资排序)

投资情况 省区市	计划安排投资 绝对数/万元	计划安排投资 相对数/(%)	实际完成投资 绝对数/万元	实际完成投资 相对数/(%)	"一五"时期完成投资 绝对数/万元	"一五"时期完成投资 相对数/(%)
辽宁	459537	22.7	507521	25.9	354246	33.0
黑龙江	189161	9.4	216483	11.0	141344	13.2
陕西	182744	9.0	171403	8.7	112057	10.4
河南	261604	12.9	159704	8.1	46705	4.4
内蒙古	160897	8.0	159003	8.1	49332	4.6
湖北	170178	8.4	154805	7.9	39820	3.7
吉林	136558	6.8	145510	7.4	132772	12.4
甘肃	146614	7.3	139736	7.1	42718	4.0
山西	133531	6.6	131880	6.7	63073	5.9
云南	57681	2.9	55602	2.8	18175	1.7
河北	28077	1.4	28264	1.4	12732	1.2
北京	24356	1.2	25194	1.3	16339	1.5
江西	24697	1.2	25132	1.3	16196	1.5
四川	28556	1.4	22082	1.1	12751	1.2
湖南	13217	0.7	14255	0.7	12915	1.2
新疆	3270	0.2	3275	0.2	1981	0.2

---

① 笔者根据董志凯、吴江《新中国工业的奠基石——156 项建设研究(1950—2000)》第 415、第 416 页资料计算。

续表

投资情况	计划安排投资		实际完成投资		"一五"时期完成投资	
省区市	绝对数/万元	相对数/(%)	绝对数/万元	相对数/(%)	绝对数/万元	相对数/(%)
安徽	1500	0.1	1486	0.1	472	0.0
合计	2022178	100.0	1961335	100.0	1073628	100.0

资料来源：董志凯、吴江《新中国工业的奠基石——156项建设研究(1950—2000)》，广东经济出版社，2004年，第414页。

表2.3.3　实际实施的106项民用工程在17省区市的投资情况

（按实际完成投资排序）

投资情况	计划安排投资		实际完成投资		"一五"时期完成投资	
省区市	绝对数/万元	相对数/(%)	绝对数/万元	相对数/(%)	绝对数/万元	相对数/(%)
辽宁(20项)	407153	25.2	458702	28.9	311576	39.0
黑龙江(20项)	177317	11.0	205076	12.9	129937	16.3
河南(9项)	253604	15.7	155367	9.8	46558	5.8
湖北(3项)	170178	10.6	154805	9.8	39820	5.0
吉林(10项)	136558	8.5	145510	9.2	132772	16.6
甘肃(7项)	130177	8.1	131299	8.3	39174	4.9
内蒙古(3项)	114151	7.1	103535	6.5	11898	1.5
山西(7项)	53747	3.3	57231	3.6	17820	2.2
云南(4项)	57681	3.6	55602	3.5	18175	2.3
陕西(7项)	40396	2.5	43366	2.7	16481	2.1
河北(5项)	28077	1.7	28264	1.8	12732	1.6
江西(3项)	15017	0.9	16196	1.0	7260	0.9
北京(1项)	7936	0.5	9380	0.6	525	0.1
四川(2项)	8244	0.5	8594	0.5	4486	0.6
湖南(3项)	7524	0.5	8362	0.5	7022	0.9
新疆(1项)	3270	0.2	3275	0.2	1981	0.2
安徽(1项)	1500	0.1	1486	0.1	472	0.1
合计	1612530	100.0	1586050	100.0	798689	100.0

资料来源：董志凯、吴江《新中国工业的奠基石——156项建设研究(1950—2000)》，广东经济出版社，2004年，第415页。

表 2.3.4　实际实施的 44 项军工项目在 11 省区市的投资情况

（按实际完成投资排序）

投资情况 省区市	计划安排投资		实际完成投资		"一五"时期完成投资	
	绝对数/万元	相对数/(%)	绝对数/万元	相对数/(%)	绝对数/万元	相对数/(%)
陕西(17 项)	142348	34.7	128037	34.1	95576	34.8
山西(8 项)	79784	19.5	74649	19.9	45253	16.5
内蒙古(2 项)	46746	11.4	55468	14.8	37434	13.6
辽宁(4 项)	52384	12.8	48819	13.0	42670	15.5
北京(3 项)	16420	4.0	15814	4.2	15814	5.8
四川(4 项)	20312	5.0	13488	3.6	8265	3.0
黑龙江(2 项)	11844	2.9	11407	3.0	11407	4.1
江西(1 项)	9680	2.4	8936	2.4	8936	3.3
甘肃(1 项)	16437	4.0	8437	2.2	3544	1.3
湖南(1 项)	5693	1.4	5893	1.6	5893	2.1
河南(1 项)	8000	2.0	4337	1.2	147	0.1
合计	409648	100.0	375285	100.0	274939	100.0

资料来源：董志凯、吴江《新中国工业的奠基石——156 项建设研究(1950—2000)》，广东经济出版社，2004 年，第 416 页。

二、156 项工程与中国重工业基础的奠定

"156 项"建设奠定了我国重工业的基础。鞍钢建设被称为"一五"时期的"重中之重"，中央提出"全国支援鞍钢"和"为鞍钢就是为全国"的口号。李富春同志明确指出，"最重要的是，要在第一个五年计划期间，基本上完成以鞍山钢铁联合企业为中心的东北工业基地的建设，使这个基地更有力地在技术上支援新工业基地的建设"①。在全国的支持与苏联的帮助下，鞍钢进行了 37 项重点工程建设。其中，鞍钢的大型轧钢厂、无缝钢管厂和 7 号炼铁高炉等"三大工程"轰动全国。1957 年，鞍钢生铁产量由 1952 年的 83.1 万吨提高到了 336.1 万吨，增加了 3.04 倍；钢产量由 1952 年的 78.87 万吨提高到了 291.07 万吨，增加了 2.69 倍。②

---

① 李华忠、张羽主编：《鞍钢四十年》，辽宁人民出版社，1989 年，第 34 页。
② 鞍钢史志编纂委员会编：《鞍钢志(1916—1985)(上卷)》，人民出版社，1991 年，第 17 页。

长春的第一汽车制造厂也是156项工程中的重要项目。邮电部特别开辟了通往莫斯科的专线电话,外交部特地为一汽增设4名往返于北京、长春、莫斯科之间的信使,铁道部优先保证一汽建设的物资运输。大批建筑材料、施工设施和遍布全国的400多种协作件,经建工部的调集,不断运到施工现场。吉林省和长春市人民全力以赴,在经济极为困难的情况下,调拨物资,铺设通往市区的电车线路、煤气管道、供水和供电设施。经过各方面的努力,中国第一汽车制造基地建设成功。①

156项工程中的3个化学工业项目,即吉林染料厂、吉林氮肥厂和吉林电石厂,组成了全国最大的化学工业基地——吉林化工区,也于1955年4月开始施工。为了集中力量打歼灭战,中央从全国各地调集了3万多名职工,组成了一只浩浩荡荡的建设大军。当时,松花江北岸地区几乎是一片荒芜的原野,没有道路,交通不便,每逢雨季,运输车辆经常'抛锚';松花江像天然的'封锁线',隔断南北两岸,许多工人上班只好乘摆渡小船。同时,又缺乏建设经验,缺少施工工具。就是在这种情况下,各路建设大军开进了施工现场,艰苦奋斗,排除困难,保证了建设的顺利进行。例如:为了把长达100米、重达100吨的硝酸排气筒安装就位,工人们解放思想,打破常规,在地面上逐节焊接,单凭四个据点的卷扬机和推土机,就一次整体吊装成功并安全就位。广大职工就是凭着这么一股不畏艰难、坚韧不拔的精神,仅用了三年半时间,就建成了当时国内最大的染料厂和化肥厂,安装了亚洲最大的电石炉和一系列后加工设备。据有关资料记载,建设'三大化',共挖了300多万土石方,用砖2.3亿块,垒起了40多万平方米的厂房和民用建筑;安装了3万多台设备、1万多吨高中压管道和管件;铺设了150公里上下水管线。全部工程一次试车成功,并于1957年10月25日正式投入生产,当年就为国家提供了7900吨染料和中间体、4.3万吨化肥和2.83万吨电石,生产品种达到37个。②

156项工程的许多项目有进口替代性质,通过这些项目的建设,有效提升了中国的工业生产能力。例如,中国炼油工业落后,虽然经过1949年到1952年的三年恢复时期,国家相继对玉门炼油厂、独山子炼油厂进行了恢复和改建、扩建,东北地区的天然原油加工厂、人造石油老厂也得到恢复,

---

① 吉林省地方志编纂委员会编纂:《吉林省志(卷二十一)·重工业志·机械》,吉林人民出版社,2006年,第26-27页。
② 《现代中国的一百项建设》编辑组:《现代中国的一百项建设》,红旗出版社,1985年,第244页。

第二章　优先重工业发展战略的选择与工业发展的起步(1953—1957)

全国原油加工能力由17万吨增加到99万吨,实际加工原油由11.6万吨增加到53.3万吨;但石油制品奇缺的局面并没有改观,不得不从当时的苏联进口大量石油产品。根据1953年5月15日中国和苏联两国政府签订的贸易协定,苏联帮助中国建设炼油厂,全套设备和技术由苏联引进。兰州炼油厂原设计年原油加工量100万吨,一期工程设计项目193个,需要建设16套炼油生产装置及储运和辅助设施,以玉门原油为原料。大部分设计工作由苏联方面承担,中国方面承担20%—30%的技术设计和施工图样设计。年加工原油100万吨,这比1949年以前中国42年的原油总产量还要多,是1949年全国炼油加工能力的5.9倍,也是当时亚洲设计能力最大的炼油厂。[①]

"一五"建设是中国在薄弱的工业基础上进行的大规模工业化。政府运用有形之手调集了全国资源,集中建设重点工业基地。工业基地,尤其是东北老工业基地,又为全国的工业建设进行了支援,体现出了社会主义的优越性。例如,"一五"计划期间,辽宁在重工业基地初步建成后,为支援全国经济建设和国防建设做出了应有的贡献。在物资支援方面,1953—1957年,全省共调出生铁449.2万吨、钢材377.1万吨、水泥712.6万吨。其中,钢材、有色金属、水泥、石油炼成品调出量都占全省同期总产量的50%—70%,鞍钢调出的钢材在支援武汉长江大桥、长春第一汽车制造厂、玉门油田、三门峡水电站和包头钢铁公司等重点工程建设中起到了重要作用。在机电设备支援方面,1953—1957年,全省支援外省机电设备总量达1810万吨,占全省同期总产量的63.5%。支援的主要设备有动力设备8万台、变压器675.2万千伏安、轴承271万套。此外,还为省外制造了大批新型机床、冶金和矿山设备、轧钢设备、化工设备和发电设备等。在技术干部、工人和管理干部支援方面,1953—1957年,全省共向兄弟省份支援输送人才80321人,其中,工程技术人员7445人、熟练技术工人56479人、管理干部16397人。这些人对支援武汉钢铁公司、包头钢铁公司等新工业基地的建设起了重要作用。在积累资金支援国家建设方面,1953—1957年,辽宁省共上缴中央财政资金143.9亿元。其中,全省国营和地方国营工业上缴利润和缴纳税金共达87.9亿元,扣除同期国家对辽宁工业建设的投资,净提供的资金达43.7亿元,这些资金相当于当时投建3个鞍钢的投资

---

① 中共甘肃省委党史研究室编:《甘肃工业的基石:"一五"时期甘肃重点工程建设》,甘肃文化出版社,2007年,第47、48页。

金额。①

重工业项目大多是技术密集型,中国在技术水平低下的背景下,通过直接向苏联引进工业项目提升了工业水平。但中国也积极对相关项目所需的设备进行生产。当时苏联援助中国建设的156项工程所需的设备中,由国内供应的比重,按重量计为52.3%,按金额计为45.9%。其中鞍山钢铁公司分别为49%和43%,武汉钢铁公司分别为58%和54%,第一汽车制造厂分别为62.4%和65.6%,洛阳第一拖拉机厂分别为53.5%和44.6%。从全国来说,"一五"时期国家建设所需设备的国内自给率为60%以上。②

三、社会主义国家对中国工业的援助

我国在"一五"时期,不仅从苏联引进了大量的设备,而且依靠大规模的技术引进,在短时期内提高了我国的技术水平,提升了我国的工业生产能力(参见表2.3.5)。20世纪50年代引进的项目陆续投产以后,在较短时间内推动了我国相关工业产品的赶超。

表2.3.5　引进苏联技术对新增生产能力的贡献

产品名称	20世纪50年代引进装置投产的生产能力	占1960年底累计全国基建新增能力的比重
生铁	500万吨	35%
钢	650万吨	42%
钢材	489万吨	58%
铜	2.5万吨	21%
钨	4.1万吨	34%
原煤	2570万吨	13%
发电机组容量	450万千瓦	45%
合成氨	22.5万吨	45%

资料来源:张柏春、姚芳等《苏联技术向中国的转移(1949—1966)》,山东教育出版社,2004年,第88页。

20世纪50年代,我国的大规模技术引进是以引进"硬件"为主,但在引

---

① 鲍振东、李向平等:《辽宁工业经济史》,社会科学文献出版社,2014年,第401、402页。
② 《当代中国的机械工业》编辑委员会编:《当代中国的机械工业(上)》,当代中国出版社,2009年,第24页。

进的过程中,也注重了相关技术资料的引进(参见表2.3.6)。通过对基本建设设计、机器设备制造图纸、工艺过程说明等技术资料的大规模引进,我国的工业技术水平得到提升,为日后中国工业化的发展奠定了重要的技术基础。

表2.3.6　1949—1957年中苏两国交换技术资料统计

交换的技术资料	苏联给中国的/套	中国给苏联的/套
基本建设设计	751	1
机器设备制造图纸	2207	28
工艺过程说明	688	55
总计	3646	84

资料来源:张柏春、姚芳等《苏联技术向中国的转移(1949—1966)》,山东教育出版社,2004年,第91页。

当时我国还从东欧社会主义国家进口了大量的成套设备(参见表2.3.7)。1954年,我国与民主德国、捷克斯洛伐克、波兰、匈牙利、罗马尼亚等国家的成套设备进口业务有了进一步的扩大,全年签订合同总数为16740万卢布,实际进口为6313万卢布,较1953年增长151.4%。累计进口为8890万卢布,占全部合同(23889万卢布)的37.2%,其中设备合同为23199万卢布,实际完成7828万卢布,占合同的33.7%。东欧各国成套设备进口合同累计完成情况为:民主德国完成54.9%,捷克斯洛伐克完成16.1%,波兰完成81.5%,匈牙利完成27.9%。1954年较1953年的增长比率为:民主德国增长18.1%,捷克斯洛伐克增长近20倍,波兰增长5倍左右。由东欧国家进口的成套设备,截至1954年底已完成与接近完成合同的,有七一纱厂、北京纱厂、华北糖厂、黑龙江糖厂、佳木斯糖厂、青岛电站等单位。①

表2.3.7　20世纪50年代从苏联和东欧引进设备概况

设备来源	设备类型	数量/项	建成或基本建成/项	废止合同/项	继续建设/项
苏联	成套设备	304	149	89	66
苏联	单独车间或装置	64	29	35	—
东欧	成套设备	116	108	8	

---

① 中国社会科学院、中央档案馆编:《1953—1957中华人民共和国经济档案资料选编(固定资产投资和建筑业卷)》,中国物价出版社,1998年,第395,396页。

续表

设备来源	设备类型	数量/项	建成或基本建成/项	废止合同/项	继续建设/项
东欧	单机	88	81	7	—

资料来源：张柏春《苏联技术向中国的转移1949—1966》，山东教育出版社，2004年，第89页。

第四节 "论十大关系"与工业发展战略的探索

在我国技术水平落后的条件下，通过对社会主义阵营中苏联、东欧国家大规模的技术引进，我国在较短时间内提升了工业技术水平。但我国在引进技术的同时，也强化了高度集中的计划经济体制，让传统工业化道路打下了"苏联模式"的烙印。"苏联模式"（在本书中与"斯大林模式"是同一概念）起源于20世纪20年代末，一直持续到80年代，虽然苏联经过多次修补，但并未彻底摆脱这种模式。二战后，这种模式从苏联推广到东欧以及各社会主义国家，对社会主义阵营的政治经济发展起到了重要作用，对中国道路的选择与发展也有着深远影响。"苏联模式"是一种以重工业为核心的赶超战略，主张对国民经济进行高积累并集中基建投资于重工业，以使经济高速增长。斯大林强调："延缓速度就是落后。而落后者是要挨打的。但是我们不愿意挨打。……我们比先进国家落后了50年至100年。我们应当在10年内跑完这一段距离。"①苏联"一五"计划期间，用于重工业的投资占整个国民经济投资的32%，在整个工业化时期其比重均在30%左右，有时甚至达40%。当时苏联的外部环境较为严峻，无法通过外贸吸引足够的资金。为了最大限度地积累资金，斯大林用强制的办法，推进了农村"全盘集体化"。使政府可以通过"有形之手"，从农业吸取资源支持工业化。据估计，第一个五年计划时期，苏联从农业上吸收的资金占用于发展工业所需资金的1/3以上。② 在严峻的国际形势下，"苏联模式"体现出了较强的战时经济的特点，它追求超速工业化尤其是军事工业的迅速发展，为第二次世界大战的胜利奠定了物质基础。二战结束后，斯大林的个人威望也达到顶点。在这个背景下，"斯大林模式"更加强化，并逐步走出苏联本土，成为社会主义国家奉行的发展模式。

---

① 《斯大林全集(第十三卷)》，人民出版社，1956年，第37-38页。
② 陆南泉：《苏联经济体制改革史论(从列宁到普京)》，人民出版社，2007年，第28、29页。

第二章 优先重工业发展战略的选择与工业发展的起步(1953—1957)

1956年2月24日,苏共中央总书记赫鲁晓夫在苏共二十大上作了《个人崇拜及其后果》的秘密报告,对斯大林个人进行了严厉苛刻的批判,各社会主义国家开始反思"斯大林模式"。1956年9月15日至27日,中共八大胜利召开,在这次大会上中国共产党发扬民主作风,集思广益,对如何走自己的路、结合本国国情进行工业化的道路进行了有益探索。

一、毛泽东《论十大关系》对工业化战略的探索

由于中国工业化起步阶段,中国的农业生产尚未过关,粮食问题始终困扰着中国经济发展。而在工业化过程中,新工厂的建设与投产会带来劳动力的涌入,造成对农业与轻工业的巨大需求。不仅如此,重工业建设周期较长,资本周转慢。要进行所谓大规模的推进绝不能仅是重工业的单方面发展,必须要有农业与轻工业的齐头并进。毛泽东的《论十大关系》中,第一条就是"重工业和轻工业、农业的关系"。在承认"重工业是我国建设的重点。必须优先发展生产资料的生产,这是已经定了的"的同时,毛泽东强调:"但是决不可以因此忽视生活资料尤其是粮食的生产。如果没有足够的粮食和其他生活必需品,首先就不能养活工人,还谈什么发展重工业?"毛泽东同志还就优先发展重工业所需要的高积累与农业、轻工业发展的关系进行了比较精辟的论述:加快农业、轻工业的发展可以"更快地增加资金的积累,因而可以更多更好地发展重工业。重工业也可以积累,但是,在我们现有的经济条件下,轻工业、农业积累得更多更快些"。①

毛泽东同志对大国工业的区域布局也有着自己的思考,他说:"现在,新的侵华战争和新的世界大战,估计短时期内打不起来,可能有十年或者更长一点的和平时期。这样,如果还不充分利用沿海工业的设备能力和技术力量,那就不对了。不说十年,就算五年,我们也应当在沿海好好地办四年的工业,等第五年打起来再搬家。"在经济布局上还蕴含了毛泽东对产业结构的思考:"从现有材料看来,轻工业工厂的建设和积累一般都很快,全部投产以后,四年之内,除了收回本厂的投资以外,还可以赚回三个厂,两个厂,一个厂,至少半个厂。"②按照这个思路,工业基础好的沿海地区应当发展轻工业以迅速完成资本积累。

强大的国防是国家利益的捍卫者,尤其对一个大国来说,国家安全是

---

① 中共中央文献研究室编:《建国以来重要文献选编》(第八册),中央文献出版社,1994年,第245页。
② 中共中央文献研究室编:《毛泽东文集(第七卷)》,人民出版社,1999年,第26页。

影响政府经济决策的重要因素。但是国防建设的投入势必要挤占经济建设的投入,在如何平衡二者的关系上,毛泽东认为:"只有经济建设发展得更快了,国防建设才能够有更大的进步。"①

毛泽东同志还对"国家、生产单位和生产者个人的关系"、"中央和地方的关系"等问题进行了论述。

二、中国共产党对高度集中的经济体制的探索

"三大改造"胜利完成之后,公有制经济"一统天下"。虽然在经济运行之初,弊端并未充分显露,但是"三大改造"完成之后经济生活中出现的生产经营品种减少、质量降低等问题,已经引起了一些领导人的关注。

在中共八大上,曾山同志指出了当时工业部门在流通方面存在的问题。他指出:"工业部门的产品全部由商业部门加工、统购、包销,就产生了一部分工厂不像自销时候那样关心产品在市场上的销路,因而也并不热心于提高产品质量和不断增加适应人民需要的新的花色品种。原来多种多样的花色品种,由于加工、包销而简单化了,变成了大路货,不能适合城乡人民各种不同的需要。""商业部门对产销情况了解不透,加工时原料供应的数量和质量不能严格保证;在价格政策上没有很好贯彻执行优质优价、次质次价;对试制新品种,没有给以必要的推动和支持;核算工缴费的办法有缺点,有时产品的成本降低了,工业部门没有得到应该增加的利润。这些工作上的错误和缺点,也都影响到工业部门对提高产品质量的积极性。""工业部门和商业部门都各自强调计划性,而某些计划确实定得不恰当。实际上日用工业品种类繁多,花色、规格复杂,人民的需要经常变化,不可能完全纳入计划。有时计划定得过死,不但不能很好满足人民的需要,还会造成产品的脱销与积压。""国营商业内部自上而下调拨分配商品的办法,常常使基层单位不能根据居民需要来组织货源,限制了他们的经营积极性,以致长期地存在着商品调拨不及时,花色、品种不对路等等情况。"②

在中共八大上,陈云同志就中国经济体制进行了精辟的论述。他提出了著名的"三个主体、三个补充",即:"在工商业经营方面,国家经营和集体经营是工商业的主体,但是附有一定数量的个体经营。这种个体经营是国家经营和集体经营的补充。至于生产计划方面,全国工农业产品的主要部

---

① 中共中央文献研究室编:《毛泽东文集(第七卷)》,人民出版社,1999年,第27页。
② 中国社会科学院、中央档案馆编:《1953—1957中华人民共和国经济档案资料选编(商业卷)》,中国物价出版社,1998年,第97、98页。

分是按照计划生产的,但是同时有一部分产品是按照市场变化而在国家计划许可范围内自由生产的。计划生产是工农业生产的主体,按照市场变化而在国家计划许可范围内的自由生产是计划生产的补充。""在社会主义的统一市场里,国家市场是它的主体,但是附有一定范围内国家领导的自由市场。"①陈云同志"三个主体、三个补充"提出在高度集中的经济基础上保留一定的市场自由,成为我党在计划经济时期的重要探索。

三、中国共产党对工业结构的探索

中共八大上,刘少奇同志对毛泽东同志的《论十大关系》做了进一步阐述,在承认优先发展重工业的同时,他还强调:"第一,人民对于消费品的需要既然日益增长,如果不相应地发展轻工业,就可能出现商品不足的情况,就将影响物价和市场的稳定……第二,轻工业需要的投资比较少,企业建设的时间比较短,资金的周转比较快,所以资金的积累也比较快,而轻工业所积累起来的资金正可以用来帮助重工业的发展。"②

周恩来同志在大会上作了《关于发展国民经济的第二个五年计划的建议的报告》。周恩来提出:"我国社会主义工业化的主要要求,就是要在大约三个五年计划时期内,基本上建成一个完整的工业体系。"③在他的设想中,我国工业体系能够生产各种主要的机器设备和原材料,既可以基本上满足我国扩大再生产和国民经济技术改造的需要,也能够生产各种市场消费品,适当满足人民生活的需要。周恩来在八大上还特别强调,要"积极进行工业中的落后部门——石油工业、化学工业和无线电工业的建设"④。

冶金工业部的同志在会上强调了钢铁工业的重要性,认为工业发展的历史证明,钢铁工业是整个工业发展的基础。工业发展的速度,主要取决于钢铁工业的发展速度。钢铁生产量的多寡,是衡量国家工业水平高低的一个主要标志。在和平竞赛的过程中,使我国钢铁的生产水平赶上主要资本主义国家的钢铁生产水平,是有很大政治意义的。我们可以用这个事实来说明,只有在优越的社会主义制度下,才有可能使一个钢铁工业十分落

---

① 陈云:《社会主义改造基本完成以后的新问题》,中共中央文献研究室编:《建国以来重要文献选编》(第九册),中央文献出版社,1994年,第287页。
② 刘少奇:《中国共产党中央委员会向第八次全国代表大会的政治报告》,《人民日报》1956年9月17日。
③ 金冲及主编:《周恩来传(1898—1976)》(下),中央文献出版社,2008年,第1121-1122页。
④ 《当代中国的电子工业》编辑委员会编:《当代中国的电子工业》,当代中国出版社,2009年,第32页。

后的国家,用大大短于资本主义国家所需要的时间,达到它们钢铁工业所达到的水平。① "一亿元的建筑安装工作量平均需要钢材2.2—2.5万吨;一千公里铁路需要钢轨和钢材18—19万吨。我们要建设强大的机械制造工业,也必须要有足够的原料,首先是钢铁。根据过去几年来的实际资料,机械工业每提高一亿元的生产总值,平均需要钢材约1.5万吨左右。"②

四、中国共产党对工业发展其他方面的探索

各部门的负责人对我国经济发展和工业化道路也进行了有益的探索。计委方面的负责人李富春同志强调"加强综合平衡、全面安排的工作"的问题,并且提出"在计划体制上,就需要实行分级管理。分级管理的原则是既要照顾到集中统一,又要照顾到因地制宜。……凡纳入国家计划中的各项指标,可分为三种,即指令性的指标、可以调整的指标和参考性的指标。各部门和各地区如要修改指令性指标,必须经国务院批准;可以调整的指标,则可以在国务院规定的一定范围、一定幅度内自行调整。适应上述办法,计划和统计工作的制度、程序和表格中某些已经过时的、不适当的规定,应该尽快地研究修改"③。

贾拓夫同志说:"地方对轻工业的发展,要负很大的责任。我国地广人多,各地区经济发展不平衡,人民需要又千差万别,所以必须充分利用地方一切可以利用的资源,发挥生产潜力,发展地方中小型工业,来满足地方的需要,以弥补中央工业的不足。"④

针对"一五"计划时期中国学习苏联的情况,许多与会领导也提出了自己的看法。黄敬同志说:"几年来,机械工业通过仿造兄弟国家的先进产品,制造水平得到很大提高。但是,国民经济的不断高涨,要求机械工业必须从仿造向自行设计发展。现在已经出现许多问题,光靠仿造是解决不了的。不少机器,必须根据本国资源、自然特点及使用的具体条件等进行

---

① 王鹤寿、饶斌同志发言,中共中央办公厅编:《中国共产党第八次全国代表大会文献》,人民出版社,1957年,第563、565页。
② 王鹤寿、饶斌同志发言,中共中央办公厅编:《中国共产党第八次全国代表大会文献》,人民出版社,1957年,第565—566页。
③ 李富春同志的发言,中共中央办公厅编:《中国共产党第八次全国代表大会文献》,人民出版社,1957年,第455页。
④ 贾拓夫同志的发言,中共中央办公厅编:《中国共产党第八次全国代表大会文献》,人民出版社,1957年,第438页。

设计。"①

周恩来代表党中央委员会提出,我国发展国民经济的第二个五年计划的基本任务应该是:①继续进行以重工业为中心的工业建设,推进国民经济的技术改造,建立我国社会主义工业化的巩固基础;②继续完成社会主义改造,巩固和扩大集体所有制和全民所有制;③在发展基本建设和继续完成社会主义改造的基础上,进一步地发展工业、农业和手工业的生产,相应地发展运输业和商业;④努力培养建设人才,加强科学研究工作,以适应社会主义经济文化发展的需要;⑤在工业农业生产发展的基础上,增强国防力量,提高人民的物质生活和文化生活的水平。② 国家加速了沿海地区电子工业老企业的技术改造,共安排投资7337万元,占"一五"计划时期电子工业基本建设投资总数的13.2%。由于老企业已有一定的基础,经过适当的改建和扩建,很快成了电子工业的骨干厂。③

第五节 "一五"时期工业发展的绩效评估

一、工业结构与效率的提升

"一五"时期是我国工业化推进的五年。从产业结构来看,1952年第二产业的比重是20.9%,工业的比重是17.6%,到1957年第二产业的比重上升为29.6%,工业上升为25.3%(参见表2.5.1)。工业比重上升是建立在国民经济快速发展的基础之上的。1957年国内生产总值比1952年增长了57.5%,1957年工业产值比1952年则增加126.2%(参见表2.5.2)。

表2.5.1 国内生产总值与三次产业比重　　　　　　　单位:%

年份	国内生产总值	第一产业	第二产业	工业	建筑业	第三产业	交通运输、仓储和邮政业	批发和零售业
1952年	100.0	51.0	20.9	17.6	3.2	28.2	4.3	10.3

---

① 黄敬同志发言,中共中央办公厅编:《中国共产党第八次全国代表大会文献》,人民出版社,1957年,第539页。
② 《中国共产党第八次全国代表大会关于发展国民经济的第二个五年计划(一九五八——一九六二)的建议》,中共中央文献研究室编:《建国以来重要文献选编》(第九册),中央文献出版社,1994年,第182、183页。
③ 《当代中国的电子工业》编辑委员会编:《当代中国的电子工业》,当代中国出版社,2009年,第28页。

续表

年份	国内生产总值	第一产业	第二产业	工业	建筑业	第三产业	交通运输、仓储和邮政业	批发和零售业
1953年	100.0	46.3	23.4	19.8	3.5	30.4	4.2	12.4
1954年	100.0	46.0	24.6	21.5	3.1	29.3	4.4	12.4
1955年	100.0	46.6	24.4	21.0	3.4	29.0	4.3	11.5
1956年	100.0	43.5	27.3	21.8	5.4	29.2	4.5	11.2
1957年	100.0	40.6	29.6	25.3	4.3	29.8	4.6	10.9

注：工业、建筑业属第二产业；交通运输、仓储和邮政业，批发和零售业属第三产业。

资料来源：国家统计局国民经济综合统计司编《新中国六十年统计资料汇编》，中国统计出版社，2010年，第10页。

表2.5.2　国内生产总值与三次产业总量（按当年价格计算）　单位：亿元

年　　份	国内生产总值	第一产业	第二产业	工业	第三产业
1952年	679.0	346.0	141.8	119.8	191.2
1953年	824.2	381.4	192.5	163.5	250.3
1954年	859.4	395.5	211.7	184.7	252.2
1955年	910.8	424.8	222.2	191.2	263.8
1956年	1029.0	447.9	280.7	224.7	300.4
1957年	1069.3	433.9	317.0	271.0	318.4

注：工业属第二产业。

资料来源：国家统计局国民经济综合统计司编《新中国六十年统计资料汇编》，中国统计出版社，2010年，第9页。

经过"一五"建设，长期处于短板的重工业取得了较快发展。"一五"时期，中国重工业增长速度为25.4%，轻工业增长速度为12.8%。1952年轻、重工业比重是64.4∶35.6；"一五"完成后，轻、重工业比重为56.9∶43.1(参见表2.5.3)。重工业取得了较快发展的同时，轻工业也取得长足进步，有效改善了人民的生活水平。

表2.5.3　1953—1957年轻重工业产值变动

年份	工业增加值绝对值/亿元			工业增长速度/(%)			工业比例/(%)		
	小计	轻工业	重工业	小计	轻工业	重工业	小计	轻工业	重工业
1952年	343.3	221.1	122.2	—	—	—	100	64.4	35.6

第二章 优先重工业发展战略的选择与工业发展的起步(1953—1957)

续表

年份	工业增加值绝对值/亿元			工业增长速度/(%)			工业比例/(%)		
	小计	轻工业	重工业	小计	轻工业	重工业	小计	轻工业	重工业
"一五"时期合计	3002.9	1707.5	1295.4	18	12.8	25.4	100	56.9	43.1
1953年	447	280.2	166.8	30.2	26.7	36.5	100	62.7	37.3
1954年	519.7	319.8	199.9	16.3	14.1	19.8	100	61.5	38.5
1955年	548.7	319.8	228.9	5.6	0	14.5	100	58.3	41.7
1956年	703.6	383.2	320.4	28.2	19.8	40	100	54.5	45.5
1957年	783.9 (704)	404.5 (374)	379.4 (330)	11.4	5.6	18.4	100	51.6	48.4

注：表中数据依据1952年不变价格计算，括号数据依据1957年不变价格计算。

资料来源：董志凯，武力主编《中华人民共和国经济史(1953—1957)》(上、下)，社会科学文献出版社，2011年，第504、505、506页。

1956年的许多工业产品，如钢、钢材、机床、水泥等都有很大增长(参见表2.5.4)。46种五年计划产品中，已有27种产品提前一年达到五年计划所规定的1957年水平。这些产品是生铁、钢、钢材、烧碱、纯碱、硝铵、青霉素、氯霉素、各种磺胺、汽车外胎、蒸汽锅炉、汽轮机、水轮机、内燃机、发电机、电动机、变压器、金属切削机床、客车、自行车、双轮带铧犁、谷类播种机、机制纸、水泥、棉纱、棉布、麻袋。在我国政府的努力下，大多数工业产品都超额完成五年计划任务。

表2.5.4 几种主要产品的计划完成情况及增长速度

	1956年完成量	完成年计划/(%)	完成五年计划最后一年/(%)	较1955年/(%)
电力	164亿千瓦时	100	95	124
原煤	10512万吨	96	93	112
原油	116.4万吨	97	58	121
生铁	465.4万吨	103	102	128
钢	437.2万吨	97	106	153
钢材	399.1万吨	110	118	159
金属切削机床	22500台	82	177	164
原木	1068.7万立方米	112	77	86

续表

	1956年完成量	完成年计划/(%)	完成五年计划最后一年/(%)	较1955年/(%)
水泥	642.8万吨	102	107	143
棉纱	521.5万件	102	104	131
棉布(不包括手工业)	4597.3亿米	—	101	132
机制纸	71.7万吨	102	109	125
食用植物油	91万吨	72	59	101
糖	52.8万吨	80	77	129
卷烟	391.9万箱	87	83	110

资料来源：中国社会科学院、中央档案馆编《1953—1957中华人民共和国经济档案资料选编（工业卷）》，中国物价出版社，1998年，第983-984页。

这一时期的技术创新也取得很多成绩。1956年新工业品种的试制工作有较大成绩，十分之九的新品种完成了试制计划（参见表2.5.5）。

表2.5.5 "一五"时期工业部门创新情况

	计划品种/种	实际完成品种/种	完成计划/(%)
合计	1300	1182	91
第一机械工业部	297	289	97
电机工业部	232	216	93
冶金工业部	323	296	92
化学工业部	370	322	87
建筑材料工业部	19	6	32
石油工业部	6	5	83
煤炭工业部	13	5	38
轻工业部（造纸部分）	40	43	108

资料来源：中国社会科学院、中央档案馆编《1953—1957中华人民共和国经济档案资料选编（工业卷）》，中国物价出版社，1998年，第984页。

试制成功的重要新工业产品有15000千瓦全套水轮发电设备，12000千瓦汽轮机及汽轮发电机，载重汽车，新型货运机车，可以提高效率8—15倍的单轴自动车床和多刀半自动车床，制造重型机器用的双柱立式车床，具有多种性能的联合机床，以及加工精确内孔的卧式拉床，航空工业用耐高热合金钢,汽车用轮辋、挡圈,高纯度的锗、锑、汞、锰等。①

我国的工业生产效率也有显著提高,以钢铁行业为例,钢铁生产企业的全员劳动生产率从1952年的人均5950元,提高到1957年的人均10088元,全员实物劳动生产率也从1952年的人均7.09吨钢,提高到1957年的人均13.16吨钢。钢铁行业1952年利税只有4.5亿元(其中利润4亿元),1957年提高到12.6亿元(利润10.7亿元)。可比产品成本五年内的每年都有较大幅度降低,各年可比产品成本比上年的降低率,1953年为5.0%,1954年为6.5%,1955年为7.0%,1956年为14.4%,1957年为5.2%。② 钢铁工业的设备利用率也得到较快提高(参见表2.5.6)。

表2.5.6 1952年与1957年钢铁工业设备利用系数对比

年份	高炉/(吨/米^3·天)	平炉/(吨/米^2·天)	电炉/(吨/兆伏安·天)
1952年	1.02	4.78	7.40
1957年	1.32	7.21	18.64

资料来源:《当代中国的钢铁工业》编委员会编《当代中国的钢铁工业》,当代中国出版社,2009年,第50页。

机械工业也取得了重要的突破。重型矿山机械工业方面,过去是空白,"一五"计划时期集中力量新建了三个大型企业。即苏联援建的以生产大型轧机、冶炼设备、锻压设备和大型铸锻件为主的富拉尔基第一重型机器厂(简称第一重机厂),自行设计的以生产轧机、锻压设备、大型起重设备为主的太原重机厂,苏联援建的以生产矿井提升和洗煤设备为主的洛阳矿山机器厂。此外,还重点改造了一批老厂,包括以生产破碎机、球磨机和大铸锻件为主的沈阳重机厂,以生产洗选设备、运输设备为主的沈阳矿山机器厂,以生产工矿车辆、炼焦设备为主的大连工矿车辆厂(现名大连重机厂),以生产桥式起重机为主的大连起重机厂,以生产履带挖掘机、卷扬机为主的抚顺挖掘机厂,以生产轧钢润滑设备和地质钻机为主的太原矿山机器厂等。在工程机械方面,建设了苏联援建的沈阳风动工具厂。③

机床工具工业作为机械工业中的重要组成部分,在这一时期也取得较

---

① 《国家统计局:关于1956年全国工业生产情况的报告》,中国社会科学院、中央档案馆编:《1953—1957中华人民共和国经济档案资料选编(工业卷)》,中国物价出版社,1998年,第985页。

② 《当代中国的钢铁工业》编委员会编:《当代中国的钢铁工业》,当代中国出版社,2009年,第51页。

③ 《当代中国的机械工业》编委员会编:《当代中国的机械工业(上)》,当代中国出版社,2009年,第17、18页。

快发展。过去只能生产一些简单的老式机床和工具,"一五"时期重点建设了苏联援建的以生产立车、龙门刨、龙门铣、卧式镗床等重型机床为主的武汉重型机床厂,以及一批产品专业化机床厂,包括苏联援建的沈阳第一机床厂(车床)、中国自行设计建设的齐齐哈尔第一机床厂(立车)、沈阳第二机床厂(立钻、镗床)、上海机床厂(磨床)、无锡机床厂(磨床)、北京第一机床厂(铣床)、济南第二机床厂(龙门刨)、南京机床厂(六角车床)等。工具方面,新建了苏联援建的哈尔滨量具刃具厂、民主德国设计的郑州砂轮厂(现名第二砂轮厂),中国自行设计的成都量具刃具厂。①

这个时期发展的新产品,主要是在引进苏联技术和测绘仿制的基础上进行的,同时也发挥了我国设计人员自己的能力,自行设计了一些重大新产品。例如,哈尔滨电机厂设计了1万千瓦的水电设备;上海三大动力设备厂在捷克斯洛伐克产品图纸基础上,结合国情完成了2500千瓦、6000千瓦和1.2万千瓦汽轮发电机组的设计;船舶局第二产品设计处自行设计了小港客货轮;大连机车车辆厂设计了1-5-1型货运机车等。同时还组织了全国各行业的技术力量进行统一设计(如中小型交流电动机),改变了旧中国产品系列型号紊乱的状态。②

机电产品的技术水平也有了显著提高。1952年,辽宁只能制造17种型号的普通机床,到1957年已能生产66种型号的机床,其中新试制成功的有51种,并能大量生产精密度较高的新型金属切削机床。

在矿山和冶炼设备方面,已能自行设计、成批生产700毫米辊径的轧钢机,制造有效面积1513立方米的世界一流的大型高炉、工作面积75平方米的大型烧结机、2500吨的锻压机、挖斗容积3立方米的大电铲、采矿和冶炼工业用的大型卷扬机,以及电铲、浮选、洗选机械、烧结机械和成套的冶炼设备等。③

我国这一时期的工业化建设从一穷二白到取得显著成就,离不开大规模的投资(参见表2.5.7)。从投资效果来看,这一时期也保持了较好的状况。据第一机械工业部调查,"一五"时期的大中型项目,建成后平均3年半就能收回投资。另据计算,1952年至1978年,我国工业投资为3500亿

---

① 《当代中国的机械工业》编辑委员会编:《当代中国的机械工业(上)》,当代中国出版社,2009年,第18页。

② 《当代中国的机械工业》编辑委员会编:《当代中国的机械工业(上)》,当代中国出版社,2009年,第21页。

③ 鲍振东、李向平等:《辽宁工业经济史》,社会科学文献出版社,2014年,第406页。

元,实现利税8000亿元,投资回收期限大约是12年。如果将折旧费计算在内,回收期约为10年。同期日本是3年,美国是4年,苏联是5年。[1]

表 2.5.7 "一五"时期基本建设新增固定资产及固定资产交付使用率

年份	投资额/亿元	新增固定资产/亿元	固定资产交付使用率/(%)
1953年	90.44	74.14	82.0
1954年	99.07	80.54	81.3
1955年	100.36	86.47	86.2
1956年	155.28	117.11	75.4
1957年	143.32	133.92	93.4
合计	588.47	492.18	83.6

资料来源:国家统计局固定资产投资统计司编《1950—1985中国固定资产投资统计资料》,中国统计出版社,1987年,第121页。

二、中国工业发展的国际比较

就工业生产的增长速度来说,第一个五年计划期间是不慢的。同其他社会主义国家相比,中国"一五"期间工业平均增长17.7%,苏联第一个五年计划期间全部工业平均每年递增19.3%,其中大型工业平均每年递增23.2%;其他兄弟国家以1950年为基数,到1955年平均每年增长速度为:波兰16.2%、捷克斯洛伐克10.5%、匈牙利15%、民主德国13.6%、罗马尼亚16.6%、保加利亚13.8%。[2]

同资本主义国家相比,我国第一个五年计划期间工业生产的增长速度要快得多。根据统计局资料,以钢铁为例,我国用5年时间基本走完美国12年、英国23年才走完的道路(参见表2.5.8)。

表 2.5.8 中国与世界其他国家钢铁增长速度对比

中国	1952—1957年	共5年	由135万吨增长到498.7万吨
美国	1880—1892年	共12年	由127万吨增长到500万吨
英国	1880—1903年	共23年	由129万吨增长到503万吨
法国	1897—1923年	共26年	由132万吨增长到530万吨

资料来源:中国社会科学院、中央档案馆编《1953—1957中华人民共和国经济档案资料选编(工业卷)》,中国物价出版社,1998年,第1057-1058页。

---

[1] 林森木:《论我国基本建设的宏观投资效果》,《浙江学刊》1981年第4期。
[2] 中国数据根据表2.5.2相关数据计算;苏联等社会主义国家数据来源:中国社会科学院、中央档案馆编《1953—1957中华人民共和国经济档案资料选编(工业卷)》,中国物价出版社,1998年,第1057页。

由于工业生产的迅速增长,我国工业在世界上所处的地位也发生了较显著的变化(参见表 2.5.9)。

表 2.5.9　中国重要工业产品的国际位次

工业产品	1952 年	1955 年	1957 年
电力	18 位	11 位	12 位
煤炭	6 位	6 位	5 位
生铁	11 位	8 位	8 位
钢	15 位	12 位	9 位
钢材	16 位	10 位	9 位
水泥	10 位	9 位	8 位
棉织品	4 位	3 位	3 位(或 4 位)

注:1952 年和 1955 年我国为实际数,其他各国为统计出版社 1957 年出版的 1955 年世界经济统计资料汇编的统计数;1957 年我国为年度计划数,其他各国为根据其近五六年来该类产品的平均增长速度推算的数据。另 1955 年棉织品的地位是按 1954 年的产量计算的。

资料来源:中国社会科学院、中央档案馆编《1953—1957 中华人民共和国经济档案资料选编(工业卷)》,中国物价出版社,1998 年,第 1058 页。

但值得注意的是,战后资本主义国家特别是联邦德国、日本、意大利的工业增长速度也是不慢的。从它们恢复到战前的水平算起,日本 1951—1955 年的年平均增长速度为 12.1%;联邦德国 1950—1955 年的年平均增长速度为 12.4%,同一时期内的意大利为 8.3%、英国为 3.7%、美国为 4.4%、法国为 6.6%。①

---

① 《国家计划委员会:第一个五年工业生产计划的预计完成情况》,中国社会科学院、中央档案馆编:《1953—1957 中华人民共和国经济档案资料选编(工业卷)》,中国物价出版社,1998 年,第 1058 页。

… 第三章

社会主义全面建设时期工业发展（1958—1966）

经过1953—1956年暴风骤雨式的社会主义改造，中国建立了传统的社会主义经济模式。但"三大改造"的顺利完成并不代表着工业化的成功，我国的工业化任务仍然非常艰巨。为实现工业化的赶超，我国政府于1958年发动了"大跃进"，在工业领域提出了"以钢为纲，全面跃进"的口号。但政府追求的高速工业化，导致了产业结构失衡、经济效益急剧下降，最终带来了国民经济的困顿。1961年开始，我国进入国民经济调整时期。"调整、充实、巩固、提高"成为国民经济的指导思想。1963年后我国经济进入继续调整时期，更加强调工业化的"巩固、提高"。但1964年，我国再一次选择了以重工业与国防工业为核心的"三线建设"。

第一节　"以钢为纲"的工业"大跃进"

一、"大跃进"的战略选择

1. 反冒进与反"反冒进"

随着市场力量式微，政府成为推动工业化的单一力量。但政府的决策与企业利润最大化的目标不同，大国工业化中的国家安全、国际地位、国民经济布局等多种因素都需要纳入政府的目标函数。主要领导人对工业化速度的认识也有不同侧重。周恩来、陈云等主持具体经济工作的同志，注重工业化推进过程中客观条件的制约，主张在综合平衡中进行社会主义经济建设。1955年下半年出现的社会主义改造高潮，是在批判右倾保守主义的斗争中形成和发展起来的。在政治压力下，1956年经济出现冒进倾向，主要表现为基本建设规模过大、职工总数增长过快、信贷突破计划、货币发行增加等。早在1956年初,具体抓全面工作的周恩来就对经济过热的情况有所察觉。1956年1月20日,周恩来在中共中央召开的知识分子问题会议上就呼吁:不要搞那些不切实际的事情。在随后召开的政协二次会议、计划会议、财政会议、国务院常务会议上,周恩来反复强调了压缩指标、纠正经济过热倾向的观点。1956年6月1日,中宣部部长陆定一在部分省市委宣传部长座谈会上讲话时,传达了刘少奇的指示精神:"反对右倾保守,现在已高唱入云,有必要再提一个反急躁冒进。中央要我们写篇社论,把两个主义反一反。"①社论《要反对保守主义,也要反对急躁情绪》于6月20日在《人民日报》头版头条刊出。社论虽然题为反对两种倾向,但主要的篇幅和重点是反对急躁冒进,社论还指出:"急躁情绪所以成为严重问题,是因为它不但是存在在下面的干部中,而且首先是存在在上面各系统的领导干部中,下面的急躁冒进有很多就是上面逼出来的。"②

中共八大以后,经济建设中的冒进倾向并没有从根本上消除,在制定1957年的经济计划时,冒进和反冒进思想再次交锋。1956年10月20日至11月9日(党的八届二中全会前夕),周恩来连续召开了10次国务院常务会议,检查1956年的计划执行情况,研究1957年的主要经济控制指标。在10月24日的会议上,周恩来提出,现在"主要应该批左"。陈云也提出:宁愿慢一点,慢个一年两年,稳当一点,就是说"右倾"一点。③ 11月10日,中共中央召开八届二中全会,这次会议的重要议题之一是讨论1957年国民经济计划和财政预算控制数据,为争取1957年经济稳定发展而进行的反冒进就集中在这次会议上。④ 由于刘少奇、周恩来、陈云以及几位主管经济工作的副总理的努力,毛泽东尊重了多数人的意见,到1956年终,经济建设中来势较猛的急躁冒进势头基本上被遏制住了。

正如科尔奈指出:社会主义革命者都是在贫困、落后的国家里夺取政权的。在所有落后的国家里,不管有没有建立社会主义体制,都有一种所谓"后来者"的急迫和压抑心态,深切感到严重落后于那些更为发达和富裕的国家。⑤ 毛泽东有着迫切赶超工业,让中国屹立于强国之林的强烈愿望。

---

① 武力主编:《中华人民共和国经济史》(上册),中国经济出版社,1999年,第343页。
② 《要反对保守主义,也要反对急躁情绪》,《人民日报》1956年6月20日。
③ 薄一波:《若干重大决策与事件的回顾(上卷)》,中共中央党校出版社,1991年,第555页。
④ 武力主编:《中华人民共和国经济史》(上册),中国经济出版社,1999年,第346页。
⑤ 〔匈〕雅诺什·科尔奈著,张安译:《社会主义体制——共产主义政治经济学》,中央编译局出版社,2007年,第153页。

在1956年5月听取第一、第二、第三机械工业部汇报之时,他曾说,好大喜功好像是坏事,历来骂汉武帝好大喜功,可不名誉哩。木船变轮船,马车变汽车、火车,都是好大喜功,不加区别地说好大喜功都不好,是不妥当的。① 事实上,他对"反冒进"是采取保留态度的。他在社论《要反对保守主义,也要反对急躁情绪》一文旁批了"庸俗辩证法"、"尖锐地针对我"、"庸俗马克思主义"等字。② 领导反右运动胜利之后,毛泽东的主要注意力开始从政治领域向经济领域转变,他对"反冒进"的不满也表现出来。在1957年9月20日至10月9日召开的中共八届三中全会上,毛泽东第一次公开批评了"反冒进",他认为:"'反冒进'扫掉了多快好省,扫掉了农业发展纲要四十条,扫掉了促进委员会。"毛泽东所谓的"促进委员会",是针对"反冒进"而言的。毛泽东称那些"反冒进"的人可以组成一个"促退小组"。"但共产党总的方针是促进而不是促退。共产党应该是促进委员会,只有国民党才是促退委员会。"中共八届三中全会之后,《人民日报》发表社论《发动全民,讨论四十条纲要,掀起农业生产的新高潮》,农业率先拉开了"大跃进"的序幕。

1957年11月,在莫斯科庆祝苏联社会主义革命40周年并举行12个社会主义国家党的代表大会上,赫鲁晓夫当众宣告,通过和平竞争,苏联要在15年内赶上并超过美国。社会主义阵营声望如日中天的毛泽东在11月18日提出,15年后中国的钢铁产量可以超过英国。同年,在12月召开的中国工会第八次全国代表大会上,刘少奇也提出了15年超过英国。钢铁产量的"超英赶美"从此成为经济建设的首要任务,也成为涉及中国国际声望与国际地位的重要问题。

1958年1月,毛泽东召开了杭州会议和南宁会议,3月又召开了成都会议,对"反冒进"进行了尖锐的批评。在南宁会议上,毛泽东把"反冒进"和"右派进攻"联系起来,他说:"我们没有预料到1956年国际方面会发生那样大的风浪,也没有预料到1956年国内方面会发生打击群众积极性的'反冒进'事件。这两件事,都给右派猖狂进攻以相当的影响。"并且警告周恩来与陈云"离右派还有五十米"。革命战争年代,通过充分调动人民群众的积极性,以毛泽东为核心的中国共产党,领导全国人民屡克强敌,赢得了革命的伟大胜利。面对艰巨的工业化任务,毛泽东坚信调动广大劳动者的

---

① 逄先知、金冲及主编:《毛泽东传(1949—1976)》(上),中央文献出版社,2003年,第473页。

② 《建国以来毛泽东文稿(第七册)》,中央文献出版社,1992年,第33-35页。

积极性,依旧是使中国工业化早日功成的重要武器。而对于"反冒进",毛泽东认为:"最怕的是六亿人民没有劲,抬不起头来。""反冒进"就是泄了六亿人民的劲。①

南宁会议上,毛泽东再一次提出中央与地方进行经济分权,他希望调动地方政府的积极性推动工业化的高速增长。在传统的计划经济机制中,不仅国有企业存在"预算软约束",地方政府也同样存在"预算软约束"。"大干快上"不仅可以提高自身的影响力,而且符合中央政府高增长的偏好,还有利于晋升,这更加刺激了地方政府的"投资饥渴症"。因此,毛泽东高增长的偏好也更容易在地方领导中产生共鸣。南宁会议上,毛泽东对柯庆施在上海作的《乘风破浪,加速建设社会主义的新上海》大加称赞,并对周恩来说:"恩来同志,你是总理,你看,这篇文章你写得出来写不出来?"②成都会议通过的《中共中央关于发展地方工业问题的意见》则明确要求"各省、自治区应该在大力实现农业跃进规划的同时,争取在五年或者七年的时间内,使地方工业的总产值赶上或者超过农业总产值"。③

毛泽东对1956年"反冒进"提出的综合平衡也表现出了强烈不满。南宁会议上,毛泽东在发言提纲中,提出了"不平衡—平衡—再一个不平衡—再一个平衡,以至无穷"的规律。在成都会议上,毛泽东又一次提出平衡问题,提出不平衡是绝对的、无条件的、普遍的、永久的,平衡是相对的、有条件的、不普遍的、暂时的。具有诗人气质的毛泽东,从哲学高度讨论了平衡的相对性问题,否定了陈云等同志提出的"综合平衡"。最终,毛泽东通过在党内的崇高威望,压制了经济工作一线领导人的探索。

2."大跃进"战略的提出

1958年5月5日到23日,中共八大二次会议召开。会议期间,各工业部门的党组纷纷向中央和毛泽东写了贯彻成都会议精神、赶超英国和美国的工作报告,提出了本部门的赶超计划和工作设想。在狂热的气氛下,各部门纷纷提出高指标,进一步把钢铁产量15年"超英赶美"的计划推广与提前。例如,冶金等部门提出,在今后5年或稍长一些时间内,我国工业建设在生产水平上赶上和超过英国,15年或稍多一点时间赶上和超过美国;

---

① 逄先知、金冲及主编:《毛泽东传(1949—1976)》(上),中央文献出版社,2003年,第770页。

② 逄先知、金冲及主编:《毛泽东传(1949—1976)》(上),中央文献出版社,2003年,第771页。

③ 中共中央文献研究室编:《建国以来重要文献选编》(第十一册),中央文献出版社,1995年,第223页。

纺织工业部提出,1962年在棉纱、棉布上超过产量最高的美国;化学工业部表示,化肥产量5年超过美国;煤炭部提出,煤的年产量2年超过英国,10年赶上美国。① "大跃进"正式发动,并且提出社会主义建设总路线:"鼓足干劲,力争上游,多快好省地建设社会主义。"Milgrom(1991)认为,当存在多重任务的时候,对容易观察的任务指标进行激励,将会让工作者的行为扭曲。② 在"多、快、好、省"的多重任务中,从字面上来理解是四个目标,而"多"、"快"更容易观测,"好"、"省"则难以衡量。地方政府发起的你追我赶的锦标赛使得"多、快"成为我国"大跃进"的主要特点。

二、"以钢为纲"的全面跃进

1. 钢铁指标的提高

钢铁是工业的基础部门,是第二次工业革命的支柱产业,也是当时衡量工业化水平的重要指标。工业的"心脏"——机械工业,其上游部门就是钢铁工业,没有强大的钢铁工业支持,机械工业的发展也无从谈起。1957年,我国钢铁工业与世界其他强国相比,差距比较大(参见表3.1.1)。

表3.1.1 1957年世界其他国家钢铁产量与中国钢铁产量

1957年	钢材产量/万吨	中国的倍数
美国	10225	19.1
苏联	5116	9.6
英国	2205	4.1
日本	1257	2.3
中国	535	1

资料来源:荣文丽、武力《中国当代钢铁工业发展的思想与实践》,《河北学刊》2013年第1期。

本来基础就薄弱的中国钢铁工业,在大规模经济建设的背景下产量越发显得紧张。钢铁供给不足,成为我国优先重工业发展的瓶颈,制约着大规模经济建设的推进(参见表3.1.2)。推动钢铁工业跨越式增长,成为重工业优先发展的重要战略部署。

---

① 苏星:《新中国经济史》(修订本),中共中央党校出版社,2007年,第314页。
② Bengt Holmstrom, Paul Milgrom, "Multitask Principal-Agent Analyses: Incentive Contracts, Asset Ownership, and Job Design", *Journal of Law, Economics, and Organization*, July 1991.

表 3.1.2　各年钢材库存及国家储备增减额

年份	年初库存及动用国家储备/万元			年末库存及增加国家储备/万元			库存及国家储备增减额/万元		
	合计	库存	储备	合计	库存	储备	合计	库存	储备
1953 年	83.9	79.8	4.1	132.2	124.4	7.8	48.3	44.6	3.7
1954 年	131.2	124.4	6.8	163.5	153.6	9.9	32.3	29.2	3.1
1955 年	155.6	153.6	2.0	180.6	162.3	18.3	25.0	8.7	16.3
1956 年	165.8	162.3	3.5	176.2	168.7	7.5	−19.6	6.4	−26.0

资料来源：国家统计局《有关钢铁工业与机械工业的几个问题》，《经济研究资料》1957 年 5 月 16 日印发。

2. 钢铁生产高指标的形成

早在 1957 年，毛泽东在莫斯科召开的各国共产党和工人党代表会议上就正式提出："15 年后，苏联可以超过美国。我也可以讲，15 年后，我们（在钢铁产量方面，笔者注）可能赶上或者超过英国。"[①]1958 年 3 月，在成都会议上，冶金部党组向中共中央和毛泽东写了一个报告，提出中国发展钢铁工业的有利条件很多，有可能搞得快一些。报告认为：10 年赶上英国，20 年或稍长一些时间赶上美国，不是不可能的。冶金部还提出，苦战 3 年，超过中共八大所提出的第二个五年计划钢产量 1050—1200 万吨的指标，到 1962 年达到 1500—1700 万吨是有把握的，2000 万吨是可以争取的。[②]毛泽东高度重视这个报告，并多次进行了表扬。[③]

1958 年 5 月，中共八大二次会议上完全肯定了"大跃进"的口号，并且又进一步提高了"赶英超美"的速度，提出争取 7 年赶上英国、15 年赶上美国的要求，并正式通过了"鼓足干劲、力争上游、多快好省地建设社会主义"的总路线。工业在"以钢为纲"的口号下，不断提高钢铁生产指标，甚至要求钢铁产量 5 年以至 3 年内提前实现原定 15 年赶上英国的目标。1958 年 5 月底，中共中央政治局扩大会议建议把 1958 年的钢产量指标提高到 800—850 万吨。于是在短短三个多月中，1958 年的钢产量指标迅速上调了 36%，出现了三本账：第一本账，1958 年 2 月 3 日提出的 624.8 万吨；第二本账，1958 年 4 月 14 日提出的 711 万吨；第三本账，1958 年 5 月 30 日

---

① 中华人民共和国外交部、中共中央文献研究室：《毛泽东外交文选》，中央文献出版社、世界知识出版社，1994 年，第 296 页。

② 《当代中国的钢铁工业》编辑委员会编：《当代中国的钢铁工业》，当代中国出版社，2009 年，第 56 页。

③ 晋夫：《"文革"前十年的中国》，中共党史出版社，1998 年，第 90 页。

提出的 800—850 万吨。① 面对中央政府的高增长偏好,地方政府也纷纷提出钢铁产量的高指标。1958 年 6 月,各大协作区②召开钢铁规划会议,又把钢铁产量指标提高。以柯庆施为书记的华东区,首先提出 1958 年钢产量要达到 600—700 万吨,其他各大区也不甘示弱,纷纷提出了各自的高指标。钢铁工业基础比较雄厚的东北区提出,1959 年要达到 1100 万吨至 1300 万吨,华北区提出要达到 600 万吨,华中区也提出要达到 500 万吨。在这种争先恐后提高指标的气氛下,冶金部党组向中共中央提出,1959 年全国钢产量可以超过 3000 万吨,1962 年可以超过 8000—9000 万吨。③ 本来就热衷于快速推进经济建设的毛泽东,根据这些扭曲的信息做出错误判断,认为 1958 年钢产量可以比 1957 年翻一番。

1958 年 7 月 31 日到 8 月 3 日,赫鲁晓夫来华访问,毛泽东告诉他,1958 年中国要生产 1070 万吨钢。赫鲁晓夫不大相信,陪同赫鲁晓夫来访的,曾担任过在华苏联专家总顾问的阿尔希波夫也说,恐怕实现不了,并表示土法炼钢再多也没有用。④ 这些话反而刺激了毛泽东,他更加迫切地将钢铁指标推进到一个新的高度,以提升中国的国际威望。1958 年 8 月召开的北戴河会议,正式将 1958 年的钢产量指标提高到 1070 万吨(在 1957 年 535 万吨的基础上翻一番)。1—8 月钢产量仅为 450 万吨,只完成年度计划的三分之一多些,还有 600—700 万吨的任务,要在剩下的三分之一的时间内完成。毛泽东在会上也引用了一句古诗"夕阳无限好,只是近黄昏",担心时间太短,完不成任务。⑤

钢铁产量翻番的主观愿望与当时钢铁工业生产的客观能力严重偏离,采矿、炼铁、炼钢、轧钢等方面,要完成产量都困难重重。1957 年底,钢铁生产能力为 648 万吨,为了完成 1070—1150 万吨钢的生产,当时安排 9 月份生产 120 万吨,10 月份生产 160 万吨,11 月份生产 200 万吨。为了扩大炼钢生产能力,北戴河会议确定新建各种转炉设备 205 套,各种电炉 44 台。如果这个计划全部实现,加上原来计划建设项目,也远远不能适应 9—

---

① 武力主编:《中华人民共和国经济史》(上册),中国经济出版社,1999 年,第 423 页。
② 1958 年 6 月 1 日,中共中央发出《关于加强协作区工作的决定》,决定将全国划分为东北、华北、华东、华南、华中、西南、西北 7 个协作区,同时要求各协作区根据各个区域的资源条件,按照全国统一的规划,尽快地分别建立大型的工业骨干和经济中心,形成若干个具有比较完整工业体系的经济区域。
③ 武力主编:《中华人民共和国经济史》(上册),中国经济出版社,1999 年,第 423 页。
④ 薄一波:《若干重大决策与事件的回顾(下卷)》,中共中央党校出版社,1993 年,第 704-705 页。
⑤ 武力主编:《中华人民共和国经济史》(上册),中国经济出版社,1999 年,第 426 页。

12月生产的需要。生铁生产情况也不乐观，1957年底，生铁生产能力为696万吨，1—8月已生产生铁530万吨，9—12月必须生产生铁1150万吨才能完成全年的"跃进"计划。当时安排9月份生产200万吨，10月份生产280万吨，11月份生产320万吨，12月份生产350万吨。除了新建若干座大型高炉外，在北戴河会议期间已确定全国新建小高炉12507座，中型高炉142座，但仍不能满足9—12月生产的需要，差额很大。至于采矿、轧钢的生产能力与任务的矛盾则更大。运输、煤炭、电力等部门的生产，也都与钢产量翻番的要求有很大距离。[①]

面对艰巨的生产任务，中国政府不得不寻求超越常规的方法来推动钢铁生产。1958年9月1日的《人民日报》社论，在强调钢铁产量翻番的同时提出："全党全民必须同时间赛跑，从现在起立即行动起来……企业的负责人员必须身临最前线，跟工人群众同吃同住，共同想办法，共同负责完成每天的计划。省市自治区党委的第一书记必须把领导钢铁生产当作首要任务，每个星期检查一次生产的进度，采取最有效的办法，调动各方面的力量，组织各方面的协作，解决生产中的一切困难问题。"[②]在中央政治动员的压力下，各地党委书记运用政治手段来促进钢铁生产，"大炼钢铁"运动席卷全国。

三、高指标压力下的"人海战术"与权力下放

毛泽东同志针对我国资金少、人口多的现状，试图通过群众路线，集中一切力量突破钢铁产量不足的瓶颈。在"大跃进"期间，他还进行了新中国建立以来第一次大规模放权，希望通过体制变革调动地方积极性，推动国民经济迅速发展。

1. 反常规的经济增长模式——人海战术

面对超常规的高指标，钢铁企业即使一再加紧生产，所能增加的产量也有限。新布置的设备虽然可以增加一部分产量，但大部分在当年不能投入生产。例如，鞍钢1951—1957年的基本建设项目所需时间都在10个月以上，而且需要的投资额也是比较大的，每一立方米高炉容量的投资额都在1万元以上(参见表3.1.3)。不管是时间上还是建设成本上，按照原有的建设思路已经很难完成生产任务，冶金部不得不发出通知，为了争取时

[①] 柳随年、吴群敢主编：《"大跃进"与调整时期的国民经济(1958—1965)》，黑龙江人民出版社，1984年，第29页。

[②] 《立即行动起来　完成把钢产翻一番的伟大任务》，《人民日报》1958年9月1日。

间,必须采取因陋就简的策略,降低机械水平,充分利用旧有建筑物和旧有设备,尽量依靠自力更生的办法。①

表 3.1.3 鞍钢、本钢高炉建设情况

	建设期限	建设速度	生铁生产能力/(万吨/年)		实际投资额/万元	按原设计能力计算	
			原设计能力	1957年实际设备能力		每一个月建设的高炉容积/立方米	每立方米高炉容积的投资额/万元
鞍钢							
改建第8号高炉	1951-04—1953-03	22个月	31.47/907	50.0/975	—	41.23	—
改建第7号高炉	1953-02—1953-12	10个月	31.82/917	45.6/918	1079.80	91.7	1.18
改建第6号高炉	1953-11—1954-09	10个月	31.82/917	48.1/916	1360.20	91.7	1.48
改建第5号高炉	1953-11—1955-07	20个月	31.82/917	47.5/917	1299.30	45.35	1.42
改建第9号高炉	1954-05—1956-07	14个月	32.80/944	48.7/944	1446.60	67.43	1.53
改建第3号高炉	1956-04—1957-08	16个月	28.80/831	40.0/831	1360.20	51.94	1.64
新建第10号高炉	1958-06—1958-12	6个月	100.00/1513	100.0/1513	1000.00	252.17	0.66
本钢							
改建第1号高炉	1954-06—1956-10	26个月	41/913.68	41/913.68	2717.00	—	1.48
改建第2号高炉	—	—	41/920	41/920	—	—	—

资料来源:国家统计局《建设一座大型高炉究竟要花多少时间,多少钱?》,《经济研究资料》1958年9月12日印发。

---

① 《当代中国的钢铁工业》编辑委员会编:《当代中国的钢铁工业》,当代中国出版社,2009年,第57页。

大规模的群众运动,是中国共产党推翻国民党统治的基本手段,也是建国初期我国捷报频传的主要法宝。面对按常规生产已经很难完成的生产任务,毛泽东决心再一次全民动员,发动群众运动来推进钢铁生产的飞跃。《人民日报》社论提出:"要把高速度发展的可能性变成现实,还必须认真贯彻大中小相结合、'土''洋'相结合的方针……小的'土'的炼铁炉、炼钢炉,比起大型的和中型的现代化钢铁厂来,技术的确是落后的,但是却具有现代钢铁厂所没有的优点。这就是投资少、设备简单、技术容易为群众所掌握、建设时间短。以小型的和'土'的为主,我们就可以在目前技术骨干缺乏、钢材供应不足、现代设备供应不上、资金也不十分充裕的情况下,发动全党全民来办钢铁工业。"①

　　在中共中央和毛泽东的号召下,各地政府纷纷组织"大兵团作战",以完成钢铁生产任务。1958年8月,全国参加钢铁生产的人数已有几百万人,而到了9月,全国参加大炼钢铁的人数增加到5000万人,建立了大小土高炉60多万座;到10月底,炼钢人数达到6000万人。最多时,9000万人上阵,砍树挖煤,找矿炼铁。工厂、公社、机关、学校、部队都建起了土高炉,办起了炼铁厂,小土焦炉到处都有。② 有的炉子用耐火砖砌成,有的则在山坡或路旁挖洞成炉,有的地方竟就地挖坑,倒入矿石、煤炭,点火炼铁。③

　　为了完成炼铁任务,国务院发出《关于加强废钢铁、杂铜收购工作的指示》。《指示》要求:进一步向广大群众宣传回收废钢铁和杂铜的政治和经济意义;收购工作要依靠群众,应当把一切可能组织起来的人员都组织起来,为国家进行废钢铁和杂铜的收购工作;各地收购起来的废钢铁和杂铜等工业原料,都应当交国家统一加工复制和统一分配利用。④ 许多地方不仅争先恐后地将废钢铁、杂铜交给国家,有的还将制成品拿去炼钢。例如,山东省寿张县在大炼钢铁运动中,为响应党中央提出的1958年生产1070万吨钢的号召,寿张人民公社家家户户争先恐后献卖废钢铁。"把死物变活物,支援钢铁大跃进!"这是李台人民公社仓上大队的社员们提出的响亮口号。仅用几天的时间,这个大队就已卖出破钢烂铁138750斤,每户平均

---

① 《土洋并举是加速发展钢铁工业的捷径》,《人民日报》1958年8月8日。
② 武力主编:《中华人民共和国经济史》(上册),中国经济出版社,1999年,第427页。
③ 《当代中国的钢铁工业》编辑委员会编:《当代中国的钢铁工业》,当代中国出版社,2009年,第58页。
④ 《当代中国商业》编辑部编:《中华人民共和国商业大事记(1958—1978)》,中国商业出版社,1990年,第34页。

卖出了150斤,大大超过了预计数字。许多社员把用不着的锅、刀、破铁锹、三撅,甚至桌子上的铁鼻都卖给了国家。魏李氏老大娘把锅卖给供销社时说:"成立食堂啦,谁还用得着这个?卖给国家就中大用,能给国家出一份力就心里舒坦。"光她一户就卖出破钢铁240多斤。这个大队还把20多辆大车上的铁瓦全卸下来卖给国家。① 在全民"大炼钢铁"的同时,以钢铁为中心,兴起了电力、交通、水利、文教等各条战线的"全民大办"。当时把各种"大办"称为"以钢为纲,全面跃进","一马当先,万马奔腾"。一场各行各业群众性大炼钢铁的活动,在全国范围内轰轰烈烈地开展起来。②

虽然我国1958年宣布钢产量为1108万吨,完成了翻一番的任务,但是其中合格的钢铁产量仅为800万吨。钢铁产量的实现,很大一部分是依靠土法炼钢完成的。1958年生铁产量为1369万吨,但土铁达416万吨。土钢土铁生产亏损达几十亿元(参见表3.1.4)。③

表3.1.4 1958年下半年部分省区土炉生产的生铁成本与省定临时价格

省　区	平均生产成本/(元/吨)	省定临时价格/(元/吨)
山西	257	198
辽宁	593	400
吉林	500—600	—
黑龙江	560	300
陕西	700	—
宁夏	368	—
青海	971	—
山东	530	152
浙江	650	—
福建	477	220
湖北	585	300
湖南	560	160
四川	400	250
贵州	500	—
云南	500	170

资料来源:《新中国若干物价专题史料》编写组《新中国若干物价专题史料》,湖南人民出版社,1986年,第443页。

---

① 马龙虎:《寿张"大跃进"运动研究》,博士学位论文,中共中央党校,2007年,第67页。
② 武力主编:《中华人民共和国经济史》(上册),中国经济出版社,1999年,第427页。
③ 汪海波等:《中国现代产业经济史(1949.10—2009)》,山西经济出版社,2010年,第144页。

到1959年底,全国共有"小土群"和"小洋群"工业企业31.4万个,占当年全部工业企业(31.8万个)的99%;"小土群"和"小洋群"工业共有职工2082万人,占当年全部工业职工(包括工业企业、城市手工业、人民公社工业的职工)(3009万人)的69%;"小土群"和"小洋群"工业全年总产值达1018亿元,占当年全部工业总产值(1693亿元)的60%。在全部"小土群"和"小洋群"工业企业中,属于人民公社工业的有17万个,属于城市手工业的有5.1万个,属于工业企业的有9.3万个。①

工业"大跃进"还带来了工业部门职工人数的激增,工业企业职工人数1960年达2144万人,比1957年增加了1396万人,增幅达186.6%(参见表3.1.5),为日后粮食供应紧张埋下了隐患。

表3.1.5 各行业职工人数及增加人数　　　　单位:万人

主要工业品	1957年	1958年	1959年	1960年	1958年比上一年增加	1959年比上一年增加	1960年比上一年增加	1959年比1957年增加	1960年比1957年增加
黑色金属	41.3	502.3	300	356.2	461	-202.3	56.2	258.7	314.9
燃料	81.1	298.2	243.6	284.7	217.1	-54.6	41.1	162.5	203.6
电力	11.7	16.6	19.7	25	4.9	3.1	5.3	8	13.3
有色金属	22	81	54.1	60.3	59	-26.9	6.2	32.1	38.3
金属加工	166.2	449.7	429.5	486.1	283.5	-20.2	56.6	263.3	319.9
化学	26.9	100.4	96.1	110.1	73.5	-4.3	14	69.2	83.2
橡胶	7.8	14.2	13.4	13	6.4	-0.8	-0.4	5.6	5.2
建筑材料	39.6	159.4	124.9	128.9	119.8	-34.5	4	85.3	89.3
木材	41.9	104.8	115	119.6	62.9	10.2	4.6	73.1	77.7
造纸	12	25.4	29.2	28.5	13.4	3.8	-0.7	17.2	16.5
纺织	132.7	213.9	214.6	198.8	81.2	0.7	-15.8	81.9	66.1
食品	81.7	135.7	146.9	136.9	54	11.2	-10	65.2	55.2

资料来源:国家统计局《国民经济统计提要》,1963年7月内部发行,第230-233页。

2. 高指标下的权力下放

为了发挥地方的积极性推进地方工业发展,中央政府在"大跃进"的不

---

① 中国社会科学院、中央档案馆编:《1958—1965中华人民共和国经济档案资料选编(工业卷)》,中国财政经济出版社,2011年,第75页。

正常气氛下向地方大规模放权。1958年6月10日至13日,毛泽东在视察天津工作时提出,省如有条件,也应建立比较独立的、情况不同的工业体系。在"大跃进"的狂热气氛下,1958年,中央各部在很短的时间内,就把以下经济管理权力下放给了地方①:

(1) 把大部分中央所属的企业交给了地方管理。1958年,中央各部所属的企业、事业单位,从1957年的9300多个减少到1200个;中央直属企业的工业产值在整个工业总产值中所占比重,也由1957年的39.7%降为13.8%。

(2) 下放计划管理权,实行"以地区综合平衡为基础的、专业部门和地区相结合的计划管理制度"。为了让地方能自成体系,过分扩大了地方管理权限。1959年,国家计委管理的工业产品,由1957年的300多种减少到215种;中央财政收入中由中央直接征收的比重从40%降至20%;中央统配、部管物资由500多种减为132种;供销工作也改由地方为主来组织。

(3) 下放基本建设项目审批权。地方兴办限额以上的建设项目,只需将简要的计划任务书报送中央批准,其他设计和预算文件一律由地方审查批准;某些与中央企业没有协作关系、产品不需要全国平衡的限额以上建设项目,由地方批准,只需报中央备案;限额以下的项目,完全由地方自行决定。1958年7月,中央又提出对地方基本建设投资实行包干制度,即在包干范围内,基建投资由地方自行决定、自我增殖。

(4) 下放财权和税收权。中央财力从"一五"时期平均占75%,降低为只占50%左右,地方和企业预算外资金从1957年相当于预算内收入的8.5%提高到1960年的20.6%。

(5) 下放劳动管理权。1958年6月,中央决定,各地的招工计划经省(市)确定之后即可执行,不必经过中央批准。

(6) 下放商业、银行等管理权。在商业方面,撤销全国性专业公司,按地方行政区划成立专业局(处),实行政企合一,并对各种不同经济成分的商业网点实行合并;在金融方面,改为"存贷下放,计划包干,差额管理,统一调度"。由于信贷权下放,到1960年,银行信贷资金运用高达954.4亿元,比1957年增长2.35倍。

(7) 下放教育管理权。把原由教育部领导的60所高校和143所中专

---

① 武力:《1949年以后毛泽东对中央与地方经济关系的探索》,《毛泽东与中国社会主义建设规律的探索:第六届国史学术年会论文集》,当代中国出版社,2006年。

下放给地方管理;同时把建立高校的审批权下放给省、市、自治区,并要求各地大办教育事业。

大规模放权使地方政府掌握人权、财权、物权,最终对我国"大跃进"时期的投资与消费需求膨胀起到了推波助澜的作用。

3. 继续"跃进"

全民大炼钢铁,暴露的工业结构不协调、生产指标过高等问题,也曾引起毛泽东等中央领导的察觉。武昌会议、郑州会议进行了调低生产指标的努力,但是庐山会议改变了进程,"纠左"转变为"反右倾"。1959 年 12 月 30 日,在"反右倾,鼓干劲"的精神下,国家计委提出《关于 1960 年的国民经济计划的报告》,对工农业生产提出了一系列高指标。要求 1960 年生产 1840 万吨钢,原煤生产从 3.47 亿吨增加到 4.25 亿吨,铁路货运量从 5.4 亿吨增加到 7.2 亿吨,汽车货运量从 3.4 亿吨增加到 5.4 亿吨,基本建设投资由 267 亿元增加到 325 亿元。①

1960 年 4 月还提出,过去是"一季争(争投资)、二季叫(叫困难)、三季反(反右倾)、四季超(超计划)",现在把 8 月(反右倾)提到 4 月上来,以后就不必反了。实际上这是采用提前预反的办法,来压制对客观困难的反映,强制贯彻"左"的错误。② 由于中苏关系紧张,1960 年六七月间,苏联单方面撕毁经济、技术合同,撤退在华专家,恶化的国民经济雪上加霜。毛泽东对此甚为愤慨,决心完成钢产量指标,争一口气。他说:手里没有一把米,叫鸡都不来,我们处在被轻视的地位,就是钢铁不够。要继续跃进,否则不仅资本主义国家看不起我们,社会主义国家也不给技术,憋一口气有好处。10 年搞 1 亿吨,上天。

然而进入 1960 年,国民经济形势日趋恶化。农业在 1959 年大幅度减产后,1960 年夏收又严重歉收,粮食短缺,人民生活面临严重困境。1960 年初,钢铁产量也不容乐观,虽然进行了很大努力,1—8 月也只生产了 1137 万吨钢。而且作为"工业的粮食"的煤炭,经过 2 年多的拼设备、拼资源,再无力支撑,日产大幅度下降。虽然工业的"跃进"已成强弩之末,但 1960 年 8 月 14 日,中央仍发出了《关于开展以保粮、保钢为中心的增产节约运动的指示》。工业部门全力收缩保证钢铁,经过几个月的突击,终于完成了 1866 万吨钢的任务,但国民经济运行已经陷入困境。

---

① 赵德馨主编:《中国经济通史(第十卷)》(上册),湖南人民出版社,2002 年,第 255-256 页。
② 柳随年、吴群敢主编:《"大跃进"与调整时期的国民经济(1958—1965)》,黑龙江人民出版社,1984 年,第 65 页。

第三章 社会主义全面建设时期工业发展(1958—1966)

继续"跃进"虽然比1958年"大跃进"更加注重生产质量,但是它主要倚仗的"小洋群"和"五小成群"还是以人海战术为基础,依旧没有克服1958年钢铁生产的弊端("小洋群"与"五小成群"在下一节中集中论述)。而对已建成的工厂,尤其是大型工厂,则推行"鞍钢宪法",调动全体职工的积极性来推动生产的提高。

"鞍钢宪法",被称为是"总路线、大跃进、人民公社的必然产物",它是毛泽东探索跳出苏联的工业企业管理模式,走出一条有中国特色的工业企业管理道路的重要探索。毛泽东看了中共鞍山市委写给辽宁省委转报中央的《关于工业战线上的技术革新和技术革命运动开展情况的报告》后,于1960年3月22日热情洋溢地批示,鞍钢是全国第一个最大的企业,职工十多万,过去他们认为这个企业是现代化的了,用不着再有所谓技术革命,更反对大搞群众运动,反对两参一改三结合的方针,反对政治挂帅,只信任少数人冷冷清清地去干,许多人主张一长制,反对党委领导下的厂长负责制。他们认为马钢宪法(苏联一个大钢厂的一套权威性的办法)是神圣不可侵犯的。这是1958年大跃进以前的情形,这是第一阶段。1959年为第二阶段,人们开始想问题,开始相信群众运动,开始怀疑一长制,开始怀疑马钢宪法……现在(1960年3月)的这个报告,更加进步,不是马钢宪法那一套,而是创造了一个鞍钢宪法。鞍钢宪法在远东,在中国出现了。[①] 冶金部随即于5月23日在鞍山召开了现场会议,要求企业贯彻"鞍钢宪法"精神。后来根据毛泽东批示的内容,"鞍钢宪法"被概括为五项原则,即:实行政治挂帅,加强党的领导,大搞群众运动,实行"两参一改三结合"(干部参加劳动,工人参加管理,改革不合理的规章制度,实行工人群众、领导干部、技术人员三结合),不断开展技术革命和技术革新。"鞍钢宪法"的提出,是毛泽东总结中国办工业、办企业的做法,并与苏联的经验相比较,力图上升到原则高度来解决中国办企业的道路和方法问题。从这一角度来看,确实是一次有益的探索,有其积极的一面。可是"鞍钢宪法"所提出的内容是原则性的,缺少具体措施,也不够完整、科学,又同当时的"反右倾"联系起来,因此也产生过消极作用。[②] "鞍钢宪法"是毛泽东发动群众运动,推进新的跃进的一种尝试。在"大跃进"的不恰当气氛下,它片面强调群众运动,而对工厂的一些合理规章制度任意破除,最终不利于生产的进步。

[①] 《建国以来毛泽东文稿(第九册)》,中央文献出版社,1996年,第89—90页。
[②] 《当代中国的钢铁工业》编辑委员会编:《当代中国的钢铁工业》,当代中国出版社,2009年,第65页。

虽然中国政府具有强大的资源动员能力，各级领导也比较清廉，但这种不顾客观条件的"大跃进"，最终未能让中国经济实现赶超。重工业的发展更多依靠资金与技术，而"大跃进"在政治高压下的人海战术并不能让重工业有效增长，反而挤占了其他工业发展的空间，导致产业结构严重失衡，国民经济陷入困境。

四、工业"大跃进"与国民经济紧张

中国政府为实现大国经济赶超，凭借强大的政治能力发动"大跃进"运动，希望通过激发广大人民群众、各地政府的积极性，突破资本稀缺的瓶颈。但钢铁等重工业属于资本、技术密集型产业，人海战术并不能使重工业产品有效增长，不仅质量达不到要求，而且影响了其他工业的发展，导致产业结构严重失衡。

1. 产业结构失衡，物资供应困难

"大跃进"期间，通过放权让各地方政府有了较大的自主权。在中央政府单一目标（主要集中在农业"以粮为纲"、工业"以钢为纲"）下，各地方政府展开了"锦标赛式"的竞争。各地方政府将增长目标片面锁定在少数产品上，进一步加剧了经济的失衡。工业领域的"大跃进"片面强调"以钢为纲"，不仅导致了三次产业的失衡，还带来了工业内部结构的失衡。我国三次产业中，第二产业从1957的27.3%上升到1960年的44.7%以上。而过高的工业比重与我国当时落后的人均收入严重不匹配。

产业结构的严重失衡加剧了国民经济的困难，最终"大跃进"难以维系。农业追求"一大二公"的人民公社阻碍了农业生产力的释放，"大跃进"中激增的职工人数更加剧了农业供求的紧张。1960年的粮食、食油及油料、肥猪的库存量比1957年大幅降低。1960年，按人均每年需要粮食250千克计算，全年国家大约差2400万人的粮食。① 1960年夏天，全国紧张局面已开始暴露。入夏以后，北京、天津、上海、辽宁等大城市和工业区的粮食库存非常薄弱，北京只能销7天，天津只能销10天，上海几乎没有大米库存，辽宁10个城市只能销八九天。②

---

① 罗平汉：《国民经济调整时期的职工精简》，《史学月刊》2007年第7期。
② 肖冬连：《共和国年轮·1961》，河北人民出版社，2001年，第17页。

2. 工业结构内部也出现了失衡[①]

（1）轻重工业的比例关系严重失调。

"一五"时期已开始出现重工业比例过重的倾向。在"大跃进"三年中，工业生产建设的安排又以"保证钢铁元帅的升帐"为中心，着重发展钢铁生产所需的煤炭、电力、机械等部门。重工业三年投资达545.7亿元，为"一五"时期重工业投资额的2.6倍。而轻工业投资仅65.7亿元，只比"一五"时期增加了75.3%，仅比冶金工业一个部门一年的投资额稍多一些。轻工业的投资比重由"一五"时期的15%降低到10.7%。同时，为了"保钢"，轻工业生产所需的燃料动力、钢材、木材等原材料，以及运输能力等经常被挤占，使轻工业生产能力不能得到充分的利用和发挥。例如，供机械制造用的钢材占整个钢材生产消费量的比重，1957年为34.8%，"大跃进"三年上升到近50%。而轻工业市场产品消费的钢材占整个钢材生产消费量的比重，1957年为20.7%，1958年下降到13.8%，1959年、1960年又连续下降到11%和10.2%。一些以工业品为原料的轻工业产品，如电池、灯泡、民用锁、火柴、铁锅、发卡等小商品供不应求。与此同时，由于受到"以钢为纲"发展工业的影响，1959年、1960年农业全面减产，轻工业所需的农产品原料也来源不足，很多轻工业企业开工不足。此外，原来生产日用消费品的部分轻工业企业和重工业企业，有的转产机电设备，有的改成为重工业服务。因此，轻工业总产值从1960年开始下降，当年下降了10%。轻工业总产值与重工业总产值的比例发生了很大的变化，1957年为55∶45，1960年变为33.4∶66.6。轻工业的生产发展过分落后于重工业，产品产量甚至下降，造成了市场供应严重困难，影响了城乡人民的生活。

（2）重工业内部加工工业和采掘工业的比例关系严重失调。

采掘工业是原材料工业的基础，它的发展需要的投资大，周期长。"一五"期间，在重工业内部的投资分配上，采掘工业占28.6%，原材料工业占33.8%。但在"大跃进"三年中，采掘工业的投资比重下降到21.7%，原材料工业的投资比重增长到42.3%，两者的比例显然是不合理的。这种不合理的状态突出表现在采掘工业能力与冶炼加工工业能力增长的关系上。"大跃进"期间采取抓中间带两头的方针，钢铁冶炼工业一马当先。但是，铁矿石、辅助原料矿石的采选、烧结并未相应地带动起来，赶不上冶炼生产

[①] 汪海波、董志凯等：《新中国工业经济史(1958—1965)》，经济管理出版社，1995年，第79-81页。

的需要。有色金属内部的冶炼和开采关系也不协调。煤矿的发展同样跟不上冶炼生产的需要。1957年原煤产量1.3亿吨,"大跃进"三年,新增机械化、半机械化采煤能力只有1.1亿吨。而1960年实际采煤3.97亿吨,其中有近1.6亿吨原煤是依靠老矿强化开采和小矿简易投产突击增产的,以致煤矿的开采与掘进比例也严重失调,设备损坏严重。

(3) 加工工业内部各环节之间的比例关系失调。

这突出表现在主机与配套设备的关系以及生产与维修的关系上。由于在生产安排上重主机、轻配套,许多配套厂转产主机,不少设备往往缺这少那,不能成套供应使用。1960年,电力系统新增装机容量中,有三分之一以上的机组缺乏配套设备不能充分发挥作用。冶金系统的大中型项目中,不配套的轧机占30%,高炉占50%以上,平炉和铁矿山占80%以上。其他部门也都存在同样的问题。设备配套已经成为当时我国新建企业能否迅速投入生产的一个决定性环节。与此同时,在生产安排上,还重制造、轻维修,把许多承担修理和生产配件的工厂、车间升级来制造设备。三年内机械制造能力增长很快,而维修和配件生产能力却有减无增。在原材料分配上又挤占了维修用料,从而使大量的因过度运转而损坏的设备无法修复。如1959年第二季度,全国有17万辆汽车,由于损坏后缺少配件不能修复的就有1.8万多辆,而当年计划新生产的汽车也不过1.8万辆。又如,河北省当时交给农村使用的近30万马力的排灌机械,根据天津、保定、唐山、石家庄、邯郸等五个专区的调查,真正运转的只有三分之一。其余的,一部分是缺少配件和燃料而停顿下来了,大部分是损坏了未能修复。工业企业的情况也类似,不少设备损坏未能及时修复。

3. 工业经济效益低下①

在工业生产方面,首先是产品质量下降。例如,1960年生铁合格率由1957年的99.4%下降到74.9%,其中重点钢厂由99.4%下降到85.9%。中央直属煤矿所产煤炭的灰分由"一五"时期的平均21%增加到24%。其次,劳动生产率降低。全国全民所有制工业企业全员劳动生产率,1957年为6362元,1958年后逐年下降,到1960年下降了7.8%。再次,物资消耗增加,成本提高。以1960年与1957年相比,全国工业企业每百元产值的生产费用从51.1元增加到56.4元,每亿元工业总产值平均耗用的电力由

---

① 汪海波、董志凯等:《新中国工业经济史(1958—1965)》,经济管理出版社,1995年,第82页。

2501万度增加到3443万度,每亿元工业总产值平均耗用的煤炭由10万吨左右增加到21万吨。特别是在群众运动中仓促投产的小型企业,一般都消耗大、质量差、效率低、成本高。例如,小高炉生铁质量很差,成本一般高达250—300元,比生铁调拨价格(每吨150元)高出66%—100%;焦炭的消耗一般比大高炉多1—2倍。小高炉生铁在生铁总产量中所占的比重很大(如1959年占一半左右),严重影响整个工业生产的经济效益。此外,物资报废、损坏、霉烂变质等现象也十分严重。因此,工业企业亏损激增。

第二节 国民经济调整时期的工业经济

"大跃进"的目的是推动经济迅速增长,但给国民经济带来了严重的消极影响。由于原材料短缺,使得"大干快上"的基本建设没有充分的原料供给,导致了我国许多建设项目处于延期状态,成为"半拉子"工程,不但不能形成生产能力,而且扩大了潜在需求。而工业的高指标又是导致经济膨胀的关键因素,在严峻的国民经济形势下,中央对工业战线进行了大规模调整。在传统社会主义经济模式下,政府通过"有形之手"对工业经济进行了大规模调整,推动了国民经济走出泥潭。

一、八字方针与工业速度调整

"大跃进"是我国优先重工业发展模式发展到极端的产物。它在高指标的压力下,将高积累、高投入与人海战术发挥到了极致,最终让我国国民经济难以维系。追求工业化的高速度是"大跃进"的重要特征,要逐步缓和经济紧张的状况,政府需要首先降低工业化发展的速度,为国民经济调整创造较为宽松的环境。

1. 国民经济调整的初步探索

1960年6月,中共中央在上海举行扩大会议,中央领导开始对"大跃进"盲目追求高指标、忽视质量的现象进行初步的反思。会上,毛泽东同志重提曾在1月份上海会议上提出的质量第一,提出降低工业指标,并承认在前一阶段存在一些错误。毛泽东还说,不要提3200万吨(1962年的目标,笔者注),还是提3000万吨,搞上3000万吨,事情就很好办。[1]虽然我国在1960年已经开始注意放慢重工业发展速度,但是主要生产指标仍然

---

[1] 逄先知主编:《毛泽东年谱(第四卷)》,中央文献出版社,2013年,第414页。

没有降下来,基本建设规模仍然过大。1962年召开了"七千人大会"、"西楼会议"和"五月会议",这些会议逐渐统一了认识,下决心降低工业发展的速度。

1961年1月,中共八届九中全会批准了对国民经济实行"调整、巩固、充实、提高"的八字方针。1961年5月下旬,中共中央在北京召开工作会议。会议上根据国家计委和国家经委的测算,决定将当年的钢产量再调低到1100万吨。这次指标的降低得到毛泽东同志的认可,他说:"去年1850万吨钢,现在1100万(吨),降下来750万吨,我看可以。"①接着,7月17日—8月12日,国家计委在北戴河召开全国计划会议。这次会议以前几个月各部门、各地区贯彻实施调整方针的实际情况为基础,经过调查研究,重新讨论拟定了1961年、1962年国民经济计划的控制数字。钢产量,1961年预计达到850万吨,1962年拟定为750万吨;国家预算内基本建设投资,1961年预计完成78亿元,1962年拟定为42.3亿元。② 8月9日,邓小平同志在中央书记处听取计划会议汇报时指出:"去年北戴河会议提出八字方针,究竟怎样贯彻,一年多了还没有具体化,各部、各地区和计委都没有具体地安排。去年钢完成了1840万吨,还是一马当先,影响了八字方针的贯彻。……明年的粮食比今年还困难,特别是城市。指标定高了,大家为完成指标而奋斗,对贯彻八字方针、填平补齐的劲头就小,工作不好安排。指标退下来,可以腾出精力和时间搞填平补齐。"③

李富春在北戴河中共中央工作会议上作了《目前经济形势与调整的任务》的发言。在发言中,他强调了工业要退够,并且提出:"目前,钢铁生产的中心问题主要不是数量,而是质量和品种。我们要争取在质量、品种方面的跃进,在这基础上增加数量。这是很艰巨的任务。"④

2."七千人大会"与全党认识的统一

1962年1月11日至2月7日在北京召开的扩大的中央工作会议(又称"七千人大会"),终于使全党认识统一到调整的思想上来。在这次会议中,毛泽东一反常态,将刘少奇所做的尚未经过中央政治局讨论的《在扩大的中央工作会议上的报告》直接发给大会讨论,并且提出:大会实行三不主

---

① 薄一波:《若干重大决策与事件的回顾(下卷)》,中共中央党校出版社,1993年,第897页。
② 《当代中国的经济管理》编辑部编:《中华人民共和国经济管理大事记》,中国经济出版社,1986年,第163页。
③ 薄一波:《若干重大决策与事件的回顾(下卷)》,中共中央党校出版社,1993年,第897、898页。
④ 李富春:《李富春选集》,中国计划出版社,1992年,第274页。

义,不打棍子,不抓辫子,不扣帽子。刘少奇在大会上的报告将工作的主要缺点和错误归结为:"工农业生产的计划指标过高,基本建设的战线过长,使国民经济各部门的比例关系,消费和积累的比例关系,发生了严重不协调的现象。……由于要求过高、过急,许多地方、许多部门进行过一些不恰当的"大办"。在农业生产和工业生产上,在商业、财政、文教、卫生等方面,都犯过瞎指挥的错误。……不恰当地要在全国范围内建立许多完整的工业体系,权力下放过多,分散主义的倾向有了严重的滋长。……对农业增产的速度估计过高,对建设事业的发展要求过急,因而使城市人口不恰当地大量增加……职工人数增加过快,非生产人员比重加大,浪费劳动力的现象十分严重。党政机关的机构比过去更加重叠臃肿,在这种情况下,主观主义、官僚主义和命令主义的作风,有了很大的滋长。"①他还勇敢地承认了中央政府对国民经济困难应当负主要责任,其次负责的是省一级领导机关。为了进一步说明问题,刘少奇还在大会上做了3个多小时的口头报告,报告提出的在一些地方"三分天灾,七分人祸"等观点引起了与会人员强烈的反响。

会议围绕刘少奇的书面报告《在扩大的中央工作会议上的报告》展开了热烈讨论。1月30日,毛泽东在会议上的发言主要谈了民主集中制。对于出现的问题,他指出:"我们这几年工作中的缺点、错误,第一笔账,首先是中央负责,中央又是我首先负责;第二笔账,是省委、市委、自治区党委的;第三笔账,是地委一级的……总之,各有各的账。"②

周恩来在2月7日发表了讲话。他首先作自我批评。他说这3年中的错误,国务院及其所属各部委负有很大责任。有关国家计划和政策的文件,许多是国务院提请党中央批准的,国务院负有主要责任。他以"四高"、"三多"为例加以说明。"四高"是高指标、高估产、高征购、高调出,国务院应负主要责任。"三多"是计划变动多、基建项目多、权力下放过多,国务院也应负很大责任。至于有些政策性文件,未经中央批准而擅自下达,国务院和有关部委则应负全部责任。周恩来具体举例说明了自己的错误。一个例子是他在1959年8月人大常委会上汇报政府工作时,说过农业每年增产10%就是跃进,增产15%就是大跃进,增产20%是特大跃进;工业每

---

① 中共中央文献研究室编:《建国以来重要文献选编》(第十五册),中央文献出版社,1993年,第15-16页。
② 中共中央文献研究室编:《建国以来重要文献选编》(第十五册),中央文献出版社,1993年,第136页。

年增产20%是跃进,增产25%是大跃进,增产30%是特大跃进。周恩来说,他提出这样的增产幅度,本意是想说服那些认为翻一番以至翻几番才算大跃进的同志,但无论农业或工业,那样大幅度的增产是根本不可能的。周恩来说:"美国在过去100年中,前50年工业平均年增长率为20%,后50年为1.1%。美国从年产十几万吨增加到年产1000万吨钢,用了28年(1872—1900),我国只用了10年(1949—1959,1958年产1070万吨不能算数,当年好钢不到850万吨),已经是很高的速度了。大跃进中'欲速不达',1960年硬要年产1800万吨钢,1961年还要生产900万吨,结果今年计划只有降到750万吨。"以钢为纲",结果挤了其他产业,破坏了综合平衡,也损坏了本身生产设备,难以为继,结果不得不掉了下来。这是我们违反客观规律的结果,是对我们的惩罚。"周恩来在讲话中最后提出了克服困难的八大措施,即:坚决压缩城镇人口、争取农业首先是粮棉油增产、努力增加工业特别是人民生活用品工业的生产、缩短基本建设战线、全面彻底清理仓库物资、严禁走后门和搞好市场供应、坚决偿还外债并履行外援合同、建立新秩序和新风气。其中最关键的措施是压缩城镇人口,1961年压缩1000万人,1962年上半年还要压缩700万人。①

3."西楼会议"与"五月会议"——对国民经济调整的具体部署

"七千人大会"统一了全党的认识,但是大会对经济困难的严重性的估计尚不一致,有些人甚至过早地认为"最困难的时期已经渡过"。为了进一步落实"七千人大会"的思想,具体部署调整战略,在"八字方针"的指导下,1962年中央还召开了"西楼会议"和5月中央工作会议。

1962年2月21日至23日,中共中央在北京举行政治局常委扩大会议,又称"西楼会议"。"西楼会议"把"七千人大会"上没有讲透的问题又进一步讲透。薄一波同志评价道:"七千人大会"出了题目,"西楼会议"及其后召开的国务院扩大会议则交了一份比较满意的答卷,对克服当时的经济困难起了不可磨灭的重大作用。② 虽然"七千人大会"上全党达成共识对国民经济进行调整,但是国家计委和财政部提交给大会的1962年工农业生产计划和财政预算,虽然有所压缩但仍存在不少缺口。如1962年钢产量定为750万吨,基本建设投资定为59.5亿元。按此计算,当年财政收支将出现30亿元赤字,而且1958年至1961年的财政收入都有水分,核实下

---

① 吴冷西:《周恩来在四年调整时期的重大贡献》,《党的文献》1998年第2期。
② 薄一波:《若干重大决策与事件的回顾(下卷)》,中共中央党校出版社,1993年,第1049页。

来,赤字还会扩大。在"西楼会议"上,刘少奇同志指出:"收入要可靠,争取的数字不能打上。支出要打足,各种支出都要打上。实际支出如超出了预算,做预算的人要负责。有赤字要提出来警告大家,采取措施来弥补。过去几年没有揭露赤字是不对的。搞不好,经济还要继续恶化。只有暴露了问题,才好解决问题。"周恩来提议下决心对国民经济进行大幅度调整。大家一致同意这一建议,认为只有压缩某些工业生产指标和基本建设投资,才能实现财政收支"当年平衡、略有回笼"的要求,使经济逐步恢复正常秩序,然后在这个基础上发展。① 压缩工业指标和基本建设投资,已经成为非常时期国民经济调整工作的重点。而在"七千人大会"上没有充分发言的陈云同志,在"西楼会议"上系统地对当时的经济形势及克服困难的办法进行了分析。他提出,最基本的困难是:农业的减产和摆开的基本建设规模,超过了国家财力、物力的可能性。② 正如前面所分析的,职工人数膨胀是投资规模膨胀的产物,所以要遏制职工人数膨胀带来的消费需求膨胀,最根本的就是要压缩基建规模、降低工业指标。针对这些困难,陈云同志提出了6条解决措施。

（1）把1963年至1972年的10年经济规划分为两个阶段,前一阶段恢复,后一阶段发展。陈云估计农业的恢复大约要3至5年;在恢复阶段,工业只能是放慢速度,进行调整。他认为,不把10年规划分为两个阶段,笼统地要大家执行,又想发展,又要下马,又想扩大规模,又要"精兵简政",就会彼此矛盾,举棋不定。而明确划分为两个阶段,调整的任务才能落实。有了前一阶段的恢复,才有后一阶段的发展。

（2）减少城市人口,"精兵简政"。他认为,这是克服困难的一项根本措施。应在1961年已压缩城市人口1000万的基础上,继续压缩,不仅要动员"大跃进"中进城的农民返回农村,充实农业的生产力,还要动员一部分家在农村的职工"回家吃饭"。

（3）采取一切办法制止通货膨胀。……

（4）尽力保证城市人民的最低生活需要。……

（5）把一切可能的力量用于农业增产。……

（6）计划机关的主要注意力,应该从工业、交通方面,转移到农业增产

---

① 薄一波:《若干重大决策与事件的回顾(下卷)》,中共中央党校出版社,1993年,第1048页。
② 薄一波:《若干重大决策与事件的回顾(下卷)》,中共中央党校出版社,1993年,第1049页。

和制止通货膨胀方面来,并且要在国家计划里得到体现。①

陈云同志的思想在1962年2月26日召开的国务院扩大会议上以《目前财政经济情况和克服困难的若干办法》进一步展开。"西楼会议"结束后,成立了中央财经小组,陈云、李富春任正副组长,统一管理经济工作。在3月7日和8日举行的中央财经小组第一次会议上,针对工业发展,陈云讲了以下问题。

(1) 长期计划问题。

(2) 1962年年度计划要把工业生产和基本建设的发展放慢一点,以便把重点真正放在农业和市场上。他强调:"对重工业、基本建设的指标'伤筋动骨'。重点是'伤筋动骨'这四个字。要痛痛快快地下来,不要拒绝'伤筋动骨'。现在,再不能犹豫了。"周恩来同志插话说,可以写一副对联,上联是先抓吃穿用,下联是实现农轻重,横批是综合平衡。

(3) 综合平衡问题再一次提了出来。提出从现在开始搞综合平衡,从短线开始综合平衡。② 毛泽东曾将综合平衡看作是消极平衡并严厉批评,提出积极平衡。但"大跃进"用事实宣告了积极平衡的破产,而综合平衡又成为中央经济的指导思想。

1962年5月7日至11日,刘少奇在北京主持召开党的中央工作会议(简称"五月会议")。会上刘少奇、周恩来、朱德和邓小平讲话强调了要充分认识困难,并采取积极的措施克服困难。会上讨论了《关于讨论一九六二年调整计划的报告》,同意中央财经小组报告中提出的实行调整工作的具体方针,其中包括:对整个国民经济必须进行大幅度的调整,要退够;对于财政经济状况的根本好转,要争取快,准备慢;大力加强农业生产战线,努力恢复农业生产。《关于讨论一九六二年调整计划的报告》提出,全党必须紧抓的主要工作,一是缩短工业生产建设,坚决减少职工和城镇人口;二是加强农村人民公社生产队的领导,加强各方面、特别是工业对农业生产的支援,巩固农村的集体经济。③ 会后,中央财经小组进一步修改了这一报告,并经毛泽东批准后,于5月26日发到全国执行。

从1960年6月对国民经济调整的初步总结,到八届九中全会正式批

---

① 薄一波:《若干重大决策与事件的回顾(下卷)》,中共中央党校出版社,1993年,第1050-1051页。

② 中共中央文献研究室编:《建国以来重要文献选编》(第十五册),中央文献出版社,1993年,第241、244、245页。

③ 中共中央文献研究室编:《建国以来重要文献选编》(第十五册),中央文献出版社,1993年,第406页。

准"八字方针",再到"七千人大会"全党统一认识,最后到"西楼会议"和"五月会议"对调整问题进一步进行探讨并做了具体部署,终于使国民经济转入大规模的调整阶段。

1962年的"五月会议"上,提出工业总产值由950亿元降到880亿元,原煤、钢分别由2.51亿吨、750万吨降到2.39亿吨、600万吨。① 钢产量指标终于坚决地降下来了,这标志着我国放弃了"大跃进"时期"以钢为纲,全面跃进"的指导思想,也摆脱了"超英赶美"的政治任务。以钢铁为代表的重工业指标的大规模压缩,缓解了经济的紧张情况,给负荷超重的经济减轻了压力。

二、工业企业的关、停、并、转②

1962年工业生产指标大幅度降低后,大多数工业企业生产任务不足,生产能力过剩。同时,进入1962年以后,精减职工的难度增大,必须下决心对企业进行关、停、并、转,才能推动国民经济调整的顺利进行。

1962年2月7日,周恩来在扩大的中央工作会议上讲话指出:"企业单位,有生产任务的,要按照1962、1963两年的生产任务定员。……没有生产任务的,或者生产任务少的,该关的关,该并的并,该缩小的缩小,该撤销的撤销。"③ 4月,周恩来又明确指出,只有把精简城市人口同拆庙、拆架子结合起来,精兵简政才有出路。每个部都要按行业提出企业排除计划,下决心关一批,并一批,转一批,缩小一批。5月27日,中共中央、国务院正式发出《关于进一步精简职工和减少城镇人口的决定》。《决定》提出,精简职工的工作,必须与工业经济的调整和企业裁并结合起来进行。工业企业的关、停、并、转工作进入一个有计划、有步骤进行的新阶段。按照中共中央、国务院的上述决定,首先分地区对各个行业的所有企业,根据原材料、燃料、动力供应的可能,农业和市场的需要,以及企业的具体情况,通盘考虑,综合平衡,进行排队,然后制订出统一的关、停、并、转的调整计划,经国家计委批准下达,限期执行。调整的大原则是保留骨干企业,重点裁并中小企业。具体做法是:①农村社办工业企业,劳动生产率低,原材料浪费大,一般地应当停办;②城市公社工业企业也基本上应停办,少数确实比较好

---

① 汪海波:《中华人民共和国工业经济史(1949.10—1998)》,山西经济出版社,1998年,第333页。
② 本部分主要参考武力主编《中华人民共和国经济史》上册第八章。
③ 中共中央研究室:《周恩来经济文选》,中央文献出版社,1993年,第444页。

的,可以转为手工业合作社或者地方工业;③城市手工业企业应当专门从事手工业生产,机械化生产的企业划归地方工业;④县办工业企业要迅速进行清理,大关一批企业,至少应当关掉三分之二;⑤省辖市和专区所属的工业企业也必须关一批,应当进行企业排队;⑥省、自治区、直辖市和中央直属的工业企业,按行业统一排队调整,该关闭、合并、缩小、改变任务的,坚决关闭、合并、缩小和改变任务。在具体排队时,主要把握两条原则:首先是经济合理,其次是社会需要。

实施上述措施后,1962年底,全民所有制工业企业数由上年底的7.1万个减少到5.3万个,减少了1.8万个。如果加上1961年已经减少的,共减少了4.3万个,为1960年末全民所有制工业企业总数(9.6万个)的44.8%。1962年末,全民所有制工业企业数已经低于1957年末的数量(5.8万个)。在后来的两年中,企业数仍在继续减少,到1964年末为4.5万个。集体所有制工业企业数则从1963年起急剧下降,到1965年末降到11.2万个。比1960年末的15.8万个减少4.6万个,减少了29.1%,与1959年末21.96万个相比,则下降了48.9%,基本上退到1957年末的数量。①

通过关、停、并、转,将许多耗费大、效益低的小企业关闭,而保留了属于全国骨干和国民经济必需的企业,使它们生产所需的原材料、燃料、动力的供应基本上得到了保证。而关、停的企业大多是小企业,这些企业又大多资本投入小、劳动力投入多,它们的关、停对职工的精简起到了积极作用;并、转改善了供给,加强了短线产品的生产,满足了农业服务、市场需要,提高了工业生产的经济效益。

据统计,1962年企业裁并幅度大的是冶金、化工、建材和机械工业。钢铁工业方面,是关停并转,保护设备。1961年和1962年前七个月,共关闭了2000个中小型企业(包括有色金属、矿山、各种辅助原料企业),重点企业36%的高炉、57%的平炉、37%的电炉、97%的转炉停产。直属企业的基建项目中如酒钢、包钢、韶关等242项工程停止施工,这些停产或停建的企业闲置了大批设备,必须妥善维护、保管。据统计,当时没安装的设备就有40万吨,包括从苏联进口的设备。因此,冶金部于1962年7月30日发布了《关于妥善保管和处理停产企业资产的指示》,8月18日又专门召开了停建工程设备维护工作会议,要求停建和停产单位全力以赴抓好设备维护工

---

① 国家统计局编:《中国统计年鉴(1984)》,中国统计出版社,1984年,第193页。

作。冶金部制订了维护计划,并拨出资金修建了几十万平方米的库房,各有关单位成立了专门保管的机构和队伍。这样,终于把大量精密电器和仪表、重要的轧钢设备、高炉与平炉设备等保存下来了。[①]

机械工业方面,从1961年开始,对生产条件太差、产品质次价高的企业实行关、停、并、转。第一机械工业部系统1960年底有企业2440个,1963年减为1475个,其中关、并450个,转出515个。职工人数由1960年的161万人减为1963年的85万人,精减了将近一半,重点保留了骨干力量。[②]

小煤矿在调整时期也进行了大刀阔斧的整改。1959年底,全国地方小煤矿约有13900个,其中专县营煤矿约1900个,公社小煤窑约12000个。经过近两年的调整,关停了一批资源不多、条件差、消耗高、亏损大的小矿井,缩短了战线。据1962年底初步统计,全国尚有地方小煤矿约3000个,其中专县营煤矿约600个,公社小煤窑约2400个。保留下来的大部分是条件较好、有一定发展前途的小矿。地方小煤矿在煤炭工业中占有重要的地位,在第二个五年计划时期,其产量占全国煤炭产量的27.8%。历年地方小煤矿产量占全国产量的比重参见表3.2.1。

表3.2.1 历年地方小煤矿产量情况

	1957年	1958年	1959年	1960年	1961年	1962年
地方小煤矿产量/万吨	2838	10036	11602	11233	5989	3650
专县营煤矿/万吨	2189	6568	8712	9061	4982	3100
公社营煤矿/万吨	649	3468	2890	2172	1007	550
地方小煤矿占全国产量比重/(%)	21.8	37.2	31.5	28.3	21.6	16.8

资料来源:中国社会科学院、中央档案馆编:《1958—1965中华人民共和国经济档案资料选编(固定资产投资与建筑业卷)》,中国财政经济出版社,2011年,第329页。

三、压缩工业基本建设,精简工业企业职工

由于我国工业化处于草创阶段,呈现出外延工业化的特征。基本建设属于工业化中的重要组成部分。虽然从1960年开始,中央已经注意到要

[①] 《当代中国的钢铁工业》编辑委员会编:《当代中国的钢铁工业》,当代中国出版社,2009年,第67页。

[②] 《当代中国的机械工业》编辑委员会编:《当代中国的机械工业(上)》,当代中国出版社,2009年,第33页。

放慢重工业发展速度,但是在批判所谓"右倾机会主义"和"继续跃进"的政治压力下,主要生产指标仍然没有降下来,基本建设规模仍然过大。直到1962年召开了"七千人大会"、"西楼会议"和"五月会议",这些会议逐渐统一了认识,中央政府各部门才下决心对基本建设规模进行大幅度压缩。

1960年3月20日,中央政府发出通知,所有计划外的工程,特别是楼、堂、馆、所,必须立即停止施工。凡材料、设备不落实或建成后燃料、电力和运输等条件无保证的项目,一律停止施工。1962年4月30日,中央财经小组讨论了1962年的调整计划,认为虽然目前财政经济方面最困难的时期已基本上过去,但困难还是很严重的。基本建设规模缩小以后,必须踏步两三年,做好调整工作,才能创造条件继续前进。整个国民经济要进行大幅度的调整,要退够。①

经过上述调整,工业基本建设减少了对资金、材料与人力的需求。基本建设用的钢材消耗量占生产建设全部钢材消耗量的比重,从1960年的30.2%下降到1962年的16.6%。基本建设职工人数,从1960年末的692.8万人下降到1962年末的244.5万人②,这样就减轻了对物资供应的压力,缓和了对农业劳动力的冲击。

国民经济调整不仅使经济得到了休养生息的机会,而且把减少的财力、物力、人力用在急需的事业上,搞好生产维修和市场供应,把国民经济严重失调的比例关系逐步调整了过来。轻、重工业的投资额在1961—1963年得到有力调整,到1962年已经低于"大跃进"之前(参见表3.2.2、表3.2.3)。

表3.2.2 1957—1963年农业、轻工业和重工业基本建设投资额

年 份	投资额/亿元		
	农业	轻工业	重工业
1957年	11.87	11.04	61.36
1958年	26.26	21.8	151.2
1959年	32.92	23.05	185.8
1960年	45.15	20.85	208.72
1961年	16.99	7.72	69.07
1962年	14.39	3.17	36.92

---

① 柳随年、吴群敢主编:《"大跃进"与调整时期的国民经济(1958—1965)》,黑龙江人民出版社,1984年,第212-214页。

② 武力主编:《中华人民共和国经济史》(上册),中国经济出版社,1999年,第482-483页。

续表

年份	投资额/亿元		
	农业	轻工业	重工业
1963年	22.61	3.6	45.56

资料来源:国家统计局固定资产投资统计司编《1950—1985中国固定资产投资统计资料》,中国统计出版社,1987年,第9页。

表 3.2.3　1957—1960年国民收入、积累额及固定资产投资的比例关系
（按当年价格计算）

年份	国民收入使用额/亿元	积累额/亿元	积累率/(%)	投资率[①]/(%)
1957年	935	233	24.9	16.2
1958年	1117	379	33.9	25
1959年	1274	558	43.8	28.9
1960年	1264	501	39.6	33
1961年	1013	195	19.2	15.4
1962年	948	99	10.4	9.2
1963年	1047	183	17.5	11.1

资料来源:国家统计局国民经济平衡统计司《国民收入统计资料汇编(1949—1985)》,中国统计出版社,1987年,第2页;国家统计局固定资产投资统计司编《1950—1985中国固定资产投资统计资料》,中国统计出版社,1987年,第11页。

根据国防工委北戴河会议的精神和周恩来总理的指示,1961年国防工业部门再一次调整了计划指标,电子工业停建、缓建了18个项目。基本建设投资从1960年的3.26亿元压缩到8200万元,比上年度的投资减少74.8%,减少了29个施工项目,施工面积比上一年度减少了48.8%。1962年,又停建、缓建了5个项目,基本建设投资压缩到5700万元,比上一年度减少30.5%,施工面积比上一年度减少了41.6%。[②]

钢铁工业方面,停办"小洋群",把劳动力送回农村加强农业生产。压缩基本建设投资,停止大部分项目的建设。"大跃进"三年,国家对钢铁工业投资115亿元,展开的建设规模过于庞大,无力续建,必须将大部分建设停下来。三年调整期间,国家给钢铁工业的投资只有19亿元,按年平均,比"一五"计划期间还低。鞍钢、武钢、包钢、酒钢等大项目都停了下来,各

---

① 投资率是指全民所有制单位固定资产投资与国民收入使用额的比例。
② 《当代中国》丛书编辑部编:《当代中国的电子工业》,中国社会科学出版社,1987年,第37页。

省、市、自治区的钢铁厂,也大部分停止了建设。1962年钢的计划指标,由1200万、1000万、750万吨最后调整到600万吨,实际生产667万吨。后三年连续每年递增257万吨,情况日益好转。①

从经济部门来看,1961年以工业和基本建设部门减人最多,分别比1960年减少540.1万人和308.2万人,即减少了25.2%和44.5%。工业和基本建设投资的膨胀,是我国职工人数膨胀进而消费需求膨胀的始作俑者,对这两个部门的关、停、并、转和缩小战线,切实缩小了职工人数。在1961年精简的职工总人数中,工业和基本建设部门精减的人数将近占90%(参见表3.2.4)。

表3.2.4 1961年各行业职工人数情况

	1961年底职工人数/万人	比1960年底减少人数/万人	比1960年底减少/(%)	各部门减少人数占全部减少人数的比重/(%)
总计	4099.80	944	18.7	100
工业	1604.30	540.1	25.2	57.2
基本建设	384.6	308.2	44.5	32.6
基本建设中的施工单位	292.3	265	47.6	28.1
农、林、水、气	397.2	26.1	6.2	2.8
运输与邮电	301.5	30.3	9.1	3.2
商业、饮食业与服务业	530.6	33.9	6	3.6
城市公用事业	37.4	1.6	4.1	0.2
文教卫生	516.6	10.7	2	1.1
金融	25.2	0.1	0.4	—

资料来源:《1961年全国精减职工成绩显著调查统计报告》,国家统计局1962年2月8日印发,第11号。

工业部门内,以钢铁工业为代表的黑色金属工业的职工是精简的重点。20世纪60年代初,周恩来亲自到鞍钢进行实地考察,并和鞍钢的同志一个厂一个厂地算细账,统一了思想,把鞍钢20万职工精简到12万,在全国起了示范作用。②从绝对量看,黑色金属工业职工人数1961年比1960

---

① 《当代中国的钢铁工业》编辑委员会编:《当代中国的钢铁工业》,当代中国出版社,2009年,第66、67页。
② 中华人民共和国国家经济贸易委员会编:《中国工业五十年》(第九部),中国经济出版社,2000年,第472页。

年减少174.9万人,而金属加工工业则减少93万人,建筑材料减少51.8万人。黑色金属工业职工人数的压缩反映出引发"大跃进"的重要行业——钢铁行业的盲目生产得到有力遏制,而金属加工工业职工人数的压缩表明了我国重工业指标的压缩,建筑材料职工的压缩也从一个侧面反映了基本建设规模的下降。

在"西楼会议"上,陈云做了题为《目前财政经济的情况和克服困难的若干办法》的重要讲话,提出减少城市人口,"精兵简政"是克服困难的重要方法。[①] 1962年的"五月会议"对精简职工和减少城镇人口的问题进行了重点讨论,会议决定,在1961年已经减少城镇人口1000万人、精简职工800多万人的基础上,1962年和1963年两年内,再减少城镇人口2000万人,精简职工1000万人以上。1962年5月27日,中共中央、国务院发出了《关于进一步精减职工和减少城镇人口的决定》,强调在当前国民经济调整工作中,精减职工和减少城镇人口并加强农业战线是一个最基本的环节,"为了保证国民经济调整工作的顺利进行,继续加强农业战线,争取财政经济状况的根本好转,必须坚决缩短工业战线,调整商业体制,缩小文教规模,精简行政机构,进一步地精减职工和减少城镇人口"。《决定》还提出,全国职工人数应当在1961年年末4170万人的基础上,再减少1056万至1072万。减少城镇人口的任务,必须在1962年、1963年两年内基本完成,1964年上半年扫尾。精简职工的任务,力争在1962年内或者1963年上半年大部分完成,1963年下半年全部完成。[②]

1962年上半年继续精简职工人数。在各行业人数中,工业企业与基本建设仍是精简职工的主要对象(参见表3.2.5)。

表3.2.5 1962年4月各行业职工人数情况

	1962年4月底职工人数/万人	比3月底净减人数/万人	比1961年底净减人数/万人
总计	3802.10	187.1	349
工业企业	1409.10	99.2	189.9
基本建设	318.1	38.8	77.1
农、林、水、气	401.1	6.3	20.3

---

① 《陈云文选(第三卷)》,人民出版社,1995年,第201页。
② 《关于进一步精减职工和减少城镇人口的决定》,中共中央文献研究室编:《建国以来重要文献选编》(第十五册),中央文献出版社,1997年,第462、463页。

续表

	1962年4月底职工人数/万人	比3月底净减人数/万人	比1961年底净减人数/万人
运输与邮电	279.4	12	18.3
商业、饮食业与服务业	524.6	14	22.3
城市公用事业	35.6	1	1.7
文教卫生	517.9	9.9	14.3
金融	25.7	0.1	0.1
机关、团体	290.6	5.8	5.2

资料来源:《四月份全国职工精减情况调查统计报告》,国家统计局1962年5月22日印发,第39号。

1962年5月的中央工作会议后,全国范围的精简职工和减少城镇人口的工作取得了重大进展。1962年年底,全国共精简职工900万人,减少城镇人口1200万人,相应地减少工资总额31亿元,商品粮少销81亿斤。到1963年2月,全国尚有职工3260多万人,城镇人口1.18亿人,职工人数与当时的经济水平和生产任务相比,仍显过多。为了争取国家财政经济状况的进一步好转,1963年3月3日,中共中央、国务院发出《关于全部完成和力争超额完成精简任务的决定》,要求1963年全国精简职工160万人以上,减少城镇人口800万人,并且要求在这一年4月底以前完成精简职工的任务,在6月底以前完成减少城镇人口的任务。

1963年1月至6月,全国共计精简职工128.4万人,城镇人口减少了300万人。全国职工人数从1961年1月到1963年6月两年半的时间里,共减少了1887万人。其中,1962年1月到1963年6月,共减少了1034万人,基本完成了1962年"五月会议"规定的两年减少职工1056万到1072万人的任务,全国职工人数从1960年末的5043.8万人,下降为3183万人。全国城镇人口共计减少了2600万人。其中,1962年1月到1963年6月,共减少了约1600万人,完成了1962年"五月会议"规定的两年减少城镇人口2000万人的任务的80%。①

"大跃进"时期,我国农村人口大量流入城市,直接带来了市场供应的紧张,这也是我国不得不进行国民经济调整的重要原因之一。发展中国家农村人口流入城市,本来是经济发展的必然产物。但是我国选择了优先重

---

① 罗平汉:《国民经济调整时期的职工精简》,《史学月刊》2007年第7期。

工业的发展模式,这种发展模式对劳动力的吸纳有限,使得我国不得不采取城乡分割的二元政策。但是城乡差距的客观存在,让农村劳动力依旧有动力进入城市。但在紧张的国民经济形势下,我国政府不得不借助强大的政治动员能力,大量精简职工,进行"逆城市化"的过程。特定时期的"逆城市化"有效压缩了市场需求,为成功进行国民经济调整做出了重要贡献。

四、调整产业结构

"大跃进"片面强调"以钢为纲,全面跃进",导致产业结构、工业结构以及重工业内部结构都出现了失衡,这是国民经济陷入泥潭的重要原因。在国民经济调整时期,为了促使国民经济尽快恢复,我国对产业结构进行了调整。

1. 对重工业指标进行压缩

1961年机械工业增长速度比1960年下降64.5%;1962年机械工业增长速度比1961年下降41%。[①] 1962年不少机械工业主要产品的产量,不仅比1960年大幅度下降,而且低于1957年的水平(参见表3.2.6)。

表3.2.6 机械工业品产量

产品名称	单位	1957年	1960年	1962年
金属切削机床	万台	2.8	15.4	2.3
矿山设备	万吨	5.29	25.2	3.5
冶金设备	万吨	1.38	23.2	2.2
起重设备	万吨	3.2	16.7	2.0
工业泵	万台	4.6	19.4	2.4
风机	万台	5.4	21	1.9
发电设备	万千瓦	19.7	338.8	15.2
工业锅炉	蒸发量吨	4256	14698	2377
交流电动机	万千瓦	145.5	1401	342
变压器	万千伏安	420	2588	316
汽车	万辆	0.79	2.26	0.97
轴承	万套	1060	4771	1671

资料来源:《当代中国的机械工业》编辑委员会编《当代中国的机械工业(上)》,当代中国出版社,2009年,第32页。

---

① 《当代中国的机械工业》编辑委员会编:《当代中国的机械工业(上)》,当代中国出版社,2009年,第31页。

对重工业内部的生产不平衡问题也进行了调整。例如,钢铁工业注重矿山的开发。过去矿山开拓延伸的费用都放在基本建设经费中,基本建设投资一减少,矿山开拓延伸就没有资金来源。因此,冶金部专门向国务院写报告,要求解决矿山维持简单再生产的资金问题。国务院很快批准,1吨矿石提出维简费0.65元,每年可提1600多万元,这对调整采剥(掘)失调起了很大作用。在调整期间,尽可能对矿山保持一定数量的投资,维持部分建设项目。1961—1966年,政府共向矿山投资10亿元,分别占当年钢铁工业投资的22.7%—29.7%。矿山投资比例的提高("一五"计划时期矿山投资约占16.2%),对胜利完成矿山调整起了重要作用。①

2. 加强轻工业生产

(1) 努力促进经济作物生产的恢复和发展,增加轻工业产品的原料供应。

当时,在轻工业产品总产值中,农副产品为原料的产品产值比重占75%左右,而1961年许多重要的经济作物,如棉花、油料、黄麻、甘蔗、桑蚕、茶叶、烤烟等的产量都低于甚至大大低于1952年的产量。因此,国家从多方面采取了措施促进经济作物的增产。例如,为了鼓励农民种植经济作物的积极性,把经济作物的种植面积大体上稳定下来。在1961年到1962年粮食年度里,对收购的棉花、油料、烤烟、麻类、茶叶、糖料、蚕等重要经济作物,实行了奖励粮食政策。每收购一担棉花,奖励35斤粮食;每收购一担花生仁、芝麻或烤烟,奖励20斤粮食。1963年,除了个别有所调整外,基本上继续实行这一办法。同时还有计划地提高了部分经济作物的收购价格。1963年各地的棉花收购价格平均提高10%,油料的收购价格也比1960年提高18.5%。经过努力,经济作物产量缓步上升,到1965年已经接近或者超过新中国建立以来的最高水平,为轻工业的恢复和发展提供了物质基础。②

(2) 合理分配原材料,特别是农产品原料。

把有限的资源优先安排给那些原材料消耗低、产品质量高的轻工业企业,争取用有限的原材料多生产出好的产品。1962年以后,中共中央对轻工业和纺织工业的产供销,采取统一安排、统一调度的方针。哪些工厂应

---

① 《当代中国的钢铁工业》编辑委员会编:《当代中国的钢铁工业》,当代中国出版社,2009年,第69页。

② 汪海波、董志凯等:《新中国工业经济史(1958—1965)》,经济管理出版社,1995年,第122页。

当优先开工,哪些工厂应当暂时停工,由中央全盘进行规划,原材料在全国范围实行统一分配。具体办法主要有两种。一是对某些轻工行业实行集中管理。例如:全国烟草工业,由轻工业部统一安排生产计划,统一分配原料(如收购上来的烟叶,一律由轻工业部分配);全国肥皂工业和与肥皂有关的产品也全部交由轻工业部归口管理,其生产和基本建设统一由轻工业部规划和安排。原有的肥皂工厂,除保留的83家外,其余一律关闭,从而保证了油料的合理使用。二是限制土法生产,集中供应现代化企业。如限制土纺土织,除按政策规定给社员留下的棉花以外,其余所有棉花全部由国家统购,进行分配。①

(3)迅速恢复和发展手工业传统产区和传统产品的生产。

大量生产市场奇缺的锄、镰、镐、锨、锅、碗、罐、缸、盆、桶、勺等小农具和日用品,是当时国民经济战线上的一项重要任务。除了在物资分配上首先满足这些产品的生产需要外,在安排小农具和日用品的生产中,还以传统产区、传统产品为重点,同时适当发挥一般产区和新兴产区的作用。国家调配的原料、材料,有重点地供给传统集中产区,用传统的合理的生产方法,制造历来为群众所欢迎的传统产品(已经被新产品代替了的旧式产品除外)。原料、材料的供应和产品的分配,也按照传统的合理的供销渠道,采取传统的合理的经营方式,有计划地组织各地自由订货,恢复地区间原有的合理的经济联系。②

3. 加强工业对农业的支持

中国是一个追求独立自主发展的大国,需要依靠自身积累来进行工业化建设。一方面,新中国建立以来,在难以利用两种资源、两个市场的背景下,我国工业化的积累长期重点来源于本国农业;另一方面,粮食自给自足是中国作为一个大国发展的必要条件。在三年经济困难时期,为有效提高粮食产量,中国政府加强了工业对农业的支持。

党的八届九中全会决定,国民经济各部门都应毫无例外地加强对农业的支持,强调重工业部门必须先安排好与农业生产直接相关的农业机械、农具、化肥、农药等行业的生产。1962年10月,党的八届十中全会再次提出,工业部门的工作要坚决地转移到以农业为基础的轨道上来,要制订计

---

① 汪海波、董志凯等:《新中国工业经济史(1958—1965)》,经济管理出版社,1995年,第123-124页。

② 汪海波、董志凯等:《新中国工业经济史(1958—1965)》,经济管理出版社,1995年,第124页。

划,采取措施,面向农村,把支持农业、支持集体经济放在第一位。

由于"大炼钢铁",工业从农业抽调的劳动力过多,农村出现了劳动力不足的问题。1958—1960年,全部职工增加了2593万人(工业企业职工增加了1396万人),其中,约有3/4来自农村;而这一时期农业装备增加得不多,机械动力只增加了639万马力(包括部分实际不能使用的),抵补不了农业劳动力和畜力的减少。1961—1962年精简职工1700多万人,返回农村1300万人,加强了农业劳动战线,改善了工农关系。①

1963年,支农工业产值估计达41亿元,比上年增长4%。在38种支农产品中,比上年增长的有20种,占53%。其中,化肥产量322万吨,增长39.5%;拖拉机产量20398台,增长22.1%;机引农具30908台,增长3.5%;农业用泵60637台,增长62.6%。这一年,直接为农业生产服务的地方机械工业企业也增加了。据中南区统计,地方机械工业企业中直接为农业生产服务的企业,1960年为41%,1963年提高到70%—80%。支农产品的品种增加,质量提高,成本下降。冶金部为支援农业发展而试制的新钢材达300多种,东方红拖拉机用钢材的自给率已达95%;农机部试制成功的新产品达74项;农机系统已能生产的农业机械约430种,铁牛-40拖拉机的质量已经过关。据重点省市的调查,1963年,中小农具的修造成本比上年下降22%,农机部上半年17个直属企业生产成本比上年下降8.5%。1963年,国家供应农民的生产资料零售额61.4亿元,其中,工业品有49.6亿元,扣除价格下降的因素,比上年增长8.8%。主要生产资料的供应,除铁制小农具外,一般都比上年增加了。化肥437万吨,增长36%;拖拉机1.7万标准台,增长12%;木材255万立方米,增长11%。农业生产资料的价格也有所下降,国营商业牌价平均比上年下降了3%。据辽宁、江西等6个省的统计,各种小农具的销售价格比上年下降了20%—30%。②

到1963年底,全国县属农机修配厂发展到846个,比1958年增加4倍多;有职工7.6万人,金属切削机床1.23万台,分别增加3.5倍和12.8倍。从1960年到1966年,国家对农机修理网共投资3.6亿元,投放关键

---

① 《第二个五年计划期间国民经济主要比例关系的变化》,中国社会科学院、中央档案馆编:《1958—1965中华人民共和国经济档案资料选编(综合卷)》,中国财政经济出版社,2011年,第517、518页。

② 《一九六三年各部门支援农业情况和问题》,中国社会科学院、中央档案馆编:《1958—1965中华人民共和国经济档案资料选编(农业卷)》,中国财政经济出版社,2011年,第30、31页。

设备和专用修理设备近8000台。由这些修理厂组成的三级修配网,在农村中还起到了技术启蒙和技术传播的作用。① 黑龙江双城县1963年集中投放拖拉机299标准台,是1962年保有量的两倍多,解决了耕畜减少、瘦弱、动力不足的问题。1959—1961年因困难减产,原计划恢复生产需要3年,实际1年就实现了。②

经过对国民经济的全面整顿,到1962年底我国经济形势开始好转。农业生产扭转了前三年连续下降的状况,开始回升。1962年农业总产值比上一年增长了6.2%。其中,粮食增加了125亿公斤,按人口平均的粮食产量增加了35公斤;油料增长了10.5%;年底生猪存栏数增加2445万头。③ 市场供应紧张的情况有所缓解,城乡人民的生活水平略有回升。由于日用工业品和手工业品供应的增加,不少原来供应不足的商品到1962年已基本能够满足需要。

五、经济体制的调整

1.《工业七十条》与国营企业的整顿

1958年到1960年的"大跃进",造成许多企业管理混乱,生产上瞎指挥,不讲核算,不计盈亏,经济效益很差。工资、奖励制度上存在平均主义;在管理上以党代政,党委包揽企业的日常行政事务,等等。为了解决这些问题,在邓小平同志的主持下,由李富春、薄一波等同志具体组织起草了《国营工业企业工作条例(草案)》(即《工业七十条》),经1961年8月在庐山召开的中央工作会议讨论通过,1961年9月16日中共中央正式颁发。《工业七十条》是整顿工业企业、改进和加强企业管理的一个重要文件。它系统地总结了新中国建立以来特别是"大跃进"以来,中国共产党在领导工业企业方面的经验教训,并根据当时的实际情况,提出了中国工业企业管理工作的一些基本指导原则。它还明确规定了国营工业企业的性质和基本任务:国营工业企业是社会主义全民所有制的经济组织,又是独立的生产经营单位;它的根本任务是全面完成和超额完成国家计划,增加社会产

---

① 《当代中国的农业机械化》编辑委员会编:《当代中国的农业机械化》,当代中国出版社,2009年,第31页。

② 黑龙江省地方志编纂委员会编:《黑龙江省志·农机志》,黑龙江人民出版社,1996年,第95页。

③ 赵德馨主编:《中国经济通史(第十卷)》(上册),湖南人民出版社,2002年,第271页。

品,扩大社会主义积累;国家对企业实行"五定"①,企业对国家实行"五保"②。条例重新肯定了党委领导下的厂长负责制,要求建立和健全必要的责任制和各项规章制度,强调加强计划管理、讲求经济效益、实行按劳分配和关心职工物质利益等项原则。《工业七十条》的贯彻,得到了广大企业干部和职工的拥护。在贯彻条例的过程中,中央还配合进行了几项大的经济方面的整顿,如1962年初开始的全国清产核资,1962年至1964年开展的扭亏增盈、清理拖欠等,既整顿了工业管理秩序,也督促企业按照《工业七十条》的要求健全了企业管理制度。随着《工业七十条》的贯彻,越来越多的企业建立并健全了各项经济管理制度,使企业的整个技术经济活动协调有秩序地进行,克服了"大跃进"以来的混乱局面。③

2. 中央与地方关系的再调整

中国20世纪50年代"大跃进"时期,地方政府强大的投资欲望正是一场晋升锦标赛④,不断攀升的职工人数、基本建设与工业指标的膨胀都和地方放权有着密切联系。当时的中国政府领导人也认识到这个问题,提出要治理分散主义,上收地方权利,并且提出控制预算外和企业自筹资金进行建设。

1961年1月20日,中共中央在总结"大跃进"三年经验教训的基础上做出了《关于调整管理体制的若干暂行规定》,这个规定的重点是强调集中统一,以利于克服经济困难。主要规定是:⑤

(1) 经济管理的大权应当集中到中央、中央局和省(市、自治区)委三

---

① "五定",即定产品方案和生产规模;定人员和机构;定主要的原料、材料、燃料、动力、工具的消耗定额和供应来源;定固定资产和流动资金;定协作关系。
② "五保",即保证产品的品种、质量、数量;保证不超过工资总额;保证完成成本计划,并且力求降低成本;保证完成上缴利润;保证主要设备的使用期限。
③ 《当代中国的经济体制改革》编辑委员会编:《当代中国的经济体制改革》,当代中国出版社,2009年,第89页。
④ 有的学者提出了"中国特色的联邦主义",认为中国地方政府的强激励有两个基本原因,第一个是行政分权,第二个是财政包干为内容的财政分权改革。而有的学者认为,中国20世纪80年代开始的地方官员之间围绕GDP增长而进行的"晋升锦标赛"模式,是理解政府激励与增长的关键线索之一。周黎安将晋升锦标赛定义为,上级政府对多个下级政府部门的行政长官设计的一种晋升竞赛,竞赛优胜者将得到晋升,而竞赛标准由上级政府决定。在我国,通常将竞赛指标定为GDP的增长率。晋升锦标赛作为一种激励和治理手段,绝非改革开放以来的发明,在改革前的毛泽东时代就经常被使用,如"大跃进"时期各省市竞相就粮食产量大放"卫星",也可以看作是一种晋升锦标赛的现象。参见周黎安:《中国地方官员的晋升锦标赛模式研究》,《经济研究》2007年第7期。
⑤ 曹尔阶、李敏新、王国强:《新中国投资史纲》,中国财政经济出版社,1992年,第169-170页。

级。最近两三年内,应当更多地集中到中央和中央局。

(2) 1958年以来,各省(市、自治区)和中央各部下放给专县、公社和企业人权、财权、商权和工权,放得不恰当的,一律收回。

(3) 重要物资由中央统一管理,统一分配。

(4) 财权集中。各级的预算收支都不许有赤字,货币发行全归中央。

(5) 各部门、各地方都不许突破劳动计划。

(6) 所有生产、基建、收购、财务、文教、劳动等各项工作任务都必须执行全国一盘棋、上下一本账的方针,不得层层加码。

"中央与地方"的关系一直是大国经济发展的重要内容,尤其是当政府成为资源配置的主要力量时,如何理顺中央与地方政府的关系成为工业化能否顺利推进的重要问题。在国民经济薄弱的基础上,我国选择了与比较优势相违的重工业优先发展模式,这导致了经济处于紧张运行的状态。而中央政府集权可以将有限的资源投入到大规模的经济建设项目之中,"一五"时期的156项工程建设,就体现了中央集权的优越性。但是随着经济的不断发展,经济问题越来越复杂,中央政府的过度集权又导致地方政府积极性不足,而地方政府在处理地方事务、调动地方资源方面更具有信息优势。在"大跃进"时期,我国进行了大规模的权力下放,试图以此调动地方政府的积极性。在"大跃进"狂热的气氛下,地方政府普遍存在的"预算软约束",导致"投资饥渴症"进一步加剧,片面追求以钢铁工业为核心的重工业发展让国民经济结构严重失衡。在国民经济调整时期,我国再一次上收权力,将极为有限的资源集中在中央政府之手,以缓解国民经济紧张的局面。通过权力上收,我国国民经济失衡的局面得到缓解,但如何解决地方政府的激励问题,仍然是日后经济运行中亟须解决的重要问题。

第三节 国民经济继续调整与"三线建设"的战略选择

一、国民经济继续调整

1. 工业生产的充实与提高

经过1962年的大幅度调整,可以说最困难的时期已经渡过,国民经济开始摆脱困境,出现了从下降到回升的决定性转折。1963年9月,中共中央召开工作会议,提出1963年到1965年继续贯彻"调整、巩固、充实、提高"的方针,并将这一段时间作为从"二五"计划向"三五"计划的过渡期。

还提出了以农业为基础,以工业为主导,按照解决吃穿用,加强基础工业,兼顾国防,突破尖端的次序安排国民经济的计划。① 我国在工业化的道路上,进行了一些新的探索,工业生产方面注重技术提升,提高供给水平。

第四机械工业部于1964年11月制定的《新产品研究、设计、试制工作条例》,标志着中国电子工业产品的发展进入了自行设计的新阶段。到20世纪60年代中期,不仅原有的通信技术有了新的发展,而且许多新的技术领域,如微电子技术、导弹制导技术、现代雷达、微波技术、计算技术和水声技术等也取得了突破性进展。到1965年末,已开始研究试验半自动化防空体系,为歼击机、快艇、潜艇配套的一般通信、导航设备及部分雷达、水声设备也已正常生产,用于新歼击机的配套电子设备已基本试验成功,国家干线通信及战略通信设备也有了一定的进展,微波中继通信设备的路数最高达24路,对流层散射通信设备和电缆通信设备最高路数达12路。在为国民经济服务的电子设备方面,已能生产2000千瓦中波发射机、电子计算机、黑白电视中心设备、电视接收机、半导体收音机、电话交换机、小路数的载波机,以及各种气象仪器和测风雷达等。②

精密机床是提高机械工业技术水平,发展国防军工、化工、石油、冶金、矿山、电器、仪器仪表等行业所需关键设备必不可少的工艺手段,在国民经济调整期间有较大发展。1960年,国务院成立了由国家计委、科委、一机部等部门负责人参加的精密机床规划六人小组,统一指挥发展精密机床的工作。在调查研究的基础上,编制了精密机床的品种发展规划,组织25个厂攻关,狠抓关键件和关键工艺,并先后在上海机床厂、昆明机床厂、北京精密零件厂等厂,建设了总面积达2.5万平方米的恒温车间,还进口了一批关键设备和测试仪器,为发展精密机床提供了必要条件。到1965年底,累计发展精密机床5大类26种,其中坐标镗床、螺纹磨床、齿轮磨床3类已开始批量生产,有的产品如定位精度4微米的T4263型光学坐标镗床,螺距精度2微米的千分尺丝杠磨床等,具有比较先进的水平。③

1961年5月,国家批准制造九套大型设备,包括3万吨压力模锻水压机、1.25万吨压力卧式挤压水压机、辊宽2800毫米热轧铝板轧机、辊宽

---

① 赵德馨主编:《中国经济通史(第十卷)》(上册),湖南人民出版社,2002年,第272页。
② 《当代中国的电子工业》编辑委员会编:《当代中国的电子工业》,当代中国出版社,2009年,第42页。
③ 《当代中国的机械工业》编辑委员会编:《当代中国的机械工业(上)》,当代中国出版社,2009年,第35页。

2800毫米冷轧铝板轧机、直径80—200毫米钢管冷轧机系列、辊宽2300毫米合金薄板冷轧机、辊宽700毫米20辊极薄带钢轧机、1万吨压力油压机（先试制的一台1000吨样机已满足需要，1万吨的未生产）和直径2—80毫米钢管冷轧机系列。这九套大型设备是发展冶金工业和航空工业所需的重要关键设备，既大又精，结构复杂，单重100吨以上的部件就有18件；主辅机共有839种1400多台，4.5万多吨。在研制过程中，贯彻了研究、试验、设计、制造、检验、安装、使用"七事一贯制"的方法。除动员了第一机械工业部系统的第一重机厂、沈阳重机厂、太原重机厂、上海重机厂、大连重机厂、洛阳矿山机器厂、哈尔滨电机厂、上海电机厂、松江电炉厂和30多个配套协作厂外，还动员了第三机械工业部、第四机械工业部、纺织工业部、轻工业部的工厂制造配套件。直接参与产品设计的，第一机械工业部约有800人，冶金工业部约有300人。由于技术政策明确，制造部门与使用部门密切合作，1967年至1969年陆续完工，1971年前安装调试完毕并投入生产，为发展中国冶金工业和航空工业做出了贡献[①]。

电子工业系统对基本建设投资继续进行了调整。1963年，基本建设投资（9000万元）虽比上一年度有所增加，但施工面积比上一年度减少。调整重点是抓收尾工程和确保补缺配套基础工厂建设项目的竣工投产，按轻重缓急进行排队，分期分批集中力量打歼灭战，从而扭转了基本建设工作的被动局面。1961年以后，由于坚定不移地贯彻集中力量打歼灭战的原则，大幅度地压缩基本建设规模，虽然投资逐年减少，但投资效果却不断提高。特别是1963年到1965年三年间，共完成工程项目37项，成为电子工业历史上竣工验收项目最多的一个时期[②]。

继续调整时期，各地工业逐步恢复，并进一步发展。上海市委在1963年12月的第三届市代会上提出，"把上海建成我国第一个先进的工业和科学技术基地"，后又提出"依靠上海科学技术力量，向'高、精、尖'发展"。上海确立了着重发展新型金属材料、精密机床和特种设备、电子器件和电子设备、精密仪器仪表、石油化工和高分子合成材料、新型硅酸盐等6个重点新型工业。[③] 1965年，上海机床厂开始设计生产上机牌MG1432A型高精

---

① 《当代中国的机械工业》编辑委员会编：《当代中国的机械工业（上）》，当代中国出版社，2009年，第36页。
② 《当代中国的电子工业》编辑委员会编：《当代中国的电子工业》，当代中国出版社，2009年，第37页。
③ 《上海通志》编纂委员会编：《上海通志》（第三册），上海社会科学出版社，2005年，第1699页。

度万能外圆磨床,接近世界领先水平。①

经过继续调整,湖南省的工业也得到充实和巩固,许多过去不能生产的电炉钢、薄钢板、无缝钢管,以及汽轮发电机、水轮发电机、电动机、电动机车等产品先后问世。机械工业产品品种由1957年的105个增加到1964年的650多个,化学工业产品品种由1957年的40个增加到117个,全省日用工业品自给率由1957年的50%左右提高到1965年的70%。② 黑龙江省在继续调整时期,相继兴建并投产了哈尔滨化学纤维厂、伊春纸浆厂、哈尔滨毛纺厂、哈尔滨玻璃厂、哈尔滨绢纺厂等轻工业企业。③

2. 经济体制的再探索——托拉斯

继续调整时期,我国对经济管理方式也进行了探索,推进了托拉斯。在国民经济陷入泥潭之后,1960年我国重新进行了集权。虽然集权避免了经济混乱,但是行政干预的办法并不符合经济发展规律。

1960年春,在讨论"二五"计划后三年的规划时,刘少奇等领导同志开始感觉到,应从上层建筑和生产关系方面进行一些调整。在生产的组织方式和管理方式上进行改革,当时就议论过托拉斯问题。

1960年3月24日至25日,中共中央在天津召开会议。邓小平在会上说:"大家赞成这个意见,就是生产关系要有个改革,实际上也是上层建筑要有个改革。我们研究,恐怕要走托拉斯道路。最近我们在北京讨论了托拉斯的问题,就是为了使工业发展速度更快一些,也是为了综合利用。组织托拉斯,首先接触到生产关系和上层建筑的问题。所谓搞托拉斯,就是以一个行业为主,兼管其他行业。比如淮南,有煤有铁,还有化工,搞一个托拉斯,或者归煤炭部管,或者归冶金部管,都可以。又比如石景山钢铁厂,京西煤矿就在它的门口,还有迁安铁矿、龙烟煤矿,这几个点可以建立几个钢铁基地、几个化工基地,搞个托拉斯来管。"④

1964年6月,国家经济委员会党组在反复调查研究的基础上,草拟了《关于试办工业、交通托拉斯的意见报告(草稿)》,7月17日正式向中共中

---

① 《上海通志》编纂委员会编:《上海通志》(第三册),上海社会科学出版社,2005年,第2092页。

② 湖南省地方志编纂委员会编:《湖南省志第七卷·综合经济志·国民经济计划》,湖南出版社,1997年,第80页。

③ 黑龙江省地方志编纂委员会编:《黑龙江省志第一卷·总述》,黑龙江人民出版社,1999年,第335页。

④ 汪海波、董志凯等:《新中国工业经济史(1958—1965)》,经济管理出版社,1995年,第152页。

央提交了这个报告。周恩来十分重视，亲自主持会议讨论这个文件，并提出原则性意见：第一，要处理好组织托拉斯过程中中央和地方的关系；第二，托拉斯成立以后，要注意同外部的协作，同地方的协作等关系，包括产销方面的协作，要避免什么都自己搞；第三，要搞清楚托拉斯的发展前途；第四，托拉斯要按照经济的办法来办，按照经济规律的要求来管理。8月17日，中共中央、国务院批转了国家经济委员会党组的这个报告，并要求各中央局，各省、市、自治区党委，中央各部、委，国家各部委党委、党组参照执行。①

1964年我国开始酝酿通过托拉斯这种新的形式来管理经济。各地商定第一批先试办12个托拉斯。其中，全国性的9个，即烟草、盐业、汽车、医药、橡胶、纺织机械、铝业、地质机械仪器和拖拉机内燃机配件公司；区域性的3个，即长江航运、华东煤炭和北京电力公司。

试办全国性的托拉斯，首先出现的是收厂问题。对此，中央政府采取了慎重态度。在12个托拉斯中，华东煤炭、北京电力、地质机械仪器三个公司，未向地方收厂。烟草公司、医药公司2个托拉斯集中管理了全国烟厂和药厂。烟厂的集中管理，是在1963年中央工作会议讨论之后，根据中央和国务院的决定执行的。药厂的集中管理，是根据刘少奇同志指示和中央的决定进行的。刘少奇同志曾经指出，一切药厂的产品都要鉴定合格才准生产，全国所有的药厂应当划归医药公司管理。其他7个托拉斯只收了一部分本行业的地方企业。例如，盐业公司集中管理了全国的大盐场和盐的销售机构，这是1963年由国务院决定的。长江航运公司收了长江干线的一些港口、船舶和修理厂。全国专业汽车配件厂有169个，汽车公司收了42个，这之后它的直属厂在全国专业汽车配件产量中的比重，只占39%。全国有36个地方纺织机械厂，纺织机械公司收了3个。铝业公司收了2个厂，地方的7个小铝厂都没有收。全国有122个生产拖拉机内燃机配件的专业厂，拖拉机内燃机配件公司收了23个。全国有205个橡胶厂，橡胶公司收了103个。从试办托拉斯以来，总计共收300多个工厂。收厂时，一般都是先与地方协商，征得同意以后才收；有些地方不同意的，就没有收。②

---

① 汪海波、董志凯等：《新中国工业经济史(1958—1965)》，经济管理出版社，1995年，第156页。

② 中国社会科学院、中央档案馆编：《1958—1965中华人民共和国经济档案资料选编(工业卷)》，中国财政经济出版社，2011年，第255-256页。

12个托拉斯中,烟草公司、盐业公司是1963年7月和10月先后成立的。烟草公司将全国卷烟厂集中管理以后,烟厂从104个减少为62个,职工精简了13800多人。过去分散经营、盲目生产的现象有了很大改善,经济效益比较显著。1964年卷烟产量比1963年增产29%,全员劳动生产率比公司成立前提高35%,卷烟质量提高,资金周转加速,生产费用降低21%,税收利润比1963年增加约2.6亿元,并协助农业部门建立了高级烟叶的原料基地。盐业公司陆续接管了19个省、市、自治区的运销机构和辽宁、河北、山东、江苏4省的17个大中型盐场,着重抓了产运销的统一管理工作,成绩也比较突出。1965年北方海盐因气候不正常而减产,全国较1964年减产500万吨,各地区之间产销余缺变化很大。但是,由于公司统一调度,全面安排,不仅保证了正常供应,而且做到了合理调运,缩短了运输里程,1—8月每吨盐的平均运距由1964年的604公里降低到590公里,减少货运量3600万吨公里,比年初计划节约麻袋324万条。由于采取了产销机构合一、销售网按经济区划设置、减少中转环节、扩大以盐场到销售点的直达运输量等措施,全年运销企业职工人数比1957年减少20%,盐的流通费用比1957年降低10%左右,运销利润可达3600万元以上,比1957年增加1400万元。①

第一机械工业部根据中央决定的精神,进行了调查研究,于1964年下半年开始在汽车工业系统试办托拉斯,经国家经济委员会批准成立中国汽车工业公司。这是按照经济规律、用经济办法管理企业,组织专业化、社会化大生产的重要尝试。实践证明,这对办好机械工业具有重大意义。中国汽车工业公司所属4个分公司、75个企业,试办一年,表现出很大的优越性。生产大幅度增长,品种迅速发展,产品统一销售,产销密切结合,加强了为用户服务的工作。② 1965年与1964年相比,生产总值提高69%,汽车产量增长64%,全员劳动生产率提高61%,成本降低18%,资金周转加快24天,上缴利润1200万元,还将国防急需的越野车提前投入批量生产。③

中国医药工业公司于1965年1月成立,下辖上海、天津、广州、重庆、南京、武汉、长沙、杭州、沈阳9个分公司,新华、开封两个制药总厂,12个直

---

① 中国社会科学院、中央档案馆编:《1958—1965中华人民共和国经济档案资料选编(工业卷)》,中国财政经济出版社,2011年,第253页。
② 《当代中国的机械工业》编辑委员会编:《当代中国的机械工业(上)》,当代中国出版社,2009年,第39页。
③ 《当代中国的机械工业》编辑委员会编:《当代中国的机械工业(上)》,当代中国出版社,2009年,第40页。

属厂,2个研究院和2个研究所,共176个企事业单位,职工总数88275人。公司成立后,进行了企业调整,提高产品质量,发展生产,加强内地建设,使医药工业的布局趋于合理。到1966年,与1963年相比,产值增加1.8倍,6大类原料药产量增加1倍,全员劳动生产率提高1.9倍,利润增加1倍。①

二、"三线建设"的战略选择

毛泽东同志在《论十大关系》之中提出要发展沿海经济,但这是以"和平环境"为前提的。"大跃进"并未使中国经济真正跃进,又经过国民经济的调整时期,一晃8年有余,国民经济并未按照毛泽东同志的估计顺利推进。国际局势变化进一步加剧了他对形势严重的估计,从而使他对国民经济布局的判断也发生了改变。在中美关系尚未改善的同时,中苏关系恶化,使得中国在国际大国间空前孤立。但20世纪60年代中期以后,随着中苏关系恶化,"北顶南放"方针逐渐被"诱敌深入"方针取代,并确定了"三五"计划建设重点放在西部地区的三线建设方针。毛泽东的这种以"战备"为核心的发展观与一线负责经济建设的同志出现了较大的偏差。

1964年4月,在国家计委准备按照原来"三五"计划主要是解决吃、穿、用问题的设想,来安排农、轻、重的投资时②,毛泽东根据自己对国际形势的判断,提出了"一个屁股和两个拳头"的"三五"计划投资和建设重点的设想:"两个拳头——农业,国防工业。一个屁股——基础工业,要摆好。"③他还提出,农业发展还是主要靠大寨精神,自力更生、艰苦奋斗。1964年5月,在讨论"三五"计划的安排时,毛泽东提出,在原子弹时期,没有后方不行,把全国划分为一、二、三线,一定要把三线建设好。毛泽东还认为:"酒泉和攀枝花钢铁厂还是要搞,不搞我总是不放心,打起仗来怎么办?"④5月27日,毛泽东又进一步强调"三五"计划要考虑解决全国工业布局不平衡的

---

① 《当代中国的化学工业》编辑委员会编:《当代中国的化学工业》,当代中国出版社,2009年,第17页。
② 《编制长期规划中的一些政策思想问题》,中共中央文献编辑委员会编:《薄一波文选》,人民出版社,1992年,第310页。
③ 毛泽东在国家计委领导小组汇报第三个五年计划设想时的插话。转引自顾龙生编著:《毛泽东经济年谱》,中共中央党校出版社,1993年,第596页。
④ 毛泽东在国家计委领导小组汇报第三个五年计划设想时的插话。转引自顾龙生编著:《毛泽东经济年谱》,中共中央党校出版社,1993年,第596页。

问题。① 他找来刘少奇、周恩来、邓小平、李富春、彭真、罗瑞卿等人,谈了他的一些看法:"第三个五年计划,原计划在二线打圈子,对基础的三线注意不够,现在要补上,后六年要把西南打下基础","在西南形成冶金、国防、石油、铁路、煤、机械工业基地"。他还从存在着战争威胁的估计出发,特别强调应该在四川的攀枝花建立钢铁生产基地②。毛泽东有些动气地说:"如果大家不同意,我就到成都、西昌开会。西昌通不通汽车?不通,我就骑毛驴下西康。搞攀枝花没有钱,我把工资拿出来。前一个时期,我们忽视利用原有的沿海基地,后来经过提醒,注意了,最近几年又忽视屁股和后方了。"③

1964年8月6日清晨6点,毛泽东在中国政府抗议美国侵犯越南的声明稿上批示说:"要打仗了,我的行动得重新考虑。"④ 8月17日、20日,毛泽东在中央书记处会议上两次指出,要做好帝国主义可能发动侵略战争的准备。现在工厂都集中在大城市和沿海地区,不利于备战。各省都要建立自己的战略后方。毛泽东1964年10月22日在广东省委《关于国防工业和三线备战工作的请示报告》的批语中写道:"无非是增加一批建设费,全国大约需15亿左右,分两、三年支付,可以解决一个长远的战略性的大问题。现在不为,后悔无及。"⑤ 毛泽东在1964年《对贯彻军委办公会议第七次扩大会议精神的情况报告》的批语中提醒刘少奇、邓小平、彭真同志,"请你们注意军事,不要把它忘了"。⑥ 1964年5月和1965年1月,毛泽东在听取国家计委关于第三个五年计划和长远规划设想的汇报时,曾两次谈到核武器发展问题,明确指出:原子弹要有,氢弹也要快。周恩来在我国首次核试验成功后,也提到氢弹研制能否加快一些,并要求第二机械工业部就核武器发展问题做出全面规划。⑦

对国际局势判断的改变使得毛泽东要求进行三线建设,而在一线经济战线工作的同志逐渐跟不上他的节拍,最终毛泽东成立了"小计委"领导三

---

① 1964年5月27日毛泽东在中央工作会议上的讲话记录。转引自金冲及主编:《周恩来传(1898—1976)》(下),中央文献出版社,2008年,第1596页。
② 1964年5月27日毛泽东在中央工作会议期间的讲话记录。转引自金冲及主编:《周恩来传(1898—1976)》(下),中央文献出版社,2008年,第1596页。
③ 刘国光主编:《中国十个五年计划研究报告》,人民出版社,2006年,第262页。
④ 《建国以来毛泽东文稿(第十一册)》,中央文献出版社,1996年,第120页。
⑤ 《建国以来毛泽东文稿(第十一册)》,中央文献出版社,1996年,第196页。
⑥ 《建国以来毛泽东文稿(第十一册)》,中央文献出版社,1996年,第223页。
⑦ 《当代中国》丛书编辑部编:《当代中国的核工业》,当代中国出版社,1993年,第46、47页。

线建设。

毛泽东严厉批评李富春和国家计委说:"计经委搞了十五年,没有办事章程。计委的职责是什么?经委的职责是什么?办什么事,不办什么事?上下左右的关系怎样?"还说:"我看计委有五十人就够了,计委怎样改组,要研究一下。要改,抓大事情;不改,就真要解散了。"①

1964年底,毛泽东决定成立一个专门制定计划的新班子。第一个被他点将的,是为大庆石油会战立下汗马功劳的独臂将军——石油工业部部长余秋里。毛泽东称赞说:他一只胳膊比你们两只手都抓得紧。他还说:余秋里做计委副主任不行吗?他只是一员猛将、闯将么?石油部也有计划工作嘛!是要他带个新作风去。

周恩来要余秋里"组阁",几次要他提"新人"。余秋里提了建筑工业部部长李人俊,浙江省委书记林乎加、北京市委工业书记贾庭三等人,但仍然主张从计委抽出几个人帮他工作,不希望完全撤开国家计委另起炉灶。最后定下的工作班子叫"计划参谋部",共20人左右。后来实际组成时,主要有余秋里、李人俊、林乎加、贾庭三,以及陈伯达等人。这个机构通常称为"小计委",超脱于国家计委之外。毛泽东要求"小计委"直接由周恩来领导,不受其他副总理干预,摆脱烦琐的日常工作,专门研究战略问题。他还逐件审阅了"小计委"在编制计划工作过程中报送中央的简报,称赞了他们拟定的"三五"计划方针、任务。后来李富春提出,为了工作的方便,请"小计委"的同志都担任国家计委副主任,余秋里担任第一副主任、党组书记,过渡一个阶段后接替李富春的国家计委主任工作。经毛泽东、周恩来批准,"小计委"正式主持国家计委工作,进行"三五"计划的编制、修订。原来的国家计委副主任程子华调西南局、安志文调西北局、顾卓新调东北局、韩哲一调华东局。②1965年初,毛泽东在中央一次讨论三线建设的会议上提出,三线建设北京要有个总口,要由国家建委抓起来。1965年4月成立建委,主要任务是组织国家基本建设计划的实施,特别要切实抓好西南、西北战略基地和一、二线后方基地的建设及其他重点项目建设。③

"三五"计划从指导思想到起草机构,再到计划草案,都完成了向战备为中心全面转变的准备,三线建设作为国家的重要经济发展战略开始全面实施。

---

① 国家计委会议纪要。转引自房维中、金冲及主编:《李富春传》,中央文献出版社,2001年,第643页。
② 刘国光主编:《中国十个五年计划研究报告》,人民出版社,2006年,第275页。
③ 谷牧:《谷牧回忆录》,中央文献出版社,2009年,第212-213页。

第四节 全面社会主义经济建设的经济绩效分析(1958—1966)

一、中国工业发展的速度、结构与效益分析

1958—1966年,经历了"大跃进"的挫折和国民经济调整,我国工业化总体上取得了发展。1957年,工业占国民经济比重为25.3%,在"大跃进"时期一度达到39%,尔后进行调整,1966年达到34.6%(参见表3.4.1)。工业比重上升又是在国内生产总值快速增长的前提下,1966年我国国内生产总值比1957年增长了75.2%,工业生产总值增长了139.3%[①]。与此同时,工业增长波动剧烈,1958年工业比上年增长53.4%,1961年则比上年下降了39%(参见表3.4.2)。从工业内部结构来看,1957年重工业总产值比重为45%,"大跃进"时期一度增加到66.6%,经过调整,1966年为51%(参见表3.4.3)。从重工业内部结构来看,制造工业发展最快,产值比重由1957年的45.7%增长到1966年的50.5%;采掘工业有所下降,产值从1957年的14.6%下降到1966年的11.2%。轻工业中以工业品为原料的产业产值比重显著上升,1957年为16.8%,1966年为32.3%(参见表3.4.4)。进一步从更为细致的工业结构来看,冶金工业、电力工业、石油工业、化学工业在工业结构中的比重都有显著提升(参见表3.4.5)。总体上来看,我国工业生产能力有所提升。

表3.4.1 国内生产总值与三次产业比重　　　　单位:%

年份	国内生产总值	第一产业	第二产业	工业	第三产业
1957年	100	40.6	29.6	25.3	29.8
1958年	100	34.4	37	31.7	28.7
1959年	100	26.9	42.7	37.4	30.4
1960年	100	23.6	44.5	39	31.9
1961年	100	36.5	31.9	29.7	31.7
1962年	100	39.7	31.2	28.3	29.1
1963年	100	40.6	33	29.6	26.4

---

① 笔者根据《新中国六十年统计资料汇编》(中国统计出版社,2010年版)第10页相关数据计算。

续表

年份	国内生产总值	第一产业	第二产业	工业	第三产业
1964年	100	38.7	35.3	31.7	26
1965年	100	38.3	35.1	31.8	26.7
1966年	100	37.8	37.9	34.6	24.3

资料来源:国家统计局国民经济综合统计司编《新中国六十年统计资料汇编》,中国统计出版社,2010年,第10页。

表3.4.2　国内生产总值和三次产业生产指数(上年＝100)　　单位:%

年份	国内生产总值	第一产业	第二产业	工业	第三产业
1957年	105.1	103.1	108	111.4	104.7
1958年	121.3	100.4	152.9	153.4	118.1
1959年	108.8	84.1	125.8	129.1	115.6
1960年	99.7	83.6	105.6	106.1	105
1961年	72.7	101.4	57.9	61	74.2
1962年	94.4	104.5	89.2	86.7	90.7
1963年	110.2	111.3	114.5	113.3	104.4
1964年	118.3	112.9	125.6	125.6	115.5
1965年	117	109.7	124.2	125.8	115.8
1966年	110.7	107.2	122.4	123.8	98.1

资料来源:国家统计局国民经济综合统计司编《新中国六十年统计资料汇编》,中国统计出版社,2010年,第11页。

表3.4.3　农业、轻工业、重工业总产值所占比重(按当年价格计算)　单位:%

年份	占工农业总产值				占工业总产值	
	农业总产值	工业总产值	轻工业总产值	重工业总产值	轻工业总产值	重工业总产值
1957年	43.3	56.7	31.2	25.5	55	45
1958年	34.3	65.7	30.5	35.2	46.5	53.5
1959年	25.1	74.9	31.1	43.8	41.5	58.5
1960年	21.8	78.2	26.1	52.1	33.4	66.6
1961年	34.5	65.5	27.8	37.7	42.5	57.5
1962年	38.8	61.2	28.9	32.3	47.2	52.8
1963年	39.3	60.7	27.2	33.5	44.8	55.2

续表

年份	占工农业总产值				占工业总产值	
	农业总产值	工业总产值	轻工业总产值	重工业总产值	轻工业总产值	重工业总产值
1964年	38.2	61.8	27.4	34.4	44.3	55.7
1965年	37.3	62.7	32.3	30.4	51.6	48.4
1966年	35.9	64.1	31.4	32.7	49	51

资料来源：国家统计局工业交通物资统计司编《中国工业经济统计资料(1949—1984)》，中国统计出版社，1985年，第95页。

表 3.4.4　工业总产值中轻重工业的比重（按 1957 年不变价格计算）　单位：%

年份	占轻工业总产值		占重工业总产值		
	以农产品为原料	以工业品为原料	采掘工业	原料工业	制造工业
1957年	83.2	16.8	14.6	39.7	45.7
1958年	81.5	18.5	15	35.5	49.5
1959年	78.8	21.2	13.4	36.1	50.5
1960年	74	26	12.4	34.2	53.4
1961年	73.8	26.2	13.7	39.4	46.9
1962年	73.2	26.8	14.2	41.3	44.5
1963年	73.9	26.1	13	40.5	46.5
1964年	75.1	24.9	11.5	40.9	47.6
1965年	71.7	28.3	11.1	39.7	49.2
1966年	67.7	32.3	11.2	38.3	50.5

资料来源：国家统计局工业交通物资统计司编《中国工业经济统计资料(1949—1984)》，中国统计出版社，1985年，第100页。

经过 1958—1966 年的发展，中国工业产品的品种和技术水平有了很大的提升。全国几个主要重工业基地的主要产品品种，已经由 1952 年的 2000 种左右提升到 1965 年的 4 万种左右。我国钢材的自给率已经达到 95% 左右，机械设备自给率达到 90% 以上。随着工业基础的增强，我国已经能够依靠自己的力量进行生产和建设。1965 年，我国自己能够生产的成套设备和自行设计、自己生产设备、自行建设的大型厂矿，主要有：年产 1000 万吨的大型油田；年处理 100 万—150 万吨的大型炼油设备；年产 100 万吨的炼铁炼钢设备；年处理 500 万吨的金属选矿设备；年产 2 万吨铅的

第三章 社会主义全面建设时期工业发展(1958—1966)

表3.4.5 工业总产值主要部门构成(按1957年不变价格计算)

单位:%

年份	工业总产值	冶金工业	电力工业	煤炭工业	石油工业	化学工业	机械工业	建筑材料工业	森林工业	食品工业	纺织工业	造纸工业
1957年	100	8.5	1.7	2.9	1.1	6.8	16.9	3.2	5.8	19.7	20.4	2.2
1958年	100	10.1	1.5	3.8	1.1	7.7	21.5	3.7	4.5	15.6	18.3	1.9
1959年	100	10.8	1.8	3.9	1.3	8	24.3	4.6	3.8	12.9	17	1.9
1960年	100	12.4	2.3	3.9	1.4	8.6	29.9	4.7	3.7	10.5	12.3	1.8
1961年	100	11.2	3.1	4.5	1.8	10.1	23.3	3	3.6	13.9	13.4	1.8
1962年	100	10.1	3.5	4.2	2.6	11.1	20.2	2.1	3.7	14.9	14.4	2
1963年	100	10.3	3.5	3.9	2.6	11.7	20.6	2.5	3.6	14.3	14.8	2.1
1964年	100	10.7	3.3	3	3	12.5	20.6	2.8	3.4	13.9	15.9	2
1965年	100	10.7	3.1	2.6	3.2	12.9	22.3	2.8	2.9	12.6	15.8	1.8
1966年	100	10.7	3.1	2.3	3.7	15	24.9	3.2	2.4	9.5	14.2	1.5

资料来源:国家统计局工业交通物资统计司编《中国工业经济统计资料(1949—1984)》,中国统计出版社,1985年,第102,103页。

电解厂;年产180万吨煤的立井;5万千瓦火力和7.25万千瓦水力发电设备;年产2.5万吨合成氨设备;年产2万吨的尿素设备;年产5.4万吨的重型机械厂;年产5400吨的粘胶纤维厂;年产1000吨的合成纤维厂;年产600吨卡普隆长短丝设备;年产100吨的高压聚乙烯设备;年产17万吨车轮和3万吨轮箍的车轮轮箍厂;16种基本型号的载重、载客汽车;8000马力的内燃机车,等等。尖端技术需要的真空、高温、高压、低温、稀有气体分离及液化等设备,已经掌握了基本品种的生产,有的已初步形成系列。①

二、工业发展的国际比较

从工业增长速度的角度来看,经历了"大跃进"期间的赶超,中国工业增长速度高于世界其他主要大国。1958—1966年,中国工业平均增长速度是13.6%,美国是5.3%,苏联是9.1%,日本是13%,印度是7.8%(参见表3.4.6),总体上来看快于世界其他国家。需要看到的是,虽然我国工业取得了较快的发展速度,但一方面我国工业基础薄弱,仍然与世界发达国家有较大差距,另一方面我国为这一阶段的高速增长付出了高波动的代价。这一时期,虽然我国工业增长速度明显快于美国、苏联等国家,但是与日本相比,速度的优势并不明显。

从重要产品的数量来看,我国缩小了与世界其他大国的差距。钢铁产量1955年我国仅为美国、苏联的2.7%、6.3%,1965年达到了10.3%、13.4%。但同时要看到,日本在这一时期工业增长较快,1955年我国钢铁产量是日本的30.3%,1965年反而下降到29.7%(参见表3.4.7)。汽车、发电设备等技术密集型的产品虽然在这一时期有较大幅度提升,但与世界发达国家差距仍然很大。以汽车为例,1955年我国生产汽车100辆,1965年增长为4.05万辆,而1955年美国生产汽车916.9万辆,1965年为1105.7万辆(参见表3.4.8)。煤炭、发电量、发电设备都有一定的增长(参见表3.4.9、表3.4.10、表3.4.11),但与发达国家相比差距较大。中国整体赶超世界发达国家的压力仍然较大。

表3.4.6 工业生产增长速度与外国比较　　　　　　　　　　　　单位:%

年份	中国	美国	苏联	日本	联邦德国	英国	法国	印度
1957年	11.5	1.8	10	12.5	7	3	8.7	4.9

---

① 中国社会科学院、中央档案馆编:《1958—1965中华人民共和国经济档案资料选编(工业卷)》,中国财政经济出版社,2011年,第101页。

续表

年份	中国	美国	苏联	日本	联邦德国	英国	法国	印度
1958年	54.8	−5.2	9.1	5.6	2.2	−2.9	2	4.7
1959年	36.1	10.9	11.1	15.8	8.5	6	2	13.3
1960年	11.2	0	10	27.3	15.7	8.5	13.8	5.9
1961年	−38.2	3.3	9.1	17.9	1.7	1.3	0	13
1962年	−16.6	7.9	10.4	6.1	5	0	6.8	8.2
1963年	8.5	4.4	7.5	17.1	7.9	2.6	9.5	6.1
1964年	19.6	8.5	7	9.8	2.9	10	4.3	11.4
1965年	26.4	9.1	8.2	4.4	7.1	2.3	0	7.7
1966年	20.9	9.5	9.1	12.8	1.3	2.2	16.7	0

资料来源：国家统计局工业交通物资统计司编《中国工业经济统计资料(1949—1984)》，中国统计出版社，1985年，第205页。

表3.4.7 钢产量　　　　　　　　　　　　　　　单位：万吨

年份	中国	美国	苏联	日本	联邦德国	英国	法国	印度
1955年	285	10617	4527	941	2134	2011	1259	173
1960年	1866	9007	6529	2214	3410	2470	1728	329
1965年	1223	11926	9102	4116	3682	2744	1960	647

资料来源：国家统计局工业交通物资统计司编《中国工业经济统计资料(1949—1984)》，中国统计出版社，1985年，第50、212页。

表3.4.8 汽车产量　　　　　　　　　　　　　　单位：万辆

年份	美国	苏联	日本	联邦德国	英国	法国	印度	中国
1955年	916.9	44.5	6.9	90.9	123.7	72.5	2.3	0.01
1960年	786.9	52.4	48.2	205.5	181	136.9	5.2	2.26
1965年	1105.70	61.6	187.6	297.6	217.7	161.6	7.2	4.05

资料来源：国家统计局工业交通物资统计司编《中国工业经济统计资料(1949—1984)》，中国统计出版社，1985年，第56、223页。

表3.4.9 煤炭产量[①]　　　　　　　　　　　　单位：万吨

年份	中国	美国	苏联	日本	联邦德国[②]	英国	法国	印度
1955年	9800	44528	39128	4379	23839	22518	5739	3884
1960年	39700	39110	50962	5248	23844	19680	5824	5264

续表

	中国	美国	苏联	日本	联邦德国[2]	英国	法国	印度
1965年	23200	47804	57773	5010	23698	18860	5404	7146

注:①为硬煤和褐煤的总和。苏联、中国为原煤数。
②包括萨尔地区数据。

资料来源:国家统计局工业交通物资统计司编《中国工业经济统计资料(1949—1984)》,中国统计出版社,1985年,第50、207页。

表3.4.10 发电量　　　　　　　　　　　　单位:亿千瓦时

年份	美国	苏联	日本	联邦德国	英国	法国	印度[1]	中国
1955年	6290	1702	652	765	941	496	109	123
1960年	8442	2923	1155	1164	1370	721	201	594
1965年	11576	5067	1884	1723	1965	1014	368	676

注:①为电力企业发电量。

资料来源:国家统计局工业交通物资统计司编《中国工业经济统计资料(1949—1984)》,中国统计出版社,1985年,第50、210页。

表3.4.11 发电设备产量[1]　　　　　　　　单位:万千瓦

年份	美国	苏联	日本	联邦德国	英国	法国	中国
1955年	1118	450	113	254	293	152	6.2
1960年	1156	790	241	432	598	207	338.8
1965年	1537	1440	429	479	705	224	68.3

注:①为汽轮发电机和水轮发电机的总和。美国数据只包括单机容量4000千瓦以上的发电设备,日本、联邦德国、英、法只包括单机容量1000千瓦以上的发电设备。

资料来源:国家统计局工业交通物资统计司编《中国工业经济统计资料(1949—1984)》,中国统计出版社,1985年,第55、221页。

第四章
1966—1976年工业的曲折发展

"文化大革命"打乱了中国工业化进程,在政治局面动荡的影响下中国工业化曲折发展。在"抓革命,促生产"的旗帜下,中国政府推动了"三线建设"、"四三方案"、"五小工业"建设,促进了工业化的发展。但在"文革"特殊的历史时期,这些建设项目不可避免地受到了政治的冲击。虽然在广大人民的努力下,1966—1976年工业化有所推进,在一些领域还取得了重要突破,但与世界其他强国相比,中国工业不仅未能赶超,而且还进一步落伍。

第一节 "文化大革命"中工业的曲折发展

一、"文革"初期工业经济的破坏

毛泽东同志错误地认为有三分之一的国家政权不掌握在我们手里,中央出现了修正主义,要警惕睡在身边的赫鲁晓夫。具有巨大威望的毛泽东发动了席卷神州的"文化大革命"。

受政治局面动荡的影响,许多重要工业部门的生产秩序遭到破坏。以钢铁工业为例,当时冶金部主管的几个大型钢铁联合企业,包括鞍钢、武钢、包钢、本钢、太钢、攀钢、马钢等,都发生了大规模"武斗",生产陷入瘫痪状态。以鞍钢为例,1967年8月,炼铁厂10座高炉中只有1座高炉维持生产;第一、第二炼钢厂共有19座平炉,也只各有1座维持生产。这种混乱状态整整持续了两个年头,导致全国钢铁生产水平大幅度下降,钢产量由1966年的1532.4万吨猛降到1967年的1028.7万吨,下降了约504万吨;

1968年钢产量又跌到904.4万吨。①

各地工业都不同程度地受到影响。以上海为例,1967年上海国民经济急剧恶化,全面倒退。同1966年相比,1967年上海全市工农业总产值下降9.4%,其中工业总产值下降9.7%;基本建设投资完成额下降42.3%;工业企业全员劳动生产率下降12.4%;地方财政收入下降20.9%;24种主要工业产品中,产量显著下降的有20种。不少工业产品的产量倒退到一两年甚至三四年以前的水平。②

二、"三个突破"与周恩来的调整

1969年4月1日,中共第九次全国代表大会在北京召开。中共九大基于对国际形势严峻的判断,提出把"集中力量建设大三线战略后方"作为"四五"计划的重点。③ 国务院计划会议规定,1970年比1969年工业总产值增长17%;基本建设投资增长46%,这些投资主要用于军事工业和军工配套的项目。④ 当时还提出1975年产钢3500万—4000万吨(比1970年要增长106%—135%),生产能力达到4000万吨以上;要求到1975年按农业人口平均每人有一亩高产稳定田,耕作机械化程度达到40%—50%。⑤

从1970年到1971年,即"三五"计划转向"四五"计划期间,国民经济建设出现了经济过热的现象。国民经济的"三个突破"(职工人数突破5000万人,工资支出突破300亿元,粮食销量突破800亿斤),超过了国家财力、物力的承受限度。1971年"林彪叛逃事件"之后,周恩来同志开始主持中央日常工作。他排除干扰,解放了一批被打倒的干部。从1972年起,中央开始对国民经济进行调整。主要措施包括:恢复制定经济管理规章制度,加强经济管理;加强对职工工资、职工人数的控制;压缩"四五"计划的工业高指标,压缩基建规模,调整国民经济各部门投资比例。经过两年的调整,1973年国民经济计划完成较好,工农业总产值达3967亿元,完成计划102.8%;经济效益也有了提高,全民工业劳动生产率在连续两年下降后,

---

① 《当代中国的钢铁工业》编辑委员会编:《当代中国的钢铁工业》,当代中国出版社,2009年,第80页。

② 《当代中国的上海》编辑委员会编:《当代中国的上海(上)》,当代中国出版社,2009年,第210-211页。

③ 席宣、金春明:《"文化大革命"简史》(增订新版),中共党史出版社,2006年,第205页。

④ 席宣、金春明:《"文化大革命"简史》(增订新版),中共党史出版社,2006年,第205页。

⑤ 席宣、金春明:《"文化大革命"简史》(增订新版),中共党史出版社,2006年,第205页。

比上年提高3.3％,固定资产交付使用率也比上年提高13％。①

但"四人帮"将周恩来视作篡党夺权的主要障碍,1974年初的"批林批孔"运动使刚刚稳定的局势重新发生动荡。工业生产急剧下降,尤其是原煤、钢铁、运输三个方面特别突出。例如,1974年1月至6月,四川省重点煤矿原煤生产仅完成年计划的32％,比上年同期下降22.7％。特别是四川省的几个大矿,如永荣、芙蓉、南桐、中梁山煤矿,上半年歉产原煤158万吨,占全省歉产原煤总数的79％。煤炭产量下降,严重影响了全省钢铁、水泥、发电、轻纺、化工产品的生产和交通运输,影响了城乡人民生活用煤。②

三、邓小平整顿与工业发展

"批林批孔"运动造成的社会动荡和经济混乱,引起了社会的不满,也引起了毛泽东的忧虑。中共四届全国人大一次会议后,周恩来病重住院,由邓小平主持工作,邓小平开始对国民经济进行治理整顿。

邓小平首先进行整顿的是国民经济命脉——铁路。当时,铁路部门的问题极为严重,1974年全国货运量比上年少4321万吨,行车事故反而增加15％,重大事故增加48％。京广、湘桂两条干线一度全部瘫痪。1975年1月28日和2月6日,万里上任铁道部部长不到20天,邓小平就两次召见他,要求他用最快的速度、最坚决的措施,迅速扭转局势,并要铁道部代表中央起草一个解决铁路问题的文件。③ 1975年2月15日至3月8日,中共中央召开了全国主管工业党委书记会议,着重解决铁路运输问题。会后,中共中央发出了《关于加强铁路工作的决定》(9号文件)。万里带领工作组前往问题特别严重的徐州铁路局,雷厉风行地召开了几万人群众大会,大张旗鼓地宣传中央文件,调整领导班子,逮捕了顾炳华等一批坏人。经过10昼夜的奋战,徐州铁路局面貌很快得到改观,结束了连续21个月完不成任务的局面,1975年4月份提前三天完成运输任务。随后全国铁路局相继学习徐州经验,进行的整顿也立即见效。1975年4月,20个局有19个完成计划,煤炭日装车量58个月以来、卸车量57个月以来第一次完成计划。邓小平听了万里的汇报后,高兴地说:铁路上来了,现在要看各个部门的了。钢铁工业是另一个"老大难"的行业,事故层出不穷,1974年全国钢产

---

① 武力主编:《中华人民共和国经济史》(上册),中国经济出版社,1999年,第679页。
② 《当代中国的四川》编辑委员会编:《当代中国的四川(上)》,当代中国出版社,2009年,第133页。
③ 张广友:《改革风云中的万里》,人民出版社,1995年,第16页。

量比上年减少410万吨。经济整顿的第二仗由此展开。1975年6月4日，中共中央发出了《关于努力完成今年钢铁生产计划的批示》（13号文件），指出：各省、市、自治区党委必须加强对钢铁工业的领导。钢铁行业进行了全面整顿，重点是包头、武汉、太原等大钢铁公司，以此带动全国。整顿在6月已初见成效，全国每天的钢产量超过了全年（每天，笔者注）的计划水平。① 8月3日，邓小平又在国防工业重点企业会议上做了重要讲话，工业战线的整顿全面铺开。按照他的指示，工交系统的冶金、煤炭、石油、化肥、电力、机械、森林工业、水产、建材、纺织、交通、铁道、邮电等13个部门，确定了需要调整领导班子的379个单位，到7月底，铁道、煤炭、冶金三个重点部门已调整了133个，占工交系统已调整数的54%。工交系统的经济形势出现了明显好转，而且一个月比一个月更好。原油、原煤、化肥、发电、铁路货运等，1975年5月、6月都创造了每月产量的历史最高水平。② 农业也进行了整顿，抵制"穷过渡"，保持了农村政策的稳定。1975年7月初起，在毛泽东的支持下，邓小平主持中央工作。到1975年9月底，军队、工交、科技、国防领域已见成效，文艺、农业领域的整顿也揭开序幕，教育、财贸及党的整顿工作正在准备之中。1975年的整顿工作，从3月展开到7、8、9月进入高潮，短短几个月的时间，就已取得了明显的成效。铁路运输基本上做到了"四通八达，畅通无阻"，到6月底，在一季度严重减产的情况下，上半年全路货运量仍比上年增长8.6%，煤炭、木材等重点物资运输实现一年时间过半，完成任务过半。③ 1975年5月和6月，原油、原煤、发电量、化肥、水泥、内燃机、造纸等连续创造月产量历史最高水平。

四、"批邓"与工业经济的破坏

1975年底，中国开始了"反击右倾翻案风"的运动。邓小平对国民经济实行整顿的各项措施都被批判为"右倾翻案"。实现四个现代化被批判为资本主义化，抓生产被批判为唯生产力论，加强管理被批判为"管、卡、压"，加强经济核算被批判为利润挂帅，贯彻按劳分配被批判为物质刺激，从国外引进技术、设备被批判为崇洋媚外。大批干部被揪斗，经济管理机关瘫痪，企业合理的规章制度被废除，生产秩序混乱。

1976年，全年工农业总产值只比上年增长1.54%，远低于原计划的

---

① 刘国光主编：《中国十个五年计划研究报告》，人民出版社，2006年，第328页。
② 刘国光主编：《中国十个五年计划研究报告》，人民出版社，2006年，第328—329页。
③ 武力主编：《中华人民共和国经济史》（上册），中国经济出版社，1999年，第732页。

7%—7.5%，工农业总产值指数(以上年为100)比上年还下降了9.12%。主要工农业产品中有多种产品没有完成生产计划，其中，棉花仅完成计划的79%；钢仅完成计划的79%，比上年下降14.4%；发电量完成计划的96.3%；铁路货运量完成计划的93%。棉布、硫酸、矿山设备、发电设备、机床、汽车、拖拉机的产量都比上年有较大幅度的下降。国家基本建设投资比上年减少32.3亿元，固定资产交付使用率比上年下降5%，建成大中型项目比上年减少82个。进出口贸易总额比上年下降9%；全国国营企业亏损额177亿元，国家财政收入比上年减少39亿元，出现财政赤字29.6亿元。[①]

"文化大革命"中，政治环境与工业的发展密切相关。当政治环境相对缓和之时，工业有所发展；而在政治环境恶劣的情况下，工业甚至出现了负增长。当时的工业发展仍然是在农业尚未得到很好发展的条件下进行的，国民经济依旧在紧张的条件下运行。在动荡中，政府进行了"三线建设"，通过向地方放权发展"五小工业"，并进行了大规模技术引进——"四三方案"，这都对我国工业化的发展起到重要作用。

第二节 "三线建设"、"四三方案"与"五小工业"

一、"三线建设"与工业布局

以战备为核心的"三线建设"，是我国工业化过程中的一件大事。通过"三线建设"，我国改善了工业布局，并建立了比较强大的军事工业。但由于传统计划经济模式的弊端和"文化大革命"特殊的环境，这次的"三线建设"也付出了较大的代价。

"文革"初期，"三线建设"遭到严重冲击。但1969年3月珍宝岛发生流血冲突后，国家进入战备高潮，加快"三线建设"的恢复成为当务之急。1969年6月，中共中央批准成立地区三线建委，组织各省执行中央批准的"三线建设"计划，对施工力量、设备、材料、物资运输进行统一指挥。随后，国家基本建设委员会成立，主要任务之一是采取各种措施，加快"三线建设"进度。

在全国人民的努力下，我国建成了攀枝花、酒泉、金川等钢铁冶金基

---

① 武力主编：《中华人民共和国经济史》(上册)，中国经济出版社，1999年，第738—739页。

地；修建了成昆、襄渝、阳安、川黔、青藏（西格段）等铁路干线，大大改善了我国的交通运输事业；修建了葛洲坝、刘家峡等水电站。我国还建成了酒泉、西昌航天卫星发射中心，贵州、汉中航空基地，川西核工业基地，长江中上游造船基地等重大项目。这些项目的建设，初步改善了我国经济布局，带动了西部地区的发展。

根据全国总的布局，四川作为大"三线建设"的重点省份之一，要求建设起国防科技工业、钢铁工业、有色金属工业、燃料动力工业、机械工业（包括重型机械工业）、化学工业等基地；为了进一步沟通西南与西北、中南的联系，适应工业和国防建设的需要，还要修筑成昆、襄渝等铁路干线。在工业和科技方面，按当时的说法就是：一线地区有的东西，三线地区基本上都要有；有些一线地区没有的东西，三线地区也要有；全国有两套的，要摆一套在三线；全国只有一套的"独生子"，应当摆在三线；今后新建的重要项目主要摆在三线。

本着这样一个蓝图，四川大"三线建设"头三年的重点，主要是"两基一线"，即：以重庆为中心的常规兵器工业基地，以攀枝花为中心的钢铁工业基地，以及成昆铁路的建设。同时，按照总体布局的要求，国务院所属各部还有一大批从沿海和东北等地区迁入四川的重要工厂、科研单位，其迁建工作，都要在这头三年里开始。拟在四川境内建设的航空、航天、船舶、电子、核工业的一些重要项目，除少数已于"一五"、"二五"时期开工外，其余绝大多数也都要在这一时期动工建设。①

从 1970 年起，又在四川继续进行"三线建设"，按照当时的要求，尽量在四川少铺新点，主要是抓紧续建、收尾、配套工程。从 1964 年下半年起到 1970 年底，国家在四川安排进行的 200 多个"三线建设"项目中，仅重点项目就有 150 多个，除了少数已经完工的以外，不少项目尚待收尾、配套，还有 73 个项目要续建。为了做好续建、收尾、配套工作，国家对四川大量增加投资。1970 年、1971 年两年，国家对四川的基本建设投资总额达 79.2 亿元，比 1964—1966 年三年的基本建设投资总额还多 19.26 亿元。1970 年以后，国家对四川的投资主要用于工业建设和邮电运输事业。1970 年、1971 年两年的基本建设投资中，用于工业方面的占 66.7%，主要是机械、冶金、电力、化工、煤炭等方面；用于邮电运输方面的占 20.9%。从建设项

---

① 《当代中国的四川》编辑委员会编：《当代中国的四川（上）》，当代中国出版社，2009 年，第 101 页。

目看,自 1970 年起,国家在四川的首要工作是继续抓紧成昆铁路的接轨通车,加紧建设襄渝铁路,同时继续建设公路和发展邮电通信事业。在冶金工业方面,继续建设攀钢。在能源建设方面,着重抓龚嘴电厂的续建和华蓥山煤矿、松藻矿区的建设,华蓥山电厂也于 1970 年破土动工。同时,其他一批重点项目如重庆钢铁公司、冶金部长城钢厂、成都无缝钢管厂、峨眉铁合金厂、西南铝加工厂、第二重型机器厂、资阳内燃机车厂、东方汽轮机厂、东方锅炉厂、石棉南桠河水电站、宝成铁路电气化工程等的续建收尾,也在加紧进行。除此之外,重庆常规兵器配套项目的续建收尾,电子、航空、航天工业和川东船舶基地的续建,核工业以及国防科委试验基地等也在抓紧建设。仅 1970 年,国家用于四川的国防科技工业投资即达 7 亿多元,1971 年、1972 年每年都超过 7 亿元,以后逐步减少,到 1976 年仍达 3 亿多元。①

经过"三线建设",四川的工业生产能力有了很大增长。从 1965 年到 1979 年,四川铁矿石开采能力由 40 万吨增加到 817.15 万吨;炼铁能力由 38.89 万吨增加到 271.69 万吨;炼钢能力由 59.56 万吨增加到 289.7 万吨;钢材生产能力由 92.48 万吨增加到 251.85 万吨;发电装机容量由 83.47 万千瓦增加到 379.32 万千瓦;水泥生产能力由 117.02 万吨增加到 556.88 万吨。

四川主要工业产品的产量,在全国的位次也显著上升。1964 年与 1979 年相比,钢产量由占全国的 4.7% 上升到占 8.5%,成品钢材产量由占全国的 5.3% 上升到占 7.6%,原煤产量由占全国的 4.7% 上升到占 6%,发电量由占全国的 4.1% 上升到占 5.5%。其他如天然气、生铁、水泥、化肥等产量,均在全国占有重要地位。由于一大批重要工业企业的兴建,包括东方电机厂、东方汽轮机厂、东方锅炉厂、峨眉水泥厂、西南铝加工厂、四川汽车制造厂、第二重型机器厂、长胜机器厂、攀钢一期工程等的兴建,以及天然气的开发,四川已经成为全国著名的三大电站成套设备生产基地之一,四大电子工业基地之一,五大钢铁基地之一;机械工业形成了重型矿山和工程机械制造、机床工具制造、汽车、仪器仪表、农业机械等较完整的体系。② 经过"三线建设",四川的工业已能独立生产许多高、精、尖产品。四

---

① 《当代中国的四川》编辑委员会编:《当代中国的四川(上)》,当代中国出版社,2009 年,第 122、123 页。

② 《当代中国的四川》编辑委员会编:《当代中国的四川(上)》,当代中国出版社,2009 年,第 125 页。

川正在逐步发展成为中国西南部的一个新兴的重要工业基地。①

贵州也是"三线建设"的重镇。通过"三线建设",贵州奠定了工业发展的基础。1964—1976年,全省完成生产性建设投资87.36亿元,占总投资的88.3%;完成非生产性建设投资11.57亿元,占总投资的11.7%。基本建设任务完成得最多的是工业部门(主要是重工业)和交通运输部门(主要是铁路建设)。在这13年内累计完成的基本建设总投资中,国防科技工业占17.5%,煤炭工业占14.7%,电力工业占8.9%,冶金工业占9.7%,机械电子工业占4.8%,化学工业占7.5%,建筑材料工业占1.9%,铁路建设占18.1%。②

再以甘肃为例,根据中共中央关于加速"三线建设"的决策,从外地搬迁来的机械、电子、轻工业等一批骨干企业,由国家投资先后建成酒泉钢铁公司、刘家峡水电厂、兰州铝厂、西北铁合金厂、长庆油田、刘家峡化肥厂、盐锅峡化工厂等一批大中型企业,大大提高了甘肃的工业生产能力,形成了以石油化工、有色金属、机械、电力等行业为代表的具有特色的地方工业体系。内迁来甘肃和国家投资兴建的大中型厂矿企业,生产规模较大,设备先进,现代化程度高,技术力量强,对地方工业的发展起到了促进作用。③

在战备的浪潮中,与国防密切相关的高科技行业也取得了重大突破。1966年10月27日,我国成功地进行了第一次发射导弹核武器试验。1966年12月28日氢弹原理试验成功,1967年6月17日,在周恩来的亲自安排下,聂荣臻亲临现场指挥,成功地进行了我国第一颗氢弹爆炸试验,提前实现了毛泽东在1958年6月关于"搞一点原子弹、氢弹,我看有十年工夫完全可能"的预言。从第一颗原子弹试验到第一颗氢弹试验,美国用了七年零四个月,苏联用了四年,英国用了四年零七个月,法国用了八年零六个月,而我国只用了两年零八个月,发展速度是最快的。我国首次氢弹爆炸试验,赶在了法国的前面,在世界上引起了巨大反响,公认我国核技术已进入世界核先进国家的行列。④ 1969年9月23日,我国成功地进行了第一

---

① 《当代中国的四川》编辑委员会编:《当代中国的四川(上)》,当代中国出版社,2009年,第126页。
② 《当代中国的贵州》编辑委员会编:《当代中国的贵州(上)》,当代中国出版社,2009年,第75页。
③ 《当代中国的甘肃》编辑委员会编:《当代中国的甘肃(上)》,当代中国出版社,2009年,第113页。
④ 《当代中国的兵器工业》编辑委员会编:《当代中国的核工业》,当代中国出版社,2009年,第50、51页。

次地下核试验。1970年4月24日,我国成功地发射了第一颗人造地球卫星,1971年3月3日又发射了一颗科学试验卫星,第一次成功地回收了各种试验数据。1972年研制成功第一艘核潜艇。1975年11月28日,发射的人造地球卫星正常运行后返回地面,使中国成为继美国、苏联后第三个能回收卫星的国家。正如邓小平1988年所说:"如果六十年代以来中国没有原子弹、氢弹,没有发射卫星,中国就不能叫有重要影响的大国之一,就没有现在这样的国际地位。"①

从1966年到1976年,国家对电子工业"三线建设"的投资近26亿元,约占电子工业35年基本建设投资总数的三分之一。在大小三线地区开工建设的企事业单位有232个,建成195个,其中工厂154个(部属95个,地方59个),研究所19个,医院12个,仓库10个,建筑面积760万平方米,拥有设备2.3万台,共有职工19万人。建成贵州、四川、陕西、甘肃、安徽、江西、山西、湖南、湖北等一批电子工业后方基地,扩大了生产能力,带动了内地工业的发展。②

"三线建设"也加强了对机械工业的投资(参见表4.2.1)。1965—1979年,三线地区施工项目有1623个,其中大中型项目220个(竣工验收156个);建筑竣工面积2129万平方米,其中生产性建筑834万平方米;安装金属切削机床35119台、锻压设备5633台;新增固定资产64.4亿元。③ 由于大批项目建成投产,三线地区机械工业生产能力增长很快,到1979年,"三线建设"主要工业产品新增的生产能力已达相当规模。拥有的职工、固定资产和设备,1979年比1965年分别增长了3.3倍、3.7倍和2.7倍;在全国机械工业中的比重,1965年约为四分之一,到1975年已提高到约三分之一。④

---

① 《邓小平1988年10月24日视察北京正负电子对撞机工程时的讲话》,中国人民解放军军事科学院、中共中央文献研究室编:《邓小平论国防和军队建设》,军事科学出版社,1992年,第158页。
② 《当代中国的电子工业》编辑委员会编:《当代中国的电子工业》,当代中国出版社,2009年,第56页。
③ 《当代中国的机械工业》编辑委员会编:《当代中国的机械工业(上)》,当代中国出版社,2009年,第55页。
④ 《当代中国的机械工业》编辑委员会编:《当代中国的机械工业(上)》,当代中国出版社,2009年,第56页。

表 4.2.1　1965—1979 年机械工业"三线建设"投资情况

项　目	1965—1979 年	其中	
		1966—1970 年	1971—1975 年
机械工业投资/亿元	166.75	42.35	71.31
三线地区投资/亿元	93.39	28.71	40.73
三线地区投资比重/(%)	55.34	67.79	57.12

资料来源:《当代中国的机械工业》编辑委员会编《当代中国的机械工业(上)》,当代中国出版社,2009 年,第 55 页。

由于对战争形势估计过于严重和"文革"错误路线的干扰,"三线建设"中也存在着不少问题。第一,在片面强调战备的要求下,建设规模铺得过大,战线拉得过长,超过了国家的承受能力。特别是 1969—1971 年,新建和内迁的大中项目达 1000 多个,资金、设备、原料难以到位,一部分工程只好中途下马,还有些则长期不能投产,带来了经济损失。第二,进程过快、过急,有些项目未进行资源环境的调查和论证,就匆忙动工,造成了严重后果。如陕西的一个飞机部件装备厂,投建前未弄清地质条件,结果发生大规模滑坡,损失达 1000 多万元,并留下长期隐患。第三,过分强调战备需要,忽视经济效益和长期生产要求。一些现代化工业企业远离城市,按"靠山、分散、进洞"的原则建设在山沟里,造成生产管理、协作十分不便。如陕西汉中 012 基地,下属 28 个单位分布在 3000 多平方公里的两个地区 7 个县,其中一个企业单位的生活区分散在 6 个自然村中。还有不少企业建在山洞中,阴暗潮湿,严重影响产品质量和职工健康,日用品供应也十分困难。各个企业为了解决生活需要,都必须拿出资金建设"小而全"的商店、医院、学校等社会设施,造成重复浪费。第四,在"文革"的干扰下,不惜代价地片面追求政治目标,打乱了正常的经济管理制度,造成了一些不应有的损失。如陕西阳(平关)安(康)铁路,是我国的第二条电气化铁路,全长 358 公里,修建中就有 1512 人受重伤,384 人牺牲,平均每公里牺牲一人以上,代价是巨大的。[①] 20 世纪 70 年代以后,随着国际局势的缓和,我国经济发展战略有所改变。1972 年到 1974 年,国家开始修改"四五"计划的指导思想和指标,对前一时期国防工业和"三线建设"摊子过大的问题进行了调整,放弃了"临战的姿态"、"狠抓战备"的提法,把沿海支援内地由"主要

---

① 何金铭、赵炳章主编:《当代陕西简史》,当代中国出版社,1996 年,第 203、187 页。

任务"改变为"重要任务"。① 1975年,邓小平同志主持的国民经济调整也对"三线建设"进行了调整。1975年11月2日,在全国计划会议上,谷牧提出把"大三线"建成为"硬三线",强调充实加强,成龙配套。②

二、"四三方案"与技术引进

20世纪60年代末以后,中国对国际局势的判断发生微妙变化。在苏联咄咄逼人的气势下,美国需要联合中国抗衡苏联,而中国也需要改善与美国的关系以巩固国家安全,扩大国际交往。从经济方面考虑,一方面在经济危机的影响下,美国等西方国家有寻找海外产品销售市场的强烈动力;另一方面中国作为发展中大国,有经济赶超的需求,需要借鉴西方国家先进的技术,并将其应用于中国的生产领域,以提高经济运行效率,促使经济快速增长。在毛泽东、周恩来等领导人的积极努力下,中国政府抓住历史机遇,果断提出"四三方案",进行了大规模的技术引进。

在1972年顺利引进一系列项目的基础上,1973年1月5日,国家计委向国务院提交了《关于增加设备进口、扩大经济交流的请示报告》,对前一阶段和今后的对外引进项目做出总结和统一规划。报告建议,利用西方处于经济危机之中,引进设备对我国有利的时机,在今后三五年内引进43亿美元的成套设备。其中包括:13套大化肥、4套大化纤、3套石油化工、10个烷基苯工厂、43套综合采煤机组、3个大电站、武钢1700毫米轧机,以及透平压缩机、燃气轮机、工业汽轮机工厂等项目。在此方案基础上,以后我国又陆续追加了一批项目,计划进口总额达到51.4亿美元。利用这些设备,通过国内自力更生的生产和设备改造,我国兴建了26个大型工业项目,总投资额约214亿元。到1982年,26个项目全部投产。其中投资额在10亿元以上的有武钢1700毫米轧机、北京石油化工总厂、上海石油化工总厂一期工程、辽阳石油化纤厂、黑龙江石油化工总厂等。这些项目对我国经济发展和技术进步起到了重要的促进作用。"四三方案"引进项目具体情况参见表4.2.2。从技术方面看,"四三方案"引进项目的主体,基本上体现了20世纪60年代以来国际技术革新的主要发展方向,如大力发展石油化工和合成材料,设备的大型化、自动化和使用计算机对生产进行动态控制等,从而使有关行业在原料路线和生产领域、生产单系列能力和效率,以

---

① 陈东林:《三线建设备战时期的西部开发》,中共中央党校出版社,2003年,第244页。
② 陈东林:《三线建设备战时期的西部开发》,中共中央党校出版社,2003年,第248、249页。

及生产、质量管理与控制体系的精确度等方面都出现了结构性与技术性的变化。同时,引进项目的投产,对上、下游的相关行业,生产配套企业,以及设计、施工、科研、设备制造等工作也起到了一定的技术推动作用;对同类产品企业也起到了一定的示范效应。尤其是一批大型石油化工项目的引进和建设,既从数量上和质量上为解决人民"吃穿用"问题发挥了重要作用,也为后来建设现代化工业、调整产业结构、提高生产效率和经济效益打下了重要的基础。① 例如,武钢引入的1700毫米轧机是70年代世界先进技术,具有大型化、高速化、连续化和自动化的特点,主要生产作业线分别由电子计算机、信号装置、仪表和工业电视进行自动控制。②

从技术来源地别情况分析,技术转让合同总额的81.8%来源于日本、法国、联邦德国、美国四个国家(参见表4.2.2)。

表4.2.2 技术转让方构成

技术转让方	占比
日本	35.5%
法国	21.4%
联邦德国	16.5%
美国	8.4%
英国	7.5%
意大利	5.0%
荷兰	2.8%
加拿大	1.0%
其余西欧6国	1.8%
中国香港	0.1%

资料来源:陈慧琴《技术引进与技术进步研究》,经济管理出版社,1997年,第57页。

这次技术引进的重点在于解决吃饭穿衣问题,缓解了我国长期产业结构失衡的问题。"四三方案"中,用于解决吃穿用问题的投资共计136.8亿元,占全部投资的63.8%。20世纪60年代末70年代初,全国纺织能力已发展到1300多万纱锭,当时全国棉田500万公顷,棉花年收购量175万吨,仅能满足纺织能力80%的需要。由于粮食也不宽裕,无法再挤占粮田

---

① 武力主编:《中华人民共和国经济史》(增订版上卷),中国时代经济出版社,2010年,第580页。
② 《当代中国的钢铁工业》编辑委员会编:《当代中国的钢铁工业》,当代中国出版社,2009年,第430、431页。

扩大棉田来解决纺织原料短缺问题。① 以石油为原料发展石油化纤工业，被作为解决纺织原料短缺的重要战略部署。在"四三方案"中，上海石油化工总厂、辽阳石油化纤总厂、四川维尼纶厂、天津石油化纤厂和南京烷基厂5项解决穿衣问题的项目共占项目总投资的25.39%。② 虽然投产项目在70年代末、80年代初才陆续投入生产，但这些项目为我国20世纪80年代轻工业的高速发展做出了贡献。以上海石油化工总厂为例，轻工业部组织考察团去日本考察，并确定引进年产11.5万吨乙烯等9套先进成熟的石油化工、化纤生产装置，国内配套年加工原油250万吨常压蒸馏等9套装置，在上海建厂。1972年6月18日，中共上海市委正式决定，在金山卫建设上海石油化工总厂。1977年6月，三条生产线18套主要生产装置打通全流程，投入试生产。6个生产厂、4个配套生产厂，一批储运设施，以及一期工程生活区基本建成，形成了年加工原油250万吨，生产乙烯11.5万吨、合成纤维10.2万吨、合成纤维单体10.83万吨、塑料树脂6万吨、各种化工产品和油品280万吨的生产能力。一期工程投产后，每年向全国提供人均1米的化纤织物，为缓解"穿衣难"做出了重要贡献。③

从1973年开始，燃料化学工业部先后从国外引进了13套化肥和1套乙烯联合装置。13套大型化肥装置先后从美国、日本、法国、荷兰等国引进，设计能力为每套年产30万吨合成氨和48万吨或52万吨尿素，分别建在四川化工厂、泸州天然气化工厂、大庆石油化工总厂、齐鲁石油化学总公司，以及辽宁辽河、河北沧州、云南水富、贵州赤水、广东广州、江苏南京、安徽安庆、湖南岳阳、湖北枝江。到1979年，13套化肥装置陆续进入试车或投产。引进化肥装置的建成，使中国合成氨生产能力在几年内提高了30%，成为化肥工业的一支骨干力量。④

"四三方案"是在"四人帮"不断干扰下，在"文革"特定的历史背景下进行的技术引进，也存在一些问题。例如，"四三方案"更多注重硬件（机器设备）引入，而对软件（技术专利）引入有所忽视，而且存在重复引入的问题。尽管周恩来总理在批准《关于增加设备进口、扩大经济交流的请示报告》之

---

① 上海石油化工总厂厂史编委会编：《上海石油化工总厂志》，上海社会科学院出版社，1995年，第2页。
② 陈锦华：《国事忆述》，中共党史出版社，2005年，第2、94页。
③ 上海石油化工总厂厂史编委会编：《上海石油化工总厂志》，上海社会科学院出版社，1995年，第2-3页。
④ 《当代中国的化学工业》编辑委员会编：《当代中国的化学工业》，当代中国出版社，2009年，第21页。

时,提出了坚持"独立自主,自力更生"的方针,以及学习与独创相结合、当前与长期相结合、节约外汇、进出平衡等原则,但是在进口过程中,仍把技术引进的重点放在进口生产能力方面。1972—1977年签订的软件技术合同216项、外汇5.6亿美元中,绝大部分属于引进基础设计、产品设计、工艺设计以及设备,制造技术等软件合同仅有9项,外汇不过1.1亿美元。尤其是1973年2月至1974年2月,成批重复引进同样规模、同样产品的13套大型氮肥生产设备是比较典型的例子。①

"四三方案"是在"文化大革命"中推行的,受到"四人帮"的干扰。据陈慧琴对24个规定在1979年底以前交接验收的成套设备项目(以企业为单位)的考察,只有14个在1979年底前完成了考核验收;24个项目的57个引进合同中,只有11个合同是按规定进度进行交接验收或推迟时间不超过3个月的。在这24个项目中,拖期验收达1年以上的有10个,其中有些项目长达3年之久。②

"四三方案"的技术引进是我国为实现技术赶超、改善产业结构的重要措施,虽然它受到了"文化大革命"的干扰,也存在计划经济体制固有弊端的约束,改革开放前它的生产能力也尚未充分显现,但这些项目的投产为我国日后工业化的发展和产业结构的优化做出了重要贡献。

三、"五小工业"的发展

1. 地方"五小工业"的发展

在政府主导的工业化模式下,要推动工业化的发展不能仅仅依靠中央政府的力量,而应该发挥地方政府的积极性。但是"大跃进"时期进行的权力下放,带来了经济混乱。集中统一在国民经济调整时期起到了重要作用,仍未能很好地解决地方政府的激励问题。随着第三个五年计划的执行,地方"五小工业"问题重新提上议事日程。地方"五小工业"的发展直接服务于加速实现农业机械化的需要,以支援农业为主要目标,发挥地方特别是地、县两级的积极性。"五小工业"即小钢铁、小机械、小化肥、小煤窑、小水泥。③

1970年2月,全国计划会议重新强调要大力发展地方"五小工业",各省、市、自治区都要建立自己的小煤矿、小钢铁厂、小有色金属厂矿、小化肥

---

① 陈慧琴:《技术引进与技术进步研究》,经济管理出版社,1997年,第66页。
② 陈慧琴:《技术引进与技术进步研究》,经济管理出版社,1997年,第58-59页。
③ 祝慈寿:《中国现代工业史》,重庆出版社,1990年,第537页。

厂、小电站、小水泥和机械厂,形成为农业服务的地方工业体系。在第四个五年计划的工业发展具体目标中,又把大力发展地方"五小工业"列为7个目标之一;并规定在一两年内,力争把每个县的农机修造厂都建设起来。从1970年起的五年内,中央财政安排了80亿元专项资金,由省、市、自治区统一掌握,重点使用,扶植"五小工业"的发展;新建的县办"五小工业"企业,两三年内所得的利润,60%留给县级财政,继续用于发展"五小工业";对于暂时亏损的"五小工业"企业,经省、市、自治区批准,可由财政给予补贴,或者在一定时期内减免税收,资金确有困难的,银行或信用社还可以给予贷款支持。①

中央的政策极大地调动了地方发展"五小工业"的积极性,地方政府可以切实从发展"五小工业"中获得利益。在中央财政支持之外,地、县两级的投资也逐年增加。1970年,地方财政预算外资金用于发展"五小工业"的只有100万元,至1973年增加到1.48亿元,1975年又增加到2.79亿元。1970年,全国有将近300个县、市办起了小钢铁厂,有20多个省、市、自治区建立了手扶拖拉机厂、小型动力机械厂、各种小型农具制造厂,有90%左右的县建立了农机修造厂。

小煤矿是地方"五小工业"的重点之一。1971年,全国地、县、社、队小煤矿的产量达到9874万吨,比1965年增长了1.35倍。为了使地方小煤矿得以巩固和发展,由燃料化学工业部副部长邹桐、李建平主持,于1972年至1975年先后在广州、宁乡、芜湖、柳州、长沙召开发展地方小煤矿的会议,明确了地方小煤矿的发展路子,坚持自力更生,因陋就简,由小变大,由土到洋。柳州会议总结江南各地经验,提出了"全党动手,各级办矿,多搞中小,以小为主,由小到大,由土到洋,成群配套,形成矿区,选择重点,建设基地"的四十字方针。为了实现安全、长寿、稳产的目标,一部分资源条件较好的小煤矿不断进行技术改造,提高了小煤矿的装备水平和抗灾能力。1972年,国家开始安排小煤矿改造专项材料,用以制造小型绞车、风机、水泵、刮板输送机、电机车等设备,供小煤矿使用;从1974年开始,国家每年拨给小煤矿技术改造专项扶持资金,并尽量照顾江南和部分边远地区,促进了这些地区地方煤矿的巩固和发展。1976年,全国地方煤矿原煤产量达到20981万吨,为1965年的3.1倍。②

---

① 祝慈寿:《中国现代工业史》,重庆出版社,1990年,第538页。
② 《当代中国的煤炭工业》编辑委员会编:《当代中国的煤炭工业》,当代中国出版社,2009年,第60、146页。

发展地方"五小工业",是湖北"四五"计划期间经济发展的一大特色。"三五"和"四五"计划时期,湖北共建成小氮肥厂62个(64套装置),建成县以上国营磷肥厂43个。小水泥厂10年间共建成近100个,小水泥产量在"三五"计划时期占湖北水泥总产量的34%,"四五"计划时期上升到50%。小水电弥补了大电网供电的不足,改善了农业生产条件和农民生活。湖北煤炭资源贫乏,大厂矿企业用煤主要靠国家调拨;小厂矿企业和城市生活用煤,则主要靠地方解决。全省煤炭产量在20世纪60年代不到200万吨,"四五"计划末期已达到400多万吨,其中集体办的小煤矿产量约占三分之一。①

四川省绵阳地区的地方工业在此期间也得到较快发展,特别是20世纪70年代初,"五小工业"和为"三线建设"服务的建材、食品等工业发展较快,到1980年,绵阳市境各县(市)电子、机械、食品、建材、纺织、冶金等六大行业工业总产值已达到8.32亿元,占全市工业总产值的72.9%,开始成为绵阳的支柱工业,主导着绵阳工业的发展方向。②

"五小工业"的发展推动了地方的自给自足。例如面粉生产,上海历年平均每月生产2.2亿斤面粉,其中包括辽宁、福建两省委托加工的0.7亿斤,调往湖南、广东、江西三省0.15亿斤,上海市自销0.3亿斤—0.4亿斤。从1970年开始,辽宁、福建不再委托上海加工面粉,由本省自己解决;湖南、广东也不需要上海代加工,上海面粉业便出现了开工不足的问题。各地对上海针棉织品的需求也减少了很多。辽宁省线袜以本省生产为主,只有一部分花套袜、童袜等调剂品种,需从上海进货。山东青岛、济南、烟台都有棉毛袜生产,质量比上海还好,而且价格便宜,因此对上海的订货大量减少。福建生产的汗衫背心,质量虽然差些,为了推销本地产品,1970年下半年也不再从上海进货。北京市场上的羊毛衫、羊绒衫、红围巾、汗布手套、行李带、草绿线带等14大类产品,也自己生产,不再向上海要货。安徽、福建的白手套生产发展很快,除自给外,还能供应外省。宁夏一直由上海供应的口罩带,当地已能自给,1970年下半年停止从上海进货。这种结构性调整,最初在经济上未必都合算,但各地区首先考虑的却是本地经济的发展,所以暂时付出一些代价,也在所不惜。③

---

① 许克振主编:《湖北省发展改革志(1949—2009)》,湖北人民出版社,2011年,第78页。
② 绵阳市政府志编纂领导小组编纂:《绵阳市政府志》,四川人民出版社,2001年,第375、376页。
③ 马泉山:《新中国工业经济史(1966—1978)》,经济管理出版社,1998年,第328页。

但是，地方政府发动的"五小工业"也存在一些问题。在优先重工业发展战略基础上，"五小工业"过于注重重工业的发展，出现了与大型工业企业争夺原料的问题，而且存在布局不够合理、缺乏统一规划、一哄而上的现象。1970—1972年的三年中，"五小工业"每年新办的企业都在一万家以上。1970—1971年两年，仅县办工业就新增职工400万人，占两年新增职工的40.7%。①

冶金部同各地协商后提出的"四五"计划时期地方中小企业的发展规划中，要求各省都要自成钢铁工业体系，要求安装1200毫米薄板、2300毫米中板和76毫米无缝钢管轧机，以及中、小型轧机和线材轧机。1970年12月27日，《人民日报》报道，全国有300个县市办起了小钢铁厂，炼铁能力一下子比上年增加了1.5倍。为了翻番，从1971年第四季度起，全国又安排制造303套轧钢机，要求急，质量差，加上其他种种原因，制成后能安装使用的只有31%，许多轧机或半成品长期积压，浪费了大量资金。②

"五小工业"的发展是在中央政府支持下，由地方政府主导发展起来的。它在一定条件下克服了信息不对称问题，调动了地方政府发展经济的积极性，推动了工业的发展。1965年，小型氮肥厂提供的合成氨为全国合成氨的12.47%，1976年上升为59.51%。1965年，小水泥厂提供的水泥产量占全国的32.3%，1976年达到62.3%。"五小工业"的发展还为改革开放以后的发展奠定了重要基础。美国学者戈尔德斯坦认为："总的来说，从1966年到1977年，中国各县手里的预算外资金从占国家的14.5%增长到35.6%。这成为地方经济强劲发展的一个中心要素。""潜藏在这些组织和技巧中的是在国家计划经济中找不到的市场的因素"，"它必将决定性地形成在毛逝世后所发动的改革的路线"。③

2. 社队企业的兴起

早在1958年的人民公社化运动和"大跃进"时期，各地兴办了一批社队集体工业。这些社队企业经过国民经济调整和"四清"运动，大多数被关、停、并、转。但是，到了20世纪60年代末和70年代初，社队工业的恢复和发展又遇到了新的机遇。

---

① 祝慈寿：《中国现代工业史》，重庆出版社，1990年，第539页。
② 《当代中国的钢铁工业》编辑委员会编：《当代中国的钢铁工业》，当代中国出版社，2009年，第83页。
③ 戈尔德斯坦：《中国的改革应归功于毛主义的遗产》，《国外中共党史研究动态》1996年第4期。

许多地区的农村社队,迫于人口迅速增长的巨大压力,根据1970年北方地区农业会议强调"要努力发展'五小工业'"的精神,顶住所谓"割资本主义尾巴"的"左"倾错误,在提高农业劳动生产率的同时,从增加农民收入和满足市场需求出发,为农业的剩余劳动力找出路,再度兴起了办社队工业的热潮。

1970年,全国北方农业会议提出,为了实现农业机械化,要求大办地方农机厂、农具厂以及与农业有关的其他企业,这一指导方针给被捆绑在单一农业上的各地农村提供了"红头文件"。江苏、浙江、广东等省份率先行动起来,农具、粮油加工、建材、编织、服装等社队企业兴起。1980年,社队工业的产值已占全国工业总产值的10.6%,社队工业企业的职工总数达1991万人。①

社队企业在这一时期也有所发展,产供销有80%靠市场调节,直接和间接纳入国家计划的只有20%。② 1980年,社队工业企业的许多产品产量在全国同类产品产量中占有相当地位,如原煤产量占17%,水泥占8%,木材占8%,原盐占7%,丝绸品占14%,机制纸和纸板占15%,磷肥占37%,化学农药占7%,地方建筑材料(砖、瓦、沙、石)有80%是社队企业提供的。③

第三节 "文化大革命"时期工业曲折发展的绩效分析

一、中国工业发展的速度、结构与效益分析

"文化大革命"期间,尽管发生了全局性的动乱,阻碍了我国经济发展的步伐,但是工业化还是在"赶超"和"战备"的推动下扭曲前行,第一产业占国内生产总值的比重由1966年的37.8%降至1976年的32.9%;第二产业则由1966年的37.9%上升到1976年的45.2%;第三产业不仅没有提高,反而从1966年的24.3%下降至1976年的21.9%(参见表4.3.1)。从轻重工业的比重来看,轻工业占工业总产值的比重从1966年的47.7%下降到1976年的43.7%;重工业比重从1966年的52.3%上升到56.3%(参见表4.3.2)。中国在"文化大革命"时期经济增长缓慢,在政治动荡的

---

① 祝慈寿:《中国现代工业史》,重庆出版社,1990年,第553页。
② 祝慈寿:《中国现代工业史》,重庆出版社,1990年,第552页。
③ 祝慈寿:《中国现代工业史》,重庆出版社,1990年,第553页。

背景下,经济增长率低于同一时期的日本、韩国等国家和地区。1965—1975年,中国GDP增长为4.7%,人均GDP为2.2%;而同一时期日本GDP、人均GDP分别为8%、6.7%;韩国为11.6%、9.3%;中国台湾为9.1%、6.8%。[①] 中国失去了大国崛起的宝贵十年。

表4.3.1 "文革"时期三次产业变动情况

年份	国内生产总值	第一产业	第二产业	工业	建筑业	第三产业	交通运输、仓储和邮政业	批发和零售业
1966年	100.0	37.8	37.9	34.6	3.3	24.3	4.5	7.1
1967年	100.0	40.5	33.9	30.6	3.3	25.7	4.1	7.8
1968年	100.0	42.4	31.1	28.3	2.7	26.6	4.1	7.3
1969年	100.0	38.2	35.4	32.2	3.2	26.4	4.4	7.7
1970年	100.0	35.4	40.3	36.6	3.7	24.3	4.4	7.2
1971年	100.0	34.2	42.0	38.0	4.0	23.8	4.5	6.7
1972年	100.0	33.0	42.8	39.1	3.7	24.2	4.9	7.0
1973年	100.0	33.5	42.9	39.2	3.7	23.6	4.8	7.0
1974年	100.0	34.0	42.5	38.6	3.9	23.5	4.7	6.7
1975年	100.0	32.5	45.5	41.3	4.2	22.0	4.9	5.3
1976年	100.0	32.9	45.2	40.7	4.5	21.9	5.0	4.5

注:工业、建筑业属于第二产业;交通运输、仓储和邮政业,批发和零售业属第三产业。

资料来源:国家统计局国民经济综合统计司编《新中国六十年统计资料汇编》,中国统计出版社,2010,第10页。

表4.3.2 轻重工业结构

年份	占工业总产值/(%)		占轻工业总产值/(%)		占重工业总产值/(%)		
	轻工业	重工业	以农产品为原料	以工业品为原料	采掘工业	原料工业	制造工业
(按1957年不变价格计算)							
1966年	47.7	52.3	67.7	32.3	11.2	38.3	50.5
1967年	51.5	48.5	68.4	31.6	11.6	37.9	50.5

[①] 胡鞍钢:《中国政治经济史论(1949—1976)》第二版,清华大学出版社,2008年,第508页。

续表

年份	占工业总产值/(%)		占轻工业总产值/(%)		占重工业总产值/(%)		
	轻工业	重工业	以农产品为原料	以工业品为原料	采掘工业	原料工业	制造工业
1968年	51.5	48.5	68.9	31.1	11.9	36.1	52.0
1969年	48.0	52.0	68.0	32.0	10.6	35.5	53.9
1970年	43.4	56.6	70.0	30.0	8.5	38.0	53.5
1971年	40.2	59.8	70.0	30.0	8.5	35.9	55.6
（按1970年不变价格计算）							
1971年	42.8	57.2	70.7	29.3	11.8	39.2	49.0
1972年	42.6	57.4	71.8	28.2	12.0	37.3	50.7
1973年	43.1	56.9	71.6	28.4	11.5	37.4	51.1
1974年	44.1	55.9	70.5	29.5	12.0	36.2	51.8
1975年	43.3	56.7	70.1	29.9	12.1	35.1	52.8
1976年	43.7	56.3	69.2	30.8	12.3	34.9	52.8

资料来源：国家统计局工业交通物资统计司编《中国工业经济统计资料(1949—1984)》，中国统计出版社，1985年，第100-101页。

从经济效益的角度来看，"文革"时期资金利润率和经济利税率都远低于社会主义建设时期，更低于"一五"建设时期(参见表4.3.3)；工业基本建设投资效果系数也低于其他时期。

表4.3.3 全民所有制独立核算工业企业资金利润率各计划期比较

时期	资金总额/亿元	利润总额/亿元	税金利润合计/亿元	资金利润率/(%)	资金利税率/(%)
"一五"时期（1953—1957年）	1226.3	279.2	390.6	22.8	31.8
"二五"时期（1958—1962年）	3817.7	839	1204.5	22.0	31.5
调整时期（1963—1965年）	2887.7	504.1	738	17.5	25.6
1953—1965年	7931.7	1622.3	2333.1	20.4	29.4
"三五"时期（1966—1970年）	6532.3	1095	1690.9	16.8	25.9

续表

时　　期	资金总额/亿元	利润总额/亿元	税金利润合计/亿元	资金利润率/(%)	资金利税率/(%)
"四五"时期(1971—1975年)	10846.2	1740.1	2730.8	16.0	25.2
"五五"时期(1976—1978年)	9032.6	1210.4	1960.1	13.4	21.7
1966—1978年	26411.1	4045.5	6381.8	15.3	24.2

资料来源：马泉山《新中国工业经济史（1966—1978）》，经济管理出版社，1998年，第212页。

从具体行业来看，机械工业的劳动生产率由1966年的9272元下降到1976年的8788元，下降了5.2%。而职工人数却由1966年的160.93万人增加到1976年的365.5万人，增长了1.27倍。同期固定资产由126.38亿元增加到313.96亿元，增长1.48倍；机床拥有量由22.34万台增加到56.33万台，增长1.52倍。同期总产值从135.6亿元增加到307.77亿元，只增长了1.27倍。这说明，机械工业完全是靠增人、增资金、增设备来维持增产的。在此期间，机械产品成本下降甚少，有时还上升。"一五"计划时期成本下降40%多，而1972—1976年五年只下降了0.27%，其中1976年比1975年还上升了1.13%，这是历史上少见的。[①]

钢铁工业的技术水平也较大幅度下滑，重点钢铁企业主要经济指标1976年比1966年不仅未能进步，反而有所下降（参见表4.3.4）。

表4.3.4　1966年与1976年重点钢铁企业主要技术经济指标对比

指　标　名　称	1966年	1976年
高炉利用系数/(吨/(米^3·日))	1.50	0.99
高炉入炉焦比/(千克/吨)	558	640
生铁合格率/(%)	99.79	94.64
高炉工人劳动生产率/(吨/(人·年))	1930	700
炼钢平炉利用系数/(吨/(米^2·日))	8.48	5.83
平炉钢锭合格率/(%)	99.29	94.52

[①] 《当代中国的机械工业》编辑委员会编：《当代中国的机械工业（上）》，当代中国出版社，2009年，第47页。

续表

指 标 名 称	1966 年	1976 年
平炉金属科消耗/(千克/吨)	1121	1224
平炉炼钢工人劳动生产率/(吨/人·年)	758	299

资料来源:《当代中国的钢铁工业》编辑委员会编《当代中国的钢铁工业》,当代中国出版社,2009 年,第 90 页。

二、工业发展水平的国际对比

虽然我国"文革"时期经济增长缓慢,与世界其他国家相比工业增长速度并不算慢,但是波动却非常剧烈(参见表 4.3.5)。从重要产品的产量来看,在"五小工业"推动下,煤炭产量有较大提升,缩小了与美国、苏联等大国的差距。钢铁产量也有所提升,缩小了与美国、苏联钢铁产量的差距,但是与日本钢铁产量的差距不仅未能缩小,反而扩大。1965 年中国钢铁产量是日本的 29.7%,1976 年反而下降到 19.1%(参见表 4.3.6)。许多重要工业品虽有所发展,但与发达国家相比还有较大差距。我国汽车产量虽然经过努力有所增加,但是与日本的差距也进一步拉大,1965 年我国的汽车产量是日本的 2.2%,1976 年我国仅为日本的 1.7%(参见表 4.3.7)。这还仅仅是从产品的数量来看的,如果从产品的质量、技术水平来看,差距更大。邓小平同志曾总结:"60 年代前期我们同国际上科学技术水平有差距,但不很大,而这十几年来,世界有了突飞猛进的发展,差距就拉得很大了。同发达国家相比较,经济上的差距不止是十年了,可能是二十年、三十年,有的方面甚至可能是五十年。"[1]

表 4.3.5　工业增长速度的国际比较　　　　　　　　单位:%

年份	中国	美国	苏联	日本	联邦德国	英国	法国	印度
1966 年	20.9	9.5	9.1	12.8	1.3	2.2	16.7	0
1967 年	-13.8	1.1	9.7	24.5	0	0	5.7	-1.2
1968 年	-5	6.5	8.9	15.2	9.2	5.4	3.7	6
1969 年	34.3	4	8.1	15.8	13.3	3.1	10.6	8
1970 年	30.7	-2.9	7	13.6	6.4	0	6	5.3
1971 年	14.9	2	8	3	2	0	4	4

---

[1] 《邓小平文选(第二卷)》,人民出版社,1994 年,第 132 页。

续表

年份	中国	美国	苏联	日本	联邦德国	英国	法国	印度
1972年	6.6	8.8	6.5	6.8	3.9	2	7.7	6.7
1973年	9.5	8.1	7	15.5	6.6	7.8	7.1	0
1974年	0.3	0	8.1	-3.9	-1.8	-4.5	2.5	1.8
1975年	15.1	-9.8	7.5	-9.8	-5.4	-4.8	-7.3	6.2
1976年	1.3	11	4.9	10.9	7.6	3	8.8	11.8

资料来源:笔者根据世界银行相关统计数据整理。

表4.3.6 钢铁产量　　　　　　　　　　单位:万吨

年份	中国	美国	苏联	日本	联邦德国	英国	法国	印度
1965年	1223	11926	9102	4116	3682	2744	1960	647
1970年	1779	11931	11589	9332	4504	2832	2377	629
1971年	2132	10927	12066	8856	4031	2415	2286	638
1972年	2338	12088	12559	9690	4371	2529	2405	691
1973年	2522	13680	13148	11932	4952	2659	2526	735
1974年	2112	13220	13621	11713	5323	2232	2702	674
1975年	2390	10582	14134	10231	4041	2010	2153	793
1976年	2046	11612	14483	10739	4241	2227	2322	931

资料来源:笔者根据历年《中国工业经济统计资料》相关数据整理。

表4.3.7 汽车产量　　　　　　　　　　单位:万辆

年份	中国	美国	苏联	日本	联邦德国	英国	法国	印度
1965年	4.05	1105.70	61.6	187.6	297.6	217.7	161.6	7.2
1970年	8.72	780	87	524	383	206	274	8
1971年	11.1	1055.80	114.2	582.4	398.4	220.1	301	9.1
1972年	10.82	1127.10	137.9	629.9	381.7	232.9	332.8	8.9
1973年	11.62	1264.70	160.2	708.8	394.9	216.4	359.6	9.7
1974年	10.48	1005.20	184.6	655.6	310.5	193.7	346.3	8.8
1975年	13.98	861	190	690	315	160	329	5
1976年	13.52	1147.70	202.5	784.7	387.6	170.6	384.3	8.5

资料来源:笔者根据历年《中国工业经济统计资料》相关数据整理。

1949—1978年,是我国政府选择优先重工业发展战略并在此战略下发展工业经济的时期。为了追求工业化的高速发展以及完备工业体系的早日建立,我国政府建立了传统社会主义经济模式,最大限度地将资源投入到重工业部门中。但经过20多年的发展,工业化并未如愿快速增长。虽然在政府的强大动员下,我国克服了发展中国家资本积累缺乏的难题,但陷入了"低收入—高积累—高投入—低效率"的怪圈。具体来看,由于我国工业化起步阶段经济水平较低,农业基础薄弱,政府不得不运用"有形之手"进行高积累。这需要政府一方面通过剪刀差等手段压低农民收入,另一方面压低城市居民消费完成积累。政府将有限的资源集中于"手中"之后,进行了高投入,主要投入重工业的发展。但是生产的低效率困扰着我国工业化的发展。低效率可以大致从宏观和微观两大层面进行讨论。从宏观上来看,政府投资可能导致产业结构失衡,宏观投资可能存在无效率的情况,"大跃进"就是最典型的例子。而从微观上来讲,由于政府投资建立了大规模的国有企业,国有企业生产运营的低效率让我国的企业生产效率难以提高。而在传统社会主义工业化模式下,我国更多以精神激励和政治高压来克服低效率问题,但这些努力也存在"边际报酬递减"的问题。这也可以从一个侧面来解释我国在计划经济时期政治运动不断加剧的现象,最终在"文化大革命"时期达到了政治运动的极致。但是"大乱"并未达到"大治","抓革命"并未能"促生产"。经过20多年的发展,我国未能跨越贫困国家行列。带着对传统社会主义工业化的反思,我国进入了新的历史阶段。

第五章

改革开放的起步与工业调整(1978—1984)

经历了1976—1978年的徘徊,1979年我国进入了改革开放的新阶段,对优先重工业发展战略也进行了调整。改革开放之后,政府通过分权改革提高了生产者的积极性,孕育了市场因素,并且通过对外开放为工业发展提供了良好的外部环境。1976—1984年,中国工业结构失衡的现象得到缓解,工业生产的效率有所提高,为下一步的高速发展奠定了重要基础。

第一节 "新八字方针"的提出与工业发展战略的调整

一、"洋跃进"与国民经济形势紧张

1976年粉碎"四人帮"后,中国经济进入了徘徊时期。华国锋等领导人有大干快上的积极性,但他们仍然未能突破传统计划经济框框,依旧凭借政府的单一力量推动工业化,这些措施又进一步恶化了经济形势。

1977年11月18日,国家计委向中央政治局汇报了今后23年的设想和"六五"计划。11月24日至12月11日,全国计划会议研究了长远规划,向中央政治局提交了《关于经济计划的汇报要点》。该《要点》建议:今后(到2000年)的23年中,要分三个阶段打几个大战役,到20世纪末使我国的主要工业产品产量分别接近、赶上和超过最发达的资本主义国家,各项经济技术指标分别接近、赶上和超过世界先进水平。具体安排是:"第一阶段即1978—1980年的头三年,重点抓农业和燃料、动力、原材料工业,使农业每年以4%—5%、工业每年以10%以上的速度大步前进;第二阶段即1981—1985年,展开基本建设的大计划,包括30个大电站、8个大煤炭基

地、10个大油气田、10个大钢铁基地、9个大有色金属基地、10个大化纤厂、10个大石油化工厂、10个大化肥厂,新建和续建6条铁路干线,改造9条老干线,重点建设秦皇岛、连云港、上海、天津、黄埔等5个港口。这一阶段,粮食生产要达到8000亿斤,钢铁产量要达到6000万吨,原油要达到2.5亿吨;第三阶段,在2000年以前全面实现四个现代化,使我国国民经济走在世界前列。达到粮食总产量13000亿斤—15000亿斤,钢产量达到1.3亿吨—1.5亿吨。"①因为中央政府有大干快上的偏好,各有关部门也纷纷提出一系列的高生产指标。例如,1977年10月,煤炭部向中央政治局汇报时提出,"要拿下前所未有的高速度",争取1987年煤炭产量突破10亿吨,赶上美国。冶金部在汇报中提出,到1985年钢产量要达到6000万吨,力争7000万吨,到20世纪末要建成20多个鞍钢。1978年1月,全国农业机械化会议强调指出,1980年基本上实现农业机械化,是"毛泽东主席向全党和全国人民发出的伟大号召",要全党动员,苦战三年,使1980年全国农业机械化水平达到70%左右,大中型拖拉机拥有量增长70%,手扶拖拉机拥有量增长36%,排灌动力机械拥有量增长32%,化肥年产量增长58%。②

由于传统计划经济时期我国逐步陷入了"低收入—高积累—高投入—低效率"的运行怪圈,若不破解传统计划经济体制的束缚来提高生产率,仅依靠投资进行新的工业跃进,则必须得依靠更高的投入。按1978年签订引进合同的主体部分(即64亿美元的项目部分)进行计算,成交金额中化工与石油化工占44%,冶金工业占26%,能源工业占19%,机电工业占6%,纺织工业占4%,其他占1%。1978年签订的合同金额中,用于成套设备和设备进口的占98.6%。其中有近80%,即60亿美元左右,用于引进新的大型成套设备。③

这次技术引进是在"文化大革命"十年动乱之后进行的大规模技术引进,存在引进速度太快、规模太大等问题,导致本已脆弱的国民经济更加紧张,经济结构进一步恶化。1978年底,以工业为主的全民所有制在建项目为65000个,总投资需3700亿元。1978年,从国外进口钢材830.5万吨,比1977年进口钢材增长65%,进口钢材已相当于当年国内产量的37.6%,

---

① 国家计委:《关于1977年国民经济计划几个问题的汇报提纲》,中发〔1977〕12号。1978年2月5日经中共中央政治局批准,与《1978年国民经济主要指标》一起下达,要求各地区、各部门贯彻执行。参见刘国光主编《中国十个五年计划研究报告》,人民出版社,2006年,第385、388页。

② 《当代中国的计划工作》办公室编:《中华人民共和国国民经济和社会发展计划大事辑要(1949—1985)》,红旗出版社,1987年,第384-388页。

③ 陈慧琴:《技术引进与技术进步研究》,经济管理出版社,1997年,第75-76页。

但是仍然供不应求。① 重工业过快发展还导致了能源不足,1977年和1978年,全国约有四分之一的企业因缺能而开工不足。② 在这个基础上,我国又向外国借贷大量资金开始新一轮的"跃进"规划,1978年在建大中型项目比1977年增加300多个;签订了78亿美元的引进项目合同,仍有50亿美元的合同待签③,国家财政压力巨大。由于能源、电力供应短缺,许多企业开工不足。例如,工业大省黑龙江省缺煤400多万吨,缺电30%左右,大批老企业不是"停三开四"就是"停四开三",新企业不能正常投产,农业灌溉用电及农村工业用电不能保证。④ 1976—1978年的资金利润率、资金利税率甚至还低于"文革"时期(参见表5.1.1)。

表 5.1.1 经济效益的比较

时 期	资金总额/亿元	利润总额/亿元	税金利润合计/亿元	资金利润率/(%)	资金利税率/(%)
"三五"时期(1966—1970)	6532.3	1095	1690.9	16.8	25.9
"四五"时期(1971—1975)	10846.2	1740.1	2730.8	16.0	25.2
"五五"时期(1976—1978)	9032.6	1210.4	1960.1	13.4	21.7

资料来源:马泉山《新中国工业经济史(1966—1978)》,经济管理出版社,1998年,212页。

二、"新八字方针"与工业化战略的调整

1978年3月21日,中央政治局开会讨论1979年的经济计划和国民经济调整问题。陈云在会议上提出:"要有两三年的调整时间,最好三年"⑤,"冶金部要把重点放在钢铁的质量、品种上,真正把质量、品种搞上去,就是很大的成绩"⑥。随着十一届三中全会的召开,党内逐步形成了对国民经济

---

① 汪海波等:《中国现代产业经济史(1949.10—2009)》,山西经济出版社,2010年,第292页。
② 祝慈寿:《中国现代工业史》,重庆出版社,1990年,第147页。
③ 中共中央文献研究室编:《三中全会以来重要文献选编(上)》,人民出版社,1982年,第116-117页。
④ 黑龙江省地方志编纂委员会编:《黑龙江省志·经济综志》,黑龙江人民出版社,1999年,第157页。
⑤ 《陈云文选(第三卷)》,人民出版社,1995年,第252页。
⑥ 《陈云文选(第三卷)》,人民出版社,1995年,第254页。

进行调整的共识。面对国民经济出现的严重失衡,在陈云、李先念等老一辈革命家的努力下,"调整、改革、整顿、提高"("新八字方针")成为我国经济发展的重要指导思想。

虽然"调整、改革、整顿、提高"四方面的任务是互相联系、互相促进的,但"调整"是当时国民经济发展全局的关键。通过国民经济调整,使农轻重和工业各部门能够比较协调地向前发展,使积累和消费之间保持合理的比例。我国政府提出了几条原则,即:①要使粮食生产和其他农副产品生产的发展同人口的增长和工业的发展比较适应;②在轻纺工业方面,要使它们的增长速度赶上或略高于重工业的增长速度,使主要轻纺产品的增长大体上同国内购买力的增长相适应,并大量增加出口;③要努力增产和厉行节约,使目前燃料动力和交通运输的紧张局面有所缓和,冶金、机械、化工等重工业部门,要在增加生产的同时,着重提高质量,增加品种;④基本建设要坚决缩短战线,集中力量打歼灭战,提高工程质量,降低工程造价,缩短建设周期;⑤在发展生产的基础上,要使全国农民从集体分得的平均收入和全国职工的平均工资继续有所提高。[①]

"新八字方针"的提出,事实上已经宣告我国工业化战略开始进行调整。1981年,全国人大五届四次会议提出了我国今后建设的十条方针,包括依靠政策和科学,加快农业的发展;把消费品工业的发展放到重要地位,进一步调整重工业的服务方向;提高能源的利用效率,加强能源工业和交通运输工业的建设;从一切为人民的思想出发,统筹安排生产建设和人民生活[②]等方面的内容。它标志着我国从优先重工业发展逐渐转变为农、轻、重协调发展。政府再次运用"有形之手"进行产业结构的调整。

1982年,在党的十二大上胡耀邦同志提出:"在1981年到1985年的第六个五年计划期间,要继续坚定不移地贯彻执行调整、改革、整顿、提高的方针,厉行节约,反对浪费,把全部经济工作转到以提高经济效益为中心的轨道上来。要集中主要力量进行各方面经济结构的调整,进行现有企业的整顿、改组和联合,有重点地开展企业的技术改造,同时要巩固和完善经济管理体制方面已经实行的初步改革,抓紧制订改革的总体方案和实施步骤。在1986年到1990年的第七个五年计划期间,要广泛进行企业的技术改造,逐步展开经济管理体制的改革,同时继续完成企业组织结构和各方

---

① 汪海波:《新中国工业经济史(1979—2000)》,经济管理出版社,2001年,第7页。
② 刘国光主编:《中国十个五年计划研究报告》,人民出版社,2006年,第456页。

面经济结构的合理化。在八十年代,还必须在能源、交通等方面进行一系列必要的基本建设和一系列重大科技项目的'攻关'。因此,国民经济的发展不可能很快。但是,只要我们切实做好上述各项工作,就可以把历史遗留的问题解决好,并且为后十年的经济增长打下比较坚实的基础。"①

三、"新八字方针"在工业领域的落实

在"新八字方针"的指导下,政府运用"有形之手"对我国工业领域进行了重要调整。

1. 对工业增长速度进行了调整

根据中央工作会议精神,在国务院主持下,国家计委对原拟订的1979年计划做了重大修改。工业总产值的增长速度从原计划增长10%—12%调整为增长8%,其中轻工业计划增长8.3%,重工业计划增长7.6%。对主要工业产品的产量指标也做了调整。实际上,1979年和1980年工业总产值分别达到4681.8亿元和5154.26亿元,分别比上年增长了8.8%和9.3%,分别比1978年回落了4.7%和4.2%。②

2. 加强了轻工业的生产

1979年开始,国家有计划地放慢了重工业的发展速度,加大了对轻工业的投资。用于轻工业的投资占工业总投资的比例,1978年为9.3%,1979年为10.8%,1980年上升到14.9%。1980年国务院还决定对轻纺工业实行六个优先的原则,即原材料、燃料、电力供应优先;挖潜、革新、改造的措施优先;基本建设优先;银行贷款优先;外汇和引进技术优先;交通运输优先。③ 许多地区和部门对那些消耗高、浪费大、质量差、亏损严重和不合理的重复生产、原材料无来源、产品无销路的企业进行了调整和整顿。据21个省市区的不完全统计,关、停、并、转的企业有3600个,其中关、停了1300个。④

为了保证轻工业生产用电和运输需要,国家在安排1981年计划时,毅然决定把钢的生产指标比上年压缩400万吨。不少地方也都采取类似措施,如浙江省决定停掉17个矽铁炉的生产,并用粮食同兄弟省换煤,保证

---

① 中共中央文献研究室编:《改革开放三十年重要文献选编(上)》,中央文献出版社,2008年,第268页。
② 汪海波:《新中国工业经济史(1979—2000)》,经济管理出版社,2001年,第12页。
③ 汪海波:《中国现代产业经济史(1949.10—2009)》,山西经济出版社,2010年,第297页。
④ 中华人民共和国国家经济贸易委员会编:《中国工业五十年》(第六部)(下卷),中国经济出版社,2000年,第2123页。

轻纺工业用的煤、电。①（参见表5.1.2）

表 5.1.2　轻工业原料变化趋势

年份	轻工市场用钢材/万吨	占全国生产用钢材的比重/(%)	轻工市场用木材/万立方米	占全国生产用木材的比重/(%)
1978年	217.6	11.7	521.3	17.9
1979年	264.7	12.8	823.7	27.5
1980年	285.7	13.3	898.9	30.8
1981年	285.8	14	902.7	32.7
1982年	324.5	13.3	912.4	31.1

数据来源：《当代中国的轻工业》编辑委员会编《当代中国的轻工业（上）》，当代中国出版社，2009年，第215页。

1980年，用于轻纺工业的原材料，多数比上年有明显增加。例如，造纸工业需要的木材增加7%；生产缝纫机需要的生铁增加25%；轻工业需要的铜、铝、锌增加了8.7%—43%；纺织工业需要的烧碱和纯碱分别增加7.2%和18.8%。为了促进轻工业的发展，1980年还从国外进口了23.75亿美元的轻纺工业原料，进口额比上年增长83%。②

政府还运用"有形之手"对企业结构进行了调整。据统计，1981年由重工业划入轻工业系统的企业有219个，固定资产净值3.9亿元，职工8.5万多人，其中工程技术人员2426人，企业占地面积821.5万平方米，房屋建筑面积246.8万平方米。轻工业部门利用这部分力量，增加了市场急需产品的生产。如1981年9月，上海汽车起重机厂转产，与上海自行车三厂合并，扩大了凤凰牌自行车的生产。③

1981年，棉花收购量达5700万担，绵羊毛达33000万斤，黄洋麻达2337万担，桑蚕茧达479万担，都比1978年增长了百分之几十到1倍以上，创造了历史新纪录。在农业原料大幅度增长的同时，化学纤维产量也迅速增加，1981年化纤产量达到52.73万吨。纺织原料的增长，不仅为纺织产品的增长提供了物质保证，也为纺织工业调整和改善行业结构与产品

---

① 《当代中国的轻工业》编辑委员会编：《当代中国的轻工业（上）》，当代中国出版社，2009年，第215页。

② 汪海波：《新中国工业经济史（1979—2000）》，经济管理出版社，2001年，第13页。

③ 《当代中国的轻工业》编辑委员会编：《当代中国的轻工业（上）》，当代中国出版社，2009年，第216页。

结构,提供了有利条件。①

从1978年到1982年,还新建了一批纺织加工项目,棉纺锭由1562万锭增加到2019万锭,新增加了457万锭,平均每年新增114万锭;毛纺锭从47.8万锭增加到88.9万锭,新增41.1万锭,平均每年新增10.3万锭。精梳机、宽幅织机、热溶染色机、热定型机、树脂整理机、经编机、绒线精纺锭、丝织机等短线设备,分别增加50%到1倍以上。四年内完成这样多的建设项目,新增这样多的生产能力,不仅使印染后整理、毛纺、精梳纱、宽幅织物等长期存在的生产能力不足的矛盾得到缓和,而且使纺织工业的行业结构、产品结构更趋向协调。②

3. 加强了重工业对轻工业的支持

机械工业调整了服务方向,在为重工业、基本建设服务的同时,积极为轻纺工业、人民生活、城市建设、老企业技术改造和扩大机电产品出口提供设备。在基本建设所需设备减少的情况下,1980年第一机械工业系统完成的工业总产值大体相当于1979年的水平,机电产品出口则比1979年增长60.6%;为轻工业服务的产品,1979年只有23个品种,产值6.5亿元,1980年增加到93个品种,产值达40亿元左右。③ 据不完全统计,1980—1985年,机械工业部系统生产了塑料加工机械、食品和包装机械、医疗机械、制药机械、轻工机械、纺织机械等近2000种产品。直接为人民生活服务的产品,如照相机、电度表、水表、家用电器等,产量也大幅度增长。照相机1978年的产量为17.9万架,1985年增加到180万架。④

4. 对企业进行了关、停、并、转

在"新八字方针"的指导下,我国对工厂进行了关、停、并、转。如全国1979年底已有棉纺锭1663万锭,开足生产尚缺棉2000万担,而1980年建成和在建的有260多万锭。各地的小烟厂、小酒厂、小丝厂等盲目建设问题则更为突出。据统计,1980年全国关、停、并、转了几千个企业,但又新建投产了2万多个企业,年底比年初净增加2.2万个工业企业。新投产的企业绝大多数是盲目发展起来的加工工业,而且主要是一些小企业。它们

---

① 《当代中国的纺织工业》编辑委员会编:《当代中国的纺织工业》,当代中国出版社,2009年,第49页。
② 《当代中国的纺织工业》编辑委员会编:《当代中国的纺织工业》,当代中国出版社,2009年,第50页。
③ 汪海波:《新中国工业经济史(1979—2000)》,经济管理出版社,2001年,第15页。
④ 《当代中国的机械工业》编辑委员会编:《当代中国的机械工业(上)》,当代中国出版社,2009年,第63页,64页。

的兴建,不仅直接扩大了基本建设规模,而且与大厂、老厂争原料、争动力,以小挤大,以先进挤落后,影响了现有企业的经济效益。① 随着工业化战略的转变,重工业也进行了调整。到1980年底,钢铁工业停建、缓建和销号的单项工程有180个,这些项目的总投资为66亿元(缓建59亿元、停建5亿多元,销号5000万元)。基本建设投资从1978年的38.95亿元减少到1979年的30.13亿元,1980年又降到30.08亿元,1981年再降到25.24亿元。钢铁工业在建的大中型项目进一步由1980年的51项减到1981年的27项。关停了一批产品质量差、成本高、效益低的小高炉和小钢铁厂。这期间,共关停了239个小钢铁厂,占小钢铁厂总数的51%;中小钢铁企业共关停高炉311座,总容积6238立方米。经过关、停、并、转和对现有企业的整顿、改造,中小钢铁企业已扭亏为盈。②

1981年,重工业企业减少了4400个,其中冶金工业减少367个,化肥和农药工业减少458个,机械工业减少3172个;农村社办工业企业减少1034个。减少的主要是那些消耗高、质量差、技术落后、亏损严重的小机械厂、小氮肥厂、小钢铁厂、小炼油厂、小油漆厂、小酒厂、小针织厂、小造纸厂等。经过关、停、并、转和整顿提高,保留下来的小厂的经济技术指标普遍有了好转。例如小氮肥厂,1981年共关停并转了109个,同调整前的1978年相比,吨氨煤耗由3.2吨降到2.2吨,电耗由1800千瓦时降到1467千瓦时,企业亏损额由6亿元降到4000万元,有11个省市的小氮肥厂已扭亏为盈。中小钢铁企业1979年亏损2.9亿元,1981年盈利约4亿元。③

"调整、改革、整顿、提高"方针的提出,是我国政府针对当时国民经济比例失调进行的又一次调整。这次调整与20世纪60年代国民经济调整有些类似,都是政府在计划经济条件下运用"有形之手"进行的直接调整。主要体现在政府直接减少投资,改变投资结构,加强短线部门的生产等方面的内容。但这次调整是在放弃优先重工业发展战略之后的经济调整,强调与人民生活水平相关的轻工业发展,尤其是轻纺工业的发展,缓解了国民经济紧张的局面。新八字方针要求的"调整、改革、整顿、提高",客观上要求降低增长速度以稳定国民经济,并放缓改革的速度,在党内高级干部中引起了一些争议。十一届四中全会上,大部分人发言都和陈云观点相

---

① 汪海波主编:《新中国工业经济史》,经济管理出版社,1986年,第415-416页。
② 《当代中国的钢铁工业》编辑委员会编:《当代中国的钢铁工业》,当代中国出版社,2009年,第100页。
③ 汪海波:《新中国工业经济史(1979—2000)》,经济管理出版社,2001年,第48页。

反。陈云点名批评了国家计委,批评了康世恩。但康世恩说:"西欧、日本和北美的资本家,看到我们出现了安定团结的局面,都抢着和我们做买卖。许多外国公司都来谈,这样的大好形势,是建国以来所没有的。这就给我们提出一个问题,要善于充分地利用这个形势,吸收外国的技术和资金来大大加快我们的建设速度,迎头赶上世界的先进水平。"[1]1981年,中央召开工作会议,当时有人提出了"缓改革,抑需求,重调整,舍发展"的方针,引起了任仲夷等同志的不满。任仲夷认为,至少在广东,改革不能缓、发展不能舍,而是改革要坚持,发展要加快。[2]

推动工业化,提高经济发展速度,依旧是我国政府追求的目标。但在计划经济条件下,一旦政府追求高速度,势必造成物资供求紧张,国民经济紧运行的局面;而政府主导下的经济调整又带来经济的急剧衰退。不断的政治运动严重影响了我国工业化推进的外部环境,在这样的乱治交替中,我国经过20多年的工业化发展,仍未能跳出"贫困型陷阱"。如何跳出优先重工业发展时期的"加快发展—经济失衡—经济调整"的循环往复?我国在这一时期进行了放权的尝试,主要包括中央政府向地方政府放权,政府向企业放权,国家向个人放权。放权改革调动了社会各阶层的积极性,推动了工业化的发展。

第二节 放权与工业经济体制改革的探索

信息不对称与激励问题一直是计划经济模式难以解决的问题。虽然在1949—1978年我国政府廉洁高效,也通过采取"工业学大庆"等方法,强调精神激励在物资短缺时代的作用,但依旧未能很好地调动全国人民的积极性进行经济建设。由政府单一力量推进的工业化模式保持了较高的积累率,但却陷入了"低收入—高积累—高投入—低收入"的怪圈。在改革开放初期,为调动生产积极性,我国进行了放权的改革,改善了对经济主体的激励。政府放权的改革,为下一阶段市场化的推进打下了基础,工业化的推动力量逐步由中央政府单一力量向多元力量转变。

---

[1] 《康世恩传》编写组:《康世恩传》,当代中国出版社,1998年,第349页。
[2] 中共广东省委党史研究室编:《广东改革开放决策者访谈录》,广东人民出版社,2008年,第23页。

一、向地方政府的放权

改革开放初期,为缓解国民经济紧张,我国政府进行了许多有利于提高居民生活的措施。而这些措施又带来了财政支出的增加,我国出现了较大的财政压力。1979年和1980年,我国财政分别出现了170.67亿元、127.5亿元的财政赤字。①在财政压力的直接作用下,我国开始进行分权改革。1979—1984年我国财政体制主要是进行"分灶吃饭",以"划分收支,分级包干"为主对中央和地方的关系进行调整,以增强地方政府推进工业化的动力。

1980年2月1日,国务院颁发《关于实行"划分收支,分级包干"财政管理体制的暂行规定》;1980年4月3日,财政部又颁发了《关于实行"划分收支,分级包干"财政管理体制若干问题的补充规定》。这些文件的基本精神是:在巩固中央统一领导和统一计划、确保中央必不可少开支的前提下,明确划分各级财政的权力和责任,以发挥"两个积极性"。"分灶吃饭"变原来的"条条"财力分配为"块块"分配,极大地刺激了地方发展经济的积极性。中国是一个大国,政府体制涉及多个层面,而在计划经济条件下,信息的流通更多是自下而上的流动,中间传递层级越多,信息的失真也就越多。在这个背景下,通过向地方放权,提高地方推动工业化的积极性,可以更好地促进经济的发展。

中央政府不仅在财政权上进行了下放,还对基建计划的审批权、物价管理权、利用外资审批权、物质统配权等方面也进行了下放。例如,原先完全集中于中央的基本建设计划审批权有一部分下放给省级政府。虽然大中型基建项目集中于中央,但小型项目则由省级政府的计划部门在国家核定范围内审定。②而省一级的管理权限也进行下放,以湖南省为例,生产投资在1000万元以下、非生产性项目总投资在300万元以下的,小水电总装机在2.5万千瓦以下的建设项目,在资金、设备、原材料、燃料、产品销路等落实的前提下,由地州市和省级主管部门审批。③省级政府的权力下放也调动了市级政府的积极性与灵活性。

---

① 高培勇主编:《中国财税体制改革30年研究——奔向公共化的中国财税改革》,经济管理出版社,2008年,第55页。
② 周黎安:《转型中的地方政府:官员激励与治理》,格致出版社,2008年,第129页。
③ 湖南省地方志编纂委员会编:《湖南省志1978—2002·经济和社会发展计划志》,中国文史出版社,2010年,第196页。

向地方政府放权之后,地方也会选择符合本地区发展的比较优势推动本地经济发展。例如,四川省广汉县从信贷、税收、产销、物资等方面对食品工业进行扶持,从1980年到1983年,全县共为食品工业企业减免税金107万元,而食品工业同期上缴税金达869万元,相当于减免额的七倍多。①

向地方政府进行经济放权的同时,地方官员的人事权仍然掌握在中央政府手中。中央政府采取了"发展才是硬道理"的发展战略,通过分权,地方政府形成了发展型政府。地方政府强大的动力,有效推动了中国工业的发展。

二、向企业放权——国有工业企业改革

计划经济时期,企业缺乏必要的激励成为长期困扰中国经济发展的重要原因。薛暮桥《关于计划管理体制的一些意见》指出,计划管理体制的缺点有两个:一个是条条与块块分割,一个是企业没有机动权力。② 如何调动企业的活力?我国从1978年开始进行了企业"放权让利"的改革。

改革开放之初,我国三分之一的企业管理混乱,生产秩序不正常。其中,全国重点企业主要产品的30项主要指标中,有13项低于历史最好水平,38项主要消耗指标中有21项没有恢复到历史最好水平;国有工业企业每百元工业生产产值提供的利润比历史最好水平低三分之一;独立核算的国有工业企业亏损面达到24.3%,亏损额达37.5亿元。③ 我国政府对提高企业经营效率进行了许多有益的探索。

1978年10月,经国务院批准,四川省委、省政府选择了不同行业有代表性的重庆钢铁公司、成都无缝钢管厂、宁江机械厂、四川化工厂、新都县氮肥厂和南充钢厂等6户地方国营工业企业,率先进行"扩大企业自主权"试点改革。改革的主要内容是逐户核定企业的利润指标,规定当年增产增收的目标,允许他们在实现目标以后提留分享少量利润,作为企业的基金,并允许给职工发放少量奖金。④ 十一届三中全会以后,四川省又扩大了企业权限。1979年2月,四川省在总结上述6户试点企业经验的基础上,经过调查讨论,制定了《四川省地方工业扩大企业权力,加快生产建设步伐的

---

① 《食品工业要成为国民经济的重要支柱》,《人民日报》1984年9月4日。
② 薛暮桥:《薛暮桥文集》(第七卷),中国金融出版社,2011年,第256、257页。
③ 章迪诚:《中国国有企业改革编年史(1978~2005)》,中国工人出版社,2006年,第13页。
④ 谢鲁江、刘解龙、曹虹剑:《国企改革30年(1978~2008)——走向市场经济的中国国有企业》,湖南人民出版社,2008年,第41页。

试点意见》(简称"14条"),并决定从1979年起,把扩权试点扩大到100户工业企业(其中有大型的、中型的、小型的,有生产好的、一般的和较差的)。主要包括:扩大企业在生产、销售方面的部分自主权;实行利润提成;固定资产折旧基金提取比例由40%提高到60%;流动资金实行全额信贷制度;改进奖励制度;实行外汇留成;严肃劳动纪律等方面的内容。① 1979年上半年,四川省84户试点工业企业产值同比增长了15.1%,实际利润率增长26.2%,上缴利润增长25.3%,均高于非试点企业,而且质量提高了,品种也增加了。以成都量具刃具厂为例,从1958年建厂到1978年的20年中,只增加了9个品种,而1979—1981年的短短3年,却试制成功新产品74个。②

机械设备均属统配部管物资,不能作为商品进入市场。1979年,四川宁江机床厂首先突破这种僵化的体制,将产品打入市场。1979年6月25日,四川宁江机床厂在《人民日报》刊登广告,承揽用户订货,突破了过去生产资料不是商品的束缚,将产品打入商品市场。广告登出以后,不到4个月,就承接了1400台订货,不仅当年任务饱满,还承接了1980年和1981年部分任务。③

四川"扩大企业自主权"试点取得了良好成效,国家经委将此制度创新推广到全国。根据全国18个省市区456个试点企业的统计,1981年利润总额比上年增长17.98%;国家财政收入增长13.59%,占增长额的60.13%;企业留利增长35.74%,占增长额的39.87%。在企业留利中,生产发展基金占41.7%,职工福利基金占30.69%,职工奖励基金占22.62%,后备基金占4.28%,职工工资基金占0.71%。国家和企业总的分配比例是,国家收入占76.82%,企业留利占23.18%,体现了国家多收、企业多得、职工也多得的三兼顾原则④,实现了帕累托改进。

1981年4月,我国推进工业经济责任制。1982年11月,国务院又批转下发了国家体改委、国家经委、财政部《关于〈当前完善工业经济责任制的几个问题〉的通知》。《通知》提出,当前完善工业经济责任制要着重研究解决以下问题:认真贯彻计划经济为主、市场经济为辅的原则;努力搞好企

---

① 吕政、黄速建主编:《中国国有企业改革30年研究》,经济管理出版社,2008年,第18、19页。
② 吕政、黄速建主编:《中国国有企业改革30年研究》,经济管理出版社,2008年,第19页。
③ 《当代中国的机械工业》编辑委员会编:《当代中国的机械工业(上)》,当代中国出版社,2009年,第76-77页。
④ 苏星:《新中国经济史(修订本)》,中共中央党校出版社,2007年,第546页。

业内部的经济责任制;正确处理国家、企业、职工三者利益关系;把完善经济责任制和企业技术改造结合起来等。1982年底,全国约有80%的预算内国有工业企业实行了经济责任制。商业系统推行经济责任制的企业也达到47550家,占独立核算单位的35%。① 一汽是国家首批扩大企业自主权的单位,最初实行利润留成,1983年改为利润递增包干,推行全面计划管理、全面质量管理、全面经济核算相结合,在厂内实行了产量承包增产分成、利润承包增利分成、技术改造投资承包、单项工程承包、劳务收入承包、百元工资含量等多种形式的经济责任制,把企业对国家承担的经济责任及企业的经营目标层层分解落实,使每个职工都关心企业的经济效益,给各项工作的发展带来了内在动力。在生产任务不足、汽车严重滞销的困难条件下,全厂上下千方百计开拓市场,提高质量,搞好用户服务,保持产品信誉,并年年开展大规模的增产节约活动,平均每年增产节约总值达1500万元。在实行利润递增包干的4年间,生产的汽车总数相当于前28年产量的29.5%,4年上缴利税和各种基金相当于前28年的21.2%,企业自留4.06亿元,为换型改造筹集了资金,职工的奖金和集体福利也得到了明显的改善。②

放权让利改革的推进,激励了国有企业的积极性。但以利润留成为核心的放权让利,使企业出现了苦乐不均的现象。由于我国当时价格结构扭曲,企业面临的不是一个公平的竞争环境,企业本身的努力被扭曲的价格结构掩盖,政策性亏损和经营性亏损的界限较为模糊。而且放权让利刺激了职工收入的大幅增长,长期抑制的消费需求逐步显现出来,加剧了国民经济紧张的局面。企业有动力压低利润包干基数,在国有企业是财政重要来源的条件下,国有企业经济效率低下直接导致国家财政困难。为缓解财政压力,我国进行了两步利改税的改革。

1983年4月,国务院批转财政部《关于国营企业利改税试行办法》,凡有盈利的国营大中企业,根据实现的利润,按55%的税率交纳所得税,税后利润一部分上缴国家,一部分按国家核定的留利水平留给企业。上缴国家的部分,分别采取递增包干上缴、固定比例上缴、缴纳调节税、定额高干上缴等办法,一定三年不变;凡是有盈利的小企业,根据实现的利润,按八级超额累进税率缴纳所得税,税后企业自负盈亏。第一步利改税虽然明确了

---

① 吕政、黄速建主编:《中国国有企业改革30年研究》,经济管理出版社,2008年,第28页。
② 中共吉林省委党史研究室编:《"一五"期间吉林省国家重点工程建设》,东北师范大学出版社,1995年,第40页。

国家与企业的关系,保证了国家收入,比经济责任制中的利润留成制度有所进步;但是,所得税不区分产品的种类,均按盈利额大小征收,不利于政府运用税收杠杆来调节产品的生产。而且,由于历史上存在的产品比价不合理,改革之初经济市场化程度不高,企业盈利水平差距较大,这种差距不能真正反映企业经营的好坏。① 1984 年,我国进行了第二步利改税,完全过渡到以税代利。1984 年 5 月,国务院颁发了《关于进一步扩大国营工业企业自主权的暂行规定》,从生产经营计划权、产品销售权、产品价格制定权、物资选购权、资金使用权、生产处置权、机构设置权、人事劳动管理权、工资奖金使用权、联合经营权 10 个方面放宽了对企业的约束。② 两步"利改税"虽然缓解了政府的财政压力,但是并未能改变企业"预算软约束"的问题,作为工业化微观基础的国有企业改革仍有许多问题需要解决。

三、向个人放权——各种所有制企业的兴起

工业化并不是工业单方面地推进,而是需要农业的高速发展作为支持。1978—1984 年,我国政府对农业进行了大刀阔斧的改革,通过"联产承包"促进了农业的发展。农业的发展给我国工业化推进提供了良好的局面,主要包括:一是提高了农业的剩余产品,使中国日后工业化推进中再没有出现农产品紧张的局面;二是解放出巨大数量的剩余农业劳动力,为工业化推进提供了巨大的廉价劳动力;三是孕育了乡镇企业,直接为推动工业化做出贡献。

这一阶段,城市改革也开始松动。由于我国长期坚持资金密集型的重工业发展,改革开放以前,每投资亿元,轻工业部门可吸纳 1.8 万人就业,而重工业部门只能吸纳 6000 人就业。1952—1980 年,轻重工业累计投资分别为 394 亿元和 3742 亿元,如果假设轻重工业投资平均,就可以增加就业 2008.8 万人。③ 截至 1979 年上半年,全国需要安排就业的人数高达 2000 多万人,其中包括大专院校、技校毕业生和家居城市的复员军人 105 万人,按政策留城的知识青年 320 万人,插队知识青年 700 万人,城镇闲散劳动力 230 万人,以及反右派斗争和"文化大革命"中处理错误需要安置的

---

① 赵德馨主编:《中国经济通史(第十卷)》(下册),湖南人民出版社,2002 年,第 178、179 页。
② 章迪诚:《中国国有企业改革编年史(1978~2005)》,中国工人出版社,2006 年,第 110 页。
③ 蔡昉、林毅夫:《中国经济》,中国财政经济出版社,2003 年,第 52 页。

85万人。① 由于我国在计划经济时期选择的工业化道路是排斥就业的,因此不得不通过政治权力压低城市化进程,将巨大数量的劳动力束缚在农村,甚至通过"逆城市化"来解决就业问题。城乡二元经济的客观存在,让"逆城市化"过程中从城市进入农村的劳动力福利下降,引起了诸多社会问题。新增的劳动力更给我国工业化模式提出了新的挑战,逐步形成了自下而上的改革压力。

邓小平在1978年3月同胡乔木、邓力群谈话时指出:"这里有一个城市结构的问题,有一个在城市里开辟新的领域的问题。要研究一下,使我们的城市能容纳更多的劳动力。现在搞上山下乡,这不是长期的办法。"② 李先念也提出:"'四人帮'认为要消灭城乡差别,就要把城市青年放下去,然后把农民招进城。不从发展经济着眼,城乡差别怎么缩小?"③

在我国工业结构尚未改变、重工业吸纳就业有限的条件下,政府广开门路,给城市待业劳动力更多的择业自由。1979年2月,国家工商行政管理局召开了"文革"结束后的第一次工商行政管理局长会议。面对大批知识青年返城、大量城镇积压待业人员的巨大压力,会议提交并经党中央、国务院批转的报告指出:"各地可以根据当地市场需要,在取得有关业务主管部门同意后,批准一些有正式户口的闲散劳动力从事修理、服务和手工业等个体劳动,但不准雇工。"④

1981年10月17日,中共中央、国务院《关于广开就业门路,搞活经济、解决城镇就业问题的若干决定》指出:今后必须着重开辟在集体经济和个体经济中的就业渠道,一定范围的劳动者个体经济是社会主义公有制经济的必要补充。这个文件还规定,"对个体工商户,应当允许经营者请两个以内的帮手,有特殊技艺的可以带五个以内的学徒"⑤。党的十二大报告中明确指出:"城镇青年和其他居民集资经营的合作经济,近几年在许多地方发展了起来,起了很好的作用。党和政府应当给以支持和指导,决不允许任

---

① 中共中央整党工作指导委员会编:《十一届三中全会以来重要文献简编》,人民出版社,1983年,第29页。
② 中共中央文献研究室编:《邓小平年谱(1975—1997)》(上),中央文献出版社,2004年,第288页。
③ 《李先念传》编写组编:《李先念传(1949—1992)》(下),中央文献出版社,2009年,第1029页。
④ 黄孟复主编:《中国民营经济史·纪事本末》,中华工商联合出版社,2010年,第176页。
⑤ 刘小玄:《奠定中国市场经济的微观基础:企业革命30年》,格致出版社,2008年,第140页。

何方面对它们排挤和打击。"①

由于政策的松动，城市个体工商户人数大量增加，从1978年的14万人发展到1981年的105.6万人，行业大多集中在修理业、服务业和手工业。②1983年底，个体工商户发展到590万户，比上年增长126%；从业人员达到746万人，比上年增长133.4%。到1985年，全国个体工商户达到1171万户，从业人员1766万人，注册资本169亿元。③个体经济在当时虽然主要是服务业的发展，但它的兴起为日后中国工业化的推进注入了活力。

温州的个体经济在这一时期走在了全国的前列。1984年，温州家庭工业产值8亿元，占全市的农村工业产值近60%。苍南县宜山区许多村庄家家户户从事再生腈纶的加工纺织，所用的原料全部都是化纤厂和服装厂的边角废料。家庭工业产品多数是城市工厂不愿生产而人民生活又很需要的小商品。全市有10个年成交额在8000万元以上的专业商品市场和产销基地，拥有10万多人的购销员队伍。温州形成了以家庭经营为基础，以家庭工业和联户工业为支柱，以专业市场为依托，以购销员为骨干的经济格局。④

政府向个人放权，让个体经济广开门路，缓解了改革开放之初由于长期优先发展重工业带来的就业压力。大量未能在体制内就业的劳动力在政策逐步松动的背景下，涌入服务业、手工业部门，缓解了产业结构失衡问题，并且积累了资金，为日后私营经济的发展打下了基础。乡镇企业在这一时期也逐步兴起。

第三节　对外开放的起步与工业发展

一、经济特区的设立

改革开放之后，为更好地利用国际市场与国际资源，中国加强了与世

---

①　胡耀邦：《全面开创社会主义现代化建设的新局面——在中国共产党第十二次全国代表大会上的报告》，《人民日报》1982年9月8日。
②　刘小玄：《奠定中国市场经济的微观基础：企业革命30年》，格致出版社，2008年，第145页。
③　刘小玄：《奠定中国市场经济的微观基础：企业革命30年》，格致出版社，2008年，第140-141页。
④　全国政协文史和学习委员会、浙江省政协文史资料委员会、温州市政协编：《温州民营经济的兴起与发展》，中国文史出版社，2008年，第3-4页。

界的交流与沟通,打破了旧有的"两个市场"理论。1979年,国务院批准广东省和福建省在对外经济活动中率先实行特殊政策和灵活的管理办法。1979年4月,中央在北京召开工作会议,会议期间邓小平同志与广东省主要领导习仲勋、杨尚昆等同志谈话。广东省的领导同志提出,广东邻近港、澳,可以利用这一优势,在对外开放上做点文章,邓小平同志说,"还是叫特区好,陕甘宁开始就叫特区嘛!中央没有钱,可以给些政策,你们自己去搞,你们杀出一条血路来"。[①] 1980年5月16日,中共中央和国务院批准了《关于广东、福建两省会议纪要》,决定在广东省的深圳市、珠海市、汕头市和福建省的厦门市,各划出一定范围的区域试办经济特区。1980年11月,中共广东省委第一书记任仲夷对他的助手说:"如果事情没有被明文禁止,就动手干;如果事情是允许的,就应充分利用。"[②]1982年,党的十二大将改革开放作为党在社会主义初级阶段基本路线的重要内容之一。1984年,中共十二届三中全会正式把对外开放确定为"长期的基本国策"。1984年5月,中央决定进一步扩大对外开放的步伐,开放沿海的天津、上海、大连等14个港口工业城市。中国的对外开放逐步推进。

二、经济特区的发展与对外开放

改革开放初期,沿海经济特区抓住历史机遇,充分发挥比较优势,实现了经济高速发展。以深圳特区为例,深圳市在"六五"计划中提出的指导思想是:利用深圳毗邻香港、交通便利、土地充足、风景优美、劳动力来源充裕和即将成为西南石油开发的前沿基地等有利条件,为客商提供良好的投资环境,发展对外经济合作和技术交流,迅速办成综合性经济特区;按现代化的要求,大力发展工业,形成较强的社会生产力;资金来源主要靠引进外资,其次是"内联"和自筹,同时争取国家给予必要的支持;制定和完善外商投资建厂优惠的经济立法,积极做好外资引进工作;加紧进行体制改革,在社会主义经济指导下,允许国有企业、集体企业、中外合资企业、独资企业等多种经济成分并存。[③]

在具体实践中,深圳发挥区位优势、劳动力成本优势并出台相关政策,

[①] 中共中央文献研究室编:《邓小平年谱(1975—1997)》(上),中央文献出版社,2004年,第510页。

[②] 〔美〕傅高义著,凌可丰、丁安华译:《先行一步:改革中的广东》,广东人民出版社,2008年,第61页。

[③] 深圳市地方志编纂委员会编:《深圳市志·经济管理卷》,方志出版社,2007年,第11页。

大规模吸引外资,有效地推动了当地工业的发展。例如,深圳为了鼓励外商投资,使投资者获得合法利益,给予了投资者一系列的优惠待遇;对于那些技术先进的项目,经上级批准,突破《中外合资企业法》的规定,给予特别优惠。如外商投资生产大规模集成电路,给予的免税期限可以超过《中外合资企业法》规定的 3 年,而且只收极少量的土地使用费。外国投资者最感兴趣的是中国市场,对于那些技术先进、我国又需要进口的产品,给予较大的内销比例。如中外合资企业——光明华侨电子厂的内销比例是 30%,华美电镀技术有限公司生产的电镀添加剂的内销比例为 70%。对于某些有碍于引进外资的不合理规定,深圳市本着"特事特办"的精神,大胆改革。如市内电话不畅,设备落后,成了引进外资的一大障碍,而我国又有一条规定,电信不能搞合资经营。深圳市政府报经国家主管部门批准,和英国大东电报局达成了合资经营市内电话的协议,于 1983 年 12 月成立了我国第一个电信方面的合资企业——深大电话公司。1984 年,该公司从瑞典引进的 1 万门全数字电脑交换机陆续安装,在通话设备和技术方面达到世界先进水平。① 通过大规模引进外资,深圳实现了工业的跨越式发展。以电子工业为例,办经济特区前,深圳只有一家维修电器的小厂。深圳经济特区成立以后,电子工业得到了迅速的发展,到 1983 年年底,深圳已有 60 多家电子企业,累计总投资达 1.8 亿元。其中,以上埗工业区为中心,由 40 多家电子企事业单位组成的电子工业城已具雏形。1983 年产值达 2.9 亿元,成为深圳市举足轻重的大行业。积极引进外资,以及先进的设备和技术,是深圳市电子工业迅速发展的重要原因之一。1984 年,深圳已有外资独资、中外合资的电子企业 15 家,外资占全市电子工业投资的三分之一以上。全市引进了彩色电视机、收录机、电子手表、电话、计算机及其外部设备等 70 多条生产线,还引进了一些先进设备和仪器。这些生产线和设备为深圳电子工业的迅速发展打下了基础。②

另外,深圳作为改革开放的前沿阵地,通过"内联"吸引国内资金流入深圳,推动了深圳高速发展。深圳特区积极开展同内地的经济联合,内联企业已成为深圳特区经济发展的重要一翼。深圳特区成立 4 年多的时候,先后与中央 14 个部(局),20 个省市区,80 多个地市县合作,联合兴办包括工业、建筑业、商业、外贸、旅游服务业、农业等项目的企业 500 多个,计划

---

① 钱汉江:《引进更多外资 发展特区经济》,《人民日报》1984 年 3 月 31 日。
② 《放手引进外资 发展技术密集型工业》,《人民日报》1984 年 2 月 27 日。

投资总额为人民币约 6.5 亿元,港币 1.26 余亿元。1983 年,内联工业的总产值已占深圳特区当年工业总产值的 22%。① 深圳的内联工业企业以外销为主,充分发挥了本地的劳动力优势。例如,1984 年深圳市成立的申光纺织器材制针厂、华峰纺织器材厂、华溪纺织橡胶器材厂、中原纺织器材厂、华苏纺织瓷件金属器材厂正式投产。这五家工厂是由深圳市纺织工业公司、华联纺织有限公司分别和上海、江西、无锡、河南、苏州等地的纺织工业企业合作兴建的,生产内地品牌的纺织器材产品,以外销为主。②

深圳的蛇口工业区为推动工业发展,提出了三条有利于引进外资的措施:一是积极提供优惠条件和良好服务,使外资企业得以顺利发展;二是用特别优惠的条件吸收国外先进的技术,对那些一般的来料加工,补偿贸易,设备技术过于陈旧落后和与国家争出口配额的项目限制引进;三是执行协议,信守合同,保护外商合法的经济权益。这些措施促进了外资引进工作的发展。1980 年和 1981 年两年,签订了 24 个引进项目,1982 年又签订了 15 个引进项目,1983 年签订的引进项目增加到 40 个。引进项目逐步由初期的规模小、劳动力密集型项目向技术密集和资金密集型项目发展。仅据 13 家企业的统计,引进的 67 套技术设备中,有许多是七八十年代的水平,具有世界先进水平的有 3 套,具有国内先进水平的有 37 套,许多合资和独资厂建设速度快、经营效果好。1983 年 7 月才开始试生产的日本三洋电机(蛇口)有限公司,月产值 4 个月增加 10 倍;华益铝厂 1983 年 12 月提前 8 天完成了 230 吨的铝材轧制任务,圆铝片的质量达到一级品标准;凯达玩具厂、海虹油漆厂等合资企业的经营效果都很好,很快收回了部分投资。③

经过"六五"计划期间的开发建设,深圳经济高速发展。1985 年末,深圳市国民收入、国民生产总值分别达到 26.3 亿元、33.2 亿元,年递增分别为 50%、52.7%;工业总产值 26.7 亿元,完成"六五"计划的 221%,年递增 99.5%。④

珠海市 1979 年签订"三来一补"合同 32 宗,协议引进设备 1559 万美元,实际引进 418 万美元,实际作价引进设备 113 万美元。珠海的外来投资中,澳门 11 家,香港 9 家,加工品种由 1978 年单一的毛纺加工,发展到

---

① 何云华、方新:《内联促进深圳经济发展 四年多来联合兴办五百多个企业》,《人民日报》1984 年 10 月 17 日。
② 《深圳五家纺织器材厂投产》,《人民日报》1984 年 12 月 3 日。
③ 黄振超:《蛇口在改革中大步前进》,《人民日报》1984 年 4 月 2 日。
④ 深圳市地方志编纂委员会编:《深圳市志·经济管理卷》,方志出版社,2007 年,第 12 页。

电子产品、成衣、木材、藤制品、塑料制品、农副产品等多种。1980—1981年,全市共办起"三来一补"企业142家,占外资企业的80%;引进资金设备371万美元,工缴费收入442万美元,加工品种发展到成批的电视机、收录机的装配加工,服装行业也发展到牛仔衣(裤)、风雪衣、T恤、丝绸等中高档服装产品的加工。1984年是珠海市对外加工装配的高峰期,全市共签订对外加工合同493宗,比上年增加202%;引进加工项目171项,比上年增加280%,占引进外资项目的57%;协议引进设备10363美元,比上年增加179%,实际引进外资233万美元。① 1984年,珠海市人民政府决定集中规划开发南山、吉大、北岭、夏湾等工业小区。南山占地23.8万平方米,于1984年征地,5月设计,6月平整土地,7月正式动工兴建。经过半年时间,至1985年初建起了13栋工业厂房、10栋仓库、25栋住宅和一批商业服务网点、公共娱乐活动设施,铺设了全部道路和管网,建筑面积达14万平方米。②

第四节 1976—1984年工业发展的绩效评估

一、中国工业结构的均衡发展

1979—1984年,我国政府一方面调整运用"有形之手"对工业进行调整,并放弃了优先重工业的发展战略,另一方面对地方政府、企业和个人进行了放权,调动了社会各部门的积极性。在这些措施下,我国工业化继续发展,长期困扰我国经济的结构失衡问题得到改善。由于我国在计划经济时期长期抑制的服务业在这一时期有较大的发展,我国第二产业占GDP(国内生产总值)的比重从1978年的47.9%,下降到1984年的43.1%(参见5.4.1)。虽然比重下降了,但第二产业的增长速度从1978—1984年(按照不变价格计算)仍达到66.9%③。这一时期,农村改革迸发出的巨大生产力,让农业以较快速度增长。农业的发展给工业化的推进打下了较好的基础,而第三产业的增长也缓解了城市的就业压力,提高了居民收入,增加了对工业品的需求。这些都为工业化的全面推进营造了良好的外部环境。

---

① 广东省珠海市地方志编纂委员会编:《珠海市志》,珠海出版社,2001年,第450页。
② 广东省珠海市地方志编纂委员会编:《珠海市志》,珠海出版社,2001年,第153页。
③ 笔者根据统计年鉴计算。

表 5.4.1　1978—1984 年产业结构变化　　　　　　单位:%

年份	总值	第一产业	第二产业	第三产业
1978 年	100.0	28.2	47.9	23.9
1979 年	100.0	31.3	47.1	21.6
1980 年	100.0	30.2	48.2	21.6
1981 年	100.0	31.9	46.1	22.0
1982 年	100.0	33.4	44.8	21.8
1983 年	100.0	33.2	44.4	22.4
1984 年	100.0	32.1	43.1	24.8

数据来源:中华人民共和国国家统计局编《中国统计年鉴(2011)》,中国统计出版社,2011年,第45页。

经过 1978—1984 年的努力,我国轻重工业失衡的问题有所改善。1978 年,我国轻工业仅占工业总产值的 43.1%,1981 年达到了 51.5%,而后比重有所下降;1984 年,轻工业比重为 47.4%;重工业为 52.6%(参见表 5.4.2)。轻工业内部以工业品为原料的轻工业产值,1981 年为 29%,1984 年达到 31.9%;制造工业比重 1981 年占重工业比重为 44.2%,1984 年上升为 50.9%(根据 1980 年不变价格计算)[①]。

表 5.4.2　1978—1984 工业结构变化

年份	全部工业(绝对数)/亿元			构成/(%)	
	总产值	轻工业	重工业	轻工业	重工业
1978 年	4237	1826	2411	43.1	56.9
1979 年	4681	2045	2636	43.7	56.3
1980 年	5155	2431	2724	47.2	52.8
1981 年	5400	2781	2619	51.5	48.5
1982 年	5811	2919	2892	50.2	49.8
1983 年	6461	3135	3326	48.5	51.5
1984 年	7617	3608	4009	47.4	52.6

资料来源:国家统计局工业交通统计司编《中国工业经济统计年鉴(1988)》,中国统计出版社,1989 年,第 38 页。

[①] 笔者根据历年《中国工业经济统计资料》整理。

二、中国工业发展的国际比较

从工业增长速度来看,1976—1978 年,中国工业年均增长速度达到 9.2%,不仅高于美国、苏联的 4%、4.1%,也高于日本的 6.2%,印度的 5.4%(参见表 5.4.3)。从重要工业品产量来看,中国工业产品国际地位提升(参见表 5.4.4)。中国钢铁产量与世界其他国家差距明显缩小,1978 年中国是美国、苏联、日本的 25.6%、21.0%、31.1%,1984 年达到 52.6%、28.2%、41.2%(参见表 5.4.5)。虽然这种差距的缩小和发达国家进行的产业转型升级有一定关系,但是中国以钢铁为代表的重要工业产品取得长足进步,却是不争事实。发电量、煤炭、原油等基础工业产品在这一时期都有了长足进步,缩小了与世界发达国家的差距(参见表 5.4.6、表 5.4.7、表 5.4.8)。中国化学纤维的产量在这一时期也取得较快发展,从总量上来,1978 年仅为美国的 7.3%,苏联的 25.2%,日本的 15.4%,到 1984 年已经达到美国的 20.0%,苏联的 52.5%,日本的 40.2%(参见表 5.4.9),中国的"穿衣难"问题得到有效缓解。

随着改革开放的深入,市场经济的复苏,长期抑制的人民群体的需求被释放出来。电视机、电冰箱成为当时的热销产品,也拉动了生活耐用品的产量。1978 年,中国电视机产量是美国的 5.6%,但到 1983 年就达到 34.8%;电冰箱、洗衣机在这一时期的强劲需求拉动下,都有了较快的发展(参见表 5.4.10、表 5.4.11、表 5.4.12)。

从技术密集程度较高的汽车行业来看,中国汽车产量虽然有所上升,也在一定程度上缩小了与发达国家的差距,但是仍然有较大的进步空间。1978 年,中国汽车产量为美国、日本的 1.2%、1.6%,而到 1984 年则 3.0%、2.8%(参见表 5.4.13)。

表 5.4.3　工业生产增长速度与外国比较　　单位:%

年份	中国	美国	苏联	日本	联邦德国	英国	法国	印度
1976 年	1.3	11.0	4.9	10.9	7.6	3.0	8.8	11.8
1977 年	14.3	5.0	6.0	4.9	2.7	4.9	1.6	3.8
1978 年	13.5	6.3	4.4	5.5	0.9	2.8	0.8	5.8
1979 年	8.5	4.4	3.5	8.1	5.2	3.6	4.7	8.9
1980 年	8.7	−3.5	3.5	6.8	0.0	−7	0.0	−6.7
1981 年	4.1	2.2	4.0	2.6	−1.6	−4.6	−2.3	9.3

续表

年份	中国	美国	苏联	日本	联邦德国	英国	法国	印度
1982年	7.7	−7.2	2.3	1.3	−0.8	1.0	−1.5	4.3
1983年	10.5	6.4	3.8	4.0	1.1	3.1	1.0	4.4
1984年	14.0	11.0	4.5	11.4	3.1	2.0	3.1	6.7

资料来源：国家统计局工业交通物资统计司编《中国工业经济统计资料(1986)》，中国统计出版社，1987年，第279页。

表5.4.4 我国工业主要产品产量居世界位次的变化

产品名称	1957年	1982年	1983年	1984年	1985年
钢	9	4	4	4	4
原煤	5	3	3	2	2
发电量	13	6	6	6	5
原油	23	5	7	6	6
化学纤维	26①	5	—	5	5
水泥	8	2	2	2	1
硫酸	14	3	3	3	3
化肥	33	3	3	3	3
布	3	1	1	1	1

注：① 1960年数据。

资料来源：国家统计局工业交通物资统计司编《中国工业经济统计资料(1986)》，中国统计出版社，1987年，第280页。

表5.4.5 钢产量　　　　　　　　　　　　　　单位：万吨

年份	中国	美国	苏联	日本	联邦德国	英国	法国	印度
1978年	3178	12431	15145	10211	4126	2030	2284	1002
1979年	3448	12427	14900	11174	4604	2147	2336	1000
1980年	3712	10080	14800	11141	4381	1128	2317	943
1981年	3560	10888	14900	10168	4216	1558	2126	1069
1982年	3716	6613	14700	9954	3635	1370	1841	1092
1983年	4002	7542	15300	9698	3611	1597	1762	1012
1984年	4347	8272	15400	10559	3938	1512	1901	1034

资料来源：笔者根据历年《中国工业经济统计资料》整理。

表 5.4.6　发电量　　　　　　　　　　　　　　　　　单位:亿千瓦时

年份	中国	美国	苏联	日本	联邦德国	英国	法国	印度①
1978 年	2566	22860	12019	5640	3534	2877	2267	1101
1979 年	2820	23188	12382	5896	3722	3000	2411	1128
1980 年	3006	23561	12950	5775	3688	2850	2433	1108
1981 年	3093	23651	13250	5832	3688	2777	2608	1170
1982 年	3277	23137	13671	5811	3669	2721	2622	1316
1983 年	3514	23826	13960	5555	3718	2762	2972	1399
1984 年	3770	24163	14930	5804	3943	2824	3025	1537

注:①为电力企业发电量。

资料来源:笔者根据历年《中国工业经济统计资料》整理。

表 5.4.7　煤炭产量　　　　　　　　　　　　　　　　单位:万吨

年份	中国	美国	苏联	日本	联邦德国①	英国	法国	印度
1978 年	61800	59896	72400	1903	21369	12358	2387	10490
1979 年	63500	67040	71900	1764	21690	12281	2107	10670
1980 年	62000	75270	65286	1805	22435	13014	2275	11365
1981 年	62200	74732	67000	1779	21910	12746	2324	12907
1982 年	66600	75606	71800	1760	22362	12472	2012	13465
1983 年	71500	73038	71600	1706	20917	11922	1962	14352
1984 年	78900	80735	71200	1664	21133	5125	1902	15242

注:①包括萨尔地区数据。

资料来源:笔者根据历年《中国工业经济统计资料》整理。

表 5.4.8　原油产量　　　　　　　　　　　　　　　　单位:万吨

年份	中国	美国	苏联	日本	联邦德国	英国	法国	印度
1978 年	10405	42920	57246	54	506	5293	121	1127
1979 年	10615	42082	58556	48	478	7774	120	1284
1980 年	10595	42182	60320	43	463	7891	142	940
1981 年	10122	42180	60882	40	446	8795	168	1493
1982 年	10212	42671	61260	40	426	10049	164	1973
1983 年	10607	42595	61800	—	412	11083	167	2502
1984 年	11461	43212	61223	—	406	12124	206	2794

资料来源:笔者根据历年《中国工业经济统计资料》整理。

表 5.4.9　化学纤维　　　　　　　　　　　　　　　　　　　　　　　单位：万吨

年份	中国	美国	苏联	日本	联邦德国	英国	法国	印度
1978 年	28.46	390.7	113.1	184.8	88.2	59.8	33.5	18.7
1979 年	32.63	424.8	110.0	184.9	92.3	59.7	31.4	18.8
1980 年	45.03	391.2	117.6	183.3	85.9	45.0	29.8	17.0
1981 年	52.73	387.0	121.3	180.0	87.8	39.0	29.3	14.0
1982 年	51.70	315.0	124.0	171.0	84.0	33.0	25.0	16.0
1983 年	54.07	369.0	140.0	186.0	90.0	39.0	25.0	22.0
1984 年	73.49	366.0	140.0	183.0	93.0	38.0	24.0	—

资料来源：笔者根据历年《中国工业经济统计资料》整理。

表 5.4.10　电视机产量[①]　　　　　　　　　　　　　　　　　　　单位：万台

年份	中国	美国	苏联	日本	联邦德国	英国	法国
1978 年	51.73	931	717	1392	424	242	210
1979 年	132.85	950	727	1357	411	248	185
1980 年	249.20	1853	753	1633	443	236	193
1981 年	539.41	1848	819	1458	461	231	196
1982 年	592.01	1641	834	1280	420	238	216
1983 年	684.01	1968	860	1396	470	288	203
1984 年	1003.81	—	900	—	392	—	—

注：①包括黑白电视机和彩色电视机。

资料来源：笔者根据历年《中国工业经济统计资料》整理。

表 5.4.11　家用洗衣机产量　　　　　　　　　　　　　　　　　　单位：万台

年份	中国	美国	苏联	日本	联邦德国	英国	法国[①]
1978 年	0.04	514	370	427	229	120	172
1979 年	1.81	497	366	436	232	131	191
1980 年	24.53	455	383	488	166	132	196
1981 年	128.08	437	393	476	176	112	181
1982 年	253.26	402	400	479	166	123	164
1983 年	365.86	462	425	498	161	137	142
1984 年	578.06	—	450	528	169	—	—

注：①法国从 1973 年起的数据和以前的数据不可比。

资料来源：笔者根据历年《中国工业经济统计资料》整理。

表 5.4.12　家用电冰箱产量　　　　　　　　　　　　单位:万台

年份	中国	美国	苏联	日本	联邦德国	英国	印度
1978 年	2.80	589	607	456	281	117	18
1979 年	3.18	570	595	477	293	98	21
1980 年	4.90	514	593	428	301	101	28
1981 年	5.56	541	593	421	279	103	32
1982 年	9.99	467	580	439	279	108	35
1983 年	18.85	568	570	454	281	117	45
1984 年	54.74	—	567	494	267	—	—

资料来源:笔者根据历年《中国工业经济统计资料》整理。

表 5.4.13　汽车产量　　　　　　　　　　　　单位:万辆

年份	中国	美国	苏联	日本	联邦德国	英国	法国	印度
1978 年	14.91	1287.6	217.3	924	420	160.8	408	9.4
1979 年	18.57	1145.6	207.1	964.8	426	147.8	420	10.1
1980 年	22.23	807	220	1104	389	131	399	11
1981 年	17.56	793	220	1118	390	118	343	15
1982 年	19.63	696	217	1019	412	116	353	15
1983 年	23.98	916	—	1112	416	129	382	15
1984 年	31.64	1070	—	1111	405	113	333	18

资料来源:笔者根据历年《中国工业经济统计资料》整理。

第六章
"双轨制"改革与工业赶超(1984—1992)

经过1978—1984年的发展,中国经济逐步恢复,但是与世界经济强国相比,仍然有较大差距。正如邓小平同志所强调的:"对于我们这样发展中的大国来说,经济要发展得快一点,不可能总是那么平平静静、稳稳当当。……发展才是硬道理。"[①]如何推动工业快速发展,仍然是中国政府面临的重要任务。这一阶段中国政府加大了改革力度,对外开放力度也逐步加大,工业在这一时期取得了较快发展。

第一节 "双轨制"改革下的工业发展

1984年开始,中国经济改革逐步由农村转向城市,工业领域的改革又是城市改革的重中之重。这一时期,价格改革与企业改革相互影响、相互作用,逐步扭转了僵化的资源配置方式和低效率的经济运行方式。

一、价格"双轨制"与工业化推进

在计划经济时期,我国政府运用"有形之手"将有限资源投入重工业,保证了优先重工业发展战略的顺利推进。在计划经济体系下,价格更多仅仅充当核算工具,失去了信号作用。这种资源配置方式,在工业化初期有效地确保了大型项目的推进。但是随着工业化的不断深入,经济活动日益复杂,政府主导的资源配置面临严重的信息不对称,政府失灵的问题日益加剧。由于计划价格不反映市场供求关系与资源稀缺程度,最终导致我国

[①] 《邓小平文选(第三卷)》,人民出版社,1993年,第377页。

价格结构存在较大的扭曲。在工业领域的突出表现就是,加工工业品价格偏高,采掘工业、原材料工业品价格偏低,不利于工业的可持续发展。

中国经过1979—1984年的体制改革,非国有经济力量逐步壮大①,对生产资料的需求日益增大;国有企业自主权的加强也冲击着生产资料的计划调拨体系。高度集中的物资调拨体系与计划定价机制,一方面,无法满足计划外企业的生产;另一方面,僵化的固定价格也难以刺激国有企业的积极性。1984年,中共十二届三中全会通过的《中共中央关于经济体制改革的决定》指出:"价格是最有效的调节手段,合理的价格是保证国民经济活而不乱的重要条件,价格体系的改革是整个经济体制改革成败的关键。"②"价格改革"成为经济体制改革的重点,而生产资料的价格"双轨制"是20世纪80年代价格改革的重要步骤。中国的"双轨制"改革与当时转轨经济学的认识不同。著名经济学家布鲁斯总结东欧经验认为:"两个(南斯拉夫和匈牙利,笔者注)比较成功的国家都是一揽子计划和一揽子行动。不怎么成功国家推行的改革是零敲碎打地进行,而且做法前后不一致。"③

中国价格改革则体现出渐进式"双轨制"的特征。1984年5月,国务院提出关于扩大企业自主权的十条规定,第一次正式明确企业超产部分允许自销,价格在国家牌价上下可以浮动20%。同年10月,中共十二届三中全会通过的《中共中央关于经济体制改革的决定》对我国的价格体制改革提出了要求,价格改革由"以调为主"转为"以放为主",价格体制改革加快。1985年1月,我国政府又出台新规定,取消企业自销产品价格加价20%的限制,重工业品价格改革在这一时期转入"以放为主"的阶段。

由于"双轨制"改革的推进,以国有企业为主体的重工业生产部门计划外的生产部分可以获得较为丰厚的利润。随着企业经营意识的逐步增强,计划外的生产部分迅速扩张。价格"双轨制"充分调动了重工业生产部门生产的积极性,是我国"七五"计划时期重工业产品取得长足发展的重要原因。国家冶金部门的一位负责人曾经表示说,如果没有价格"双轨制",钢产量不可能突破6000万吨大关。以本溪钢铁公司为例,1989年实现销售利润33870万元,其中计划内产品销售亏损8270万元。计划外产品销售

---

① 到1985年,工业产值中全民所有制由1978年的80%下降到70.4%,集体经济从不到20%上升到27.7%;其中,乡镇工业的产值相当于1970年全国工业产值的水平,占全国工业产值的19%;个体和其他经济从无到有,达到1.9%。

② 中共中央文献研究室编:《十二大以来重要文献选编(中)》,人民出版社,1986年,第570页。

③ 〔波〕W.布鲁斯:《论社会主义经济体制改革》,法律出版社,1982年,第32页。

利润42140万元。①

随着计划外物资市场交易规模和范围的扩大,生产资料市场逐步发育,物资贸易中心开始涌现,到1987年,地(市)以上的物资贸易中心已发展到近400家。1988年5月,国务院颁发的《关于深化物资体制改革的方案》明确提出,有步骤地缩小指令性计划,扩大指导性计划和市场调节。由于市场部分生产的激增,物资调拨体系逐步弱化,统配物资的比例也逐步减少了。

国家给地方分配的物资总量也在不断减少,第七个五年计划与第六个五年计划相比,国家分配给上海的主要物资,除钢材、化工原料略有增长外,煤炭减少127万吨、水泥减少27万吨、木材减少最多,为150万立方米。② 1979年,经济重镇上海的钢材计划内供应量为钢铁总供应量的100%,1984年还有86.3%,1987年下降为47%,1992年进一步下降为15%(参见表6.1.1)。"双轨制"孕育的市场因素为非国有企业的发展创造了良好的条件。以无锡为例,1985年无锡县乡镇企业从市场协作购进的生产资料占全县消耗量的比例:钢材为98%,煤炭为90%,木材为91.7%,水泥为100%。③

表6.1.1　1979—1992年上海钢材计划内供应量比重

年　份	总供应量/吨	计划内供应量/吨	所占比重/(%)
1979年	676469	676469	100
1980年	755225	659022	87.3
1981年	891127	682634	76.6
1982年	913192	795612	87.1
1983年	1048744	887600	84.6
1984年	1104368	952905	86.3
1985年	1603817	1268292	79.1
1986年	1822328	1441485	79.1
1987年	1810512	858968	47.4
1988年	1818269	779165	42.9

---

① 杨圣明、李军:《价格双轨制的历史命运》,中国社会科学出版社,1993年,第29、30页。
② 《上海物资流通志》编纂委员会编:《上海物资流通志》,上海社会科学院出版社,2003年,第89页。
③ 顾松年等:《苏南模式研究》,南京出版社,1990年,第9页。

续表

年　份	总供应量/吨	计划内供应量/吨	所占比重/(%)
1989 年	1847043	762847	41.3
1990 年	1779274	830641	46.7
1991 年	1633273	630493	38.6
1992 年	1674079	251103	15.0

资料来源：《上海物资流通志》编纂委员会编《上海物资流通志》，上海社会科学院出版社，2003年，第182页。

价格"双轨制"一方面通过"计划轨"保证原有的经济体系运行不至于受到太大冲击，维护了经济稳定；另一方面通过"市场轨"给非国有经济壮大创造了良好的外部环境。在居民需求严重大于供给的短缺经济条件下，生产资料"市场轨"价格高于"计划轨"的部分，又为巨大的供求缺口所带来的超额利润所消化。而且价格"双轨制"还刺激了长期困扰我国经济的"短线部门"的生产，为保证工业化的迅速推进做出了巨大贡献。

二、价格"双轨制"的弊端与治理整顿

重工业产品价格"双轨制"在运行中也出现了很多问题。由于我国计划价格受国家控制比较严格，而且考虑到价格放开后对物价上涨的影响，我国对计划价格的调整比较慎重。由于市场部分价格由市场调节，在需求严重大于供给的条件下，市场部分的价格迅速高涨。长期隐蔽的供求缺口，在"双轨制"的条件下得以显现。"双轨制"下较大的"轨差"诱使各种投机行为猖獗，更进一步刺激了物价上涨，相当一批重工业产品的国内价格平均比国际价格高出许多。汽油、灯用煤油、柴油、铜、镍等重工业产品的国内价格比国际价格高出58%以上。"市场轨"的价格严重偏高，重要工业产品价格差不断扩大。以煤炭价格为例，1985年价格差为220元，1988年上升为417元，1989年进一步上升为674元；冷轧薄板、铸造生铁、纯碱等工业产品的"轨差"也在不断扩大（参见表6.1.2）。再以上海重油价格为例，1987年计划内价格为96—127元，而计划外价格则达到497元（参见表6.1.3）。

表 6.1.2 "双轨制"下价格差

品　种	1985 年	1988 年	1989 年
煤炭	220	417	674
线材	270	275	307

续表

品　种	1985 年	1988 年	1989 年
元钢	268	249	277
螺丝钢	329	310	343
冷轧薄板	186	483	518
铸造生铁	180	257	250
水泥	140	214	263
纯碱	160	306	400
烧碱	118	467	478
铝锭	138	402	403

资料来源：张卓元《论中国价格改革与物价问题》，经济管理出版社，1995 年，第 99 页。

表 6.1.3　上海重油销售价格变动表　　　　　　　单位：元/吨

年　份	计划内	计划外	特别税	备　注
1975 年	55—56	—	—	
1983 年	65—70	—	70	
1985 年	76	—	70	计划内价格加收特别税
1986 年	90	—	70	
1987 年	96—127	497	70	
1988 年	108—161	547	70	
1989 年	172	567	70	

资料来源：《上海价格志》编纂委员会编《上海价格志》，上海社会科学院出版社，1998 年，第 386 页。

"双轨制"价格中的"轨差"过大，触发了人们的投机心理，加剧了市场秩序的混乱。1988 年，由于生产资料价格大幅度上涨，流通秩序十分混乱。据统计，1988 年全国共有各类公司 294946 家，包括分支机构 477431 家，其中将近 40% 是 1986 年下半年以后成立的。各种外贸公司 5000 家，其中有 2000 家是 1988 年成立的。不少单位不顾国家有关规定，违法经营，钻计划内外、国内外价差的空子；有的甚至物资原地不动，发货票转来转去，层层加价，牟取暴利，搅乱了流通秩序，大量资金和利润滞留在流通领域。混乱的价格秩序导致资源被权力寻租侵蚀，生产资料的价格上涨导致了宏观经济形势的紧张。据不完全统计，1988 年 1 月至 9 月，15 种生产资料计划内外销总指数比上年同期上涨 18.5%，比消费资料上涨指数还高。其中煤炭上涨18.5%,钢材上涨20.9%,木材上涨26.5%,铜铝上涨40%,烧碱上涨49.3%。"双轨制"价差过大等因素对工业化也产生不利影响,而且计划部分的调拨,使许多国有企业和民营企业站在不平等的地位竞争,这也是生产重工业产品的国有企业生产困难的重要原因。而且国有企业随着市场约束的硬化,开始追求自身的经济利益。在"双轨制"轨差拉大的情况下,对指令性计划完成不积极(参见表6.1.4)。

表6.1.4　1988年部分指令性计划完成情况

产品	国家合同/万吨	合同兑现/万吨	欠交/万吨	兑现率/(%)	比上年增长/(%)
煤炭	44403.3	40798.4	3604.9	91.9	−1.2
焦炭	410.3	364.9	45.4	88.9	−8.8
生铁	575.6	495.5	80.1	86.1	−9.5
水泥	2476.5	2238.5	238	90.4	−8.8
钢材	1942.4	1868.7	73.7	96.2	−2.0

数据来源:董辅礽、唐宗焜主编《中国国有企业改革:制度与效率》,中国计划出版社,1992年,第60页。

1988年9月,中共中央召开十三届三中全会,决定对国民经济进行治理整顿。为了克服"双轨制"带来的消极影响,我国采取了措施缩小"双轨制"带来的"轨差"。主要措施包括:一方面,提高计划内产品的价格;另一方面,对计划外生产的价格进行最高限价,并且从严执行。例如,1988年11月11日,国务院下发了《关于加强钢材管理的决定》,加强了对钢材价格的管理。1989年3月,国家物价局、物资部、冶金部、有色金属总公司联合发文,重新颁布了计划外生产资料最高限价。与1988年1月的限价相比,黑色金属出厂价每吨平均提高200元左右,铝出厂价提高6230元。并且将最高销售价的限价权集中在中央政府,规定厂商不能突破最高出厂限价,而物资经营企业不能突破最高销售限价。我国还扩大了限价品种的范围,逐步降低限价。1989年11月召开的十三届五中全会上,我国政府提出延长治理整顿时期,并且指出在继续清理、整顿企业和市场秩序的同时,要结合价格调整,逐步解决生产资料价格"双轨制"问题,消除导致经济混乱的温床。[①] 这一时期,我国对偏低的重工业品价格进行了调整,如从1989年底起,提高了计划内原油、部分钢材、部分化工产品、煤炭和棉纺织品等

[①]《中共中央关于进一步治理整顿和深化改革的决定(摘要)》,《人民日报》1990年1月17日。

19大类产品的价格;各地也相继调整了一部分地方产品和服务费用价格。① 1989年12月,国家物价局为了缓解钢铁产品严重亏损状况,对部分钢铁产品制定了临时出厂价格。优质碳素结构钢冷轧钢带每吨从1610元提高到1840元,弹簧钢冷轧钢带每吨从3304元提高到3600元,不锈钢冷轧钢带每吨从12282元提高到13270元。1990年7月,为促进生产发展,优质碳素结构钢冷轧钢带每吨从1840元提高到2660元,弹簧钢冷轧钢带每吨从3600元提高到4500元,普通碳素钢镇静钢冷轧钢带每吨从1200元提高到1568元。同年9月,国家前后两次提高了原材料电解镍价格,因而每吨不锈钢冷轧钢带价格从13270元提高到20340元。② 上海重油销售价格,1989年计划内价格为172元,1990年提升为225元;在治理整顿的背景下,计划外价格由1989年的567元下降到544元。③ 1989—1991年的国民经济治理整顿,对稳定宏观经济形势有所帮助,并且通过控制计划外价格、提高计划内价格的措施,使生产资料计划内外价格差距缩小,有的实现了并轨,为下一时期重工业品价格的逐步放开创造了条件。

第二节 企业改革与工业发展

企业是工业化的微观基础,在优先重工业发展时期,庞大的国有企业的运行低效率困扰着我国工业化的推进。在改革转入城市之后,企业改革成为城市经济改革的中心环节。如何通过改革,提高企业活力,推动工业赶超,成为这一时期我国面临的重要任务。国有企业的改革和非国有企业的兴起有效推动着我国工业赶超。本节重点讨论国有企业、乡镇企业与民营企业,外资企业将在下一节中讨论。

一、国有企业改革的新尝试——承包制

1984年10月,党的十二届三中全会通过的《中共中央关于经济体制改革的决定》指出:"要使企业真正成为相对独立的经济实体,成为自主经营、自负盈亏的社会主义商品生产者和经营者,具有自我改造和自我发展的能力,成为具有一定权利和义务的法人。"④为提高企业经营意识,改变企业

---

① 赵德馨主编:《中国经济通史(第十卷)》(下册),湖南人民出版社,2002年,第110页。
② 《上海价格志》编纂委员会编:《上海价格志》,上海社会科学院出版社,1998年,第411页。
③ 《上海价格志》编纂委员会编:《上海价格志》,上海社会科学院出版社,1998年,第386页。
④ 《十二大以来重要文献选编(中)》,人民出版社,1986年,第565、566页。

"预算软约束"的局面,1985年1月起,我国在全国范围内进行了"拨改贷"的改革,将企业长期从财政获得无偿拨款改为向银行贷款,进一步使企业成为相对独立的经济实体。但由于企业的产权改革滞后,政企不分的现象依旧较为严重,政府的"父爱主义"让"投资饥渴症"并未得到根本改变。

"承包制"在农村体制改革中取得的成就,为我国城市体制改革提供了宝贵经验。我国开始通过"承包制"改善激励结构,提高企业的经济效益,推进工业化。1986年12月5日,国务院颁布了《关于深化企业改革增强企业活力的若干规定》,提出深化改革要围绕企业经营机制这个中心进行,实行"包死基数、确保上缴、超收多留、欠收自补"。1987年开始,"承包制"在中国大规模铺开。

1987年,全国掀起第一次承包热潮。承包的主要形式有:①"双保一挂",即保上缴利税,保批准的技术改革项目,工资总额与实现利税挂钩;②上缴利税递增包干;③上缴利润基数包干,超收分成;④行业投入产出包干等。① 经过推广,到1987年底,在11402家国有大中型工业企业中,实行成本经营责任制的达8843家,占企业总数的77.6%。② 承包责任制的推行,是"两权分离"(即所有权和经营权)改革理论的应用。在我国短缺经济背景下,"承包制"在一定程度上提高了企业的活力。由于承包合同的完成率极高,1985年以来财政收入持续下降的局面得到扭转。1988年和1989年的财政收入增长率分别是7.2%和13.1%,超过了1986年和1987年的5.8%和3.6%的增长率。③ 1989年之后,我国对"承包制"又进行了一些完善。

一批企业在"承包制"的制度创新下,取得了较快的发展。以率先推行"承包制"改革的首都钢铁公司为例,1981年,首钢实行定额包干,1982年实行了上缴利润递增包干。首钢实行的上缴利润递增包干制度的特点是:上缴利润的包干基数和递增率包死,不仅要承担亏损的责任,而且只有当盈利水平超过逐年递增的上缴额时才能得到利益。尽管企业向国家只承包上缴利润,但很多原来由国家包的,现在都由企业自己包了,包括技术改造和环境治理投资,以及集体福利和职工收入增加的费用等,实际上是企

---

① 张卓元、郑海航主编:《中国国有企业改革30年回顾与展望》,人民出版社,2008年,第34页。

② 汪海波等著:《中国现代产业经济史(1949.10—2009)》,山西经济出版社,2010年,第359页。

③ 刘小玄:《奠定中国市场经济的微观基础:企业革命30年》,格致出版社,2008年,第41页。

业向国家承包了全面的经济责任。① 为增大职工激励,首钢将职工福利和工资收入同企业经济效益挂钩,建立生产与生活、积累与消费良性循环的企业机制。首钢的留用利润是按照6∶2∶2(60%用于生产发展、20%用于集体福利和20%用于工资奖励)的比例进行分配的。首钢还将工资总额与实现利润按0.8∶1的比例挂钩浮动。即实现利润每增加或减少1%,工资总额相应增加或减少0.8%。②

利润递增包干的压力,一方面迫使企业重视技术改造和技术进步,另一方面使企业有了较多的自留资金,也有财力进行技术改造。首钢留利60%用于生产发展,再与折旧基金、大修理基金捆绑在一起用,1979—1985年共投资4.6亿元,完成了68个重点项目。递增包干以后,利用自留资金先后对二号、三号、四号高炉,烧结车间,炼焦炉进行了技术改造,减少了污染,降低了能耗,提高了质量。1985年,在全国冶金行业55项主要可比技术经济指标中,首钢有30项夺得全国冠军,有的指标还达到了国际先进水平。③

首钢"承包制"极大地激活了企业的经营活力。反映企业综合经济效益的资金利税率(固定资产按净值),1978年为21.96%,1985年提高到54.83%,在全国八大钢铁公司中居首位,1986年又提高到63.87%;人均创利税1978年为4717元,1985年提高到12355元,在全国同行业中居于首位,1986年又达到14396元,比1978年增长2.05倍。④ 1986年,首钢共上缴国家财政88158万元,比1978年的36833万元(包括原冶金局黑色冶金厂矿)增长1.39倍。改革前30年,企业实行利润上缴,国家财政拿100%,首钢上缴36.29亿元,改革开放后(1979—1986年,笔者注),国家财政不再拿绝对大头,首钢上缴49.2亿元。而且承包后国家不再返回投资,企业除了完成上缴外,还承担现有固定资产不断增值,职工住房、医疗卫生等福利事业及职工收入增加都由企业完全承包下来。⑤

宝钢、鞍钢、一汽、二汽等大型企业也实行了承包制,取得了较好的效

---

① 首钢研究与开发公司编:《首钢承包制试点中的制度和政策》,光明日报出版社,1989年,第5页。
② 首钢研究与开发公司编:《首钢承包制试点中的制度和政策》,光明日报出版社,1989年,第6页。
③ 首都钢铁公司研究与开发中心编:《首钢承包制》,经济管理出版社,1987年,第165-166页。
④ 首都钢铁公司研究与开发中心编:《首钢承包制》,经济管理出版社,1987年,第2页。
⑤ 首都钢铁公司研究与开发中心编:《首钢承包制》,经济管理出版社,1987年,第5页。

果。1988年6月8日,冶金部和上海宝山钢铁总厂在为期3年的《承包经营合同书》文本上签字,合同正式生效。宝钢的承包方案,主要内容是"三包一挂,定额留利,超收分成"。"三包"即包指令性计划钢产量(以1987年的211万吨为基数,年均增长率为6.2%,产品100%按国际标准组织生产)、包上缴利润(以1987年上缴3622万元为基数,每年递增8%;还清一期工程基建贷款5.2亿元的本息)、包一号高炉易地大修及国家急需产品深加工等重大项目自筹资金。完成上述"三包",可实行工资总额(含奖金)与上缴国家利税挂钩(以1987年上缴利税23572万元和1987年一期工程工资总额4144.27万元为基数,挂钩浮动比例为1∶0.8,即利税额增1%,工资总额可增0.8%)。以1987年宝钢留利8964万元为基数,一定4年不变,超过部分"五五分成",企业所得超额留利中生产发展基金、福利基金、奖励基金分别占60%、20%、20%(1991年改为70%、16%、14%),职工奖金从奖励基金中开支。承包期内,固定资产折旧率为3.5%(1991年调整为5.5%)。① 为完成总厂向国家承包的指标,总厂内部层层签订承包协议,成本指标与生产、质量、安全等指标,都作为层层考核的指标与工资、奖金挂钩。成本指标具体分解为"综合消耗额"(即单位产品主要物耗指标按计划价计算汇总的金额)、"可控车间经费"、"可控企业管理费"三项,前两项考核生产厂、部,后一项考核管理部、处、院、所。成本考核能调动各单位节能降耗、节约开支的主动性、积极性,确保总厂生产经营目标实现。1988—1990年,3年分别降低物耗成本3881万元、15868万元、32571万元,共52320万元。1990年,考虑到三项成本指标只考核到厂、部、处,未落实到车间、作业区以及生产岗位操作者个人,责任不具体,难以有效地强化成本基础管理、提高全员成本意识,于是又在初轧厂试点,按厂、车间、作业区分层成立成本责任中心,实行以标准成本为考核目标的"责任成本"考核。② 宝钢"承包制"改革取得了良好的经济效果(参见表6.2.1)。

表6.2.1 1987—1992年宝钢经济承包额完成情况

项　　　目	单位	1987年	1988年	1989年	1990年	1991年	1992年
承包指令性计划钢产量	万吨	211	238	244	250	—	—
实际完成指令性计划钢产量	万吨	211	250	280	300	350.8	420
实现利润总额	万元	12596	22535	45478	59297	126165	104855

---

① 《宝钢志》编纂委员会编:《宝钢志》,上海社会科学院出版社,1995年,第290页。

② 《宝钢志》编纂委员会编:《宝钢志》,上海社会科学院出版社,1995年,第288页。

续表

项目	单位	1987年	1988年	1989年	1990年	1991年	1992年
实现利税总额	万元	32011	45845	76442	103750	237817	259233
完成投资额	万元	2230	3911	5528	5448	11958	—

资料来源:《宝钢志》编纂委员会编《宝钢志》,上海社会科学院出版社,1995年,第290页。

国有工业企业集中的上海市积极推进了"承包制"改革。1987年4月,上海第二纺织机械厂、彭浦机器厂、上海第十二棉纺织厂、上海第十七棉纺织厂、上海照相机总厂首先实行"承包制",拉开了企业"承包制"的序幕。6月,119家税利总额在1000万元以上的大中型工业企业同主管部门和财政部门签订承包合同。到9月底,全市有465家国营工业企业实行了以"三包一挂"为主要内容的综合承包,占全市同类企业1722家的27%。1988年,上海与中央改为定额包干的财政体制,中央给上海让了一部分利,这为企业"承包制"的全面推广创造了条件。市有关部门在总结上年承包经验教训的基础上,对承包方案做了修改补充。1988年,"承包制"工作的重点是充实承包内容,发展承包形式,延长承包期限。承包内容除了包技术进步、包上缴利润、包固定资产增值以外,又增加了包出口创汇、包产品质量、包安全生产等内容。承包的期限,1987年除个别单位承包3年外,一般只包了2年。1988年,由于政策透明度高,绝大部分企业都改为承包5年,并将厂长任期与"承包制"期限统一起来。这一年,实行各种形式"承包制"的国有工业企业有1592家,占同类企业1663家的96%。国有商业企业实行"承包制"的达656家,占全市705家同类企业的93%。①

1990年,第一轮承包到期的预算内工业企业有3.3万多家,占承包企业总数的90%。自1991年开始进行第二轮承包。第二轮承包总结和借鉴了第一轮承包的经验,进一步改进和完善了承包的内容和方法。到1991年第一季度末,90%以上的承包到期企业签订了第二轮承包合同。②

承包制按照所有权与经营权分离的原则,以承包经营合同形式确定了国家与企业"责、权、利"的关系,使企业在不改变产权关系的基础上提高企业的活力,形成了企业自主经营、自负盈亏的经营管理形式。与改革初期的"放权让利"相比,承包经营责任制已经涉及政企分开、企业自主权的法律认可等一系列国有企业深层次的制度问题。但是"承包制"依旧未能解

---

① 徐家树、蒋铁柱主编:《上海企业承包制研究》,华东师范大学出版社,1991年,第1-3页。
② 赵德馨主编:《中国经济通史(第十卷)》(下册),湖南人民出版社,2002年,第182页。

决国有企业的经营效率问题。"承包制"中合同的确定是国有企业与政府主管部门"一对一"谈判的结果,在谈判过程中国有企业处于信息占优的一方,处于有利地位。而且"承包制"还助长了企业的短期行为。企业在短期内向个人分配倾斜,形成了较大的消费需求,加剧了我国宏观经济的紧张。而且"承包制"在企业盈利的状况下执行效果较好,企业可以完成利润的上缴,但随着竞争日益激烈,尤其是1989年以后外部环境的恶化,一些企业无法完成上缴任务。企业短期行为带来的对生产资料的过分耗竭,以及过分追求承包期内利润最大化的问题,也让企业在工业化推动中缺乏后劲。据《经济日报》1991年5月8日报道,1989年全国预算内工业企业实现利润比1988年下降18.8%,但上缴利税仍然增加了8%,到1990年实现利润下降了58%,企业再也无力用自有资金弥补上缴,终于使上缴利税下降了3%。又据统计,1990年全国亏损企业已占总数的31%,全年给企业亏损的补贴达578.5亿元,占当年财政收入的19.2%。而这一年,上海国有企业约有三分之一未能完成承包合同。① 国有企业改革仍需进一步深入。

二、乡镇企业的兴起

1979年9月28日中共十一届四中全会通过的《中共中央关于加快农业发展若干问题的决定》指出:"社队企业要有一个大发展……凡是符合经济合理的原则,宜于农村加工的农副产品,要逐步由社队企业加工。城市工厂要把一部分宜于在农村加工的产品或零部件,有计划地扩散给社队企业经营,支援设备,指导技术。……国家对社队企业,分别不同情况,实行低税或免税政策。"②1979—1984年的农村改革,使我国粮食问题逐步解决。随着农业生产效率的提高,大量原有隐蔽的剩余劳动力显性化。越来越多的人脱离耕地经营,为工业化的推进提供了巨大的廉价劳动力,让我国经济发展充分享受"人口红利"。1984年3月1日,中共中央、国务院转发了农牧渔业部《关于开创社队企业新局面的报告》,这个报告确立了乡镇企业在国民经济中的重要地位:基于"社队企业"这个名称已经不能反映农村企业的变化,社队企业正式改名为乡镇企业,从而把联办企业、户办企业都包括进去;允许突破原来"三就地"(就地取材、加工和销售)的限制;在政策、舆论、资金、税收等方面对乡镇企业给予大力支持。1985年,中央一号

---

① 厉无畏、杨继良、陈郁、王松青:《中国承包制的研究》,上海社会科学院出版社,1993年,第52页。

② 《中共中央关于加快农业发展若干问题的决定》,人民出版社,1979年,第13、14页。

文件《关于进一步活跃农村经济的十项政策》专门提出对乡镇企业实行信贷和税收方面的优惠和支持。该文件指出,对饲料工业、食品工业、小能源工业的投资和其他乡镇企业的技术改造费,在贷款数额和利率上给予优惠。① 1985年9月,《中共中央关于制定国民经济和社会发展第七个五年计划的建议》的经济战略布局和发展方针指出,"发展乡镇企业是振兴我国农村经济的必由之路",并提出了指导乡镇企业发展的方针:"积极扶持,合理规划,正确引导,加强管理。"简称"十六字方针"。②

全国乡镇企业在1984年总产值增长40%以上的长足发展基础上,1985—1988年又实现连续四大步跃进,农民继实行家庭承包制创造出农业生产连续6年高速发展的第一个奇迹之后,又创造出乡镇企业异军突起的第二个奇迹。邓小平同志对乡镇企业的发展给予了高度评价:"农村改革中,我们完全没有预料到的最大的收获,就是乡镇企业发展起来了,突然冒出搞多种行业,搞商品经济,搞各种小型企业,异军突起。这不是我们中央的功绩。乡镇企业每年都是百分之二十几的增长率,持续了几年,一直到现在还是这样。乡镇企业的发展,主要是工业,还包括其他行业,解决了占农村剩余劳动力百分之五十的人的出路问题……这是我个人没有预料到的,许多同志也没有预料到,是突然冒出这样一个效果。"③

"苏南模式"成为乡镇企业发展的代表。"苏南模式"是指以苏州、无锡、常州三市(以下简称"苏锡常")所辖的市郊和12个县为代表,以乡(镇)村集体企业为主的发展模式。这个地区人多地少,土地肥沃,农副业生产基础较好,历史上素称"鱼米之乡"、"丝绸之府",又处于交通便捷、周围经济较为发达的太湖之滨,而且在历史上民族工业发展较快,务工经商的人较多,技术条件也比较优越。苏锡常地区的乡镇企业就是在这样较好的自然条件和经济社会条件之下,经过艰苦创业,渐渐发展壮大起来的。

苏南地区乡镇工业,主要是以工业原材料为对象的加工工业,行业门类比较齐全。城市里的传统产业,如机械、建材制品,金属制品,塑料制品,化学工业以及纺织工业品等,在苏南乡镇企业中都有。苏南企业以小型为主,但也有相当数量的一批小而专、小而精的企业。在上百个工农业产值超亿元的乡里,几乎每个村都发展了具有现代化技术装备和管理水平的骨干工厂。1986年,乡镇工业产值在农村社会总产值中已有71%以上的比

---

① 郑有贵、李成贵主编:《一号文件与中国农村改革》,安徽人民出版社,2008年,第145页。
② 《当代中国的乡镇企业》编辑委员会编:《当代中国的乡镇企业》,当代中国出版社,2009年,第93页。
③ 《邓小平文选(第三卷)》,人民出版社,1993年,第238页。

重,在苏南城乡工业总产值中,乡镇工业占了"半壁江山"(占1986年整个工业总产值的50.01%)。① 1986年苏南乡镇工业总产值283亿元,即这个地区以占全国0.17%的土地、1%的人口,创造了占全国10%的乡镇工业产值,成为我国乡镇工业企业密度最高的地区。②

广东的乡镇企业也取得了重要成就。顺德在1987年以骨干企业为龙头,组建了十个"半政半企"性质的企业集团,如万家乐、华宝等。③ 由于镇政府直接入股乡镇企业,乡镇企业的发展也为镇政府直接提供了财政收入。从1978年到1990年,在镇村合计的总收入和上缴税金总额两项中,镇办企业各年的数值均占三分之二以上。④

杭州本市的大部分乡镇企业也因地制宜发挥当地优势,积极发展不与大工业争原料的农副产品加工、建筑材料等工业,较好地发挥了"以小补大"的作用,成为城市工业不可缺少的助手。1983年列入全市工业总产值统计的乡镇工业总产值,已占全市工业总产值的8.3%,部分产品产量已占全市产品总产量的相当大比重,如水泥产量占35.4%,砖占72.4%,瓦占91.3%,丝织品占24.6%。⑤

乡镇企业利用自身成本低廉、经营方式灵活等优势,积极与城市大工业合作,实现了乡镇企业和城市大工业共同发展。北京洗衣机总厂是家只有800多个工人的企业,原生产磨床,后改产"白兰"牌洗衣机。1979年产量仅有7000台。从1980年起,这个厂逐步将98%的零部件扩散到农村以乡镇企业为主的36个加工厂点,安排了1000多名农村剩余劳动力。到1983年,洗衣机产量猛增到23万台,成本降低44%,洗衣机的型号由一种增加到四种,其中"白兰"牌Ⅲ型洗衣机被评为轻工业部和北京市优质产品,行销20个省市区。北京市洗衣机总厂的经验,受到了市政府和中央负责人的高度赞扬。1984年9月,万里同志在与北京市主要领导人的谈话中,肯定了"白兰道路"的经验,并指出关于城市工业要有组织、有步骤地向乡村扩散,逐步形成城乡之间有分工的多层次的产业结构,是关系到建设中国特色的社会主义的一个重大问题。⑥

---

① 顾松年等:《苏南模式研究》,南京出版社,1990年,第8页。
② 顾松年等:《苏南模式研究》,南京出版社,1990年,第7页。
③ 舒元等:《广东发展模式——广东经济发展30年》,广东人民出版社,2008年,第82页。
④ 舒元等:《广东发展模式——广东经济发展30年》,广东人民出版社,2008年,第83页。
⑤ 蒋建新:《本市乡镇企业发展迅速》,《杭州日报》1984年4月24日。
⑥ 《当代中国的乡镇企业》编辑委员会编:《当代中国的乡镇企业》,当代中国出版社,2009年,第107、108页。

第六章 "双轨制"改革与工业赶超(1984—1992)

"白兰道路"的经验被肯定并在全国推广后,掀起了城市工业有组织地向乡镇企业扩散的横向经济联合的热潮。北京市工业已经由零星扩散发展到有计划、有领导地成批向郊区扩散,到1985年,全市已有500多家国营工厂将零部件扩散到乡镇企业,并新建了联营企业400多家;全市480多个乡镇服装厂,已有300多个厂同城市服装企业建立了联合关系,生产得到迅速发展,使乡镇服装企业产量占全市服装总产量的45%。天津市通过城市工业的产品扩散,到1985年,全市已初步形成了自行车、汽车、缝纫机、鞋帽、皮革、针织、地毯等十多个以城市工业为龙头、以乡镇企业为龙身龙尾的专业化生产体系。仅乡镇企业为自行车行业配套生产的零部件产值已达到1亿多元;全市工农联办企业已发展到120多个,年产值达到3亿多元。1985年,苏州市1.45万个乡镇企业,其中有三分之一以上同全国20多个省市特别是长三角经济区各城市开展经济技术联合,有1000多家乡镇企业已同城市经济、科技部门结成经济实体,使乡镇企业在产品质量、技术水平和竞争能力方面都得到提高和增强。①

哈尔滨市洗衣机厂同省内20多家乡镇企业协作生产洗衣机零部件,建立联营配套关系,1985年该厂双缸洗衣机月产量由300台猛增到1万台,成为全国双缸洗衣机月产量最高的厂家。哈尔滨市服装公司同25家乡镇服装厂建立来料加工关系,1984年,这些乡镇服装厂生产服装137万件,纯收入82万元。② 无锡县橡胶厂为上海轿车、东风载重车、柳州微型车等配套生产各种汽车门窗密封条、橡胶地毯、密封圈、密封套、密封环、油封、护套、胶条、胶管、衬套等汽车橡胶配件200余种;1984年,该厂为二汽东风牌载重汽车试制成功的"手制动密封套"获二汽科技成果奖。该厂还以品种多、质量高、信誉好等特点,赢得了用户的信赖;1990年该厂产值1271万元,固定资产562万元,职工596人,产品除汽车橡胶配件外,还生产橡塑地板革、纺织皮辊和防腐衬胶等,远销全国250多家用户单位。③ 杭州乡镇企业萧山万向节厂生产的63种进口汽车万向节,填补了国内市场的空白。④

---

① 《当代中国的乡镇企业》编辑委员会编:《当代中国的乡镇企业》,当代中国出版社,2009年,第108页。
② 顾万明:《城乡携手 比翼齐飞 哈尔滨在乡镇企业中发展"卫星工厂"》,《人民日报》1985年2月8日。
③ 《无锡市化学工业》编纂委员会编:《无锡市化学工业》,江苏古籍出版社,1994年,第219-220页。
④ 蒋建新:《本市乡镇企业发展迅速》,《杭州日报》1984年4月24日。

乡镇企业逐步成为推动我国工业发展的重要力量。1980年,乡镇企业产值仅占全国工业总产值的9.7%,1984年上升到16.4%,1987年进一步上升到26.7%(参见表6.2.2)。1987年,乡、村两级乡镇企业的产值占全国同行业总产值的比重为:建材63.4%,煤炭及炼焦21.7%,机械20.3%,纺织23.1%,化学14.3%,食品13.6%,缝纫38.2%,皮革36.1%,造纸27.4%,文教艺术用品32.5%。[①]

表6.2.2 1980—1987年乡镇企业产值占全国工业总产值的比重

年份 项目	1980年	"六五"计划期间					1986年	1987年
		1981年	1982年	1983年	1984年	1985年		
全国工业总产值/亿元	5232.0	5456.0	5882.0	6540.0	7606.0	9256.0	10307.0	12133.0
乡镇企业产值/亿元	509.4	579.3	646.0	757.1	1245.4	1827.2	2413.4	3243.9
乡镇企业产值占全国工业总产值的比重/(%)	9.7	10.6	11.0	11.6	16.4	19.7	23.4	26.7

注:(1) 1980年产值按1970年不变价格计算,其他年份按1980年不变价格计算。

(2) 按新口径计算,即村及村以下办的企业工业产值由农业总产值划入工业总产值。全国工业总产值数据,1980—1986年的来自1987年《中国统计摘要》,1987年的抄自国家统计局工交司。

(3) 1981年至1985年为"六五"计划期间。

资料来源:《当代中国的乡镇企业》编辑委员会编《当代中国的乡镇企业》,当代中国出版社,2009页,第121页。

乡镇企业在建立之初就以利润为导向,更多地面向市场,在经济短缺的条件下,其低廉的产品价格适应了市场需求,表现出较好的经营水平。无论是产值与固定资产的比重,还是利润与固定资产的比重,乡镇企业都明显优于国有企业和城市集体企业(参见表6.2.3)。

---

① 《当代中国的乡镇企业》编辑委员会编:《当代中国的乡镇企业》,当代中国出版社,2009年,第120页。

表 6.2.3　各类企业单位固定资产实现产值和利润　　单位：万亿元

年份	产值/固定资产			利润/固定资产		
	国有企业	城市集体企业	乡镇企业	国有企业	城市集体企业	乡镇企业
1986年	1.97	3.15	4.16	0.25	0.17	0.43
1987年	2.00	3.41	4.03	0.23	0.16	0.38
1988年	2.04	3.58	3.69	0.21	0.2	0.32
1989年	2.15	3.63	3.49	0.17	0.15	0.23
1990年	1.92	2.84	3.58	0.13	0.08	0.22

资料来源：林青松、杜鹰《中国工业改革与效率——国有企业与非国有企业比较研究》，云南人民出版社，1997年，第236页。

　　1989年国民经济开始治理整顿时，社会对乡镇企业的非议和指责也多了起来。有些部门把国民经济发展中遇到的问题归咎于乡镇企业，认为经济过热是乡镇企业发展过快、过热引起的；宏观失控，基建规模过大，是乡镇企业发展过头造成的；乡镇企业是靠歪门邪道发展起来的，是经济环境混乱的罪魁祸首；大工业缺原料、能源都是因为乡镇企业、家庭经济这些小鱼小虾把原料占用了、浪费了；乡镇工业企业、家庭个体工业水分大，假的多。不少政府部门主张把乡镇工业企业作为治理的主要对象，要"压乡镇企业，保全民工业"，"治理整顿就是要砍乡镇工业"等。1989年6月16日，邓小平在与杨尚昆、万里、江泽民、李鹏等人的谈话中提到，对一些浪费电力和原材料的乡镇企业要坚决关一批，行动要坚决，地方的同志要拿党性做保证。一些人片面理解邓小平的讲话，有的报刊公开宣传，要解决经济生活中出现的物价上涨、能源和原材料紧缺、资金缺口大的问题，必须坚决"压乡镇工业"。[①]

　　在治理整顿期间，乡镇企业发展受到一定影响。据京、津、冀、浙、苏、粤等19个省区市的初步预计，1989年乡镇企业总产值达6315亿元，比上年增长14.8%，大大低于1985—1988年期间年平均增长33.5%的速度，与1988年相对1987年的增长速度比，回落22.1个百分点。乡镇企业发展快的天津、山东、浙江、北京、江苏等地，回落速度比较明显。各地关、停、并、转了一批消耗能源、原材料高，与大工业争原料，污染严重，以及经营管

[①] 江苏省地方志编纂委员会编：《江苏省志·乡镇工业志》，方志出版社，2000年，第456-457页。

理不善的亏损企业,上述19个省区市1989年约减少企业52万个。① 乡镇企业作为发展农村经济的主要手段的认识并没有改变。正如1991年11月29日通过的《中共中央关于进一步加强农业和农村工作的决定》所指出的:"积极发展乡镇企业是繁荣农村经济、增加农民收入、促进农业现代化和国民经济发展的必由之路。要继续贯彻'积极扶持、合理规划、正确引导、加强管理'的方针,坚持不懈地办好乡镇企业。……发挥其积极作用,限制其消极作用。"②

短缺经济中迅速发展的乡镇企业,让贴近消费的轻工业有了较快发展,改善了我国工业结构偏"重"的局面,为我国工业化的推进做出了重要贡献。但是乡镇企业的发展也存在政企不分、产权关系模糊的问题,如何理顺发展还需要进一步改革。

三、工业化中私营经济的发展

1984—1992年,政府逐步放松了对私营经济的管制,私营经济发展较为迅速。1987年中共中央在《关于把农村改革引向深入》的文件中指出,私营经济是"社会主义经济的一种补充形式"。③ 党的十三大报告进一步指出:"社会主义初级阶段的所有制结构应以公有制为主体。目前全民所有制以外的其他经济成分,不是发展的太多了,而是还很不够。对于城乡合作经济、个体经济和私营经济,都要继续鼓励它们发展。"④

私营企业更多集中在工业领域,1989—1992年私营企业在工业总户数中的占比保持在60%以上(参见表6.2.4)。而且在自身资本、银行信贷支持非常有限的条件下,新兴的私营经济主要进入劳动密集型产业,在促进经济增长、增加国家税收、改善经济结构、解决劳动力就业等方面都起到了重要作用。

---

① 江夏:《乡镇企业发展速度减缓 专家建议对重点企业政策倾斜》,《人民日报》1989年12月31日。
② 《中共中央关于进一步加强农业和农村工作的决定》,《人民日报》1991年12月26日。
③ 张启华、张树军主编:《中国共产党思想理论发展史(下卷)》,人民出版社,2011年,第1284页。
④ 《十三大以来重要文献选编(上)》,人民出版社,1991年,第31页。

表 6.2.4 1989—1992 年私营企业的城乡、行业分布

年份	私营企业	按城乡分		按行业分		
		城镇	农村	工业	建筑业	其他
1989 年	户数	32952	57629	62795	3342	24444
	占总户数比例	36.4%	63.6%	69.3%	3.8%	27%
1990 年	户数	37701	60440	67293	3141	27707
	占总户数比例	38.4%	61.6%	68.6%	3.2%	28.2%
1991 年	户数	45190	62653	72585	3194	32064
	占总户数比例	41.9%	58.1%	67.3%	3.0%	29.7%
1992 年	户数	65987	73646	87143	4088	48402
	占总户数比例	47.3%	52.7%	62.4%	2.9%	34.7%

资料来源：中华全国工商业联合会编《中国私营经济年鉴(1978—1993)》，香港经济导报社，1994 年，第 116 页。

浙江省宁波市民营企业在这一时期发展较为迅速。宁波的民营企业多是从人多地少的慈溪县发展起来。实行家庭承包责任制以后，慈溪的个体私营加工业迅速发展。慈溪新浦、观城、白沙等地，先后出现一批以有色金属浇铸、塑料制品、针织、小五金等行业为主的联户以及个体工商户。这些小工厂、小作坊主要是为大中型企业制造小配件。小工厂、小作坊迅速遍布慈溪各个乡镇，到 1984 年，全县已有 2700 多家个体私营企业。1987年，全宁波市个体工商户从 1978 年的 186 户增加到了 10.5 万户。1987年、1988 年国务院先后颁布了鼓励、引导、规范个体私营经济发展的《城乡个体工商户管理暂行条例》和《私营企业暂行条例》，极大地促进了宁波个体私营经济的迅猛发展。到 1992 年底，宁波市地区生产总值达到 213.05亿元，全部工业总产值达到 475.79 亿元。在工业总产值中，国有经济仅占 19.3%，集体经济占 64.3%，股份制经济占 3.5%，私营经济占 5.2%，外资经济占 7.7%。[①]

福建的私营经济在这一时期也发展较为迅速。福建大部分私营企业主利用侨眷关系和海外渠道，以及对外开放和政府鼓励发展外向型经济的有利条件和时机，大力发展"三来一补"的生产加工工业。使企业加工方式由过去手工操作式的家庭工场经营，发展到机械化或半机械化的水平，企业产品结构由过去单一品种发展到多品种、多规格。1985 年初，泉州市掀

[①] 孙建红：《宁波民营企业制度演变的历史考察》，《中国经济史研究》2011 年第 2 期。

起了一股利用侨资进行"三来一补",兴办私营企业和私人合伙企业的热潮。他们或扩大规模,独资经营,或合股联办,由单户走向联合,发展成为合伙企业,摒弃了原先单纯模仿港、台"洋"货的做法,开始自己设计款式新颖,能反映海外潮流和时代特色的产品。① 许多泉州私营企业还选择挂靠集体、戴"红帽子"。根据泉州工商局反映,20世纪90年代初,泉州市的乡镇企业或一些街道企业中,有70%—75%的企业是挂靠集体企业的私营企业。在石狮,这类企业约占私营企业总数的90%。形成这一现象的原因很多,从私营企业和私营企业主方面讲,除了政治考虑外,私营企业挂靠集体后,可以增加银行贷款额。当时国家政策规定,私营企业只能从银行贷款3万元,而各个地区还有更具体的规定,如石狮对私营企业的银行贷款为1万元。而1万元或3万元对一个有一定规模的企业来讲,实在是杯水车薪。而且以实际情况看,真正贷到3万元,还需繁多的手续,很不容易。有了集体企业的名义后,贷款就可以增加到十几万元、几十万元。私营企业挂靠集体企业后还可以享受国家对国有、集体企业的许多政策优惠,尤其是税收上的优惠,如"减二免三"等。同时,还可以扩大业务范围,跨地区、跨行业、跨部门发展生产。如国家政策规定,私营企业或个体工商户承接长途贩运业务的只许在省内运行和装载,不许出省,只有国有或集体企业的运输公司方可跨省经营。这样,挂靠集体企业之后的优越性就显而易见了。② 随着工业的发展,如何通过改革给私营企业提供更好的经营环境,是下一步改革的重要任务。

第三节 对外开放的深入与工业发展

这一时期,我国进一步扩大了对外开放,让工业在更广阔的范围内利用国内外两个市场、两种资源,有效推动了工业发展。

一、进一步扩大开放区域

1984年10月,中共十二届三中全会通过了《中共中央关于经济体制改

---

① 袁恩桢主编:《中国私营经济:现状、发展与评估》,上海人民出版社,1993年,第155、156页。

② 袁恩桢主编:《中国私营经济:现状、发展与评估》,上海人民出版社,1993年,第159、160页。

革的决定》,正式将对外开放确定为我国的"长期基本国策"。① 1984年,我国进一步开放了天津、上海、大连、秦皇岛、烟台、青岛、连云港、南通、宁波、温州、福州、广州、湛江和北海14个沿海港口城市。② 并陆续出台一系列优惠政策,扩大对外开放。1984年11月15日,国务院发布《关于经济特区和沿海十四个港口城市减征、免征企业所得税和工商统一税的暂行规定》。1985年4月2日,国务院发布《中华人民共和国经济特区外资银行、中外合资银行管理条例》,同年10月28日,我国第一家合资银行——厦门国际银行开业。1985年2月18日,中共中央、国务院批转了《长江、珠江三角洲和闽南厦漳泉三角地区座谈会纪要》,决定在长江三角洲、珠江三角洲和闽东南三角地区开辟沿海经济开放区;以后又开辟了环渤海(辽东半岛和胶东半岛)经济开放区,将沿海140个市县划入开放区,设立上海浦东经济技术开发区等。这些沿海经济开放区的开辟与设立,极大地促进了沿海地区外向型经济的发展。③ 1988年3月23日,国务院发出《关于沿海地区发展外向型经济的若干补充规定》;1988年6月29日,财政部发布《关于沿海经济开放区鼓励外商投资减征、免征企业所得税和工商统一税的暂行规定》。④ 1988年,我国进一步在海南建省,成立新的经济特区,在更高水平上进一步扩大开放。1991年在上海外高桥、深圳福田、沙头角、天津港等沿海重要港口设立保税区,借鉴国际成功经验,发展保税仓储、保税加工和转口贸易;在武汉、南京、沈阳、天津等25个城市建立高新技术开发区,在税收、进出口管理、商务人员出入境等方面给予优惠政策。⑤ 我国对外开放进程不断加快,区域日益扩大,实现了由点到面、由南到北的过渡,形成了经济特区—沿海开放城市—沿海经济开放区的对外开放新格局。

随着开放的深入,中国劳动密集的优势逐步显现。东部沿海地区在新一轮开放过程中占领了先机。1990年,深圳工业总产值为220.22亿元,是1986年的6.5倍。深圳的工业行业已经从1986年的13个,增加到电子、通信设备、冶金、电力、化学、机械、建材、食品、制造、印刷、缝纫、森林、饮

---

① 孙玉琴、申学锋:《中国对外开放史》(第三卷),对外经济贸易大学出版社,2012年,第257页。
② 孙玉琴、申学锋:《中国对外开放史》(第三卷),对外经济贸易大学出版社,2012年,第263页。
③ 唐任伍、马骥:《中国经济改革30年·对外开放卷(1978—2008)》,重庆大学出版社,2008年,第10页。
④ 商务部研究院编:《中国吸收外资30年》,中国商务出版社,2008年,第49页。
⑤ 傅自应主编:《中国对外贸易三十年》,中国财政经济出版社,2008年,第37页。

料、烟草、饲料、家具、纺织、皮革、造纸、石油加工、医药、橡胶制品等33个行业,其中,轻工业门类较为齐全,技术比较先进。①从1986年至1990年,深圳工业对外资的利用和工业品出口比重都有大幅度增加。1990年,外资企业增加到643家,产值占工业总产值的比重增加到66.3%。在33个出口行业中,食品、纺织、石化、电子、仪器仪表等14个行业的出口产值比重均超过50%。深圳成为中国出口商品生产加工的重要基地之一。②

厦门市根据国家确定创建经济特区的方针政策,积极吸引外商来厦门办独资企业。1982年1月,印尼华侨陈应登先生投资442万美元,在厦门湖里工业区兴建了厦门经济特区首家独资企业厦门印华地砖厂有限公司,1984年7月正式投产,成为我国首家劈离砖生产厂家。公司引进西德林格、雷特公司先进技术和全套自动化生产设备,年产劈离砖60万平方米,产品远销我国香港、新加坡、日本、澳大利亚、新西兰以及中东、北美等地。1985年,香港鑫港实业有限公司曾琦先生独资兴办厦门宏泰发展有限公司。这是一个以生产通信电子产品为主的高科技企业,主要生产电话机、录音电话机、天线放大器,公司总投资1677.78万美元,拥有35万平方米的现代化厂房、写字楼、几十条标准自动生产流水线。公司年产多功能电话机、电脑控制录音电话机300万台以上,年工业产值超过6亿元人民币,成为中国机电产品前100名企业之一。1985年,香港联侨企业有限公司董事长黄保欣先生在厦门兴办独资企业,总投资210万美元,生产和销售塑胶制品。公司从日本、新加坡引进了各种先进的生产设备,有吹塑机、印刷机和切袋机等,可承接2—8色的凹版和凸版印刷。生产背心袋、边封袋、底封袋、派奇环袋、软手挽袋、反折手挽袋、穿胶带袋和耳袋等八大类、数十种各式各样聚乙烯薄膜袋,年产量超5000吨。购置厂房2幢,面积达9400平方米。产品畅销美国、日本、荷兰、英国、法国和澳大利亚等世界各地。③

二、扩大对外贸易、积极引进技术与工业发展

(一) 积极扩大出口

1984年后,我国加快了对外贸易体制改革,为扩大出口提供了良好的政策环境。1984年9月19日,国务院批准了对外经济贸易部《关于外贸体

---

① 陶一桃、鲁志国主编:《中国经济特区史论》,社会科学文献出版社,2008年,第65页。
② 陶一桃、鲁志国主编:《中国经济特区史论》,社会科学文献出版社,2008年,第66页。
③ 《厦门对外经济贸易志》编委会编:《厦门对外经济贸易志》,中国统计出版社,1998年,第172页。

制改革意见的报告》,《报告》主要内容如下。①政企分开。外贸实行政企分开后,经贸部和各省、自治区、直辖市经贸厅(委)专门负责对外贸易的行政管理,外贸企业进出口业务,独立核算,自负盈亏。各级行政部门,不干涉外贸企业的经营业务。②实行进出口代理制,改进外贸经营管理。进出口代理制应成为外贸经营的基本形式。③改革外贸计划体制,缩小进出口商品的指令性计划范围,扩大指导性计划范围,注意发挥市场调节作用。④改革外贸财务体制。实行核定出口成本,增盈分成、减盈自理的办法,增盈资金60%用于企业,40%用于职工福利和奖金。① 1986年邓小平指出:"外汇短缺,外贸发生逆差,会不会拖我们的后腿?中国有很多东西可以出口。要研究多方面打开国际市场……逐年减少外贸逆差是个战略性问题。"②1987年,我国开始试行以3项指标为内容的外贸承包经营责任制,即在所有权和经营权分离的前提下,主要由各省、自治区、直辖市、计划单列市人民政府和外贸、工贸专业公司向国家实行各项经营承包(具体承包为出口收汇、出口换汇成本、利润3项指标),并在取得经验的基础上,从1988年起在全国推行以省、市、自治区为主的外贸承包责任制。③

国家采取措施鼓励中国更好地利用国际市场,通过出口来弥补中国外汇不足。1984年5月,根据国务院财经领导小组"应给予国家大型企业一定的外贸自主权,像宝钢这样的大型企业,经过批准,可以直接经营对外贸易"的批示精神,为开拓海外经贸业务,积极筹建宝钢海外公司,并同中国技术进口公司、中国五金矿产总公司、中国对外贸易运输总公司在海外的独资公司合作,分别于1988年在日本开设宝华贸易株式会社,1989年在德国开设宝德技术贸易公司,1990年在美国开设宝矿有限公司,1991年在香港开设宝运企业有限公司。宝钢在海外有了自己的据点和窗口,构成了扩大外贸的辐射网络。经外汇管理局上海分局同意,从1988年起建立"以进养出"周转账户,1990年3月起开立外汇现汇账户。④

1986年底,国务院办公厅转发了国家计委等部门《关于扩大沿海地区轻工产品出口有关政策措施的意见》,决定在第七个五年计划期间,在包括青岛在内的12个纺织品出口基地城市,设立重点出口纺织企业发展基金。

---

① 裴长洪主编:《中国对外开放与流通体制改革30年研究》,经济管理出版社,2008年,第56页。
② 《邓小平文选(第三卷)》,人民出版社,1993年,第159-160页。
③ 裴长洪:《中国开放型经济建立的经验分析——对外开放30年的总结》,《财经问题研究》2009年第2期。
④ 《宝钢志》编纂委员会编:《宝钢志》,上海社会科学院出版社,1995年,第277-278页。

从 1986 年开始,以上年实际创汇为基数,每新增创汇 1 美元,拨给企业发展基金 0.4 元。并继续贯彻执行国务院国发〔1986〕17 号文件(《国务院关于鼓励出口商品生产扩大出口创汇的通知》)的规定,即在 1985 年基数内每创汇 1 美元奖励人民币 0.03 元,和超基数每多创汇 1 美元奖励人民币 0.1 元的前提下,按深加工增值情况,把基数内每创汇 1 美元奖励 0.03 元提高到平均奖励 0.04 元。对承担关键设备制造的重点纺织机械和纺织器材企业,按销售额的 2% 提取新产品研制开发基金。[①]

1984 年以后,我国进出口额取得较快增长速度,出口额占国民生产总值的比重由 1984 年的 8.1%,上升为 1992 年的 17.6%[②],成为拉动中国经济增长的重要引擎。中国在世界的出口地位也有较大提升,1984 年仅为 18 位,到 1992 年上升到了 11 位(参见表 6.3.1)。从出口商品种类来看,工业制成品的比重逐年增加,1988 年我国出口工业制成品比重为 69.7%,1992 年上升为 81.8%(参见表 6.3.2)。我国的贸易逆差也逐步缩小,1988 年贸易逆差为 77.5 亿美元,1989 年为 66 亿美元,1990 年则出现顺差 87.5 亿美元[③]。

表 6.3.1 中国出口额占世界出口总额的比重和位次

年份	世界出口总额/亿美元	中国出口额/亿美元	中国出口额占世界出口总额的比重/(%)	位次
1980 年	19906	181	0.9	26
1981 年	19724	220	1.1	19
1982 年	18308	223	1.2	17
1983 年	18078	222	1.2	17
1984 年	19019	261	1.4	18
1985 年	19277	274	1.4	17
1986 年	21157	309	1.5	16
1987 年	24969	394	1.6	16
1988 年	28382	475	1.7	16

---

① 青岛市史志办公室编:《青岛市志·对外经济贸易志》,五洲传播出版社,2001 年,第 59、60 页。

② 国家统计局贸经司编:《中国对外经济统计年鉴(1998)》,中国统计出版社,1999 年,第 22 页。

③ 国家统计局贸经司编:《中国对外经济统计年鉴(1998)》,中国统计出版社,1999 年,第 19 页。

续表

年份	世界出口总额/亿美元	中国出口额/亿美元	中国出口额占世界出口总额的比重/(%)	位次
1989年	30361	525	1.7	14
1990年	34700	621	1.8	15
1991年	35300	717	2	13
1992年	37000	849	2.3	11

资料来源:国家统计局贸经司编《中国对外经济统计年鉴(1998)》,中国统计出版社,1999年,第22页。

表6.3.2 出口商品分类构成　　　　　单位:%

商品分类		1988年	1989年	1990年	1991年	1992年
初级产品	总额	30.3	28.7	25.6	22.5	20
	食品及主要供食用的活动物	12.4	11.7	10.6	10.1	9.8
	饮料及烟类	0.5	0.6	0.6	0.7	0.8
	非食用原料	8.9	8	5.7	4.9	3.7
	矿物燃料、润滑油及有关原料	8.3	8.2	8.4	6.6	5.5
	动植物油、脂及蜡	0.2	0.2	0.3	0.2	0.2
工业制成品	总额	69.7	71.3	74.4	77.5	80
	化学品及有关产品	6.1	6.1	6	5.3	5.1
	轻纺产品、橡胶制品、矿冶产品及其制品	22.1	20.7	20.3	20.1	19
	机械及运输设备	5.8	7.4	9	10	15.6
	杂项制品	17.4	20.5	20.4	23.1	40.3
	未分类的其他商品	18.3	16.6	18.7	19	—

注:进出口商品种类以联合国《国际贸易标准分类》为基础。

资料来源:国家统计局贸易外经统计司编《中国对外经济统计年鉴(1994)》,中国统计出版社,1995年,第24页。

(二) 技术引进

由于我国与世界技术存在较大差距,这一时期我国还积极通过进口国外先进设备,提高技术水平。1985年,全国第三次技术进步会议上,国家即提出了"企业的技术开发,转到以消化吸收引进技术和国产化为主的工作上来"的方针。国家经委计划在"七五"计划期间重点抓好12项重大消化吸收项目,即彩色电视机、船舶、电力与内燃机车、合成氨设备、日产2000吨水泥熟料窑外分解设备、特殊钢和大型板坯连续铸锭设备、数控机床、剑杆织机和气流纺纱机、煤炭采掘机械、啤酒生产线、服装生产线,以及瘦肉型猪的商品化。这项工作简称为"12条龙计划",围绕这项工作,共规划了技术开发177项、技术改造303项、配套技术引进29项。①

各省也加大了技术引进的力度。福建作为改革开放前沿阵地,1984—1985年,引进技术项目420项,年均210项,引进项目开始向中型、技术型方向发展。其中,1984年福州灯泡厂从日本引进的环形灯及玻璃拉管机,用汇377.2万美元;1985年厦门化纤厂从联邦德国引进的涤纶切片成套设备,用汇1909万美元。1986—1990年,福建引进技术项目锐减为374项,年均引进74.8项,其中1988年比1987年减少40.5%,1989年又比1988年减少45.5%,1990年引进项目比1989年略有增加。这5年,福建引进的生产设备着重于高起点、出口创汇型和技术改造型的项目,如1986年,南平造纸厂从联邦德国、加拿大、芬兰等国引进造纸新设备和检测仪器,使该厂纸机抄速从每分钟300米提高到400米;1988年,福州电线厂从联邦德国、奥地利引进微细漆包线生产设备投产,提高了产品的质量和档次,当年出口创汇205万美元;1989年,福州第二化工厂从意大利引进年产5000吨漂白粉精的生产设备,年新增产值1600万元,利税700万元。②

1984年10月,湖南省人民政府召开首届对外经济技术合作洽谈会,接待了来自17个国家和我国港、澳地区的客商600多人,初步打开了引进技术和利用外资、港澳台资的局面。是年,全省共签订技术引进项目合同225个,总成交额1.59亿美元,相当于前5年总成交额的2.6倍。1985年,湖南省又通过对外招商成交技术引进项目91个,金额8300万美元。在两年合计的316个技术引进项目中,按行业划分:轻工134个,食品36个,纺织36个,机械32个,电子25个,石化11个,冶金10个,建材9个,烟草9个,其他14个;按成交金额划分:1000万美元以上的1个,100—1000万美元的62个,100万美元以下的253个。一些行业和重点企业,把技术引进同

---

① 陈慧琴:《技术引进与技术进步研究》,经济管理出版社,1997年,第115页。
② 福建省地方志编纂委员会编:《福建省志·对外经贸志》,中国社会科学出版社,1999年,第210页。

行业、企业的发展规划结合起来统筹安排,效果较好。轻纺行业着重解决填补湖南省内、我国内地部分缺门产品的生产问题,如长沙市塑料公司从联邦德国、意大利、挪威等国家以及我国香港等地区先后引进 ABS 板、无毒 PVC 特级包装膜、PV 塑料门窗等 5 条生产线,用汇 341 万美元,1986 年形成生产能力;长沙毛涤纶厂从日本津田驹株式会社引进喷水织机 120 台及配套的后整理设备、日本三菱商事会染整设备和联邦德国雷米特公司三辊轧光机,设计年产印染布 1000 万米,用汇 690 万美元,1986 年正式投产;湖南省二轻厅服装公司所属 10 多家服装厂都争着要从国外引进西服生产线,该厅按照合理分工和互相配套的行业发展要求,有计划地安排各厂分别引进西服、衬衫、时装、童装等生产线,使产品配套成龙;株洲硬质合金厂投入 2600 万美元,从瑞士引进一条具有国际先进水平的年产 300 吨优质硬质合金的生产线,可生产 25 种新型合金铣削刀具,大部分用于出口,1987 年形成生产能力,年出口创汇达到 1000 万美元以上;军工企业八六一厂(沅江机械厂)实施了"军转民"发展战略,从西班牙引进一条年产 20 万台电冰箱的生产线,于 1987 年 12 月成功开发出白云牌 165 升双门双温电冰箱,投入批量生产。①

江苏南化集团在这一时期也大规模引进国外先进技术。1984 年,引进联邦德国鲁齐公司硫铁矿制酸沸腾焙烧基础设计、余热锅炉技术、电除尘技术和关键设备,以及从日本引进二氧化硫鼓风机、加拿大酸冷却器和美国浓酸泵,1988 年建成当时国内最大的年产 20 万吨硫铁矿制酸装置。在此基础上,还与鲁齐公司签订长期技术合作协定,为南化设计院真正成为国内硫酸专业设计技术先进院打下了基础。目前,世界银行在中国的贷款项目涉及硫酸工厂建设的均需由南化设计院编制可行性研究方案。1987 年至 1989 年,为合成氨技术改造项目引进了大型压缩机、碳丙泵、铜泵机组等,用汇 959.75 万美元。1990 年,引进了美国戴维公司专利技术,建成年产 24 万吨磷铵装置,用汇 143.30 万美元。1990 年,在建的南京东方化工有限公司年产 5 万吨己内酰胺装置引进了联邦德国迪迪尔工程公司成套装置,用汇 9 637.15 万美元。南化集团还引进单机设备 30 台,用汇 289.47 万美元,用于化工、机械制造,以及科研、设计、教育、医疗等。②

青岛电冰箱总厂在详细考察论证的基础上,于 1984 年 9 月 12 日与外

---

① 湖南省地方志编纂委员会编:《湖南省志·工业综合志(1978—2002)》,珠海出版社,2009 年,第 381-383 页。

② 南京化学工业(集团)公司《南化志》编委会编:《南化志》,中华书局,1994 年,第 416 页。

商签约1985年引进设备,当年安装、投产,当年见效益,迅速形成了年产基础件40万台套、整机综合生产能力15万台的规模,大大超过了预定的指标要求。该厂利用引进技术生产的"琴岛-利勃海尔"家用电冰箱,成为我国唯一的四星级产品。产品一上市,就以速冻、深冷、节电的显著优点风靡京、津、沪等大中城市。这股热销的冲击波很快波及国外。1986年春季广交会上,外商一次订货13500台,成交额居该次交易会家电产品之首,为国家收入外汇超过了引进设备和技术所花费的外汇。该厂制造电冰箱实行的DIN技术标准高于国际一般标准。由于该厂认为高标准才能出好产品,所以在引进产品时先引进了联邦德国电冰箱制造的技术标准1942条,为在我国生产出世界一流的家用电冰箱奠定了可靠基础。① 这一时期的技术引进,有效弥补了我国技术的短板,实现了中国技术的跨越式发展。

三、利用外资与工业发展

1984年,国务院召开了第一次全国外资工作会议,总结了改革开放以来我国吸引外商投资的初步经验,提出了进一步解放思想、开创吸收外资新局面的要求。邓小平指出:"我国的对外开放、吸收外资的政策是一项长期持久的政策""我们的对外开放政策,本世纪内不能变,下个世纪的前50年也不能变。50年以后又怎么样?那时,中国同外国的经济将更加紧密地联系起来,千丝万缕的联系怎么能断得了呢?"②1986年,国务院颁布了《关于鼓励外商投资的规定》,确定了鼓励出口、引进先进技术的外资政策导向,并制定了一系列鼓励政策。③

中国巨大的市场和逐渐完善的投资环境吸引了大量外资流入,为中国工业化推进奠定了良好的基础。北京·松下彩色显像管有限公司是国家在"七五"计划期间批准的三个彩色显像管生产厂重点建设项目之一。1985年3月,国家计委批复了北京彩色显像管的项目建议书,批准在北京建设一个年产150万只彩色显像管的生产厂。与日本厂商多次接触后,1985年3月11日,以社长山下俊彦为首的松下电器产业株式会社高级代表团,访问了北京并考察了选定的厂址,松下方面表示愿意与北京合作建

---

① 李钢:《立足于高起点——青岛电冰箱总厂技术引进的调查》,《人民日报》1986年9月9日。
② 《邓小平会见嘉道理祝贺广东核电站合同正式签字 开放政策不会导致资本主义 社会主义比重将始终占优势》,《人民日报》1985年1月20日。
③ 商务部研究院编:《中国吸收外资30年》,中国商务出版社,2008年,第45页。

设彩色显像管生产厂。中日双方经过长达两年半的谈判,于1987年9月8日签订了"北京·松下彩色显像管有限公司(简称 BMCC)合资合同",合资期限20年。合资的中方为北京电子管厂、中国电子进出口公司北京分公司、北京显像管厂、中国工商银行北京信托投资公司,日方为松下电器产业株式会社、松下电子工业株式会社。中日双方各出资50％,现金出资,全额注册。① 北京·松下彩色显像管有限公司安装了两条从松下公司引进的具有80年代初期国际水平的 CPT 生产线共600台套设备,第一条生产线投产当年即获利润1500余万元。②

泉州市的私营企业在原有的基础和规模上,大搞外引内联,充分发挥侨、台优势,大力引进、嫁接侨资、外资、台资,使"中-中"联合发展为"中-中-外"三方联合,达到优势互补、增强后劲和活力的目的,从而推动了全市经济的迅速发展。福建省新雅联合手袋公司就是这样的一个典型。福建省新雅联合手袋公司的前身,是私营企业福建省石狮棉塑工艺厂。当时,棉塑工艺厂的发展方向是生产出口商品——工艺鞋,在建厂初曾与一家美国客商签订了72000双童鞋的生产合同。由于童鞋工艺繁难,利润微薄,产品成交后,企业亏损5万元。但是,同时由于生产的童鞋质量上乘、交货及时等原因,企业赢得了国外客户和国内外资部门的信任和重视。1984年,棉塑厂被外贸部门定为生产出口商品的重点厂家。1986年8月,当福建省工艺品进出口公司决定新增加工工艺包袋的经营项目时,选中该厂作为第一家合作对象。于是,1986年9月,福建省工艺品进出口公司邀请中国工艺品进出口总公司入股,同棉塑厂三方合资成立了工贸合资企业,取名为福建省新雅联合手袋公司。1988年4月,由中国工艺品进出口总公司联系,选择了联邦德国华隆有限公司为合作伙伴,成立了中外合资的中国(福建)新隆实业有限公司,总投资人民币500万元,外方占25％(共125万元),中方占75％(375万元);其中,中国工艺品进出口总公司占股20％,福建省工艺品进出口公司占股20％,石狮棉塑工艺厂占股60％。1989年,合资公司总产值为4892.71万元,实现利税达326.9万元;1990年底,新雅公司拥有厂房10730万平方米,职工700多人,进口的先进机器和成套的生产流水线设备共计614台套。产品全部出口,远销美国、加拿大、日本、

---

① 北京市地方志编纂委员会编:《北京志·工业卷·电子工业志、仪器仪表工业志》,北京出版社,2001年,第118页。

② 北京市地方志编纂委员会编:《北京志·工业卷·电子工业志、仪器仪表工业志》,北京出版社,2001年,第118页。

德国、英国、法国、意大利、中东、我国香港等40多个国家和地区。①

1992年我国引进外资金额是1984年的14.5倍,其中,外商直接投资金额1992年为1984年的21.9倍(参见表6.3.3)。从工业产值的角度来看,包括外资、中外合资在内的其他类型工业产值,1984年占全国工业总值仅为1.01%,1992年上升为7.1%(参见表6.3.4)。外资成为推动中国工业高速增长的重要动力。

表6.3.3　1984—1992年我国利用外资协议额　　　单位:亿美元

年份	总计		对外借款		外商直接投资		外商其他投资额
	项目	金额	项目	金额	项目	金额	
签订利用外资协议(合同)额							
1984年	1894	47.91	38	19.16	1856	26.51	2.24
1985年	3145	98.67	72	35.34	3073	59.32	4.01
1986年	1551	117.37	53	84.07	1498	28.34	4.96
1987年	2289	121.36	56	78.17	2233	37.09	6.10
1988年	6063	160.04	118	98.13	5945	52.97	8.94
1989年	5909	114.79	130	51.85	5779	56.00	6.94
1990年	7371	120.86	98	50.99	7273	65.96	3.91
1991年	13086	195.83	108	71.61	12978	119.77	4.45
1992年	48858	694.39	94	107.03	48764	581.24	6.12

资料来源:国家统计局贸易外经统计司编《中国对外经济统计年鉴(1996)》,中国统计出版社,1997年,第269页。

表6.3.4　工业总产值中各种经济类型所占比重　　　单位:%

年份	全民所有制工业	集体所有制工业	城乡个体工业	其他经济类型工业
1984年	69.09	29.71	0.19	1.01
1985年	64.86	32.08	1.85	1.21
1986年	62.27	33.51	2.76	1.46
1987年	59.73	34.62	3.64	2.02
1988年	56.80	36.15	4.34	2.72
1989年	56.06	35.69	4.80	3.44
1990年	54.60	35.62	5.39	4.38

---

① 袁恩桢主编:《中国私营经济:现状、发展与评估》,上海人民出版社,1993,第169-170页。

续表

年份	全民所有制工业	集体所有制工业	城乡个体工业	其他经济类型工业
1991年	52.90	35.70	5.70	5.66
1992年	48.10	38.00	6.80	7.10

资料来源:国家统计局工业交通统计司编《中国工业经济统计年鉴(1993)》,中国统计出版社,1993年,第36页。

第四节 1984—1992年工业发展绩效分析

一、工业保持较快发展速度

这一时期,我国工业保持了较快的发展速度,推动了整个国民经济的高速发展(参见表6.4.1)。第二产业比重稳定在43%左右,工业比重稳定在38%左右(参见表6.4.2)。工业内部结构也大体保持稳定(参见表6.4.3)。从这一时期工业的推动力来看,1984年全民所有制工业产值占工业总产值的比重为69.09%,1992年下降为48.1%,而包括集体所有制、城乡个体以及其他经济类型的工业产值所占比重由1984年的30.91%上升为1992年的51.9%。全民所有制工业产值虽然在比重上有所下降,但是其绝对值仍然有长足发展,1992年比1984年增加了238.7%(参见表6.4.4、表6.4.5)。从劳动生产率来看,我国工业劳动生产率取得了长足进步,1992年与1985年相比,工业的全员劳动生产率提高了177.5%,全员劳动生产率提高了139.2%,集体提高229.1%,包括外企在内的其他所有制企业提高了264.8%(参见表6.4.6)。

表6.4.1 国内生产总值指数(上年=100)

年份	国民生产总值	国内生产总值	第一产业	第二产业	工业	建筑业	第三产业	交通运输、仓储、邮电通信业	批发和零售贸易餐饮业	人均国内生产总值
1984年	115.3	115.2	112.9	114.5	114.9	110.9	119.4	115.0	121.5	113.7
1985年	113.2	113.5	101.8	118.6	118.2	122.2	118.3	113.5	128.9	111.9
1986年	108.5	108.8	103.3	110.2	109.6	115.9	112.1	112.8	110.6	107.2

续表

年份	国民生产总值	国内生产总值	第一产业	第二产业	工业	建筑业	第三产业	交通运输、仓储、邮电通信业	批发和零售贸易餐饮业	人均国内生产总值
1987年	111.5	111.6	104.7	113.7	113.2	117.9	114.4	110.0	113.5	109.8
1988年	111.3	111.3	102.5	114.5	115.3	108.0	113.2	113.3	114.3	109.5
1989年	104.2	104.1	103.1	103.8	105.1	91.6	105.4	104.7	91.7	102.5
1990年	104.2	103.8	107.3	103.2	103.4	101.2	102.7	108.6	95.2	102.3
1991年	109.1	109.2	102.4	113.9	114.4	109.6	108.8	111.2	104.5	107.7
1992年	114.1	114.2	104.7	121.2	121.2	121.0	112.4	110.5	113.1	112.8

资料来源：国家统计局编《中国统计年鉴(1998)》，中国统计出版社，1998年，第57页。

表6.4.2　国内生产总值构成　　　　　　　　单位：%

年份	国内生产总值	第一产业	第二产业	工业	建筑业	第三产业	交通运输、仓储、邮电通信业	批发和零售贸易餐饮业
1984年	100.0	32.0	43.3	38.9	4.4	24.7	4.6	5.8
1985年	100.0	28.4	43.1	38.5	4.7	28.5	4.5	9.8
1986年	100.0	27.1	44.0	38.9	5.2	28.9	4.7	9.2
1987年	100.0	26.8	43.9	38.3	5.6	29.3	4.6	9.7
1988年	100.0	25.7	44.1	38.7	5.4	30.2	4.4	10.8
1989年	100.0	25.0	43.0	38.3	4.7	32.0	4.6	10.0
1990年	100.0	27.1	41.6	37.0	4.6	31.3	6.2	7.7
1991年	100.0	24.5	42.1	37.4	4.7	33.4	6.5	9.7
1992年	100.0	21.8	43.9	38.6	5.3	34.3	6.3	10.3

资料来源：国家统计局编《中国统计年鉴(1998)》，中国统计出版社，1998年，第56页。

表 6.4.3　全国工业总产值

年份	绝对数/亿元			构成/(%)		指数(以上年为100)		
	全国工业总产值	轻工业	重工业	轻工业	重工业	全部工业总产值	轻工业	重工业
1984 年	7617	3608	4009	47.4	52.6	116.3	116.1	116.5
1985 年	9716	4575	5141	47.4	52.6	121.4	122.7	120.2
1986 年	11194	5330	5864	47.6	52.4	111.7	113.1	110.2
1987 年	13813	6656	7157	48.2	51.8	117.7	118.8	116.7
1988 年	18224	8979	9245	49.3	50.7	120.8	122.1	119.4
1989 年	22017	10761	11256	48.9	51.1	108.5	108.2	108.9
1990 年	23924	11813	12111	49.4	50.6	107.8	109.2	106.2
1991 年	28248	13801	14447	48.9	51.1	114.5	114.6	114.4
1992 年	37066	17492	19574	47.2	52.8	127.5	126.1	129.0

注：本表包括村及村以下工业产值，工业总产值按当年价格计算，发展速度按可比价格计算。
资料来源：国家统计局工业交通统计司编《中国工业经济统计年鉴(1993)》，中国统计出版社，1993年，第34页。

表 6.4.4　工业总产值中各种经济类型所占比重　　　　单位：%

年份	全民所有制工业	集体所有制工业	城乡个体工业	其他经济类型工业
1984 年	69.09	29.71	0.19	1.01
1985 年	64.86	32.08	1.85	1.21
1986 年	62.27	33.51	2.76	1.46
1987 年	59.73	34.62	3.64	2.02
1988 年	56.80	36.15	4.34	2.72
1989 年	56.06	35.69	4.80	3.44
1990 年	54.60	35.62	5.39	4.38
1991 年	52.90	35.70	5.70	5.66
1992 年	48.1	38	6.8	7.1

资料来源：国家统计局工业交通统计司编《中国工业经济统计年鉴(1993)》，中国统计出版社，1993年，第36页。

表 6.4.5　全国乡及乡以上独立核算工业企业全员劳动生产率

单位:元/人・年

年份	全部工业	全民所有制工业	集体所有制工业	其他经济类型工业
1984 年	11190	14070	9227	—
1985 年	12372	15080	8206	22752
1986 年	12609	15451	8600	22009
1987 年	13961	16671	9979	26203
1988 年	15835	18056	12195	32893
1989 年	16568	18320	13170	36550
1990 年	17408	18639	14258	41465
1991 年	28704	32304	20664	67599
1992 年	34338	36074	27004	82992

资料来源:国家统计局工业交通统计司编《中国工业经济统计年鉴(1993)》,中国统计出版社,1993年,第68页。

二、工业发展的国际比较

这一时期,从工业产品的绝对量来看,我国许多工业产品产量位居世界前列(参见表6.4.6),与世界工业大国的差距日趋缩小。从基础产品来看,1985年中国钢铁产量是美国的58.4%,1992年达到美国的97.4%,已经接近美国的生产水平;1985年中国钢铁产量是日本的44.4%,1982年达到日本的82.4%;1985年中国钢铁产量是苏联的30.3%,1991年达到50.7%,超过了一半(参见表6.4.7)。1985年,中国发电量仅为世界总计的4.24%,至1992年也仅为6.35%。1985年中国发电量为美国的15.99%,1992年上升为24.52%;同时,1985年,中国发电量为苏联的26.60%,1991年为41.47%(参见表6.4.8)。中国煤炭产量在1985年占世界的19.7%,1992年占世界的24.76%;与美国、俄罗斯等国相比,中国煤炭产量均占有优势。1985年中国煤炭产量是美国的1.09倍,到1992年为美国的1.23倍(参见表6.4.9)。1985年中国电视机总量占世界的比重为15.89%,1992年上升为22.42%;1985年中国电视机是美国的1.25倍,1992年为美国的2.12倍(参见表6.4.10)。

表 6.4.6　我国工业主要产品产量居世界位次的变化

年　份	1985 年	1988 年	1989 年	1990 年	1991 年	1992 年
钢	4	4	4	4	4	4
煤	2	1	1	1	1	1
原油	6	5	6	5	5	5
发电量	5	4	4	4	4	4
水泥	1	1	1	1	1	1
硫酸	3	3	3	3	3	3
化肥	3	3	3	3	3	3
化学纤维	4	4	4	—	2	2
布	1	1	1	1	1	1
糖	6	5	6	—	6	6
电视机	3	2	1	1	1	1

资料来源:国家统计局工业交通统计司编《中国工业经济统计年鉴(1993)》,中国统计出版社,1993 年,第 63 页。

表 6.4.7　钢铁产量　　　　　　　　　　　　　　　　　单位:万吨

年份	1985 年	1986 年	1987 年	1988 年	1989 年	1990 年	1991 年	1992 年
世界总计	73006	72428	74458	78563	78737	77294	71519	72787
中国	4679	5220	5628	5943	6159	6635	7100	8094
巴西	2046	2123	2222	2454	2611	2058	2261	2390
法国	1880	1786	1769	1910	1931	1902	1843	1802
德国	4049	3713	3625	4103	4108	3844	3878	3688
印度	1118	1142	1226	1302	1288	1303	1639	1300
日本	10528	9828	9851	10568	10790	11033	10964	9814
苏联	15467	16055	16189	16303	16009	15442	13992	—
英国	1572	1472	1741	1895	1874	1646	1663	1601
美国	8006	7403	8088	9176	8772	8972	7974	8310

资料来源:张塞主编《国际统计年鉴(1995)》,中国统计出版社,1996 年,第 272 页。

表6.4.8　发电量　　　　　　　　　　　　　　　　　单位:亿千瓦时

年份	1985年	1986年	1987年	1988年	1989年	1990年	1991年	1992年
世界总计	96955	100232	105733	110393	113899	116740	118776	118701
中国	4107	4495	4973	5452	5848	6212	6775	7539
巴西	1927	2013	2023	2150	2217	2228	2344	—
法国	3257	3430	3526	3655	4069	4201	4542	4623
德国	4067	4064	4185	4227	4406	4492	5394	5371
印度①	1702	1875	2019	2211	2451	2643	2867	3010
日本	6720	6718	6990	7537	7988	8573	8881	8953
韩国①	580	500	740	855	945	1077	1186	1310
苏联	15441	15989	16649	17051	17220	16735	16339	—
英国	2937	2982	3019	3091	3018	3190	3228	3269
美国	25683	25993	27187	28785	29599	30117	30578	30745

注:除单独注明外,本表发电量包括电力企业和自备电厂的发电量;①电力企业发电量。

资料来源:张塞主编《国际统计年鉴(1995)》,中国统计出版社,1996年,第275页。

表6.4.9　煤炭产量　　　　　　　　　　　　　　　　　单位:万吨

年份	1985年	1986年	1987年	1988年	1989年	1990年	1991年	1992年
世界总计	440935	452408	464749	474752	483658	470756	451736	450806
中国①	87228	89400	92800	98000	105400	107988	108741	111600
巴西	772	739	689	733	667	460	518	473
法国	1896	1846	1558	1380	1447	1280	1207	1106
德国	20921	20148	19123	18788	18754	18388	35233	31397
印度	15749	17053	18534	20076	21142	21685	24212	25012
日本	1638	1601	1306	1122	1019	826	805	760
俄罗斯	68014	70468	68408	69464	76909	62810	55757	31702
英国	8864	10810	10444	10379	9828	8930	9634	8728
美国	80162	80572	83299	86207	88992	93625	90402	90742

注:①原煤产量。

资料来源:张塞主编《国际统计年鉴(1995)》,中国统计出版社,1996年,第273页。

表 6.4.10 电视机　　　　　　　　　　　　　　　　　　　单位:万部

年份	1985年	1986年	1987年	1988年	1989年	1990年	1991年	1992年
世界总计	10493.9	10121.8	11524.7	11774.7	12156.7	12776.2	12486.8	12792.9
中国	1667.7	1459.4	1934.4	2505.1	2766.5	2684.7	2691.4	2867.8
印度	69.9	108.8	97.2	126.9	123.7	132.2	119.0	—
日本	1772.7	1386.2	1477.7	1329.9	—	—	—	—
美国	1334.0	1286.2	1287.1	1293.8	1547.8	1398.2	1286.5	1353.2
巴西	218.7	303.4	290.2	272.2	292.0	319.6	326.5	—
法国	191.3	187.5	218.4	208.1	244.7	283.8	254.9	279.9
德国	373.8	389.5	353.7	373.7	323.6	359.5	—	—
俄罗斯[①]	937.1	943.6	908.1	963.7	993.8	1054.0	443.9	—
英国	297.2	292.6	302.2	302.4	—	—	—	—

注:①1990年及以前为苏联数,1991年及以后为俄罗斯数。
资料来源:张塞主编《国际统计年鉴(1995)》,中国统计出版社,1996年,第280页。

第七章
社会主义市场经济建设时期的工业发展（1992—2002）

1992年以后，我国经济体制改革明确了发展社会主义市场经济的目标，改革加速推进。这一时期，我国工业继续保持了较高速度的发展。在20世纪90年代中期，我国告别了困扰多年的"短缺经济"。这一时期，我国工业继续推进，国际地位逐步上升。

第一节 市场化改革加速与"短缺经济"结束

邓小平南方谈话之后，中国市场化改革的步伐加快。一方面，价格改革提速，产品价格在较短时间内完成了"双轨制"向"市场轨"的转变，为中国工业化提供了良好的外部环境；另一方面，所有制改革继续推进，非国有经济在这一时期迅速崛起，推动了中国的工业化。最终在20世纪90年代中期，我国告别了"短缺经济"。

一、价格改革的加速

虽然"治理整顿"解决了困扰我国经济发展的通货膨胀、市场混乱等问题，但这一时期的经济管理手段多是借助行政命令，而且这一时期在指导思想上存在对经济发展过分求稳、对改革开放的市场取向顾虑重重等问题，使得"治理整顿"只能作为一个短期过渡措施。邓小平同志1992年初指出："抓住时机，发展自己，关键是发展经济。现在，周边一些国家和地区经济发展比我们快，如果我们不发展或发展得太慢，老百姓一比较就有问题了。所以，能发展就不要阻挡，有条件的地方要尽可能搞快点……要抓

第七章　社会主义市场经济建设时期的工业发展(1992—2002)

住机会,现在就是好机会。我就担心丧失机会。"① 1992年10月,中共第十四次全国代表大会召开,明确提出了我国经济体制改革的目标是建立社会主义市场经济体制,我国市场化的进程加快。

价格机制是市场经济的基本机制,党的十四大报告提出:"价格改革是市场发育和经济体制改革的关键,应当根据各方面的承受能力,加快改革步伐,积极理顺价格关系,建立起以市场形成价格为主的价格机制。"② 这一时期,价格改革步伐加快。1992年8月,国家物价局颁布《国家物价局及国家有关部门分工管理价格的重工商品和交通运价目录(1992年本)》,对1986年颁布的目录进行了修订,大面积缩小了固定价格商品的范围。这次修订,将原属中央一级管理价格的商品,下放给省(市、区)物价部门管理22种,下放给企业定价571种,继续由中央一级管理的商品为89种。在中央一级管理的89种商品中,有101个出厂、销售价格(有的商品有几个价格,如汽油就有出厂价、调拨价、销售价),其中实行国家定价的42个,实行国家指导价的52个,既有国家定价也有国家指导价的7个。截至1996年,国家工业指令性生产计划产品产值,占工业总产值的比重仅约4%,国家计划调拨的重工业生产资料销售额占市场销售总额的比重约为5%。生产资料的销售总额中,1991年国家定价占36.0%,国家指导价占18.3%,市场调节价占45.7%;1996年国家定价和国家指导价的比重分别降到14.0%、4.9%,市场调节价的比重上升到81.1%。③

原材料工业是国民经济的重要基础,位居整个社会生产的中上游,其价格上涨将会带动下游产品的价格上升,很容易造成全面的通货膨胀。我国改革开放以来,对原材料价格的改革比较慎重,大部分原材料工业品的价格即使在20世纪80年代也在国家的管制之下。以钢材为例,1990年只有几种市场供应充裕的长线钢材的价格放开,1992年国家定价的产品范围减少到40%,到1994年国家只对10种钢材提出国家中准价。④

在产品价格改革的同时,资金、土地、能源等生产资料的上游价格的定价,政府仍然起到重要作用。政府对这些生产投入品的价格管制,一方面缓解了市场化带来的通货膨胀,另一方面也给我国低价工业化创造了有利

---

① 《邓小平文选(第三卷)》,人民出版社,1993年,第375页。
② 《江泽民文选(第一卷)》,人民出版社,2006年,第229页。
③ 成致平主编:《中国物价五十年(1949~1998)》,中国物价出版社,1998年,第768页。
④ 中国社会科学院工业经济研究所编:《中国工业发展报告——从辉煌的"八五"走向更富挑战的世纪之交(1996年)》,经济管理出版社,1996年,第75、76页。

条件。

二、所有制改革的继续推进

1992年,党的十四大提出,"转换国有企业特别是大中型企业的经营机制,把企业推向市场,增强它们的活力,提高它们的素质。这是建立社会主义市场经济体制的中心环节"①。所有制改革亟须推进。

1. 国有企业改革的深入

国有企业经营的低效率,一直困扰着我国工业化的发展。20世纪80年代的"承包制"更多是在不触动产权的基础上,对内部激励机制进行改革,虽然取得了一些成效,但是最终未能从根本上提高国有企业的经营效益。20世纪90年代以来,随着市场化的推进,国有企业改革开始触及产权改革这一敏感问题。十四届三中全会明确提出,建立现代化的企业制度,并且把现代企业制度的基本特征概括为"产权清晰、权责明确、政企分开、管理科学"十六个字。

河北邯钢改革,走在这一时期国有企业改革的前列。邯郸钢铁总厂(简称"邯钢")是1958年建设的老厂。1990年,邯钢与其他钢铁企业一样,面临内部成本上升、外部市场疲软的双重压力,经济效益大面积滑坡,生产的28个品种有26个亏损。邯郸钢铁总厂已到了难以为继的状况,然而各分厂报表中所有产品都显示盈利,个人奖金照发,感受不到市场的压力。造成这一反差的主要原因,是当时厂内核算用的"计划价格"严重背离市场,厂内核算反映不出产品实际成本和企业真实效率,总厂包揽了市场价格与厂内核算用的"计划价格"之间的较大价差。在企业经营过程中还存在职责不清、考核不严、干好干坏一个样等问题。为此,邯钢从1991年开始,推行了以"模拟市场核算,实行成本否决"为核心的企业内部改革,使企业效益大幅度提高,实力迅速壮大。改革5年,实现的效益和钢产量超过了前32年的总和,邯钢由过去的一个地方中型钢铁企业,跃居全国11家特大型钢铁企业行列。② 获得了时任国务院副总理吴邦国同志的肯定。吴邦国同志还指出:邯钢经验的精神实质是"以经济效益为中心,依靠职工群众",坚持"三改一加强"(企业的改革、改组、改造和加强管理)方针,按照

---

① 《江泽民文选(第一卷)》,人民出版社,2006年,第228页。
② 国家经济贸易委员会企业司、中国企业管理培训中心编:《学邯钢 促管理 增效益——全国企业学邯钢经验汇编》,企业管理出版社,1997年,第4页。

市场的要求,建立起"模拟市场核算,实行成本否决"的管理机制。①

1993年,我国政府鼓励国有企业学习邯钢探索的以"模拟市场核算,实行成本否决"为核心的企业内部经营管理的改革模式。鞍钢在调整领导班子后,认真学习邯钢,在1995年扭亏为盈,全年实现利润3.3亿元。1996年,在原料、动力燃料涨价和钢材降价,消化增支减利因素23.3亿元的情况下,实现利润3.5亿元。②

我国还不断提高国有企业的自主权,以期提高国有企业的效率。到1997年,国有企业中生产经营决策权、产品劳务定价权、产品销售权、物资采购权等多项权力落实都达到90%以上(参见表7.1.1)。

表7.1.1 十四项经营自主权的落实程度　　　　单位:%

项　目	1997年	1995年	1994年	1993年	1997年比1993年增加
生产经营决策权	98.3	97.3	94.0	88.7	9.6
产品劳务定价权	92.0	85.4	73.6	75.9	16.1
产品销售权	96.8	95.9	90.5	88.5	8.3
物资采购权	98.8	97.8	95.0	90.9	7.9
进出口权	54.0	41.3	25.8	15.3	38.7
投资决策权	82.5	72.8	61.2	38.9	43.6
税后利润支配权	90.6	88.3	73.8	63.7	26.9
资产处置权	76.5	68.2	46.6	29.4	47.1
联营兼并权	61.4	59.7	39.7	23.3	38.1
劳动用工权	84.3	74.8	61.0	43.5	40.8
人事管理权	90.3	83.5	73.3	53.7	36.6
工资奖金分配权	96.0	93.1	86.0	70.2	25.8
内部机构设置权	97.3	94.4	90.5	79.3	18.0
拒绝摊派权	35.1	17.4	10.3	7.0	28.1

资料来源:中国企业家调查系统《中国企业家成长与发展报告(上)(1993—2003)》调查报告专辑,经济科学出版社,2003年,第458页。

---

① 中共中央文献研究室、国家经济贸易委员会编:《十四大以来党和国家领导人论国有企业改革和发展》,中央文献出版社,1999年,第128页。

② 中共中央文献研究室、国家经济贸易委员会编:《十四大以来党和国家领导人论国有企业改革和发展》,中央文献出版社,1999年,第127、128页。

2. 其他所有制企业的发展

在国有企业改革深化的同时,随着市场化的推进,非国有经济发展较为迅速。外商投资企业是中国工业快速增长的一个非常重要的源泉。其中,1991—1995 年,外商直接投资达到 1141.8 亿美元,外商直接投资占国内生产总值(GDP)的比重也迅速提高,由 1990 年的 0.9% 上升到 1994 年的 6.2%,此后两年虽有所下降,但仍保持在 5% 以上。①

号称广东经济发展"四小虎"的东莞,1995 年外商投资企业数占全市工业企业总数的 80% 以上,提供了全市工业总产值的 69.2%(参见表 7.1.2)。从投资来源看,1994 年,在全市工业企业总投资的 617 亿元中,港、澳、台客商和国外投资及借款合计占了 50.5%。东莞工业发展以低技术、低加工度和劳动密集型为主。1995 年,塑料制品、服装及其他纤维制品制造业,文教体育用品制造业,纺织业,皮革、鞋业,羽绒及制品制造业等五大劳动密集型行业的产值占全市工业总产值的 40.6%。这种结构适合容纳由农村转移出来的、文化技术素质不太高的大批劳动力。同时,东莞原料、配件和产品销售市场"两头在外",经营风险由外商承担,本地风险较小,填补了当地市场销售网络和经营管理人才不足的缺口。②

表 7.1.2 东莞市 1995 年工业产值结构

经 济 类 型	工业总产值/亿元	比重/(%)
全市合计	460.71	100.00
国有经济	10.30	2.20
集体经济	117.79	25.60
私营、联营经济	3.56	0.80
股份经济	3.13	0.70
三资企业	318.81	69.20
城乡合作及个体经济	7.12	1.50

资料来源:路平、许卓云《跨世纪的广东工业》,广东高等教育出版社,1999 年,第 116 页。

我国政府给了非公有制经济较好的发展环境。1997 年,党的十五大将"公有制为主体,多种所有制经济共同发展"确定为我国社会主义初级阶段的基本经济制度;非公有制经济确定为我国社会主义市场经济的重要组成

---

① 中国社会科学院工业经济研究所编:《中国工业发展报告——中国的新世纪战略:从工业大国走向工业强国(2000)》,经济管理出版社,2000 年,第 37 页。

② 路平、许卓云:《跨世纪的广东工业》,广东高等教育出版社,1999 年,第 116 页。

部分,明确了非公有制经济的地位。我国政府的这一系列措施给非国有经济的发展以良好的外部环境,使非国有企业有了较为迅速的发展。从工业产值的角度来看,1992年国有工业产值占全国工业总产值的51.5%,1997年下降到25.5%;而非国有工业产值比重则从49.5%上升到74.5%(参见表7.1.3)。从利润总额来看,1992年国有工业产值占全国工业总产值的55.3%,1997年下降到25.1%(参见表7.1.4)。从劳动生产率来看,外资与民营工业企业也高于国有工业企业(参见表7.1.5)。非国有工业企业在中国工业经济发展中起到了越来越重要的作用。

表7.1.3 工业总产值的变动

年份	全部工业	按经济类型划分的工业总产值/亿元				国有工业产值比重/(%)
		国有工业	集体工业	城乡个体工业	其他经济类型	
1992年	34599	17824	12135	2006	2634	51.5
1993年	48402	22725	16464	3861	5352	47.0
1994年	70176	26201	26472	7082	10421	37.3
1995年	82297	26841	29253	11971	14232	32.6
1996年	99595	28361	39232	15420	16582	28.5
1997年	113733	29027	43347	20376	20982	25.5

数据来源:中华人民共和国国家经济贸易委员会编《中国工业五十年》(第八部)(上卷),中国经济出版社,2000年,第86页。

表7.1.4 全国乡及乡以上独立核算的工业企业利润总额

年份	1992年	1993年	1994年	1995年	1996年	1997年
全国乡及乡以上独立核算工业企业利润总额/亿元	972.4	1602.5	1796.8	1634.9	1489.7	1703.5
独立核算国有工业企业利润总额/亿元	535.1	817.3	829.0	665.6	412.6	427.8

数据来源:笔者根据《中国工业经济统计年鉴》相关数据整理。

表7.1.5 全国乡及乡以上独立核算的工业企业全员劳动生产率

单位:元/人·年

年份	全部经济	国有经济	集体经济	其他经济
1992年	34338	36074	27004	82992
1993年	47824	49151	36796	92943

续表

年　份	全部经济	国有经济	集体经济	其他经济
1994 年	49187	40908	46135	99834
1995 年	56082	43262	52270	124814
	(53397)	(42107)	(48166)	(134392)
1996 年	61941	45906	58084	135529
1997 年	72044	51346	66685	144709

注:1995年括号里的数据及以后年份的工业总产值按新规定计算。
数据来源:笔者根据《中国工业经济统计年鉴》相关数据整理。

三、工业化中的"软着陆"与"短缺经济"的结束

1. 国民经济软着陆

在我国工业化快速推进的同时,经济又出现了过热的现象。1993年上半年,国有单位固定资产投资比上年同期增长70.6%,银行工资性现金支付和对个人其他现金支出增长36.7%,行政事业管理费现金支出增长90%,都大大超过了经济增长的幅度。1993年上半年,工业增长幅度达30.2%,交通运输特别是铁路运输十分紧张,电力、油品供求缺口越来越大,钢铁、水泥、木材等多种建筑材料涨价迅猛。1993年上半年,生产资料价格上涨44.7%。① 当时主要表现为所谓的"四热、四高、四紧、一乱"困扰着我国经济发展。"四热"是房地产热、开发区热、集资热、股票热。"四高"是高投资膨胀、高工业增长、高货币发行和信贷投放、高物价上涨。"四紧"是交通运输紧张、能源紧张、重要原材料紧张、资金紧张。"一乱"是经济秩序混乱,特别是金融秩序混乱。工业的快速发展使基础设施与基础工业出现巨大的"瓶颈",交通运输特别是铁路运输十分紧张,一些干线限制口的通过能力仅仅达到需求的30%—40%。电力、油品供需的缺口越来越大,有的地方甚至出现"停三开四"的现象。钢材、水泥、木材等基础原材料供求矛盾突出,价格上涨幅度较大。② 国民经济再一次出现需求大于供给的局面。在计划经济时期,需求严重大于供给主要表现为短缺加剧,在市场经济条件下则表现为通货膨胀严重。如何在继续加快工业化进程的同时

---

① 中华人民共和国国家经济贸易委员会编:《中国工业五十年》(第八部)(上卷),中国经济出版社,2000年,第6,7页。

② 汪海波等:《中国现代产业经济史(1949.10—2009)》,山西经济出版社,2010年,第454页。

对通货膨胀进行治理,是我国政府面临的新问题。

从新中国建立以来的工业化进程来看,我国经济经历了几次供求失衡的情况,政府的调控手段主要是通过直接压缩基建投资,压缩社会需求,并相应地改善供给结构,加强农业生产、轻工业生产,以缓解经济失衡的压力。这种调控方式在政府主导资源配置、国有企业作为工业化微观基础的情况下比较有效。但随着市场化的发展,经济决策更多由个人而非政府做出,旧有的经济调整措施已经难以适应新的经济环境。在新的经济条件下,我国政府坚持适度从紧的货币政策的同时,根据金融发展的实际进行适度微调。通过深化金融、财税、外贸和外汇改革,整顿金融秩序,加强金融管理,加强农业基础,控制需求过快增长,增加有效供给,中国经济最终成功实现了"软着陆"。1994—1996年,国内生产总值分别比上年增长12.5%、10.5%、9.6%;物价涨幅则由21.7%下降到6.1%[①],基本实现了"软着陆"。[②]

2. 短缺经济的结束

1992年后,在政府、市场双重力量推动下,我国工业化的全面推进有效解决了长期困扰我国的短缺经济问题。根据第三次工业普查结果,1995年生产能力利用率在60%以下的有半数产品,其中照相胶卷仅为13.3%,电影胶片25.5%,电话单机51.4%,彩电46.1%,家用洗衣机43.4%,空调30%,自行车54.5%,内燃机43.8%。[③] 生产能力利用率偏低,也从一个侧面反映出我国生产供给的相对过剩。1997年下半年,国内贸易部对我国613种主要商品的供应情况进行排序,结果发现供不应求的商品仅占1.6%,供求基本平衡的商品占66.6%,供过于求的商品占31.8%。[④] 从价格指数来看(参见表7.1.6、表7.1.7),我国物价持续下降,虽然有为克服经济过热而采取一些措施的因素,但也说明了我国总需求大于总供给的局面已经逐渐消失。

---

① 周绍朋、王健、汪海波:《宏观调控政策协调在经济"软着陆"中的作用》,《经济研究》1998年第2期。
② 汪海波等:《中国现代产业经济史(1949.10—2009)》,山西经济出版社,2010年,第459、460页。
③ 中国社会科学院工业经济研究所编:《中国工业发展报告——世界分工体系中的中国制造业(2003)》,经济管理出版社,2003年,第27页。
④ 武力主编:《中华人民共和国经济史》(增订版下卷),中国时代经济出版社,2010年,第950页。

表 7.1.6　各种价格指数变化趋势

年份	商品零售价格指数	居民消费价格指数	城市居民消费价格指数	农村居民消费价格指数
1992 年	105.4	106.4	108.6	104.7
1993 年	113.2	114.7	116.1	113.7
1994 年	121.7	124.1	125.0	123.4
1995 年	114.8	117.1	116.8	117.5
1996 年	106.1	108.3	108.8	107.9
1997 年	100.8	102.8	103.1	102.5

资料来源：国家统计局编《中国统计年鉴(1998)》，中国统计出版社，1998年，第301页。

表 7.1.7　出厂价格指数

年份	全部工业品	生产资料	采掘工业	原材料工业	加工工业	生活资料	食品类	衣着类	一般日用品	耐用消费品
1992 年	106.8	109.3	112.6	110.2	107.4	103.2	106.4	100.8	102.8	101.7
1993 年	124.0	133.7	146.5	140.4	122.7	109.6	113.9	106.2	108.9	108.8
1994 年	119.5	116.7	133.1	117.9	111.1	123.8	123.4	136.4	112.3	108.4
1995 年	114.9	113.6	119.7	113.6	112.0	116.9	123.2	115.6	115.1	105.4
1996 年	102.9	103.5	108.9	101.7	104.1	102.1	104.7	100.5	102.9	97.7
1997 年	99.7	99.7	105.5	100.0	98.1	99.6	100.8	101.1	98.3	94.9

资料来源：国家统计局编《中国统计年鉴(1998)》，中国统计出版社，1998年，第317页。

第二节　工业战线调整与国有企业改革深入(1998—2012)

进入21世纪90年代后半期，中国逐步告别了短缺经济，内需不足开始困扰我国的发展。纺织、煤炭、冶金等行业出现较为严重的生产过剩，国有企业亏损也较为严重。这一时期，我国进行了工业战线的调整，国有企业改革继续深入。

一、部分工业行业生产过剩

随着我国短缺经济的结束，过去旺盛的消费需求带动工业快速发展的模式悄然转变，部分工业行业出现了较为严重的生产过剩，这些行业的企业经营困难。以纺织工业为例，告别短缺之后，棉纺织工业低水平生产能力过剩的矛盾逐步凸显。1995年,棉纺能力4100万锭左右,约有25%的设备需淘汰;毛纺锭360万锭,约15%的设备需淘汰;印染约有30%的设备需淘汰。而且纺织原料缺口越来越大。① 1996年,预算内国有纺织企业亏损89亿元,是自1993年出现行业性亏损以来亏损最严重的一年,纺织工业也成为全国工业中最困难的行业。②

1998年,全国原煤产量12.5亿吨,比1997年的13.25亿吨减少了近1亿吨;国有重点煤炭企业洗精煤产量也呈下降趋势,社会库存达2亿多吨。华北、华东、东北和西北等4个地区煤炭企业库存量均在1000万吨以上,华北地区更是高达2460万吨。库存增加,造成煤炭产品价格持续走低,国有重点煤炭企业亏损面、亏损额不断增大。1998年,国有重点煤炭企业全年累计亏损37.55亿元,比1997年同期减盈增亏44.3亿元,其中亏损额超过5000万元的企业有31家,累计亏损额在亿元以上的企业有9家;在全部94家企业中,盈利的仅14家,亏损面达85.1%。③

20世纪90年代中期以后,基于国内市场需求减少、上游产品价格上扬和钢材价格持续走低的状况,钢铁工业的盈利水平大幅度下降,全系统实现的利润1993年为290亿元,1994年为263亿元,1995年为117亿元,1996年为50亿元,1997年为23亿元,1998年仅为12.2亿元,自1994年起,每年几乎以50%的速度递减。④

1999年,我国37个工业行业中,大约只有11个行业的所有者权益收益率大于或等于社会贴现率(以平均市场利率8%计),而其他26个行业的利润率持续性低于全社会平均利润水平,处于亏损或微利的经营窘境。1993—1999年的7年间,我国工业行业的销售利润率水平不仅偏低,大部分行业基本在0—5%,而且整体水平不断趋于下降。食品制造业、服装及其他纤维制品制造业、医药制造业、化学纤维制造业、非金属矿物制品业、交通运输设备制造业、电气机械及器材制造业、仪器仪表文化办公用品制

---

① 中国纺织工业协会编:《中国纺织工业年鉴(1997—1999)》,中国纺织出版社,2000年,第129页。
② 中国纺织工业协会编:《中国纺织工业年鉴(1997—1999)》,中国纺织出版社,2000年,第1页。
③ 中国社会科学院工业经济研究所编:《中国工业发展报告——中国的新世纪战略:从工业大国走向工业强国(2000)》,经济管理出版社,2000年,第128页。
④ 中国社会科学院工业经济研究所编:《中国工业发展报告——中国的新世纪战略:从工业大国走向工业强国(2000)》,经济管理出版社,2000年,第173页。

造业等,由于过度竞争,出现了超过30%的亏损面或巨大的亏损额(参见表7.2.1)。①

表7.2.1 1993—1999年我国工业各行业销售利润率变动　　　单位:%

行业名称	1993年	1994年	1995年	1996年	1997年	1998年	1999年
全国平均	4.21	3.82	3.09	2.57	2.68	2.27	3.28
煤炭采选业	−0.71	2.82	3.09	2.94	3.60	−0.36	−1.60
石油天然气开采业	−2.54	8.93	9.00	10.57	11.75	8.37	15.68
黑色金属矿采选业	8.86	3.35	1.86	1.94	2.68	2.71	3.17
有色金属矿采选业	6.26	7.64	7.39	5.92	6.95	5.37	6.86
非金属矿采选业	6.28	4.05	3.44	3.22	3.74	2.54	2.44
木材及竹材采运业	6.85	5.39	3.96	1.50	0.94	0.15	0.63
食品加工业	1.47	2.17	1.59	−0.43	−0.01	−0.90	0.34
食品制造业	0.89	1.70	1.83	1.56	1.52	0.82	2.79
饮料制造业	4.35	3.49	3.31	3.50	4.88	4.64	5.54
烟草加工业	4.48	11.13	12.65	10.15	9.77	8.93	9.28
纺织业	−0.15	0.64	−0.97	−1.73	−0.64	−0.84	0.93
服装及其他纤维制品制造业	3.54	2.19	1.81	2.22	2.38	2.35	3.34
皮革毛皮羽绒及其制品业	1.87	1.33	1.09	1.82	1.61	1.96	2.26
木材加工及竹藤棕草制品业	3.76	1.91	0.53	1.34	1.05	0.43	1.88
家具制造业	3.39	2.96	2.42	2.82	2.47	3.71	3.88
造纸及纸制品业	1.11	−0.17	2.39	2.55	1.92	1.77	2.92
印刷业及记录媒介复制业	5.54	2.91	2.52	4.48	4.48	5.82	7.08
文教体育用品制造业	5.49	4.35	3.33	3.61	3.30	3.72	3.91
石油加工及炼焦业	5.23	3.02	3.71	2.60	2.65	0.27	0.83
化学原料及化学制品制造业	1.71	2.14	3.34	3.00	2.22	0.97	1.71
医药制造业	6.46	6.22	5.70	6.31	6.18	6.13	7.36

---

① 中国社会科学院工业经济研究所编:《中国工业发展报告——经济全球化背景下的中国工业(2001)》,经济管理出版社,2001年,第25页。

续表

行业名称	1993年	1994年	1995年	1996年	1997年	1998年	1999年
化学纤维制造业	7.17	7.37	5.88	2.71	2.93	0.22	3.57
橡胶制品业	2.44	1.19	0.89	1.62	2.30	2.09	1.13
塑料制品业	2.11	0.94	0.82	1.52	1.76	2.80	3.41
非金属矿物制品业	8.43	4.60	2.10	0.10	−0.44	−0.41	1.33
黑色金属冶炼及压延工业	9.21	8.12	3.47	1.71	0.68	0.78	0.89
有色金属冶炼及压延工业	3.65	2.75	3.33	0.09	0.02	−0.77	1.83
金属制品业	3.77	2.73	1.73	1.18	1.12	1.74	2.64
普通机械制造业	5.03	3.87	3.03	1.96	1.74	1.56	2.51
专用设备制造业	3.64	1.20	1.64	1.16	1.26	1.16	2.28
交通运输设备制造业	5.00	3.61	2.73	2.34	2.25	2.24	2.78
电气机械及器材制造业	4.42	6.35	3.00	2.45	2.42	2.59	3.70
电子及通信设备制造业	4.62	5.47	4.82	4.74	5.94	4.82	5.52
仪器仪表文化办公用品制造业	3.99	1.29	1.66	1.37	1.59	1.35	3.05
电力蒸汽热水生产供应业	7.72	6.74	6.43	7.33	6.22	6.57	5.51
煤气生产和供应业	−3.97	−4.74	−4.97	−8.89	−4.54	−4.19	−3.75
自来水生产和供应业	15.17	9.95	9.64	7.09	5.29	6.70	8.30

资料来源：笔者根据《中国统计年鉴》1994—2000年各卷相关数据整理。

二、工业行业的调整

为了让我国工业摆脱生产过剩、行业亏损严重的窘境，我国政府开始对工业行业进行调整。对于生产过剩较为严重的纺织工业，国家给予了高度重视。1996年8月北戴河会议决定，1997年要把纺织行业作为全国重点解困行业。1997年11月，中央经济工作会议正式明确以纺织工业为突破口，推动国有企业的改革解困。国务院下发了《国务院关于纺织工业深化改革调整结构解困扭亏工作有关问题的通知》，明确了纺织工业突破口的3年目标和指导思想，制定了8项政策措施。为了压缩纺织行业的战线，国有纺织企业每压缩淘汰1万落后棉纺锭，中央财政补贴150万元，地方财政补贴150万元，同时贴息贷款200万元，贴息由地方财政承担，贷款还款期为5—7年。3年压缩1000万锭，中央财政补贴15亿元，地方财政补贴 15 亿元。①

通过技术改造,纺织行业压缩、淘汰了一批落后生产能力,纺织技术装备水平有所提高。1998 年与 1995 年相比,棉纺锭减少了 550 万锭,毛纺锭减少了 12 万锭,缫丝机减少了 115 万台;棉纺无结头纱比重达到 27%;无梭织机增加了 8100 台,占棉织机的比重由 1995 年的 4.7%,提高到 1998 年 7.2%;平网印花机增加 89 台;丝织机中,无梭织机比重由 1995 年的 10.1%提高到 1998 年的 13.1%,提花织机比重由 1995 年的 8%提高到 1998 年的 11%。纺织产品质量和档次有所提高,为促进纺织品出口和提高国内衣着消费水平发挥了重要作用。② 中国政府还通过提高出口退税率促进纺织品的出口。纺织品出口退税率在 1997 年 9%的基础上,从 1998 年 1 月 1 日起提高到 11%。后来又决定从 1999 年 1 月 1 日起,再提高到 13%。为鼓励纺织机械出口,对纺织机械产品实行出口信贷和零税率政策。③

煤炭工业,截至 1999 年 10 月底,全国累计关闭各类小煤矿 3.05 万家,压缩非法和不合理的煤炭产量 2.02 亿吨。2000 年 1 月至 4 月,局部地区煤炭供过于求的矛盾有所缓解,煤价略有回升,煤炭出口呈增加趋势,原属中央财政的 94 家煤炭企业(补贴前)亏损 18.52 亿元,同比减亏 0.61 亿元。

冶金工业,1997—1999 年,在控制总量的基础上,重点淘汰平炉炼钢、化铁炼钢、模铸工艺,以及小高炉、小烧结、小焦炉等落后的工艺装备,并关、停、并、转了一大批企业。2000 年 1 月至 4 月,全国产钢 4004 万吨,扣除出口增量后,基本达到总量控制目标,而产品结构继续优化,平炉钢产量仅 31.6 万吨,同比下降 59.7%,100 家重点大中型钢铁企业实现利润 23.4 亿元,比上年同期增长 7.3 倍。④

钢铁行业开始出现产业集中的趋势。从生产企业数量看,1995 年中国钢铁工业共有生产企业 1570 个,1999 年减少到 1042 个,减少了 528 个。

---

① 中国纺织工业协会编:《中国纺织工业年鉴(1997—1999)》,中国纺织出版社,2000 年,第 3 页。

② 中国纺织工业协会编:《中国纺织工业年鉴(1997—1999)》,中国纺织出版社,2000 年,第 8、9 页。

③ 中国纺织工业协会编:《中国纺织工业年鉴(1997—1999)》,中国纺织出版社,2000 年,第 4 页。

④ 中国社会科学院工业经济研究所编:《中国工业发展报告——经济全球化背景下的中国工业(2001)》,经济管理出版社,2001 年,第 82 页。

2000年又关闭了200多个。从钢产量集中度看,钢产量进一步向重点大中型钢铁企业集中。1995年,规模在100万吨以上的钢厂只有25个,1999年增加到35个。其中,达到钢铁生产经济规模的年产钢300万吨以上的企业数,由1995年的5个增加到1999年的11个。通过兼并重组,中国最大的钢铁企业——宝钢,规模达到1700万吨,一跃成为全球第五大钢厂。此外,中国第二大钢铁企业——鞍钢,完成了炼钢工艺的轧钢系统的根本性改造,由一个用落后工艺生产普通低档钢材的老厂,一跃成为采用先进工艺生产薄板、中厚板、重轨和优质大型材的富有竞争力的现代化企业。武钢和本钢也完成了对老薄板轧机的现代化改造,进一步增加了市场急需的薄板类产品的产量和质量。邯钢兼并舞钢、攀钢兼并成都无缝钢管厂、重钢兼并重庆特殊钢厂等强强联合,既增大了生产规模,又扩大了钢材品种。[①] 通过产业集中,钢铁企业的竞争力得到有效提升。

三、国有企业改革的深入

20世纪90年代中后期,随着短缺经济的结束,国有企业经营环境遇到了较为严重的挑战。1994年初,国家经济贸易委员会与国家计划委员会、财政部和中国人民银行等9个部门组成联合调查组,对上海、天津、沈阳、武汉等16个重要工业城市的国有企业资本和财务状况做了全面调查。调查结果显示,这16个城市的国有大中型企业资本金严重不足、债务包袱沉重。16个城市1994年初国有工业企业亏损面已达52.2%。当时,16个城市的国有大中型企业长期贷款余额为1256.2亿元,若按3年期贷款利率12.24%计算,一年需支付的利息就达153.7亿元,相当于当年实现利润274亿元的56%。16个城市的国有大中型企业自有流动资金共计155.6亿元,占全部流动资金的7.3%。16个城市的国有企业离退休人员共计354.7万人,相当于在职职工1251万人的29.2%。其中,上海市离退休人员占在职职工总数的50%。16个城市的国有企业富余职工143万人,占在职职工总数的11.7%。此外,企业办学校、医院、食堂等的现象十分普遍。[②] 1998年我国开始了国企改革脱困攻坚的3年战役。

1."抓大放小"的改革

20世纪90年代中后期,国有企业在改革过程中逐步形成了"抓大放

---

① 宋春雷:《中国钢铁工业结构调整见成效》,《中国经贸导刊》2000年第24期。
② 张文魁、袁东明:《中国经济改革30年·国有企业卷(1978—2008)》,重庆大学出版社,2008年,第81页。

小"的改革思路。1995年江泽民同志指出,一个国家的经济发展,工业化的实现,经济整体素质的提高,主要依靠大型企业和企业集团。有了一批大型企业和企业集团,就能有效地带动一大批中小企业健康发展,对困难企业的调整余地也就更大。同时,要加快国有中小企业的改革,转换企业的经营机制,建立和形成为大企业配套服务、从事专业化生产经营的企业群体。对一般小型国有企业,要进一步放开、放活,有的可以实行兼并、联合或租赁,有的可以改组为股份合作制,也可以出售。①

这一时期,伴随着现代企业制度试点工作的展开,以"抓大放小"为特征的企业组织战略调整有了长足的发展。"抓大"就是集中精力抓好一批关系国家命脉,体现国家经济实力的国有大中型骨干企业;"放小",则是通过兼并、租赁、承包、出售或破产等方式,"放开搞活"一般国有中小型企业。②重庆在全国范围内较早确立了"抓大放小"的战略思路。1994年重庆市属预算内企业的亏损面达到55.7%,资产负债率超过80%,但综合实力最强的50家国有企业只占市级以上独立核算工业企业数量的0.7%,其工业增加值却占全市工业增加值的50%以上,利税总额占90.6%。因此,重庆市决定着重抓好这50家企业,而放掉小企业。重庆市"抓大放小"的做法取得了良好效果,一些经济效益不好的小型国有企业被出售或者关闭。政府通过这种方法甩掉了一些包袱。③重庆市"抓大放小"的改革形成了全国示范效应。

山东诸城的国有企业改革走在全国的前列。诸城市电机厂是诸城市一个小型国有企业。改制前全厂有277名职工,不包含土地在内的国有资产原值270万元。作为诸城市比较好的企业之一,电机厂的经济效益依然很低。1992年的企业总产值为1600万元,销售收入1280万元,利润只有49万多元,销售利润率不到4%。诸城市政府试点工作领导小组经过调查摸底,对电机厂的改组拟定了两套方案供职工选择:一是由国家完全控股,个人股不得超过20%;二是将企业存量资产出售给职工,国家以土地作价入股。这两个方案交给职工讨论时,均未被职工接纳,他们要求将企业资产全部买下,土地有偿使用。经过比较分析和广泛征求意见,工作组同意

---

① 中华人民共和国国家经济贸易委员会编:《中国工业五十年》(第八部)(上卷),中国经济出版社,2000年,第27页。
② 吴敬琏:《当代中国经济改革》,上海远东出版社,2004年,第179页。
③ 张文魁、袁东明:《中国经济改革30年·国有企业卷(1978—2008)》,重庆大学出版社,2008年,第87页。

了职工要求,形成了第三套方案,即由全体职工以企业内部持股的形式,将企业270万元生产经营性资产全部买下,成立诸城市开元电机股份有限公司,把原来的国有企业变成了由277名股东共同拥有的股份合作制企业。1993年1月1日,诸城市开元电机股份有限公司正式运营,四个月后即显示出勃勃生机,各项经济技术指标大幅度增长。开元电机股份有限公司的成功改制,推动了诸城市的国有小企业改革试点工作,1993年初,市政府决定扩大试点范围。到1993年5月,诸城市以股份合作制和有限责任公司为主要形式的企业改制"战役"全面打响。1994年7月,全市乡镇以上274家企业(其中国有企业37家),根据各自不同的情况采取了7种不同的形式(除股份合作制和有限责任公司外,其他形式主要包括外资嫁接、无偿转让产权、破产、租赁、兼并等)进行改制,其中,采取股份合作制形式的有210家。①

1996年6月,国家体改委下发了《关于加快国有小企业改革的若干意见》,总结了1992年以来国有小企业实行包、租、卖,特别是实行股份合作制的经验,进一步把小企业推向市场,掀起放开放活小企业的高潮。除了山东诸城之外,广东顺德、四川宜宾等地也带头大胆实践,迅速推动了全国小企业的产权改革。

1999年,中共第十五届四中全会通过了《中共中央关于国有企业改革和发展若干重大问题的决定》,明确宣布"建立现代企业制度,是国有企业改革的方向"②,并且提出"国有经济需要控制的行业和领域主要包括:涉及国家安全的行业,自然垄断的行业,提供重要公共产品和服务的行业,以及支柱产业和高新技术产业中的重要骨干企业。其他行业和领域,可以通过资产重组和结构调整,集中力量,加强重点,提高国有经济的整体素质"。③我国加快了国有企业改造,按照建立现代企业制度的目标,对国有经济控制领域中的一批大型企业进行了规范的公司制改造。1999年,航天、航空、船舶等五大军工行政性公司,按行业改建成包括核工业、航天、航空、船舶、兵器等十大企业集团;有色金属行业组建了铝业、稀有金属和铜铅锌三大集团;电信行业四大集团公司开始组建。石油、联通、上海宝钢集团等一些大的集团公司正在积极准备重组上市。通过行业改组和组建大企业集团,

---

① 周绍朋、丁德章、许正中:《国有企业改革与发展》,经济科学出版社,2001年,第197、198页。
② 中国社会科学院工业经济研究所编:《中国工业发展报告——中国工业改革开放30年(2008)》,经济管理出版社,2008年,第4页。
③ 吕政、黄速建主编:《中国国有企业改革30年研究》,经济管理出版社,2008年,第137、138页。

提高了规模效益,完善了管理体制,避免了重复建设,加快了技术改造步伐。与此同时,我国进一步加大了企业兼并破产的力度,促进优胜劣汰。通过重组,在国有经济占据控制地位(特别是在关系国计民生、国家安全的重要领域)的前提下,为建立适度有序的市场竞争格局奠定了组织框架基础。①

改组后的国有大型企业股份制改造速度加快。2000年,国有企业宝山钢铁股份有限公司上市,融资约70亿元人民币。这是当时中国证券市场规模最大的募股行为。上市重组成为国有企业改制的大方向。国有企业还积极利用国际资本市场进行融资。2000年,中国石油天然气股份有限公司、中国联通股份公司和中国石油化工股份公司先后成功在境外上市,三家公司融资额超过120亿美元。②

但是,当时组建的企业集团也存在"大而散"、"集而不团"的问题。"集而不团"最典型的例子就是中国重型汽车集团。20世纪90年代,国家为了发展中国重型汽车工业,并为了防止各地方在重型汽车产品方面的相互竞争,以济南汽车制造总厂为核心,通过行政捏合的方式将济南汽车制造总厂、杭州汽车发动机厂、陕西汽车制造厂、潍坊柴油机厂等分散在全国各地并为各地政府所管辖的企业组合在一起,形成了中国重汽集团。它们有着各自的利益和各自的战略,所以"集而不团"的现象非常严重,并不能形成整体优势。2001年,原中国重型汽车集团实质上被解散,陕西汽车制造厂等企业被分离出去,形成了以山东本地企业为主的新的中国重型汽车集团。不过,尽管这个新的集团以本地企业为主,潍坊柴油机厂还是从集团分离出去了。③

2. 工业管理体制的改革

1998年,国务院工业管理体制进行了较大的改革。这次改革将国务院的40个组成部委减少了11个。除了国防科技工业和信息产业两个管理部门之外,这次改革将其他直接管理工业的10个部委都撤销了。从此以后,大多数(国有和大集体)工业企业都不再有直接的行政隶属主管部门了。中国工业经济的组织体系彻底从"部门管理"的计划系统,转变为自主

---

① 吕政、黄速建主编:《中国国有企业改革30年研究》,经济管理出版社,2008年,第142页。
② 吕政、黄速建主编:《中国国有企业改革30年研究》,经济管理出版社,2008年,第156页。
③ 张文魁、袁东明:《中国经济改革30年·国有企业卷(1978—2008)》,重庆大学出版社,2008年,第86页。

企业的产业组织集合体。①

原有的全行业的工业总公司对工业管理体制也进行了进一步改革。以有色金属管理体制为例,1983年3月,国务院决定把有色金属工业企事业单位从冶金工业部划出,成立中国有色金属工业总公司,统一管理和经营全国重点有色金属生产、流通企业和科研、设计、学校等事业单位,归口管理全国其他有色金属企事业单位。为进一步推进政企分开,1998年,国务院决定对有色金属机构进行改革,撤销中国有色金属总公司,组建由国家经贸委管理的国家有色金属工业局。原总公司所属的企事业单位,按行业性质,分别组建中国铝业集团公司、中国铜铅锌集团公司和中国稀有稀土集团公司。1997年,随着宏观经济形势的日趋严峻,我国国有企业一直存在的企业负债率高、富余人员多、历史负担重等矛盾进一步凸显,相当多的国有大中型企业陷入经营困境。国家经贸委和国家统计局监测的6599户国有大中型企业中,1998年有4058户亏损,亏损面高达61.5%。2000年,有色金属工业体制又进行了一次重大调整和变革。撤销1998年成立并由中央管理的中国铜铅锌集团公司、中国铝业集团公司和中国稀有稀土集团公司,所属企事业单位下放地方管理,同时在中国铝业集团公司基础上,重组成立中国铝业公司。经过一段时间筹备,中国铝业公司于2001年2月23日正式成立。改革后组建的中国铝业公司当时的氧化铝年产量430万吨,占我国氧化铝消耗总量的75%,电解铝年产量279万吨,铝材年产量217万吨。经过17年的改革发展,中铝公司现在已成为全球第二大氧化铝供应商,第三大电解铝生产商,总资产超过5200亿元,营业收入超过3000亿元的中央所属骨干企业,为我国有色金属工业的发展壮大做出了重要贡献。②

第三节 1992—2002年工业发展的绩效评估

一、工业保持高速、均衡发展

1992—2002年,中国工业发展较为迅速,保持了10%左右的高速度;

---

① 中国社会科学院工业经济研究所编:《中国工业发展报告——中国工业改革开放30年(2008)》,经济管理出版社,2008年,第4页。

② 马建堂:《我所亲历的2000年有色金属工业管理体制改革》,《中国经济时报》2018年5月7日。

从产业结构来看,工业比重保持在40%左右(参见表7.3.1、表7.3.2)。从工业发展本身来看,轻重工业都保持了较快的增长速度,1992—1998年,轻工业增长的整体速度快于重工业,轻工业在工业中的比重由46.6%上升为49.3%;1998年之后,重工业增长的速度显著高于轻工业,2002年轻工业比重为39.1%,重工业比重为60.9%(参见表7.3.3)。从轻工业内部结果来看,以工业品为原料的轻工业比重上升较为迅速(参见表7.3.4)。

表7.3.1 1992—2002年各产业结构增长速度(以上年为100)

年份	国内生产总值	第一产业	第二产业	工业	建筑业	第三产业	人均国内生产总值
1992年	114.2	104.7	121.2	121.2	121	112.4	112.8
1993年	113.5	104.7	119.9	120.1	118	110.7	112.2
1994年	112.6	104.0	118.4	118.9	113.7	109.6	111.4
1995年	110.5	105.0	113.9	114.0	112.4	108.4	109.3
1996年	109.6	105.1	112.1	112.5	108.5	107.9	108.4
1997年	108.8	103.5	110.5	111.3	102.6	109.1	107.7
1998年	107.8	103.5	108.9	108.9	109.0	108.3	106.8
1999年	107.1	102.8	108.1	108.5	104.3	107.7	106.2
2000年	108.0	102.4	109.4	109.8	105.7	108.1	107.1
2001年	107.5	102.8	108.4	108.7	106.8	108.4	106.7
2002年	108.0	102.9	109.8	110.0	108.8	107.5	107.2

注:工业、建筑业属第二产业。

资料来源:中华人民共和国国家统计局编《中国统计年鉴(2003)》,中国统计出版社,2003年,第57页。

表7.3.2 1992—2002年我国的产业结构　　　　单位:%

年份	国内生产					
	总值	第一产业	第二产业	工业	建筑业	第三产业
1992年	100	21.8	43.4	38.2	5.3	34.8
1993年	100	19.7	46.6	40.2	6.4	33.7
1994年	100	19.9	46.6	40.4	6.2	33.6

续表

年份	国内生产					
	总值	第一产业	第二产业	工业	建筑业	第三产业
1995年	100	20.0	47.2	41	6.1	32.9
1996年	100	19.7	47.5	41.4	6.2	32.8
1997年	100	18.3	47.5	41.7	5.9	34.2
1998年	100	17.6	46.2	40.3	5.9	36.2
1999年	100	16.5	45.8	40.0	5.8	37.8
2000年	100	15.1	45.9	40.4	5.6	39.0
2001年	100	14.4	45.2	39.7	5.4	40.5
2002年	100	13.7	44.8	39.4	5.4	41.5

注：工业、建筑业属第二产业。

资料来源：中华人民共和国国家统计局编《中国统计年鉴(2012)》，中国统计出版社，2012年，第45页。

表7.3.3 工业总产值、构成及指数

年份	构成/(%)		指数（以上年为100）		
	轻工业	重工业	全部工业总产值	轻工业	重工业
1992年	46.6	53.4	124.7	120.0	129.0
1993年	46.5	53.5	127.3	127.0	127.5
1994年	46.3	53.7	124.2	123.6	124.6
1995年	47.3	52.7	120.3	122.9	118.0
1996年	48.1	51.9	116.6	124.0	112.7
1997年	49.0	51.0	113.1	114.5	111.7
1998年	49.3	50.7	110.8	111.8	109.7
1999年	49.2	50.8	111.6	110.9	112.3
2000年	39.8	60.2	116.9	113.0	120.1
2001年	39.4	60.6	114.6	112.4	116.3
2002年	39.1	60.9	118.2	117.1	119.1

资料来源：笔者根据历年《中国工业统计年鉴》相关数据整理。

表 7.3.4　工业经济主要比例关系　　　　　　单位:%

指标	1992年	1993年	1995年	1996年	1997年	1998年	1999年	2000年	2001年	2002年
工业总产值中轻工业内部比例										
以农产品为原料	68.4	65.9	65.4	67.37	66.19	63.27	60.53	61.8	62.72	62.6
以工业品为原料	31.6	34.1	34.6	32.63	33.81	36.73	39.47	38.2	37.28	37.4
工业总产值中重工业内部比例										
采掘工业	10.5	10.3	8.50	11.7	12.13	10.46	10.14	10.47	9.24	8.71
原料工业	41.0	43.1	32.94	38.6	38.02	39.12	39.60	40.50	40.38	38.79
制造工业	48.5	46.6	58.60	49.7	49.85	50.42	50.26	49.03	50.38	52.50
工业总产值中能源、原材料工业比例										
能源工业	11.7	12.2	12.1	12.71	13.40	13.20	13.97	15.89	14.85	17.47
原材料工业	22.4	25.6	37.5	21.78	21.55	22.32	22.21	24.38	24.46	23.61

资料来源:笔者根据历年《中国工业统计年鉴》相关数据整理。

二、重要工业产品取得长足发展

从重要工业产品总产值的角度来看,中国重要工业产品位居世界前列(参见表 7.3.5)。以钢铁产量为例,中国 1996 年钢产量超过日本,超过 1 亿吨,成为世界钢铁第一大国(参见表 7.3.6)。

表 7.3.5　中国工业主要产品产量居世界的位次

工业产品	1990年	1995年	1999年	2000年	2001年
钢	4	2	1	1	1
煤	1	1	1	1	1

续表

工业产品	1990年	1995年	1999年	2000年	2001年
原油	5	5	5	5	5
发电量	4	2	2	2	2
水泥	1	1	1	1	1
化肥	3	2	1	1	1
化学纤维	2	2	2	2	—
棉布	1	1	2	2	2
糖	6	4	4	4	3
电视机	1	1	1	1	1

资料来源：笔者根据历年《国际统计年鉴》相关数据整理。

表7.3.6 钢产量国际比较　　　　　　　　　　单位：万吨

国别 年份	中国	美国	俄罗斯	日本	德国	英国	法国	印度
1992年	8094	8310	6703	9814	3688	1601	1802	1300
1993年	8956	8700	5835	9962	3762	1646	1711	1366
1994年	9261	8881	4877	9556	4084	1724	1802	1336
1995年	9536	9496	4882	10164	4205	1721	1813	1338
1996年	10124	9500	4916	9895	3979	1799	1760	1344
1997年	10894	10856	5078	10450	4081	1832	1976	1342
1998年	11559	10764	—	—	—	—	2012	—
1999年	12426	10740	4367	9420	4402	—	2012	—
2000年	12850	10740	4367	10644	4402	1399	2100	1855
2001年	15163	10740	4367	8571	3731	1136	1635	1855
2002年	18237	10096	6491	10747	4338	1082	2040	1685

资料来源：笔者根据历年《国际统计年鉴》相关数据整理。

随着中国对外开放的深入，中国在世界经济舞台中扮演的角色日益重要。从出口的比重来看，中国在1990年仅为世界出口比重的1.9%，2001年上升为5.3%。1990—2001年，制成品出口增长速度位居世界第一，达到16.41%，远高于5.87%的世界平均水平（参见表7.3.7）。从行业来看，一方面，中国服装等行业的出口占世界出口的比重不断增加，1990年服装出口占世界总出口仅为8.94%,2001年则为18.79%(参见表7.3.8);另一方面,电子产品等高新技术产品出口的比重日益增加(参见表7.3.9)。

表7.3.7 中国在世界制成品出口中地位的变化

国家/地区	占世界出口总额的比重/(%)			制成品出口增长率/(%)	
	1980年	1990年	2001年	1990—2001年	2001年
欧盟(15)	50.7	50.3	42.0	4.00	−1.00
美国	13.0	12.1	13.5	7.00	−7.00
日本	11.2	11.5	8.3	3.00	−17.00
中国	0.8	1.9	5.3	16.41	7.00
中国香港	—	3.2	4.1	8.00	−5.00
加拿大	2.7	3.1	3.6	7.00	−8.00
韩国	1.4	2.5	3.0	8.00	−13.00
墨西哥	0.4	1.1	3.0	15.80	−3.00
中国台湾	1.6	2.6	2.6	6.00	−18.00
新加坡	0.8	1.6	2.3	10.00	−13.00
世界	100.0	100.0	100.0	5.87	−4.44

资料来源:中国社会科学院工业经济研究所编《中国工业发展报告——世界分工体系中的中国制造业(2003)》,经济管理出版社,2003年,第81页。

表7.3.8 中国出口占世界出口的比例　　　　　　单位:%

产品分类	1990年	1995年	1999年	2000年	2001年
服装	8.94	15.19	16.29	18.33	18.79
纺纱、织物及制成品	6.92	9.18	8.92	10.43	11.45
家用汽车	0.00	0.14	0.19	0.27	0.34
办公设备及电子产品	1.05	2.40	3.83	4.53	6.32
化学制成品及有关产品	1.27	—	—	—	2.24
钢铁	1.21	—	—	—	2.43

资料来源:中国社会科学院工业经济研究所编《中国工业发展报告——世界分工体系中的中国制造业(2003)》,经济管理出版社,2003年,第27页。

表 7.3.9　中国高技术产品出口额及其在出口总额中所占的比重

年份	高技术产品出口额/亿美元	占出口总额的比重/(%)
1993 年	46.8	6.2
1994 年	63.4	6.3
1995 年	100.9	7.9
1996 年	76.8	5.9
1997 年	96.5	6.1
1998 年	114.0	7.0
1999 年	246.7	12.7
2000 年	370.0	15.0
2001 年	464.6	17.5
2002 年	828.0	25.4

资料来源：笔者根据《中国对外贸易统计年鉴》相关年份、外经贸部网站相关资料整理计算；中国社会科学院工业经济研究所编《中国工业发展报告——世界分工体系中的中国制造业(2003)》，经济管理出版社，2003 年，第 82 页。

三、与世界工业强国仍然存在较大差距

这一时期，中国工业虽然取得了较快发展，但是与世界工业强国相比，仍然有较大的差距。以机械行业为例，我国通用、中低档机械产品生产能力严重过剩，不少企业和产品的生产能力利用率不足 50%；但市场急需的重大技术装备、高新技术产品、专用设备及机械基础件的开发和生产水平不高，产品质量和售后服务不能满足用户需求，每年还需大量进口。21 世纪初，国产金属切削机床中，数控机床仅占 2.8%，而日本 1987 年已达 30%，德国 1990 年达 54%。我国一些机械产品的质量标准总体上低于发达国家，国家标准与国际标准存在差距；高新技术产品、机械基础产品和重大技术装备成套供应能力不能满足市场需求，长期依赖进口；中低档机械产品出现结构性过剩，积压严重。[①] 中国重点企业与世界 500 强企业技术水平也存在较大的差距(参见表 7.3.10)。

[①] 中国社会科学院工业经济研究所编：《中国工业发展报告——WTO 规则下的企业和政府行为(2002)》，经济管理出版社，2002 年，第 167、168 页。

表 7.3.10 中国重点企业与世界著名企业重要指标比较

中国电子百强企业(1999年)	销售额/亿美元	利润额/亿美元	国内市场比重/(%)	世界500强著名电子企业(1999年)	营业额/亿美元	利润额/亿美元
联想集团控股公司	24.60	5.60	6.67	国际商用机器(IBM)	875.48	77.12
上海广电(集团)有限公司	21.16	5.66	5.74	西门子	753.37	17.74
康佳集团股份有限公司	16.05	5.80	4.36	日立	718.59	5.52
TCL集团有限公司	15.94	5.76	4.33	松下电气工业	655.56	8.96
四川长虹电子集团公司	15.80	5.81	4.29	索尼	600.53	10.94
中国长城计算机集团公司	14.66	5.32	3.98	东芝	516.35	−2.52
北京邮电通信设备厂	13.91	5.75	3.77	惠普	482.53	34.91
海信集团公司	12.91	5.28	3.50	富士通	471.96	3.84
熊猫电子集团有限公司	12.54	5.48	3.40	日本电器公司	448.28	5.93
深圳市华为技术有限公司	12.38	2.06	3.36	康柏电脑公司	385.25	5.69
电子百强企业合计	313.70	—	—			

资料来源:中国社会科学院工业经济研究所编《中国工业发展报告——WTO规则下的企业和政府行为(2002)》,经济管理出版社,2002年,第181页。

以造船工业为例,中外造船企业10强之间存在较大差距,中国造船排名第一的大连新船重工,仅为韩国现代重工年产量的13.1%(参见表7.3.11)。技术实力仍然有待进一步提高。

表 7.3.11　中外造船企业 10 强的产量比较　　　单位:万载重吨

中国造船企业前10强2002年产量			世界造船企业前10强2001年产量		
排名	企业名称	产量	排名	企业名称	产量
1	大连新船重工	71.0	1	韩国现代重工	540.9
2	南通中远川崎	51.5	2	韩国大宇造船海洋公司	533.5
3	江苏新世纪造船	38.0	3	韩国三星重工	290.2
4	江南造船集团	37.8	4	韩国三湖重工	221.4
5	沪东中华	32.2	5	日本日立造船公司	171.5
6	大连造船重工	25.6	6	日本石川岛播磨重工	168.4
7	广州广船	20.4	7	日本常石造船公司	157.1
8	上海船厂	16.5	8	日本钢管公司	153.0
9	渤海船舶重工	13.8	9	日本大岛造船公司	132.7
10	金陵船厂	9.8	10	日本今治造船公司	111.5

资料来源:中国社会科学院工业经济研究所编《中国工业发展报告——世界分工体系中的中国制造业(2003)》,经济管理出版社,2003年,第336页。

第八章

重化工业重启与工业大国的形成(2002—2012)

第一节 新型工业化的探索

党的十六大报告指出,"坚持以信息化带动工业化,以工业化促进信息化,走出一条科技含量高、经济效益好、资源消耗低、环境污染少、人力资源优势得到充分发挥的新型工业化路子。"①在新的历史条件下,我国进行了新型工业化的探索。

一、新型工业化提出的背景

1. 中国工业化的任务依旧艰巨

经过改革开放20多年的发展,中国工业化取得了较大成就,但仍与世界发达国家存在较大差距。党的十六大报告明确提出:"实现工业化仍然是我国现代化进程中艰巨的历史性任务。"②

虽然传统的工业发展方式推动了中国工业在数量上的赶超,但是中国的核心战略资源高度依赖国外(例如,主要矿产品对外依存度达50%以上),而且中国核心技术的"空心化"问题越来越严重。当时,中国轿车的年生产量已达几百万辆,但在世界上没有一个站得住的品牌;IT产业芯片也

---

① 江泽民:《全面建设小康社会 开创中国特色社会主义事业新局面——在中国共产党第十六次全国代表大会上的报告(2002年11月8日)》,人民出版社,2002年,第21页。

② 江泽民:《全面建设小康社会 开创中国特色社会主义事业新局面——在中国共产党第十六次全国代表大会上的报告(2002年11月8日)》,人民出版社,2002年,第21页。

是国外的。虽然中国是空调出口的大国,但高性能柜机仍要采用美国部件和日本技术。即使是一些已经形成一定国际竞争力的产业或产品,对国外技术仍然具有很强的依赖性,特别是产业的核心技术和领先技术一般仍由外国公司控制。[1]

由于缺乏自主创新能力和品牌,中国制造业仅仅停留在价值链较低的加工组装环节。根据业内专家测算,在中国的整个制造业领域,外商拿出30%的资本,拥有50%的股份,但拿走了70%的利润,中国资本只能拿到30%的利润;而对于OEM这种贴牌生产方式,外国人拿走了92%的利润,中国人最多拿到8%的利润。再以服装产业为例,作为"世界车间",中国卖出8亿件衬衫才能进口一架空客A380型飞机。[2] 发达国家对一些关键技术的控制,导致我国的一些工业产品长期被锁定在价值链的低端。以化学工业为例,西方国家通过掌握的蛋氨酸技术、氯化法钛白生产等先进技术一直对我国进行封锁,造成我国化学工业低档、仿制、通用型产品多,多数无机化工原料、染料、颜料等资源型、低附加值产品产量供过于求,而部分有机化工原料以及合成树脂等产品的国内产品所占比重低,很多高附加值、高技术水平的产品国内还是空白,需要大量从国外进口。[3]

经过改革开放20多年的工业化推进,我国已经基本解决温饱问题,还要实现2020年全面建成小康社会的目标。党的十六大报告提出了在优化结构和提高效益的基础上,国内生产总值到2020年力争比2000年翻两番的目标。要完成这些目标,工业化还必须以较快速度继续发展。

2. 世界信息化潮流对我国的影响

世界发达国家出现的信息化浪潮,也对我国工业化产生了重要影响。20世纪90年代以来,世界科技发展出现了巨大变化。新的科技革命突飞猛进,高新技术特别是信息技术的广泛应用,不但成为经济社会发展的强大推动力,而且使人类生产活动和社会生活开始进入信息化和智能自动化时代。[4]

计算机和信息技术是第三次工业革命的重要动力。自二战以来,美国

---

[1] 中国社会科学院工业经济研究所编:《中国工业发展报告——科学发展观与经济增长方式转变(2006)》,经济管理出版社,2006年,第20页。
[2] 中国社会科学院工业经济研究所编:《中国工业发展报告——科学发展观与经济增长方式转变(2006)》,经济管理出版社,2006年,第18页。
[3] 中国社会科学院工业经济研究所编:《中国工业发展报告——科学发展观与经济增长方式转变(2006)》,经济管理出版社,2006年,第250页。
[4] 魏礼群:《坚持走新型工业化道路》,《求是》2002年第23期。

一直是全球计算机和信息技术的领头羊,进入20世纪90年代以后,美国计算机网络化普遍推开。美国的信息化与制造业结合,焕发出巨大的生命力。在20世纪90年代的前4年里,美国工业在计算机和通信设备方面的投资,比在其他设备方面投资的总和还多。计算机正在成为共同的技术纽带,通过数字把产品加工为1和0的计算机语言,把每一个产业和每一种贸易以及职业紧密地拉到一起。① 美国政府在信息化过程中扮演了重要的角色。1993年9月,克林顿就任美国总统后不久,便正式推出跨世纪的"国家信息基础设施"工程计划,世界范围内的信息化竞争加剧。克林顿政府实施的"信息高速公路"战略,计划投资4000亿美元,用20年时间逐步将电信光缆铺设到所有家庭用户;1994年,美国政府提出建设全球信息基础设施的倡议,旨在通过卫星通信和电信光缆连通全球信息网络,形成信息共享的竞争机制,全面推动世界经济的持续发展。② 一方面,我国还应当继续推进工业化;另一方面,中国又必须适应信息化的浪潮,利用信息化推动工业化的发展。

3. 中国工业化遇到的资源、能源与生态瓶颈

改革开放以来的20多年中,中国工业化取得快速增长,但更多是外延式的工业化,依赖物资资源的投入。据统计,2003年中国国内生产总值仅占世界的4%。但是,重要资源消耗占世界的比重却很高:水泥40%,原煤31%,铁矿石30%,钢材27%,氧化铝25%,石油7.4%。资源依赖对中国工业化的继续推进是非常不利的。以电解铝为例,2003年中国电解铝出口增加了6.9亿美元,但中国氧化铝和铝矾土资源的匮乏,抬高了世界铝矾土、氧化铝的价格。因此,电解铝生产成本实际上增加了6亿美元。若计入这个成本,2003年电解铝出口净利润仅增加0.9亿美元。不仅如此,电解铝生产耗费了很多电。出口1吨电解铝,等于出口一千多千瓦时能源当量,而能源是非常紧缺的物资,仅这一项造成的损失就超过100亿元人民币。因此,从计入能耗后得到的结果看,中国不仅没有从电解铝出口中获得利润,反而净赔了30多亿元人民币。③

资源利用效率不高是中国资源、能源消耗大的重要原因。1996年以

---

① 陈宝森、王荣军、罗振兴:《当代美国经济(修订版)》,社会科学文献出版社,2011年,第126-127页。

② 王喜文、江道辉:《美国"信息高速公路"战略20年述评》,中国经济网,http://intl.ce.cn/specials/zxxx/201309/16/t20130916_1508249.shtml。

③ 中国社会科学院工业经济研究所编:《中国工业发展报告——科学发展观与经济增长方式转变(2006)》,经济管理出版社,2006年,第19-20页。

后,中国钢铁产量超过1亿吨,成为世界钢铁生产大国。但是中国钢铁生产消耗较大。2004年,我国重点大中型钢铁企业烧结环节的能耗,比1999年世界先进水平高31.5%;焦化能耗高9.9%;炼铁能耗高10.5%。发达国家已经实现的负能炼钢,在我国只有屈指可数的几个钢铁企业能够做到。据保守估计,2006年我国钢铁工业的吨钢综合能耗比国际先进水平高约20%;吨钢新水消耗比国际先进水平高约1倍。[①]

二、新型工业化的主要内容

在新的背景下,我国提出了新型工业化道路。新型工业化道路存在的"跨越式发展",是中国政府立足中国国情,对未来工业化道路的重要选择。走新型工业化道路一方面需要克服中国资源、能源与环境的瓶颈,完成工业化的重要历史任务,另一方面又要在信息化的浪潮中,实现弯道超车,同时推动工业化与信息化的发展。新型工业化的主要内容可以从以下几个方面来考察。

1. 与信息化融合发展的工业化

发达国家都是在工业化之后发展信息化,是在经济水平较高的条件下推动信息化发展的。而21世纪初,中国预期还需要用20年完成工业化,但世界信息化的浪潮又无法让中国在完成工业化后再来推进信息化。中国工业化必须要进行跨越式的发展,必须走工业化与信息化融合发展的新路。一方面要大力发展以微电子技术为先导的电子信息设备制造业,使其成为新的经济增长点;另一方面又要运用信息技术对国民经济各部门,尤其是制造部门进行技术改造,全面提升制造业的生产效率;同时还要通过信息化发展生产性服务业,为制造业经营创造良好的发展环境。

2. 注重提高科技含量、经济效益的工业化

改革开放以后,我国20多年的高速工业化更多是以投入要素推进的,在需求旺盛的短缺经济条件下,科技含量较低、质量较差的产品也有巨大的市场。但随着我国告别短缺经济局面,企业之间竞争日趋激烈,过去传统的工业化道路受到较为严峻的挑战。新时期工业化的推进应当更注重科技的作用,注重经济效益,走集约发展的道路。例如,美国传统产业在20世纪90年代劳动生产率快速提高,其中50%来自高新技术对传统产业的

---

① 中国社会科学院工业经济研究所编:《中国工业发展报告——科学发展观与经济增长方式转变(2006)》,经济管理出版社,2006年,第217页。

运用。① 以信息技术为代表的高新技术能提升企业生产效率和经营水平，实现集约式工业发展，这是中国工业化的必由之路。

3. 可持续发展的工业化

发达国家工业化走的是"先污染、后治理"的道路，由于它们在工业化过程中，世界其他国家尚未推进工业化，所以这些国家本国范围内的工业化取得了一定的成效。但从全球范围看，发达国家自工业化以来，对资源的大量消耗和生态环境的严重破坏，已经造成无法挽回的损失。我国作为世界最大的发展中国家，随着经济总量和人口规模的不断增加，再走"先污染、后治理"的传统工业化道路，资源、能源与环境都难以承受。中国的工业化必须要走可持续发展的新路。

2005年3月12日，时任中共中央总书记胡锦涛在中央人口资源环境工作座谈会上，首次提出建设环境友好型社会的号召。同年10月，中共十六届五中全会通过《中共中央关于制定国民经济和社会发展第十一个五年规划的建议》，首次把资源节约型社会和环境友好型社会确定为我国国民经济和社会发展中长期规划的一项战略任务。党的十七大报告明确指出，"必须把建设资源节约型、环境友好型社会放在工业化、现代化发展战略的突出位置"。② 可持续发展应成为新型工业化的题中之义。

4. 充分发挥人力资源优势的工业化

实现机械化，用机器大生产取代手工小生产，大幅度提高劳动生产率，是工业化的基本任务之一。机械化和自动化的发展，资本有机构成的提高，又会使得生产同样的产品对劳动力的需求相对减少，可能产生严重的就业问题，影响社会稳定。③西方发达国家在工业化过程中，随着工业化推进中资本的不断深化，出现了"机器吃人"的现象，导致了较大规模的"失业后备军"，产生了较为尖锐的社会矛盾。中国是一个人口大国，人力资源众多，具有自身独特的禀赋条件。中国的新型工业化应当与中国人力资源丰富的国情紧密相连，走一条中国特色的新型工业化道路。

---

① 黄泰岩、李德标：《我国新型工业化的道路选择》，《中国特色社会主义研究》2003年第1期。
② 《胡锦涛文选（第二卷）》，人民出版社，2016年，第631页。
③ 简新华、向琳：《新型工业化道路的特点和优越性》，《管理世界》2003年第7期。

三、中国新型工业化道路的探索

1. 对信息化与工业化融合的探索

信息化与工业化的融合发展,是新型工业化道路的鲜明特征。这一时期,我国进行了深化信息技术在工业领域的集成应用的尝试。通过提高生产过程、生产装备和经营管理的信息化水平,加快推动制造模式向数字化、网络化、智能化、服务化转变。加快实施"宽带中国"工程,推进"三网融合",加快构建下一代国家信息基础设施。推动信息产业和制造业、服务业融合发展,促进劳动密集型产业和资金密集型产业、技术密集型产业协调发展。统筹推进经济社会各领域的信息化,发展电子商务,深化电子政务应用,协调推进教育、医疗、社会保障等民生领域信息化,切实维护网络与信息安全。[①] 并且建立了8个国家级信息化与工业化融合试验区,以点带面,推动经济发展。

我国政府提出了《信息技术改造提升传统产业"十一五"专项规划》,强调用信息化改造传统行业。例如,对冶金工业提出:"提高大型装备的集成设计和系统耦合水平,开发开放型、低成本的基础自动化设备,提高轧钢过程自动化高速控制和通信能力。重视引进系统的二次开发,加强故障诊断、质量检测等智能技术研究,加快工艺数学模型的开发创新,加强优化软件包的开发,注重数据采集、知识发现等项目的研究开发与应用。开发煤气发电、低热值蒸汽梯级利用等二次资源循环利用技术。"对纺织行业提出:"化纤行业重点发展生产过程集散控制系统(DCS)和各类自动控制装置;棉纺织行业重点发展生产自动检测和管理系统;印染行业重点开发织物染色印花工艺参数在线检测技术,应用以针对节能、降耗和环境保护为目标的自动控制系统,服装行业积极采用人体数码扫描技术和裁剪缝纫自动组合技术和装备,实现服装设计和制造的集成。"[②]这一时期,我国加大了对传统工业企业的技术改造投入(参见表8.1.1),取得了较好的效果。

---

① 工业和信息化部编:《加快工业转型升级 促进两化深度融合——党的十六大以来工业和信息化改革发展回顾(2002—2012)》,人民出版社,2012年,第7、8页。
② 信息产业部:《信息技术改造提升传统产业"十一五"规划》,中国网,http://www.china.com.cn/policy/txt/2008-01/10/content_9509257.htm。

表 8.1.1　2005—2009 年我国传统工业企业技术改造经费支出　单位：亿元

项　　目	2005 年	2006 年	2007 年	2008 年	2009 年
技术改造经费支出	2633.83	2847.65	3439.03	3948.60	3469.88
引进国外技术经费支出	211.95	241.85	321.56	356.11	330.19
引进技术消化吸收经费支出	41.89	70.86	92.87	91.38	153.30
购买国内技术经费支出	73.85	77.20	118.49	153.23	160.87

资料来源：笔者根据相关年份《中国统计年鉴》和《中国高技术产业统计年鉴》数据计算。

以首钢为例，首钢在企业发展中不断深化了对信息化的认识，以信息化建设促进了管理创新，推进了工艺装备的改进、工艺控制的严格规范、生产组织的严密衔接、客户特殊要求的满足、现代控制方法的采用等。通过企业资源计划 ERP 信息平台，首钢第二炼钢厂的生产、技术、质量等各种信息传递及时、准确，有效衔接了前后工序，节奏紧密、稳定有序，提高了炼钢品种的炼成率。品种炼成率由过去的 70% 提高到 90%，双高产品比例从 2002 年的 11.2% 提高到 2004 年的 50%。以财务管理为中心的构想得到落实，生产成本明显降低。由于信息化、自动化使生产、管理成本控制更加科学规范，同口径每年降成本平均 1 亿元以上。①

鞍钢在企业信息化管理方面和美钢联合作，全面开始了 ERP 系统的建立，从全局的角度，在确保信息资源共享的前提下进行了数据定义、数据结构设计和数据字典建立，从而建立起以先进的信息技术为手段的现代化钢铁企业管理体系，和适应知识经济的企业信息资源平台，逐步形成一个企业整体的现代化、信息化系统。②

知名服装企业波司登，多年累计投入数千万元推动信息化建设，在订单管理、原料检测、生产制造、外发加工、仓储物流、营销服务等环节全面导入 ERP 信息化工程，极大地加强了波司登在服装设计制作、货量统计、大货生产、物流配送等供应链环节的控制能力。ERP 系统运行后，波司登流动资金运转周期由此前的 62 天降为 18 天，库存也大幅减少。③

---

① 朱继民：《新型工业化道路及其在首钢的实践》，《管理世界》2006 年第 1 期。
② 刘玠：《以信息化与自动化促进钢铁工业走新型工业化的道路》，《冶金管理》2004 年第 1 期。
③ 张欣予：《"两化融合"为纺织服装业升档提速——访十一届全国人大代表、波司登集团董事长高德康》，《商品与质量》2011 年第 10 期。

2. 战略性新兴产业的探索

战略性新兴产业是以重大技术突破和重大发展需求为基础,对经济社会全局和长远发展具有重大引领带动作用的产业,具有战略性、带动性、新兴性等基本特征。① 在2008年世界金融危机的冲击下,中国政府进行了发展战略性新兴产业的重要战略部署。中国政府选择了节能环保、新兴信息产业、生物产业、新能源、新能源汽车、高端装备制造业和新材料等七大产业作为战略性新兴产业,并提出2015年主要目标:战略性新兴产业对产业结构升级的推动作用显著增强,增加值占国内生产总值的比重力争达到8%左右。2020年主要目标:战略性新兴产业增加值占国内生产总值的比重力争达到15%左右,吸纳、带动就业能力显著提高。②

2011年,工业和信息化部利用各种渠道,共安排资金近140亿元支持战略性新兴产业发展。其中,工业和信息化部联合发展改革委员会、财政部启动实施了智能制造、新型显示、云计算及信息安全示范等3个重大产业创新发展专项,共安排财政资金26亿元;科技重大专项方面,核高基、集成电路、新一代移动通信、高档数控机床等4个专项,共安排财政资金72.3亿元;结合企业技术改造,新能源汽车、高端装备、新材料、新一代信息技术等领域重点技术改造项目,共安排财政资金近40亿元;电子信息产业发展基金,共安排集成电路、新型显示、电子元器件等项目财政资金8.24亿元;物联网专项财政资金5亿元;重大科技成果产业化方面,共安排中央财政资金13亿元。③

3. 工业化中节能减排与环境保护的探索

(1) 节能减排的探索

新型工业化道路不能走西方国家"先污染、后治理"的老路,应当探索可持续发展的道路。节能减排是走新型工业化道路的重要抓手。2007—2009年,中央财政安排162亿元奖励资金,带动地方财政投入70多亿元支持淘汰落后产能企业。

为降低能耗,我国还对高耗能的企业采取措施,进行调整。"十一五"计划期间,国家发改委推动了《节能中长期专项规划》,提出了包括燃煤工

---

① 工业和信息化部编:《加快工业转型升级 促进两化深度融合——党的十六大以来工业和信息化改革发展回顾(2002—2012)》,人民出版社,2012年,第112页。
② 金园:《2020年战略性新兴产业增加值占国内生产总值的比重力争达到15%左右》,《科技与企业》2010年第12期。
③ 工业和信息化部编:《加快工业转型升级 促进两化深度融合——党的十六大以来工业和信息化改革发展回顾(2002—2012)》,人民出版社,2012年,第114-115页。

业锅炉(窑炉)改造等十大重点工程,为节能减排做出了重要贡献。

为了工业的节能减排,"十一五"计划期间,全国累计关停小火电机组7683万千瓦,相当于一个欧洲中等国家的电力装机规模,30万千瓦以上火电机组占火电装机容量比重由47%提升到71%。淘汰落后产能炼铁1.2亿吨、炼钢0.72亿吨、水泥3.7亿吨,平板玻璃4500万重量箱、造纸1130万吨。"十一五"计划期间,我国政府还严格进行项目环评,国家层面对不符合要求的822个项目环评文件做出不予受理、不予审批或暂缓审批等决定,涉及投资近3.2万亿元,给"两高一资"(即高耗能、高污染、资源性)、低水平重复建设和产能过剩项目设置了不可逾越的"防火墙"。国家环保标准数量以每年100项的速度递增,《火电厂大气污染物排放标准》大幅度收紧排放限值,二氧化硫削减贡献率达18.2%,《稀土工业污染物排放标准》提高稀土工业准入门槛,有效促进了系统产业技术升级和结构调整。[①]

(2)工业化中环境污染治理

这一时期,我国还加强了对工业化过程中环境污染的治理。2000年,我国对工业污染治理项目的投资额为2347894万元,到2011年达到4443610万元,增长89%以上。废气治理投资额从2000年的909242万元,上升到2011年的2116811万元,增长将近133%。[②]

许多企业投资兴建了污染处理项目。例如,中国石油化工股份有限公司洛阳分公司化纤污水处理系统,应用膜生物反应器(MBR)和厌氧—好氧循环运行的处理工艺,进行化纤污水的深度处理和回用,工程设计规模为200 m³/h。项目于2004年7月初建成试运行,后又根据实际情况进行了流程调整和优化,实现了回用厂区循环水的目标,每年节约新鲜水200余万吨,取得了良好的经济效益、环保效益和社会效益。[③] 又例如,2007年7月27日,国内首套大型污水处理1万吨/日回用水提质工程——万吨级电吸附装置,在太原化学工业集团有限公司水厂建成投产。装置投产后,有效改善了区域水体质量。同时,电吸附提质后的1万吨/日回用水达到化工生产工艺用水标准,可用作工艺用水、锅炉补充水等,有利于缓解严重缺水城市的供水压力。[④] 这些重大污染治理项目的投入使用,缓解了工业污染治理的压力。

---

① 周生贤主编:《环保惠民 优化发展——党的十六大以来环境保护工作发展回顾(2002—2012)》,人民出版社,2012年,第31页。
② 笔者根据历年《中国环境统计年鉴》相关数据整理。
③④ 肖翔:《小康之路 生态文明篇》,北京时代华文书局,2013年,第135-137页。

我国还进行了排污权交易制度的探索,以期引入市场机制对工业污染进行防治。江苏是推行二氧化硫排污权交易最早的省份。2001年底,南通醋酸纤维有限公司因生产规模扩大,急需要增加二氧化硫排放总量;而同样位于南通市区的天生港发电公司,由于实施了烟气脱硫工程,使二氧化硫排污总量指标"多"了出来。在南通市环保局的撮合下,两家企业最终达成了首例二氧化硫排污权交易:在为期6年的交易期限里,由天生港发电公司每年"卖给"南通醋酸纤维有限公司300吨的二氧化硫排污权指标,每吨价格250元。这次交易的核心,就是把南通排污总量看作一个"整体",政府通过对整体的排污总量进行控制,给每个排污企业分配一定的排污指标。天生港发电公司通过一定的措施,使自己的排污量有所削减,那么多出来的指标,便可以卖给南通醋酸纤维有限公司。而如果没有交易,那么"南通醋纤"必须上马脱硫设施,其代价需要上千万元,而通过交易只花费了数十万元。这样,在南通整体排污总量没有变化的前提下,实现了污染治理总成本的降低。① 2003年,南京下关电厂与江苏太仓港环保发电有限公司签署了中国第一个异地二氧化硫排放权协议:"江苏太仓"于2003年7月至2005年,每年从"南京下关"购进1700吨的排放指标,共支付交易费170万元。达成这笔交易的关键就在于,"南京下关"率先进行了烟气脱硫系统改造,它的年实际排污量比环保部门核定的总量指标减少了3000吨,而没有安装该设备却计划投产的"江苏太仓"年排放量超过指标2000吨左右。②

这一时期,我国还注重积极探索和完善环境监察制度与规章体系。"十五"计划期间,各级环境监察机构积极创新工作机制,基本建立起了移送移交制度、挂牌督办制度、联合办案制度、重大违法案件新闻发布会制度等。2010年后,环境保护部先后发布了有关行政处罚、排污费稽查、执法后督查等多部规章,出台了有关处罚听证、标准化建设标准等数十项规范性文件,制定了电解锰、味精等多个行业的环境监察指南等,制度规范得到进一步加强。③

---

①② 肖翔:《小康之路 生态文明篇》,北京时代华文书局,2013年,第140、141页。
③ 周生贤主编:《环保惠民 优化发展——党的十六大以来环境保护工作发展回顾(2002—2012)》,人民出版社,2012年,第209页。

第二节 中国的重化工业重启及原因分析

一、重化工业的重启

21 世纪初期以来,我国进入了重化工业重启的阶段,重工业从产值、利润、价格等方面,都呈现了强劲的上涨趋势。

1. 轻重工业产值

轻工业产值比重由 2000 年的 39.8%,持续下降到 2007 年的 29.5%;2006 年以后,重工业产值比重维持在 70% 以上的高水平(参见表 8.2.1)。从六大高耗能行业来看,我国除了石油加工炼焦及核燃料加工业之外,其余的高耗能产业增长率都高于全国工业总产值的增长率;有色金属冶炼及压延加工业总产值 2011 年比 2003 年增加了 907%,远高于全国工业总产值增长的 493%(参见表 8.2.2,图 8.2.1)。这说明我国新一轮基础型重化工业增长较快。

表 8.2.1 轻重工业产值的比例变化

年 份	绝对数/亿元			构成/(%)	
	全部工业总产值	轻工业	重工业	轻工业	重工业
2000 年	85674	34095	51579	39.8	60.2
2001 年	95449	37637	57812	39.4	60.6
2002 年	110777	43356	67421	39.1	60.9
2003 年	142272	50498	91774	35.5	64.5
2004 年	201722	63819	137903	31.6	68.4
2005 年	251619	78280	173339	31.1	68.9
2006 年	316589	94846	221743	30.0	70.0
2007 年	405177	119640	285537	29.5	70.5
2008 年	507285	145429	361856	28.7	71.3
2009 年	548311	161498	386813	29.5	70.5
2010 年	698591	200072	498519	28.6	71.4
2011 年	844269	237700	606569	28.2	71.8

资料来源:国家统计局工业统计司《中国工业经济统计年鉴(2012)》,中国统计出版社,2012年,第 21 页。

表 8.2.2　高耗能工业总产值　　　　　　　单位：亿元

年份	石油加工炼焦及核燃料加工业	化学原料及化学制品制造业	非金属矿物制品业	黑色金属冶炼及压延加工业	有色金属冶炼及压延加工业	电力热力的生产和供应业	全国工业总产值
2003 年	6235.26	9244.86	5653.25	10007.37	3564.07	6858.60	142271.2
2004 年	9088.84	14027.74	9951.20	17309.81	6244.08	14904.26	222315.9
2006 年	15149.04	20448.69	11721.52	25403.79	12936.48	21549.32	316589.0
2007 年	17850.88	26798.8	15559.44	33703.01	18031.88	26462.65	405177.1
2008 年	22628.68	33955.07	20943.45	44727.96	20948.74	30060.51	507448.3
2009 年	21492.59	36908.63	24843.90	42636.15	20567.21	33435.1	548311.4
2010 年	29238.79	47920.02	32057.26	51833.58	28119.02	40550.83	698590.5
2011 年	36889.17	60825.06	40180.26	64066.98	35906.82	47352.67	844268.8
2011年比2003年增长/(%)	491.622	557.934	610.746	540.198	907.467	590.413	493.422

资料来源：笔者根据历年《中国统计年鉴》整理。

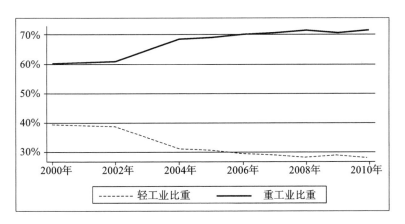

图 8.2.1　轻重工业结构

从各大区域角度来看，市场化发育较好的东部沿海地区重工业比重上升最快，2001 年重工业占工业比重约为 55.6%，2011 年达到 69.76%；西部地区在西部大开发战略的刺激下，这一时期重工业占工业的比重发展也较快，从 66.43% 上升到了 76.34%（参见表 8.2.3）。

表 8.2.3 各大区工业经济结构变化

年份	轻工业产值比重/(%)				重工业产值比重/(%)			
	中部	西部	东部	东北	中部	西部	东部	东北
2001年	33.91	33.57	44.41	19.13	66.09	66.43	55.59	80.87
2002年	32.22	33.97	43.81	20.44	67.78	66.03	56.19	79.56
2003年	29.03	30.95	39.53	18.07	70.97	69.05	60.47	81.93
2005年	25.38	25.52	34.64	17.67	74.62	74.48	65.36	82.33
2006年	25.19	24.28	33.24	17.99	74.81	75.72	66.76	82.01
2007年	25.13	24.06	32.70	18.96	74.87	75.94	67.30	81.04
2008年	25.09	23.45	31.63	20.02	74.91	76.55	68.37	79.98
2009年	33.01	25.49	29.37	30.37	66.99	74.51	70.63	69.63
2010年	26.84	24.03	31.06	21.88	73.16	75.97	68.94	78.12
2011年	27.43	23.66	30.24	22.68	72.57	76.34	69.76	77.32

资料来源:笔者根据《中国工业经济统计年鉴》相关数据计算。

2. 轻重工业利润

从我国工业内部利润来看,重工业利润占总利润的比重,从2000年的约70%上升到了2005年的约76.2%以后,虽有所回落,但在2010年开始又有所上升;重工业企业利润成为我国工业利润的主要组成部分(参见表8.2.4)。

表 8.2.4 轻重工业利润变化

年 份	利润总额/亿元		利润比重/(%)	
	轻工业	重工业	轻工业	重工业
1998年	575	833	40.84	59.16
1999年	909	1379	39.73	60.27
2000年	1313	3080	29.89	70.11
2001年	1437	3920	26.82	73.18
2002年	1849	3836	32.52	67.48
2003年	2355	5983	28.24	71.76
2005年	3103.66	9961.72	23.75	76.25
2006年	4654.99	14849.45	23.87	76.13
2007年	6714	20442	24.72	75.28

续表

年 份	利润总额/亿元		利润比重/(%)	
	轻工业	重工业	轻工业	重工业
2008年	8468	22094	27.71	72.29
2009年	10388	24154	30.07	69.93
2010年	15019	38031	28.31	71.69
2011年	17197	44199	28.01	71.99
2012年	19075	42835	30.81	69.19

注：统计口径不断调整。2000年以后是规模以上企业数据，而2005年是2004年经济普查数据。

资料来源：笔者根据《新中国六十年统计资料汇编》和历年《中国统计年鉴》相关数据整理。

3. 重工业产品价格变化

从价格趋势变化来看，生产资料（也就是重工业产品）价格明显比生活资料价格上升快。而从生产资料各部门的情况来看，采掘工业、原材料工业的价格上涨比加工工业价格上涨快。这可以反映出，我国这一时期对生产资料的需求，尤其是对采掘工业、原材料工业等基础型重化工业的需求旺盛（参见表8.2.5、图8.2.2、图8.2.3）。

表8.2.5 各工业品价格指数

年份	全部工业品	生产资料	采掘工业	原材料工业	加工工业	生活资料
1998年	95.9	95.4	98.4	93.4	96.8	96.9
1999年	97.6	98.3	104.5	98.2	97.1	96.4
2000年	102.8	105.1	124.9	108.4	98.6	97.8
2001年	98.7	98.8	100.1	99.7	98.1	98.5
2002年	97.8	97.7	101.9	98.0	96.9	97.9
2003年	102.3	103.6	113.3	106.7	100.2	98.9
2004年	106.1	107.8	118.5	110.2	104.8	101.2
2005年	104.9	106.8	125.8	109.8	102.2	99.8
2006年	103.0	103.9	114.1	106.2	101.1	100.2
2007年	103.1	103.2	103.8	105.6	102.0	102.8
2008年	106.9	107.7	123.6	108.9	105.2	104.1
2009年	94.6	93.3	84.2	91.9	95.1	98.8
2010年	105.5	106.6	122.2	110.1	103.1	102.0

续表

年份	全部工业品	生产资料	采掘工业	原材料工业	加工工业	生活资料
2011年	106.0	106.6	115.4	109.2	104.6	104.2
2012年	98.3	97.5	97.6	98.0	97.3	100.8

资料来源：笔者根据历年《中国统计年鉴》相关数据整理。

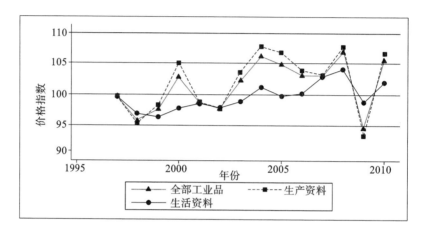

图 8.2.2　全部工业品、生产资料及生活资料价格指数历年变化

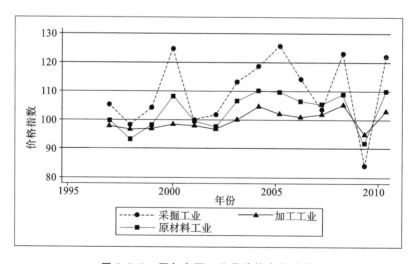

图 8.2.3　历年主要工业品价格变化趋势

4. 重工业投资的浪潮

这一时期我国掀起了重工业投资的浪潮。珠三角和长三角地区都对石化、汽车等工业项目进行大量投资。民营企业也开始涉足汽车、钢铁等重化工业项目。民营企业纷纷通过入股或协议收购有许可证的汽车企业

等方式进入汽车行业,先后有福田、比亚迪、万通、华翔、中大、华普、长城、华泰、众泰、吉奥、青年等 30 多家民营企业进入整车制造领域。① 2001 年,仅有上海奇瑞名列轿车市场销量前十位,2010 年则有比亚迪、奇瑞与吉利三家民营企业在轿车市场销量方面进入了前十位,其市场占有率也由 2001 年的 3.89% 上升到 2010 年的 15% 左右。② 唐山剑龙集团与上海复星集团联手投资宁波钢铁等事件是中国重启重化工业的表现。③ 2010 年 12 月 31 日,河北钢铁集团分别与九江线材、燕山钢铁、荣信钢铁、鑫达钢铁、新金钢铁、裕华钢铁、金鼎重工 7 家民营钢企签署了联合重组协议。这是河北钢铁集团继 2010 年 11 月重组 5 家民营钢铁企业后,再次以"渐进式股权融合"模式重组民营钢铁企业。此次重组将再为河北钢铁集团增添 1300 万吨产能,河北钢铁产业集中度得到进一步提升。

二、重化工业重启的原因分析

如前所述,无论是市场化发育较为完善的东部沿海地区,还是政府发挥更大作用的西部地区,重化工业发展都呈现出较为明显的增长态势。新一轮重化工业重启,是政府与市场双重作用的结果。

1. 政府的直接投资刺激了基础性重化工业发展

1998 年金融危机后,我国推行了积极的财政政策,1998—2004 年共发行长期建设国债 9100 亿元,截至 2004 年末,7 年累计实际安排国债项目资金 8643 亿元(参见表 8.2.6)。

表 8.2.6　1998—2004 年积极财政政策支出结构

项　目	绝对数	比例
农林水利和生态建设	2596 亿元	30.0%
交通通信基础设施建设	1711 亿元	19.8%
城市基础设施建设	1317 亿元	15.2%
技术进步和产业升级	775 亿元	9.0%

---

① 国务院发展研究中心产业经济研究部、中国汽车工程学会、大众汽车集团(中国)编著:《中国汽车产业发展报告(2011)》,社会科学文献出版社,2011 年,第 27 页。
② 国务院发展研究中心产业经济研究部、中国汽车工程学会、大众汽车集团(中国)编著:《中国汽车产业发展报告(2011)》,社会科学文献出版社,2011 年,第 27 页。
③ 简新华、余江:《中国工业化与新型工业化道路》,山东人民出版社,2009 年,第 276 页。

续表

项　　目	绝对数	比例
农网改造	688亿元	8.0%
教育、文化、卫生、旅游基础设施建设	433亿元	5.0%
中央直属储备粮库建设	352亿元	4.1%
环境保护投资	312亿元	3.6%
公检法司设施建设	180亿元	2.1%

资料来源：金人庆《中国财政政策理论与实践》，中国财政经济出版社，2005年，第44页。

面对金融危机，2008年我国提出了"保增长、扩内需、调结构"的口号。经济增长速度成为政府关注的重要宏观指标。政府再一次采取了积极的财政政策，进行了4万亿元投资（参见表8.2.7）。

表8.2.7　投资结构调整

调整前（2008年11月7日）		调整后（2009年3月6日）	
分类	投资额	分类	投资额
保障性安居工程	2800亿元	民生工程（主要是保障性住房）	4000亿
用于农村民生工程和农村基础设施	3700亿元	农村民生工程（包括水、电、路、气、房）	3700亿元
铁路、公路、机场和城乡电网建设	1.8万亿元	基础设施的建设（铁路、公路、机场、水利等）	1.5万亿元
医疗卫生和文化教育事业	400亿元	教育、卫生、文化、计划生育	1500亿元
生态环境	3500亿元	节能减排和生态工程	2100亿元
自主创新结构调整	1600亿元	调整结构和技术改造	3700亿元
用于汶川地震灾区的恢复重建投资	1万亿元	汶川大地震重点灾区的灾后恢复重建	1万亿元

资料来源：《发改委：4万亿投资结构大调整》，《理论导报》2009年第3期。

虽然我国对4万亿元投资的结构进行了调整，加重了对教育、卫生、文化等方面的投资，也加重了对技术改造方面的投资；但是，基础设施以及保障房等方面的投资依然占大头。而基础设施等方面的投资对钢铁等基础性重化工业发展仍具有较大的拉动作用。例如,国家4万亿元投资中的重点组成部分,如基础设施、灾后重建、保障房等项目都和钢铁行业有关,据有关部门测算,这些项目将拉动2亿吨粗钢发展。① 政府两次积极的财政政策对重化工业,尤其是基础型重化工业的高速发展起到了推动作用。

2. 消费结构的升级与城市化的推进

改革开放20多年的高速工业化解决了"吃、穿、用"问题,还需有效解决短缺的"住、行"等问题。通过加快城镇化建设,解决"住、行"等问题,是在温饱型小康基础上实现全面小康的主要内容。这一时期,居民的消费等级从家电的万元级,向汽车、住房等耐用品的十万元、数十万元,甚至上百万元的等级迈进。由于我国房地产、汽车耐用品的消费市场不断升级,城镇化不断推进,有力地推进了我国新一轮工业化升级。

(1) 消费的不断升级。

为扩大消费,政府出台了一些措施刺激消费的升级。以房地产为例,1998年我国推行了房地产商品化改革,并修订了《个人住房贷款管理办法》,倡导居民贷款买房,并规定,无住房补贴的以不低于所购住房全部价款的30%作为购房的首期付款;有住房补贴的以个人承担部分的30%作为购房的首期付款;并调整个人住房贷款利率和期限。在一系列房地产刺激政策下,1998—2009年,我国房地产业进入了高速发展阶段。2009年住房投资比1998年增加了900%以上,房屋施工面积、住宅施工面积、房屋竣工面积和住宅竣工面积2009年比1998年分别增长1343%、1653%、72%和42%。② 房地产业的高速发展推动了重化工业的发展。1998—2009年,钢铁工业产值中,建筑业的需求高达59%,排第二位的机械工业需求仅占16%。这一时期,中国钢铁在世界上的地位和产量比重也突飞猛进,2000年中国粗钢产量占世界的比重为15%,2010年达到44%。③

在房地产业发展的同时,政府还采取了一系列措施刺激汽车工业的发展。一方面,加入WTO之后,我国汽车行业竞争激烈,竞争使价格下降,更多的家庭购买汽车;另一方面,国家采取了一系列刺激汽车工业发展的政策,推动汽车私人消费。相关主管部门对汽车购置手续进行了简化,对汽车相关税费进行了清理、合并和调整,规范了汽车销售和服务市场,汽车消费环境进一步改善。例如,2003年,银监会出台《汽车金融公司管理办

---

① 陈瑜:《中国钢铁行业2009年下半年有望转暖》,《重型机械》2009年第2期。
② 武力、肖翔:《中国当代城市房地产的变革与发展》,《河北学刊》2010年第5期。
③ 张嘉麟、瞿宛文:《中国钢铁业近年来高速增长之成因》,《世界经济文汇》2014年第4期。

法》,规范了汽车金融业的发展;2005年,商务部出台《汽车品牌销售管理办法》,对汽车经销商的设立、分布、销售、售后服务等行为进行全面、彻底的整合;2005年,商务部出台《二手车流通管理办法》,促进二手车流通健康发展;2008年,国务院出台《关于实施成品油价格和税费改革的通知》,推进燃油税改革,同时取消养路费等六项收费,这标志着我国汽车税费有了重大突破;2009年,国务院出台《汽车产业调整和振兴规划》,使我国汽车产业成功应对了国际金融危机的冲击,通过"扩内需"和"调结构"两方面规划目标的推进,促进了我国汽车工业在逆境中的持续快速发展。① 2000年以后,我国汽车产销量取得快速发展,拉动了黑色金属采选业、有色金属采选业、纺织业、石油加工及炼焦业、化学原料及制造品业等大量重化工行业的发展。

(2) 城镇化的推进。

为扩大内需,政府积极推动城镇化发展,城乡二元户籍制度有所松动。1997年,国务院批转公安部《小城镇户籍管理制度改革试点方案》;1998年7月,国务院批转公安部《关于解决当前户口管理工作中几个突出问题的意见》;2001年3月3日,国务院批转公安部《关于推进小城镇户籍管理制度改革的通知》。2002年,上海颁布了《引进人才实行〈上海居住证〉制度暂行规定》,在全国率先实行居住证制度。2003年,广州出台了一系列措施,改革了"农转非",城镇化进程加速(参见图8.2.4)。

地方政府在基础设施的投资建设上也扮演着非常重要的角色。在当前财政分权、政治集权的体制下,地方政府之间在"招商引资"上的标尺竞争与政绩工程,带来了显著的城镇基础设施建设成果。城市建设面积扩大,住房条件改善,城市交通、供水、供热、供气、供电、绿化、环境卫生、电信等基础设施体系不断完善,扩大了城镇人口容量,提高了城镇现代化水平。2007年,我国城市建成区面积达3.55万平方公里,比1981年增加了2.88万平方公里;城市人均住房建筑面积达27.1平方米,比1978年增加了20.4平方米;城市自来水普及率达93.8%,城市燃气普及率达87.4%,分别比1981年增加了40.1%和75.8%;每万人拥有公共交通车辆10.2标台,比1986年增加了7.7标台。②

---

① 国务院发展研究中心产业经济研究部、中国汽车工程学会、大众汽车集团(中国)编著:《中国汽车产业发展报告(2011)》,社会科学文献出版社,2011年,第4、5页。

② 国务院发展研究中心课题组:《中国城镇化:前景、战略与政策》,中国发展出版社,2010年,第2页。

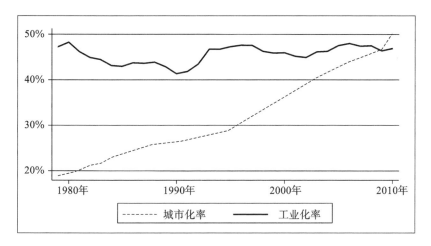

图 8.2.4　城市化与第二产业比重变化趋势

数据来源：笔者根据《新中国六十年统计资料汇编》、《中国统计年鉴(2011)》整理。

例如,杭州市撤萧山、余杭两个县级市,设立萧山区、余杭区,市区面积由原来的 683 平方公里扩大到 3068 平方公里;人口由原来的 175 万增加到 373 万。金华市撤金华县设金东区,衢州市撤衢县设衢州区。各地还进行了乡镇区划调整和"撤镇设街、撤村建居"工作。城市化的推进促进了房地产业、汽车行业、基础设施等方面投资的扩大,并提高了居民的消费层次,成为我国重启重化工业的重要推动力量。2002 年,浙江省城镇以上固定资产投资和房地产开发投资分别达到 2364.95 亿元和 728.8 亿元,比 1998 年分别增长 1 倍和 2 倍多,年均增长 20% 和 33.9%;城镇居民人均住房使用面积达到 21.12 平方米,比 1998 年增加 2.87 平方米。①

3. 低价工业化与产业扶持

改革开放之前,我国政府更多直接进行工业化的建设。而改革开放之后,市场力量逐步壮大,政府直接干预经济的力量逐步减弱。但是政府推动工业化高速发展的目标并没有改变,通过压低工业化的成本来推动工业化的迅速发展。而低价工业化也成为我国重化工业重启的重要原因。

价格形成机制方面,我国既存在"市场失灵",也存在"政府失灵"。我国资源性产品生产过程中仅仅反映了生产成本,而生产过程中产生的资源破坏和环境污染的治理成本没有充分体现在价格中。我国当时平均矿产补偿率仅为 1.18%,低于国际的 2%—8%;而石油、天然气的费率为 1%,

---

① 张苗根:《浙江城市化 30 年》,浙江人民出版社,2009 年,第 21、25 页。

远低于美国的12.5%和澳大利亚的10%。① 这导致资源性价格偏低。以我国能源消耗最大的煤炭为例,2004年1—9月份,出口动力煤,秦皇岛离岸价为50—60美元/t,按国家当时汇率计算,合人民币413—496元/t,比同期国内贸易煤炭离岸价高出60元乃至80元以上。② 国际通用的按热值计算的煤炭、石油、天然气比价关系,大致为1∶1.5∶1.35,而我国实际大致为1∶4∶3,与其他能源价格相比,煤价偏低。③ 另外,虽然到2002年我国已经基本形成了市场经济的运行框架,从市场化的结构来看,在产品市场上已经形成了竞争性的市场,但是从要素价格上来看,我国政府控制力仍十分强。当前,我国在重工业产品价格形成机制中,与资源品相关的价格,政府定价仍然有较大力量。电、煤气等产品由政府定价,天然气和成品油的出厂价格实行政府指导价,部分矿产资源的价格也受到政府管制。而政府对信息的判断常存在时滞,在物价普遍上涨的背景下,政府出于经济发展等方面的考虑,调整价格比较慎重,从而导致能源价格偏低。以特级汽油为例,2008年7月,97号汽油价格零售价大约为每升6.5元,除了美国以外,欧洲国家成品油价格通常是我国的2—3倍。在《2007年国际燃油价格》报告公布的87个国家和地区2006年11月的汽油价格中,按照价格从低到高的顺序,中国居18位,之前大多是发达国家。人口超过1亿的国家中,中国的油价属于最低水平;"金砖四国"中,巴西和印度油价比我国高出许多。④ 能源价格管制造成能源价格相对便宜,必然促使厂商与消费者增加能源消费,从而放大能源需求。

由于政府的高增长偏好,能源定价倾向压低价格,以推动经济增长。以电解铝为例,20世纪90年代后期,国家对电解铝工业采取了半价优惠电价政策,刺激了电解铝工业的超常发展。20世纪90年代末,年产300万吨,到2004年,年产达970万吨,仅2003年一年出口就达125万吨。⑤ 高耗能的产业大规模生产与出口,造成了人均资源本不充裕的中国补贴世界的局面。

对于土地、资金等重要的工业化投入要素,政府也采取了压低价格的

---

① 张卓元:《深化资源产品价格改革 促进经济增长方式转变》,《张卓元改革论集》,中国发展出版社,2008年,第206页。
② 唐衍伟:《中国煤炭资源消费状况与价格形成机制研究》,《资源科学》2008年第4期。
③ 路卓铭、刘乃军:《我国资源价格改革的战略思考》,《价格理论与实践》2007年第5期。
④ 李治国:《从比较的视角论我国成品油定价机制的完善》,《中国物价》2008年第10期。
⑤ 吴敬琏:《十一五规划与中国经济增长模式的转变》,《上海交通大学学报(哲学社会科学版)》2006年第3期。

措施。政府为了招商引资,压低了土地价格。例如,苏州工业园区在 21 世纪初,土地的市场价格为 20 万元/亩左右,但出让价平均仅 8—12 万元/亩,价格明显偏低。昆山开发区的土地成本达 12—13 万元/亩,但为了能够大规模引资,政府将价格降至 10 万元/亩,平均出让价格甚至低于 8 万元/亩。①压低土地价格引资促进了各地工业的发展。

虽然改革开放以来,我国的利率市场化取得了一定的进展,但是政府仍然在其中起着重要作用。由于利率长期没有市场化,在通货膨胀连续上涨的背景下,利率明显低估。在利率管制的情况下,能够从银行贷到资金的企业受到了更多的补贴。集中于重化工业的大型国有企业更容易从银行获取资金和隐性补贴。

第三节 加入 WTO 与世界工厂

一、中国加入 WTO 与出口的扩大

改革开放以后,中国 20 多年的工业化高速推进是伴随着对外开放的不断深入而进行的。随着国内市场逐渐饱和,如何进一步发挥中国经济的比较优势,在更高水平上开辟国际市场、利用国际资源,推动中国经济增长,成为中国发展面临的重要问题。经过艰苦的谈判,中美终于在 1999 年 11 月 15 日达成中美关于中国加入世界贸易组织的双边协议。2001 年 11 月 10 日,世界贸易组织第四届部长级会议一致表决同意接受中国加入世界贸易组织(WTO)。WTO 是国际三大经济组织之一,它强调成员之间应该在无歧视的基础上进行贸易,推动国际贸易的发展与全球化的融合。

1. 健全对外开放的制度建设

中国以往的开放带有明显的政策性开放特点,依靠优惠政策推动出口、鼓励外商来华投资。WTO 框架下的非歧视性、公开性、透明性使这种政策性开放不再有生存空间。加入 WTO 后,中国逐步取消了不符合 WTO 规定的优惠政策,加快了经济体制改革的步伐,用法律、制度规范对外开放。加入 WTO 后,中国政府用了 10 年时间对中国外贸相关的法规和体制进行了调整。一是调整和修改不符合 WTO 规定的法律法规。从中央级的

---

① 罗云辉、林洁:《苏州、昆山等地开发区招商引资中土地出让的过度竞争——对中国经济过度竞争原因分析的一项实证》,《改革》2003 年第 6 期。

法律到 30 个政府部门的 3000 多个法规规章、19 万个地方规章制度得到了清理和调整。二是转变外贸主管部门的职能。从以行政领导为主转变为以服务为主,逐步公开国际贸易和国家投资体制。三是加快外贸主体多元化步伐,允许私营外贸企业迅速发展。四是由地域的全方位开放走向产业的全方位开放。五是减少各类出口补贴,降低进口税率,消除非关税壁垒。关税总水平由 2001 年的 14.0% 降至 2011 年的 9.8%。10 年间,中国还不断削减非关税措施,取消了 424 个税号产品的进口配额、进口许可证和特定招标,分批取消了 800 多个税务商品的管理。①

2. 中国比较优势的凸显

劳动力成本较低,是中国经济发展的重要比较优势。据美国波士顿咨询公司数据,2003 年中国工人的小时平均工资(包括福利)只有 0.8 美元,分别相当于泰国的 40.8%、马来西亚的 38.3%、巴西的 29.1%、韩国的 8.0%、法国和英国的 4.5%、加拿大的 4.3%、日本的 3.9%、美国的 3.7%、德国的 2.6%。② 经过改革开放 20 多年的发展,中国已经基本建立社会主义市场经济体制,制度性的交易成本已经大大降低,劳动力优势在国际竞争中更为凸显。

中国的劳动力优势在劳动密集型的服装领域尤为凸出,以劳动密集型的纺织工业为例,中国 20 世纪 90 年代末的劳动力成本仅为 0.62 美元,而美国为 12.97 美元。当时,中国纺织服装贸易一直是最大的谈判焦点之一,最终,中国以大局为重做出让步,签下了纺织产品特殊保障措施(共 242 款,2008 年到期)和特殊产品保障措施(共 16 款,2013 年到期)这一过渡性约定。加入 WTO 后,中国纺织业加速融入了全球产业网络(GPN),使中国纺织业处于一个更公平的竞争环境中,比较优势得以发挥,也推动了世界纺织贸易的健康发展。从 2001 年到 2008 年,世界纺织品(SITC65)贸易额增加了约 50%,而服装(SITC84)贸易额增加了约 75%。其间,中国的纺织品(SITC65)出口增加了 4 倍。③

入世以后,中国出口额占世界比重逐年增加。2000 年中国位于世界出口第 7 位。2002 年提升为第 5 位,2009 位居世界第一,尔后长期保持这一位次(参见表 8.3.1)。而且从比重来看,2009 年为世界的 9.6%,2012 年

---

① 孙玉琴、曲韵、孙倩军:《中国对外开放史(第三卷)》,对外经济贸易大学出版社,2012 年,第 465、466 页。
② 吕政主编:《国际产业转移与中国制造业发展》,经济管理出版社,2006 年,第 33 页。
③ 顾庆良:《入世十载 中国纺织凤凰涅槃》,《纺织服装周刊》2011 年第 45 期。

上升为世界的 11.1%，中国已经成为"世界工厂"。中国的出口又有效地拉动了国内工业经济的增长(参见表 8.3.2)。从进出口的结构来看，2012 年出口的工业制成品比 2001 年上涨了 712.5%，2012 年进口的工业制成品比 2001 年上涨了 498.3%；2012 年出口的初级产品比 2001 年上涨了 281.8%，2012 年进口的初级产品比 2001 年上涨了 1288%。从绝对数量来看，2001 年中国工业制成品的贸易顺差为 419.5 亿美元，2012 年上升为 7646.85 亿美元；初级产品的贸易逆差 2001 年为 194.05 亿美元，2012 年上升为 5343.76 亿美元(参见表 8.3.3)。中国的出口更多集中在工业领域，进口更多集中在初级产品。工业制成品出口中，机械运输等资本、技术密集的机械及轻纺又占较大比重(参见表 8.3.4)。

表 8.3.1 中国出口额占世界出口总额的比重和位次

年份	世界出口总额/亿美元	中国出口额/亿美元	中国出口额占世界出口总额的比重/(%)	位次
1980 年	20340	181	0.9	26
1984 年	19560	261	1.3	18
1992 年	37670	849	2.3	11
2000 年	64590	2492	3.9	7
2001 年	61950	2661	4.3	6
2002 年	64950	3256	5.0	5
2003 年	75890	4382	5.8	4
2004 年	92220	5933	6.4	3
2005 年	105080	7620	7.3	3
2006 年	121300	9690	8.0	3
2007 年	140230	12205	8.7	2
2008 年	161600	14307	8.9	2
2009 年	125540	12016	9.6	1
2010 年	152830	15778	10.3	1
2011 年	183190	18984	10.4	1
2012 年	184010	20487	11.1	1

资料来源：国家统计局贸易外经统计司编《中国贸易外经统计年鉴(2013)》，中国统计出版社，2013 年，第 518 页。

表 8.3.2 中国出口额占国内生产总值的比重

年份	国内生产总值/亿元	出口额/亿元	出口占国内生产总值的比重/(%)
1980 年	4545.6	271.2	6.0
1992 年	26923.5	4676.3	17.4
2000 年	99214.6	20634.4	20.8
2001 年	109655.2	22024.4	20.1
2002 年	120332.7	26947.9	22.4
2003 年	135822.8	36287.9	26.7
2004 年	159878.3	49103.3	30.7
2005 年	184937.4	62648.1	33.9
2006 年	216314.4	77597.2	35.9
2007 年	265810.3	93563.6	35.2
2008 年	314045.4	100394.9	32.0
2009 年	340902.8	82029.7	24.1
2010 年	401512.8	107022.8	26.7
2011 年	473104.0	123240.6	26.0
2012 年	518942.1	129359.3	24.9

资料来源:国家统计局贸易外经统计司编《中国贸易外经统计年鉴(2013)》,中国统计出版社,2013 年,第 517 页。

表 8.3.3 按国际贸易标准分类的进出口简表　　　　单位:亿美元

年 份	初级产品		工业制成品	
	出口	进口	出口	进口
2000 年	254.60	467.39	2237.43	1783.55
2001 年	263.38	457.43	2397.60	1978.10
2002 年	285.40	492.71	2970.56	2458.99
2003 年	348.12	727.63	4034.16	3399.96
2004 年	405.49	1172.67	5527.77	4439.62
2005 年	490.37	1477.14	7129.16	5122.39
2006 年	529.19	1871.29	9160.17	6043.32

续表

年　　份	初级产品		工业制成品	
	出口	进口	出口	进口
2007 年	615.09	2430.85	11562.67	7128.65
2008 年	779.57	3623.95	13527.36	7701.67
2009 年	631.12	2898.04	11384.83	7161.19
2010 年	816.86	4338.50	14960.69	9623.94
2011 年	1005.45	6042.69	17978.36	11392.15
2012 年	1005.58	6349.34	19481.56	11834.71

资料来源：国家统计局贸易外经统计司编《中国贸易外经统计年鉴(2013)》，中国统计出版社，2013 年，第 522 页。

加入世界贸易组织以后，资本、技术密集的工业也寻找到新的发展契机。例如，机械工业充分利用了全球化的契机，参与国际产业分工的广度和深度不断扩大和加深，中国机械工业的国际竞争力显著提高。从中国机械产品的贸易竞争力指数来看，2006 年中国首次实现贸易顺差（贸易竞争力指数大于 1），2008 年贸易顺差（477 亿美元）、贸易竞争力指数（1.1091）均达到历史最高。[①] 2011 年，中国北车齐轨道装备公司与澳大利亚 FMG 公司就出口澳大利亚 40 吨轴重矿石车举行了签约仪式，这是中国制造的世界最大轴重货车又一次出口发达国家，标志着中国北车铁路货车产品已大规模占据澳洲高端市场。[②]

二、吸引外资与工业发展

在中国加入 WTO 前后，国内外各类研究机构和众多专家对加入 WTO 可能造成的冲击和影响做了不同估计，加入 WTO 之后，外资流入可能会对民族企业（比如汽车制造领域）有较大冲击。当时有学者分析，国产汽车制造厂商可能因此大规模破产。[③]

[①] 中国社会科学院工业经济研究所：《中国工业发展报告——国际金融危机下的中国工业(2010)》，经济管理出版社，2010 年，第 283 页。

[②] 中国社会科学院工业经济研究所：《中国工业发展报告——中国工业的转型升级(2011)》，经济管理出版社，2011 年，第 538 页。

[③] 胡鞍钢：《对外开放的"巨大红利"：中国加入 WTO 十年历程评价与未来展望》，《澳门理工学报(中文版)》2012 年第 3 期。

表 8.3.4 1998—2012 年按国际贸易标准分类的出口商品金额

单位：亿美元

商品分类		1998年	1999年	2000年	2001年	2002年	2003年	2004年	2005年	2006年	2007年	2008年	2009年	2010年	2011年	2012年
初级产品总计		206.08	199.41	254.60	263.38	285.40	348.12	405.49	490.37	529.19	615.09	779.57	631.12	816.86	1005.45	1005.58
初级产品	食品及主要供食用的活动物	106.17	104.58	122.82	127.77	146.21	175.31	188.64	224.80	257.23	307.43	327.62	326.28	411.48	504.93	520.75
	饮料及烟类	9.75	7.71	7.45	8.73	9.84	10.19	12.14	11.83	11.93	13.97	15.29	16.41	19.06	22.76	25.90
	非食用原料	35.2	39.21	44.62	41.72	44.02	50.32	58.42	74.84	78.60	91.16	113.19	81.53	116.03	149.77	143.41
	矿物燃料、润滑油及有关原料	51.88	46.59	78.55	84.05	84.35	111.14	144.80	176.22	177.70	199.51	317.73	203.74	266.73	322.74	310.07
	动植物油、脂及蜡	3.08	1.32	1.16	1.11	0.98	1.15	1.48	2.68	3.73	3.03	5.74	3.16	3.55	5.26	5.44
工业制成品总计		1631.04	1749.9	2237.43	2397.6	2970.56	4034.16	5527.77	7129.16	9160.17	11562.67	13527.36	11384.83	14960.69	17978.36	19481.56

续表

商品分类		1998年	1999年	2000年	2001年	2002年	2003年	2004年	2005年	2006年	2007年	2008年	2009年	2010年	2011年	2012年
工业制成品	化学品及有关产品	103.21	103.73	120.98	133.52	153.25	195.81	263.60	357.72	445.30	603.24	793.46	620.17	875.72	1147.88	1135.65
	轻纺产品、橡胶制品、矿冶产品及其制品	323.87	332.62	425.46	438.13	529.55	690.18	1006.46	1291.21	1748.16	2198.77	2623.91	1848.16	2491.08	3195.60	3331.41
	机械及运输设备	502.01	588.36	826	949.01	1269.76	1877.73	2682.60	3522.34	4563.43	5770.45	6733.29	5902.74	7802.69	9017.74	9643.61
	杂项制品	701.90	725.10	862.78	871.10	1011.53	1260.88	1563.98	1941.83	2380.14	2968.44	3359.59	2997.47	3776.52	4593.70	5356.72
	未分类的其他商品	0.05	0.09	2.21	5.84	6.47	9.56	11.12	16.06	23.15	21.76	17.10	16.29	14.68	23.43	14.17

注：因历年统计年鉴数据存在差异，本表所示历年初级产品与工业制成品出口额（全部出口商品金额）与表8.3.1中国出口商品金额略有差异。

资料来源：笔者根据历年《中国对外经济统计年鉴》《中国贸易外经统计年鉴》相关数据整理。

为遵守WTO规则及入世承诺,我国对外商投资政策进行了较大的调整,2000—2001年,先后修改《中华人民共和国外资企业法》、《中华人民共和国中外合作经营企业法》等法律法规,旨在取消限制,对外商投资企业实行"国民待遇"原则。2002年制定了《指导外商投资方向规定》,划分了重点引资领域,鼓励和引导外商投资现代农业、高新技术产业、基础设施产业和参与西部开发、国企改革与重组等。同年还颁布了《外商投资产业指导目录》《利用外资改组国有企业暂行规定》等一系列法律、法规,外商投资企业的股权比例限制得到进一步放宽,注册登记等手续更为简化。我国政策环境的变化吸引了大量外资的涌入。据商务部《2005跨国公司在中国报告》显示,仅白色家电领域,2003年外商投资企业就达167个,占全行业企业数的12%;涉及资产总计464.5亿元,占全行业资产的22.3%。这些企业的销售收入达605.4亿元,占全行业销售收入的24.7%;利润总额31.99亿元,占全行业利润总额的34.9%。日立、东芝在中国投资的企业分别达到37家和20家。全球家电行业公认的12个著名品牌,如索尼、松下、三菱、东芝、夏普、三洋、三星、LG、伊莱克斯、西门子、惠而浦和GE已经全部进入中国市场。①

由于生产上的前后向联系,为降低制造成本,当某一产品和环节转移到中国时,引起其他供应商跟进,从而使该产品的原材料或零部件产品本身的生产都集中于中国某一地区;尤其是中间产品的转移到来,使该地区很可能吸引到产业上、下游各环节的跟进,从而产生产业转移,形成供应链集群搬迁效应。例如,松下与中方合资在杭州建立其最大的洗衣机生产基地,带动了12家多年为松下供应配件的配套厂来华投资,实现了产业链的整体本土化过渡,为降低加工成本与提高产品价格的竞争力提供了重要保证。②

在新一轮国际产业转移中,汽车、钢铁、石化等资本密集型的重化工业向我国转移的规模逐步加大。这当然和我国改革开放以来资源禀赋升级密切相关,但是政府在加速重化工业转移过程中也起到了重要作用。为推动经济发展,我国一些地方政府降低能源、环境等方面的门槛,让国外重化工业巨头近年来加大对我国的投资,建立了电解铝、电石、铁合金等生产线。③ 在国际资本转移中,2005年外商直接投资集中于黑色金属冶炼及压

---

① 吕政主编:《国际产业转移与中国制造业发展》,经济管理出版社,2006年,第26页。
② 吕政主编:《国际产业转移与中国制造业发展》,经济管理出版社,2006年,第27页。
③ 杨世伟:《国际产业转移与中国新型工业化道路》,经济管理出版社,2009年,第122页。

延加工业、化学原料及化学制造品制造业、非金属矿物制造品业、石油加工、炼焦及核燃料加工业和有色金属冶炼及压延加工业增加值的比重为14.72%。① 外商直接投资过程中,将高耗能产业转移给我国,进一步促进了我国重化工业的发展。

这一时期,外资进入我国汽车工业,较好地推动了我国汽车工业的发展。汽车主要合资项目包括长安福特、上汽通用五菱、东风悦达起亚、北京现代、沈阳宝马、东风汽车有限公司等。2002年,大众汽车公司与上汽签署续延合资合同;本田公司、东风汽车公司、广州汽车集团公司合资在广州设立了本田公司专门向亚洲、欧洲出口产品的加工生产基地,产品100%出口。2003年是外商投资中国汽车制造业力度最大的一年,有多个大的汽车投资项目纷纷在中国展开。2003年3月27日,宝马与华晨共同投资1.5亿欧元组建合资公司,各持股50%;5月29日,本田公司、广州汽车集团、东风汽车公司共同投资10.32亿元人民币,组建了本田汽车(中国)有限公司,三家分别持股65%、25%和10%;6月9日,瑞典VOLVO与中国重汽投资16亿元成立合资公司,各持股50%;7月1日,国内最大的汽车合资项目——日产汽车与东风汽车公司合资组建的新"东风汽车有限公司"正式成立,注册资本达167亿元人民币,中外股东各占50%股份。② 我国汽车销量由2000年的207万辆,增长到2010年的1826万辆,十年时间里产量增长了近8倍,年均增长率为24.3%,是中国汽车工业发展最快的十年。从世界范围来看,连续十年保持20%以上的增长率,在汽车工业先进国家也是绝无仅有的。十年的快速增长,使中国汽车销量占全球汽车销量的比重,由2001年的4.27%迅速增至2009年的22.38%,我国一跃成为世界第一汽车产销大国。③

三、中国资本"走出去"

经济全球化在推动中国经济高速增长的同时,也让中国处于全球价值链的低端。经过改革与调整之后的国有企业,逐步集中在国民经济发展的关键领域,形成了大型集团公司,在国家"走出去"战略中起着重要作用。从发展情况来看,我国国有企业"走出去"的驱动因素主要集中在"资源寻

---

① 杨世伟:《国际产业转移与中国新型工业化道路》,经济管理出版社,2009年,第121页。
② 吕政主编:《国际产业转移与中国制造业发展》,经济管理出版社,2006年,第24、25页。
③ 国务院发展研究中心产业经济研究部、中国汽车工程学会、大众汽车集团(中国)编著:《中国汽车产业发展报告(2011)》,社会科学文献出版社,2011年,第3页。

求型"和"市场寻求型"。2008年金融危机之后,我国国有企业加快了"走出去"的步伐,在国际舞台上扮演着重要角色。国有企业"走出去"已成为推动中国价值链延伸的重要力量,在我国突破"中等收入陷阱"的过程中起着重要作用。

在经济全球化过程中,我国全球价值链要向附加值上游和下游延伸,就需要打破国际分工的不利地位。企业"走出去"成为我国重新参与全球价值分工的重要手段。早在1997年,党的十五大就曾提出:不仅要积极利用外资,也要积极引导和组织国内有实力的企业"走出去",到国外投资办厂,利用当地的市场资源。2000年3月,全国人大九届三次会议把"走出去"战略提高到国家战略层面。加入WTO后,我国加快了"走出去"的步伐。经过调整的国有企业,凭借其雄厚的资本和特殊的地位,成为推行"走出去"战略的重要力量。

企业的对外直接投资动因归纳为四种类型:①资源寻求;②市场寻求;③效率寻求;④战略资产寻求。先行工业化大国的企业对外直接投资历史显示,资源寻求型对外直接投资往往发生在一国企业国际化早期阶段,市场寻求型对外直接投资大多发生在企业国际化突破之后,效率寻求型和战略资产寻求型对外直接投资来得要晚些。① 而从我们国家"走出去"的实践来看,资源寻求型和市场寻求型是当前国有企业"走出去"的主要动机。

1. 资源寻求型

我国是一个工业化大国,进入工业化中后期,尤其是2002年后,我国重化工业的重启加剧了能源与资源等基础型战略物资的短缺。如何保证资源、能源的生产安全,我国以中石油、中石化为代表的中央企业成为"走出去"的排头兵,进行了一系列收购行为。

中石油2005年获得加拿大当地法院正式批准,以41.8亿美元的收购总价,成功收购哈萨克斯坦PK石油公司,改写了中国公司海外并购的最新纪录。② 此次竞购PK公司成功,中石油可获得5.5亿桶原油储备。至此,中石油在哈萨克斯坦所拥有的总石油储备超过10亿桶油当量,相当于该国石油总储备的2.5%。对中石油来说,一举增收了6%的原油产量,这是一个超越10年的伟大胜利。因为即使在产量空前提高的2004年,中石油

---

① 赵伟、江东:《ODI与母国产业升级:先行大国的经历及其启示——多视野的考察与分析》,《浙江社会科学》2010年第6期。

② 李桂芳主编:《中央企业对外直接投资报告(2010)》,中国经济出版社,2010年,第125页。

的原油开采增值率也仅为 0.5%。①

2006 年 6 月 20 日,中石油与俄罗斯国有石油公司(Rosneft)结成合作伙伴,以近 35 亿美元买进英俄合资企业秋明英国石油公司的子公司乌德穆尔特石油公司 96.86% 的股份,随后又经手将该公司 51% 的股份卖给俄罗斯国有石油公司。通过这次收购,中国本土企业终于在俄罗斯的石油生产领域谋得一席之地。②

2. 市场寻求型

告别了短缺经济之后,我国企业面临国内市场过剩的问题。开辟海外市场,寻求新的经济增长点成为我国国有企业"走出去"的重要驱动力量。

例如,早在 2003 年,京东方科技集团公司斥资 3.8 亿美元,吞并韩国现代 TFR 液晶面板业务有关的资产,这次收购完全以现金支付。③ 2007年,中国一重与韩国现代制铁公司签订了向其出口 5 米宽厚板轧机的供货合同,实现了我国宽厚板轧机主机出口零的突破。2007 年的前 10 个月,中国一重签订的出口合同总额超过 2 亿美元,为 2006 年同期的 5.4 倍,产品出口呈现出喜人态势。④

我国国有企业"走出去"的历程中,也并不是一帆风顺的。例如,2004 年,中国五矿集团并购加拿大诺兰达公司的收购行动,由于加拿大政府的政治干预而失败;2005 年,中海油收购美国尤尼科石油公司的行动也由于美国布什政府的干预而败北;2009 年,中国铝业增资力拓失败,甚至一度牵扯出所谓的"间谍案",引起了中澳关系的紧张,最终涉及 195 亿美元的力拓案,几经沸沸扬扬,仅仅以 1% 的分手费而告终。中国对非洲等国家的投资也被西方社会视为所谓的"新殖民主义"而受到无端指责。但从整体上看,我国"走出去"步伐加快,2002 年,我国对外直接投资仅仅为 27 亿美元,但到了 2007 年,我国对外直接投资则达到 256.1 亿美元,增长了 848.5%。

3. 后金融危机时代的国有企业"走出去"

2008 年金融危机之后,世界发达国家经济下滑,而中国经济一枝独秀。在金融危机的背景下,"走出去"成为我国经济发展的重要战略。我国国有企业抓住了重要的战略机遇期,加快了"走出去"的步伐。

---

① 李桂芳主编:《中央企业对外直接投资报告(2010)》,中国经济出版社,2010 年,第 131 页。
② 丁友刚主编:《中国企业重组案例》(中央企业专辑),东北财经大学出版社,2009 年,第 24 页。
③ 冯雷等:《关于"走出去"战略的文献综述》,《经济研究参考》2011 年第 60 期。
④ 李桂芳主编:《中央企业对外直接投资报告(2010)》,中国经济出版社,2010 年,第 211 页。

以鞍钢为例,2007年鞍钢出资2.51亿元人民币,收购金达必公司12.94%的股份;2009年2月4日,鞍钢进一步收购其24%的股份,加上已有的股份,共占有其36.28%的股份,成为第一大股东。2007年11月,鞍钢与当时全球最大的独立钢铁贸易公司英国斯坦科共同成立了鞍钢西班牙有限公司,将合资这一模式引进海外营销网络建设。2008年10月9日,鞍钢又与意大利维加诺公司签署协议,收购该公司60%的股权,在地中海旁建起了海外钢材加工基地。2010年,根据鞍钢与美国钢铁开放公司的合作协议,鞍钢将在美国投资兴建5个工厂,其中首家工厂将设在密西西比州。①

2010年,国家电网投资9.89亿美元,成功购得巴西7家输电公司及其输电资产的30年经营特许权(特许权期满后可经巴西电监局批准续约20年),完成了对巴西7家输电公司100%的股权收购,交易总额达18亿元。本次收购后,国家电网公司成为巴西输电业务的第五大运营商。②

希腊在金融危机冲击下,经济陷入泥潭。中国远洋运输(集团)总公司抓住这一契机,于2008年11月25日,以43亿欧元取得了希腊最大港口比雷埃夫斯港为期35年的特许经营权。而比雷埃夫斯港是希腊第一大码头和东地中海重要港口,2007年集装箱吞吐量达137万标准箱。③

中海油2005年曾因美国政府干预而导致收购加拿大尼克森石油公司失败。在金融危机冲击下,尼克森公司经营状况不佳。2012年,中海油凭借雄厚的实力,以151亿美元收购加拿大尼克森公司,并承担该公司约43亿美元债务。依据美国证券交易委员会规则计算,截至2011年12月31日,尼克森公司拥有9亿桶油当量的证实储量,及11.22亿桶油当量的概算储量。收购成功之后,中海油的总产能至少能提高20%。④ 这次收购不仅成为中国在海外最大的收购案,也成为加拿大自2008年金融危机爆发以来的最大金额外资收购案。

我国国有企业在金融危机的背景下,积极"走出去"拉动了我国对外投资的大幅增长。2011年,中国非金融类对外直接投资为685.8亿美元,同比增长14%;包括金融业在内的中国对外直接投资达746.5亿美元,同比

---

① 李桂芳主编:《中央企业对外直接投资报告(2010)》,中国经济出版社,2010年,第169页。
② 李桂芳主编:《中央企业对外直接投资报告(2011)》,中国经济出版社,2011年,第231页。
③ 李桂芳主编:《中央企业对外直接投资报告(2010)》,中国经济出版社,2010年,第270页。
④ 《中海油收购尼克森"尘埃落定""过关"具有标志意义》,和讯网,http://news.hexun.com/2012-12-09/148832517.html,2012年12月9日。

增长8.5%。① 从企业层面来看,国有企业在对外并购中起到了重要作用。在海外收入超过300亿元的企业中,中国石油天然气集团公司、中国石油化工集团公司、中国中化集团公司成为海外收入的前三名,分别达11177.5亿元、7201.2亿元、3819.9亿元。而海外资产最大的中国银行股份有限公司、中国工商银行股份有限公司、中国海洋石油总公司等中央企业的海外资产超过1000亿元。中国石油天然气集团公司2011年海外收入占2011年营业收入比重的46.9%,海外资产比重则达22.0%(参见表8.3.5和表8.3.6)。

表8.3.5　2012中国企业500强中2011年海外收入超过300亿元的中国企业

国内500强排序	公司名称	2011年营业收入/亿元	2011年海外收入/亿元	海外收入增长率/(%)	海外收入占比/(%)	企业类型
2	中国石油天然气集团公司	23812.8	11177.5	51.7	46.9	央企
1	中国石油化工集团公司	25519.5	7201.2	49.2	28.2	央企
13	中国中化集团公司	4589.5	3819.9	37.1	83.2	央企
10	中国海洋石油总公司	4882	2018.4	46	41.3	央企
46	华为技术有限公司	2039.3	1415.9	17.6	69.4	民营企业
71	浙江吉利控股集团有限公司	1510.0	1277.6	156.3	84.6	民营企业
54	中国远洋运输(集团)总公司	1861.7	1210.1	41.8	65.0	央企
55	联想控股有限公司	1830.8	1082.4	41.2	59.1	民营企业
22	中国兵器工业集团公司	3113.2	951.1	39.5	30.6	央企

---

① 中华人民共和国商务部、中华人民共和国国家统计局、国家外汇管理局:《2011年度中国对外直接投资统计公报》,中国统计出版社,2012年,第3、5页。

续表

国内500强排序	公司名称	2011年营业收入/亿元	2011年海外收入/亿元	海外收入增长率/(%)	海外收入占比/(%)	企业类型
19	中国五矿集团公司	3524	951.0	54.6	27.0	央企
145	珠海振戎公司	757.5	756.4	50.1	99.9	央企
27	中国兵器装备集团公司	2790.3	751.8	41.5	26.9	央企
60	中国电子信息产业集团有限公司	1682.4	701.3	−0.2	41.7	央企
38	中国航空油料集团公司	2220.9	683.3	33.5	30.8	央企
20	中国中信集团有限公司	3189.8	612.7	−6.6	19.2	央企
8	中国银行股份有限公司	5276.1	598	7.1	11.3	央企
21	宝钢集团有限公司	3162.5	526	80.8	16.6	央企
56	中国电力建设集团有限公司	1828.9	515.1	28.2	28.2	央企

资料来源:中国企业联合会、中国企业家协会编《中国500强企业发展报告(2012)》,企业管理出版社,2012年,第20页。

表8.3.6　2012中国企业500强中2011年海外资产超过1000亿元的中国企业

国内500强排序	公司	2011年资产/亿元	2011年海外资产/亿元	海外资产增长率/(%)	海外资产占比/(%)	企业类型
8	中国银行股份有限公司	118300.7	27737.4	23.9	23.4	央企
4	中国工商银行股份有限公司	154768.7	7859.1	56.7	5.1	央企
2	中国石油天然气集团公司	30278.8	6665.3	28.2	22.0	央企

续表

国内500强排序	公 司	2011年资产/亿元	2011年海外资产/亿元	海外资产增长率/(%)	海外资产占比/(%)	企业类型
1	中国石油化工集团公司	17453.1	6386.9	22.2	36.6	央企
40	交通银行股份公司	46111.8	3348.2	37.9	7.3	央企
20	中国中信集团有限公司	32770.5	2788.8	41.1	8.5	央企
10	中国海洋石油总公司	7185.3	2038.0	12.0	28.4	央企
13	中国中化集团公司	2581.9	1774.4	10.9	68.7	央企
54	中国远洋运输(集团)总公司	3287.3	1659.6	8.0	50.5	央企
35	中国铝业公司	3966.2	1204.2	0.3	30.4	央企

资料来源：中国企业联合会、中国企业家协会编《中国500强企业发展报告(2012)》，企业管理出版社，2012年，第26页。

第四节　世界工业大国地位的形成

一、中国工业高速增长

2002—2012年，中国工业取得高速增长，成为名副其实的"世界工厂"。从工业生产总值来看（按照现价美元计算），中国2002年仅为美国的28.9%，日本的52%，德、英、法三国总值的53%。2007年中国超过日本，2012年达到日本工业产值的233.6%。2008年超过德、英、法三国总和，2012年达到三国总和的200.3%。2011年超过美国，成为世界第一工业大国。中国与巴西、俄罗斯与印度工业从量上保持了较大的优势。与同为发展中大国的印度相比，2002年中国是印度的447.2%，到2012年扩大到

721.3%。①

在中国经济高速增长的同时,工业化率保持在45%以上。工业的高速增长,带动了整个经济的赶超。按照现价美元计算,2007年中国GDP超过德国位居世界第三,2010年超过日本成为世界经济第二大国。2012年中国GDP占美国比重达到50.7%,超过日本38.6%。中国在全球经济中的比重也大幅度上升,由2000年的3.7%上升到2012年的11.3%。在中国经济地位发生变化的同时,人均GDP也迅速提高。2008年,中国人均GDP超过3000美元,进入中等收入国家行列。2012年突破6000美元,进入中上等收入国家行列。中国成为世界第一大出口国,成为"世界工厂"(参见表8.4.1)。

表8.4.1　2000—2012年中国主要指标居世界的位次及占世界的比重

年份 指标	2000年		2010年		2012年	
	位次	比重/(%)	位次	比重/(%)	位次	比重/(%)
国内生产总值(GDP)	6	3.7	2	9.2	2	11.3
进出口贸易总额	8	3.6	2	9.7	2	10.5
出口额	7	3.9	1	10.3	1	11.1
进口额	9	3.4	2	9.0	2	9.8
外商直接投资	11	2.9	2	8.2	2	9.1

资料来源:笔者根据历年《中国工业经济统计年鉴》及世界银行数据库相关数据计算。

这一时期,从工业产品的绝对量来看,中国有越来越多的工业产品产量位居世界前列,逐步成为世界工业大国(参见表8.4.2)。中国主要工业产品数量上的优势日益显著。以钢铁为例,2002年中国的钢铁产量为美国的1.81倍,2011年中国的钢铁产量已经是美国的7.92倍;2002年中国的钢铁产量为俄罗斯的2.81倍,2011年中国的钢铁产量为俄罗斯的9.99倍;2002年中国的钢铁产量为日本的1.70倍,2011年中国的钢铁产量为日本的6.35倍(参见表8.4.3)。以发电量来看,2002年中国的发电量为俄罗斯的1.86倍,2011年中国的发电量为俄罗斯的3.92倍;2002年中国的发电量为日本的1.77倍,2011年中国的发电量为日本的4.07倍(参见表8.4.4)。2002年中国的汽车产量为美国的28.4%,2011年中国的汽车产量已经是美国的2.13倍;2002年中国的汽车产量为俄罗斯的2.83倍,

---

① 笔者根据世界银行数据库相关数据计算。

2011年中国的汽车产量为俄罗斯的9.26倍;2002年中国的汽车产量为日本的31.9%,2011年中国的汽车产量为日本的2.19倍;2002年中国的汽车产量为德国的23.7%,2011年中国的汽车产量为德国的2.92倍;2002年中国的汽车产量为法国的89.5%,2011年中国的汽车产量为法国的8.22倍(参见表8.4.5)。

表8.4.2 中国主要工业产品产量居世界的位次

项目	2000年	2005年	2010年	2011年	2012年
粗钢	2	1	1	1	1
煤	1	1	1	1	1
原油	5	5	4	4	4
发电量	2	2	1	1	1
水泥	1	1	1	1	1
化肥	1	1	1	—	—
棉布	2	2	1	1	1

数据来源:笔者根据历年《国际统计年鉴》相关数据整理。

表8.4.3 世界主要国家钢铁产量　　　　　单位:万吨

国别 年份	中国	美国	俄罗斯	日本	德国	英国	法国
2002年	18237	10096	6491	10747	4338	1082	2040
2003年	22234	10043	6270	11026	4282	1286	2028
2005年	34936	9336	6614	11248	—	1325	1948
2006年	42270	9846	7057	11623	4650	1396	1986
2007年	48701	9727	7240	12020	4855	1447	1925
2008年	49790	9149	6940	11874	4583	—	1788
2009年	56640	5833	5917	8743	3268	990	1284
2010年	62650	8059	6684	10960	—	978	1542
2011年	68327	8624	6840	10760	—	952	—

资料来源:笔者根据历年《国际统计年鉴》相关数据整理。

表 8.4.4　世界主要国家发电量　　　　　　　单位:亿千瓦时

国别 年份	中国	美国	俄罗斯	日本	德国	英国	法国
2002 年	16540	37785	8889	9329	5653	3506	5070
2003 年	19106	36870	9139	9199	5665	3533	5070
2005 年	23974	40380	9523	8720	5861	4005	—
2006 年	27494	40530	9914	8720	5404	3993	—
2007 年	31806	41595	10159	9928	5228	3620	—
2008 年	33923	41102	10371	9909	5228	3553	—
2009 年	36213	39531	9922	9179	4743	3405	—
2010 年	41273	41200	10370	9290	—	3476	—
2011 年	41273	41507	10516	10132	4621	3476	—

资料来源:笔者根据历年《国际统计年鉴》相关数据整理。

表 8.4.5　世界主要国家汽车产量　　　　　　　单位:万辆

国别 年份	中国	美国	俄罗斯	日本	德国	英国	法国
2002 年	325	1145	115	1019	1374	182	363
2003 年	444	5424	101	853	515	167	318
2005 年	571	1195	135	1080	576	180	355
2006 年	728	1124	150	1148	582	165	317
2007 年	728	1124	157	1124	649	173	295
2008 年	728	1124	294	1983	1108	289	429
2009 年	728	1124	294	—	—	—	—
2010 年	1932.5	546.2	241.9	1661.3	1108.1	254.2	—
2011 年	1842	865	199	840	631	146	224

资料来源:笔者根据历年《国际统计年鉴》相关数据整理。

二、工业技术研发力度加大,重大技术领域取得一些突破

2002 年以后,我国工业研发的规模与水平不断上升,技术发展取得长足进步。

这一阶段,我国在许多重大技术领域取得关键突破。工业和信息化部认真贯彻落实《国家中长期科学和技术发展规划纲要(2006—2020 年)》,

组织抓好"核高基"(核心电子器件、高端通用芯片、基础软件产品)、新一代宽带无线移动通信网、高档数控机床与基础制造装备、大型飞机等国家重大科技专项的实施,加大财政资金支持,充分发挥行业龙头企业和研究院所的作用,在重点领域实现新的突破。工业和信息化部还印发了《产业关键共性技术发展指南(2011年)》,推动解决产业关键共性技术的发展和应用问题。按照核心和关键技术优先、支柱和基础产业优先的原则,启动实施了一批产业技术创新项目,总投资约7.6亿元,取得了一批重大科学技术成果,"超高效节能电机技术"、"超大型矿山浮选设备"等项目形成了一批自主知识产权的产品。[①]

"天河一号"高性能超级计算机是这一时期取得的标志性技术突破之一。它是国内首台国家级千万亿次超级计算机,于2010年11月荣获世界超级计算机TOP500排名第一,其峰值性能为4700万亿次,linpack实测性能为2566万亿次。取得了我国自主研发超级计算机技术的重大突破,使我国成为继美国之后世界上第二个能够研制千万亿次超级计算机的国家。基于"天河一号"开展上述领域研究,带来了一系列社会效益。能源关系到国计民生,通过联合研发石油勘探数据处理软件,解决我国油气勘探面临的数据量大、勘探深度深、"三高"(高信噪比、高分辨率和高保真度)处理要求等问题;通过生物信息和生物医药研究,缩短新药研发周期,提升我国新药自主研发能力;通过研究全球气候变化和海洋环境变化,更加准确地模拟和预测未来气候变化和环境转变,研究人类未来生存发展环境;通过复杂工程仿真研究,缩短新产品研发周期,推动我国高端装备制造等战略新兴产业的快速发展;通过磁约束聚变研究,开发新能源,解决人类对能源的巨大需求和环境问题。"天河一号"实现中国在超级计算机领域的重大突破的同时,也为中国重大科技创新和高技术产业升级带来了跨越式发展。[②]

2004年以来,遵循"引进先进技术,联合设计生产,打造中国品牌"的指导方针,我国高铁技术实现了"引进技术—中国制造—中国创造"的三阶段跨越式发展。蕴含更多自主创新技术的中国高铁,已成为中国装备制造业最具全球影响力的代表符号之一,同时也是"中国智造"和"中国创造"的最佳诠释。高铁的核心部件——牵引电传动系统和网络控制系统,已成功实

---

① 工业和信息化部编:《加快工业转型升级 促进两化深度融合——党的十六大以来工业和信息化改革发展回顾(2002—2012)》,人民出版社,2012年,第9页。
② 雷秀丽、张婷、赵洋等:《"天河一号"大规模科学与工程计算应用》,《计算机工程与科学》2012年第8期。

现百分之百"中国创造"。牵引电传动系统被称作"高铁之心",是列车的动力之源,决定了高铁列车的性能水平和舒适度。网络控制系统则被称作"高铁之脑",决定和指挥着列车的一举一动。因此,牵引电传动系统和网络控制系统两大核心技术能否实现自主研发,是衡量高铁列车制造企业是否具备核心创造能力的根本性指标。2009年,中国正式提出了高铁"走出去"战略,并确定了三条高铁规划——中亚高铁、欧亚高铁和泛亚高铁。凭借"中国创造",中国高铁技术出口进入全新阶段,高铁领域的中国标准已逐步被世界认可。自主创新是中国铁路快速发展的必由之路。中国高铁通过在引进、消化、吸收国外先进技术的基础上再创新,掌握了集设计、线路施工、车辆装备、列车控制、运营管理等的一整套高铁技术,已经拥有完全自主知识产权,形成了比较完备的高铁技术标准。这种强大的系统集成能力,使中国具备为国际市场提供"一揽子"解决方案的能力。①

神舟九号在3名航天员的参与下验证了4个项目:自动交会对接技术的全面验证;航天员人工手动控制交会对接技术验证;组合体载人环境支持技术验证;组合体驻留能力和在轨试验验证。通过13天的全负荷飞行,载人环境控制得到充分验证,交会对接技术得到全面验证,为组合体驻留提供支持经过了飞行验证。通过神舟九号任务的实施,我国载人航天工程创造了多个第一:第一次进行前向的交会对接;第一次实施航天员手控交会对接;第一次考核飞船手动控制系统;第一次实现航天员访问在轨飞行器;第一次实现地面向在轨飞行器进行人员和物资的运输与补给;第一次考核了天宫一号最大支持保障航天员工作和生活的能力;女航天员第一次执行航天任务;天宫一号第一次作为空间载人飞行的中期驻留支持技术执行任务。神舟八号自动交会对接和神舟九号自动与人工手动交会对接飞行表明,飞船系统与各大系统间接口验证协调匹配,运载入轨精度、地面测控精度均高于原先设计的指标;交会对接飞行方案是正确的,远距离导引轨道规划技术、自主控制段相对轨道和姿态控制技术、高精度相对测量技术、对接与分离技术满足指标要求;组合体姿态轨道控制技术、组合体信息管理等交会对接技术经过飞行考核和验证,性能指标满足要求;改进后飞船的独立飞行功能和回收着陆功能经过了飞行考核验证,性能指标满足要求。②

---

① 冯其云:《高铁:"中国创造"的崭新名片》,《中国社会科学报》2016年12月2日。
② 李杰、武政:《创新之舟演绎中国传奇——神舟飞船技术和管理创新成果荟萃》,《中国航天》2013年第7期。

第九章
从工业大国迈向工业强国(2012—2018)

经过改革开放30多年工业化的快速推进,中国进入了工业化的中后期,已经基本实现了从农业大国向工业大国的转变,但如何从工业大国向工业强国迈进仍然任重道远。随着2012年中国经济进入发展新常态,中国工业经济的发展环境发生了变化,中国政府提出了"中国制造2025"、"供给侧结构性改革"、"一带一路"等重大举措,推动了工业的转型升级。2012年以来,中国工业取得了许多新的突破,向着工业强国稳步前进。

第一节 经济发展新常态与工业发展的顶层设计

一、经济发展新常态与工业发展环境变化

2012年以来,中国经济发展出现了减速的现象,维持30多年高速增长的粗放型经济发展模式越来越难以维系。随着中国进入经济发展新常态,中国工业发展的环境也发生了深刻变化。

1. 中国工业发展成本不断上升

(1)劳动力成本不断上升。

改革开放以来,我国廉价的劳动力是推动工业高速增长的重要动力。2004年中国首现"民工荒"现象之前,非农产业特别是沿海地区的劳动密集型产业,可以在工资水平没有实质性上涨的条件下,源源不断地获得劳动力供给。[①]但随着我国进入中等收入国家行列,我国人口结构发生了变化,

---

① 蔡昉:《人口红利与中国经济可持续增长》,《甘肃社会科学》2013年第1期。

面临着劳动力成本不断提高的压力。

与发达国家相比,中国制造业低成本的优势不断丧失。从动态变化情况看,2000—2012年,中国制造业小时劳动力成本增长了6倍,年均增速16.5%。同期,美国、日本和德国制造业小时劳动力成本年均增速分别为3%、2.9%和5%,巴西、墨西哥、捷克和菲律宾制造业小时劳动力成本年均增速分别为8.1%、2.6%、11%和6.4%。虽然中国制造业劳动生产率增长速度较快,但是自2000—2013年以来,中国制造业劳动力成本增速(16.5%)仍然快于劳动生产率增速(11.38%)。① 未来,随着中国进入老龄化社会和"全面二孩"政策的推行,预期短期内人口红利将显著下降,未来劳动力成本估计还将继续上升。

（2）能源、资源、环境压力不断增大。

中国虽然地大物博,但是人口众多,人均资源不足长期困扰着中国的发展。中国人均国土面积(0.76公顷/人)只有世界平均水平的1/3,不足美国的1/4,只有俄罗斯的1/16。中国国土面积的65%是山地或丘陵,70%的面积每年受季风影响,33%是干旱或荒漠地区。② 中国人均资源紧张,例如中国人均水资源量仅为世界平均水平的1/4,居世界第121位。

为刺激中国经济高速增长,我国在改革开放之后选择了粗放型的经济发展方式。在刺激国内生产总值高速发展的同时,也带来了能耗大、排放高、污染严重等问题。中国是当前钢铁生产第一大国,但中国的钢铁行业是典型的高能耗行业。2009年,美国和德国吨钢二氧化碳排放量约为1.3吨,日本吨钢二氧化碳排放量约为1.6吨,韩国吨钢二氧化碳排放量约为2.2吨,而中国吨钢二氧化碳排放量则高达3.8吨。钢铁行业的能源利用效率依然较低,中国重点大中型钢铁企业的吨钢能耗比日本高约10%;吨钢废水排放量比日本高约56%;吨钢工业粉尘排放量比日本高约50%。③

钢铁行业粗放式的高速增长还带来了世界性的铁矿石价格上涨。铁矿石作为钢铁冶炼的主要原料之一,其投入资金额度占整个钢铁产品成本的37%—38%,因此铁矿石的价格变化对钢铁企业产品成本的影响作用是举足轻重的,直接关系到企业的市场竞争力。④ 中国铁矿资源丰富但品位

---

① 谭中和主编:《中国薪酬发展报告(2017)》,社会科学文献出版社,2018年,第100、102页。
② 徐晓霞、郑红莉:《生态文明建设提出的时代背景及其重要意义》,《经济研究导刊》2013年第11期。
③ 张其仔主编:《中国产业竞争力报告(2012)No.2》,社会科学文献出版社,2011年,第86、89页。
④ 赵娴、车卉淳:《产业经济热点问题研究(2010)》,社会科学文献出版社,2012年,第36页。

低,国内产量增长无法满足急剧增长的铁矿石需求,必须大量通过进口。2003—2008年,进口铁矿石涨价高达4.6倍,中国钢铁企业(中国主要生产粗钢)仅因铁矿石价格上涨就多支出了7000多亿元,该数字相当于同期中国钢铁企业利润总和的两倍多。①

石油安全是中国经济安全的关键。一方面,重化工业重启推动了石油需求持续增长;另一方面,国内原油产量近年来持续下降,2015—2017年,国内石油产量为2.15亿吨、1.97亿吨和1.92亿吨②,中国石油不得不大量依靠进口,对外依存度不断增加。2009年我国石油对外依存度首次超过50%,超过国际石油对外依存度的警戒线,2011年首次超过美国达到55.2%,而后逐年攀升,2017年达到67.4%。石油对外依存度的快速上升,除了能源安全的担忧,还将使国内经济更容易受到国际油价波动的冲击。

中国在工业化过程中,虽然希望能够避免西方工业化国家的"先污染,后治理"的传统工业化道路。但实践证明,中国在相当长的时期并没有走出"先污染,后治理"的怪圈。2011年,中国淡水、海水、大气和农业等都面临严重污染,监测的468个市(县)中,出现酸雨的市(县)227个,占48.5%。四大海区中,仅黄海近岸海域水质良好,渤海和东海近岸海域水质差;9个重要海湾中,胶州湾和辽东湾水质差,渤海湾、长江口、杭州湾、闽江口和珠江口水质极差。③ 大量的土地被工业固体废弃物④占用。大量有毒废渣在自然界的风化作用下,到处流失,对土壤、水、大气都造成污染。2010年,全国工业固体废弃物产生量为240943.5万吨,比上年增加18.1%;排放量为498.2万吨,比上年减少29.9%。⑤

在大气污染方面,已形成跨行政区复合污染格局。中国大气污染特征已由煤烟型向复合型转变,以PM2.5为主的区域性大气细颗粒物污染及其形成的长时间灰霾天气已渐成常态。环保部2012年更新的《环境空气质量标准》增设了PM2.5平均浓度限值,统计显示,中国60%的地级以上城市、76%的环保重点城市没有达标。从区域来看,全国已经形成四个明

---

① 苏振锋:《我国大宗商品国际定价权困境成因及解决路径探析》,《经济问题探索》2011年第4期。
② 林伯强:《石油安全亟须高度关注》,《中国证券报》2018年2月14日。
③ 张弥:《社会主义生态文明的内涵、特征及实现路径》,《中国特色社会主义研究》2013年第2期。
④ 工业固体废弃物主要包括工业生产过程中排入环境的各种废渣、粉尘及其他废物。
⑤ 中华人民共和国环境保护部:《中国环境状况公报(2010)》2011年8月25日。

显的灰霾区域,分别是京津冀地区、长三角地区、四川盆地和珠三角地区。①

许多中国工业企业不重视采取环保技术降低生产中的环境污染,与政府"GDP崇拜症"密切相关。东部沿海某省一位环保局局长说,只要市(县)主要领导"不点头","三高"企业这样的污染源,环保局管不了、治不了、关不了。因为这些企业能缴纳高额税收,这是地方政府的"命根子",环保这样的"次要"工作要为增税这样的"主要"工作"让路"。并且,只要这些"三高"企业合法"落了地",按照当前法律法规,环保部门没有权力关停它们,只能以公函的形式请求当地政府配合。② 在中国经济总量较小的时候,人均资源不足的问题还不明显,随着经济总量的增大,资源约束的瓶颈则日益凸显。

2. 自主创新与品牌建设有待提高

虽然我国已经成为"世界工厂",但是自主创新能力不强与品牌建设不足严重困扰我国未来的发展。

(1) 自主创新能力不足。

改革开放之初,由于与西方发达国家技术水平有较大差距,当时我国通过技术引进、模仿与吸收,实现了较快的技术进步。但随着我国技术发展水平日益提高,与西方发达国家差距日益缩小,通过技术引进实现技术进步的空间日益狭小。

虽然我国已经成为机械工业生产大国,但仍然不是生产强国。中国机械工业在国际产品分工中处于加工组装环节,进口零部件,出口产成品。1995年,在中国机械产品进口和出口额中,零部件所占比重基本相当,都在35%左右。21世纪以来,国际生产网络中的组装环节大量向中国转移,2000年中国机械产品进口额中零部件所占比重接近60%,2013年为66.87%;而中国机械产品出口额中零部件所占比重一直没有超过40%。③

我国引进技术和消化吸收比例长期倒挂,失衡现象突出,再创新能力明显不足。即使是经济较为发达的广州市,2013年工业企业引进技术与消化吸收的比例仅为1∶0.048,表现出只注重追求短期经济效益的行为特点,缺乏对引进技术消化吸收再创新的内在动力。与国外发达国家相比差

---

① 秦海波:《环境治理研究:以社会—生态系统为框架》,社会科学文献出版社,2018年,第2页。
② 邓翠华、陈墀成:《中国工业化进程中的生态文明建设》,社会科学文献出版社,2015年,第72页。
③ 张其仔主编:《中国产业竞争力报告(2014)No.4》,社会科学文献出版社,2014年,第114、115页。

距较大,从日本和韩国等国家的经验来看,其引进技术与消化吸收的比例大致保持在 1∶3 的水平,部分重点领域高达 1∶7。①

(2) 自主品牌建设有待提高。

根据汤森路透(Thomson Reuters)的研究报告,2012 年,以专利为主要指标的全球创新企业百强排名,中国企业无一上榜,以知名商标为主要指标的世界品牌 100 强当中,中国仅有 4 个。虽然我国凭借廉价的成本成为"世界工厂",但由于缺乏自主创新能力和品牌建设,我国工业仍处于附加值较低的加工领域。我国在 2010 年成为全球第二大经济体以后,其制造业品牌贡献值仅仅为 17% 左右,而日本位居全球第二大经济体时的制造业品牌贡献值稳定在 30% 左右。②

经济发展新常态意味着市场环境的变化,消费市场的营销环境进入了由产品价格比拼转入品牌价值竞争的新时期,品牌创新成为这个阶段企业战略转型的重点。特别是在产品极大丰富、同质化越来越严重的环境下,消费者"品牌"购买成为一种趋势。越来越多的消费者热衷于购买具有品牌偏好度的产品,追求品牌所承载的价值主张和品牌文化的认同感。品牌价值是提高产品认可度和溢价能力的一项无形资产,企业对自身的品牌概念和文化基因进行个性鲜明的提取和创新,既是品牌竞争力的体现,也是企业迎合消费需求以及引领市场潮流的基本要求。③

以汽车为例,世界汽车制造强国在本国市场中,自有品牌的市场占有率都很高,德国和日本市场自有品牌的市场占有率都高达 95% 以上,而中国目前自有品牌的市场占有率还不到 40%,且产品都属于中低档次。在进入世界 500 强的中国企业中,有 64% 的企业没有对自有品牌进行全面保护,全球知名品牌中的中国品牌还很少,与制造大国地位极不匹配。④

3. 外需受到挤压

改革开放以来,尤其是加入 WTO 之后,外需长期是拉动我国经济增长的重要动力。但在经济新常态下,我国外需受到美国等发达国家在高端市场以及印度、越南等发展中国家在底端市场的双重挤压。外需受到严峻挑战。

---

① 邹采荣等主编:《中国广州科技创新发展报告(2016)》,社会科学文献出版社,2016 年,第 129 页。
② 汪同三主编:《中国品牌战略发展报告(2016)》,社会科学文献出版社,2016 年,第 5、6 页。
③ 汪同三主编:《中国品牌战略发展报告(2016)》,社会科学文献出版社,2016 年,第 35 页。
④ 岳孜:《〈中国制造 2025〉背景下制造业智能化发展分析》,《社会科学战线》2016 年第 11 期。

(1) 中国高端市场竞争压力增大。

美国"再工业化"、德国"工业4.0"将在高端市场对中国产业结构升级带来较大压力。2008年金融危机之后,发达国家普遍受到冲击,以先进制造业为代表的实体经济的作用重新受到美国、德国等国家的重视。在新一轮产业升级的契机下,先发国家积极推动产业升级,抢占价值链的制高点。

美国提出了"再工业化"战略。所谓"再工业化"(reindustrialization),是指通过政府的帮助,实现传统工业基地的改造与振兴、新兴工业的发展与壮大,使产业结构朝着具有高附加值、知识密集型、以技术创新为主的产业结构转换的一种刺激经济增长的战略及过程。"再工业化"不是简单地实现实业回归,而是要创建一个以先进技术为特征的现代化工业体系。[①]

"再工业化"将"创新"置于首位,其战略目标瞄准的是高新尖端技术,这一战略目标的实现,将进一步提升美国制造业在全球价值链中的地位,使其处于高端位置和全球控制地位。以苹果公司为例,2005年该公司第五代iPod(新型)30GB的机型产品利润分配情况是:在产品的生产过程中,苹果公司将主要的生产流程外包到他国,其靠设计、营销获得58.5%的利润,而中国劳动密集型的组装流程只获得利润的1.8%。该模式折射出高端技术的高价值地位。在"再工业化"战略下,美国通过建立创新中心,将在增材制造等方面获得突破,从而使美国企业继续处于价值链高端。[②] 美国提出的工业互联网,将智能设备、人和数据连接起来,并以智能方式利用这些交换的数据。在现实世界中,机器、设备和网络能在更深层次与信息世界的大数据和分析连接在一起,带动工业革命和网络革命两大革命性转变。未来,自动化技术、3D打印、大数据、云计算、微电子等领域,将成为发达国家制造业争夺的焦点,这些都将给我国产业向中高端升级以较大压力。

作为世界制造强国的德国,在2011年的汉诺威博览会上第一次提出了"工业4.0"的概念。两年后,德国政府将其纳入高科技战略的框架之下,并制定了一系列相关措施。全德国大概有1500万个工作岗位直接或间接服务于制造业,这也是制造业在德国经济和社会中占有重要地位的表现。德国在技术密集型商品和设备方面居于世界领先地位,尤其在汽车制造、机械制造、化学工业和电气工程等高科技领域能力卓越。制造业的研发支

---

① 李毅等:《经济转型:国际比较的视角与国家案例》,社会科学文献出版社,2016年,第3页。

② 李毅等:《经济转型:国际比较的视角与国家案例》,社会科学文献出版社,2016年,第15-16页。

出占国内研发总支出的比例相当高。大约半数的国际市场领先者来自德国的中小企业("隐形冠军"),它们在各自的经济领域中具有极强的创新能力。[①]

在2012年联合国工业发展组织(UNIDO)发布的工业竞争力指数排名中,德国位居全球榜首,紧随其后的是日本、美国、韩国和中国。这5个国家创造了全球制造业58%的价值。德国的工业竞争力主要体现在其极强的出口能力和全球市场占有率上。[②]

德国"工业4.0"的核心是建设信息物理系统(CPS)。目前德国制造业中所有行业都在实施有关项目研究,并计划为此投入2亿欧元。CPS从总体上掌控了从消费需求到生产制造的所有过程,可以视为继机械化、电气化和信息化之后工业化的第四个阶段。"工业4.0"连接起虚拟空间和现实物理世界,通过智能物体通信及其相互作用,将形成一个全新的系统功能性网络世界,给人类与物理现实世界间的作用关系带来根本性的变化。德国学术界和工业界认为,"工业4.0"基于CPS的智能化,将使人类步入以智能制造为主导的第四次工业革命,产品全生命周期和全制造流程的数字化,以及基于信息通信技术的模块集成,将形成一个高度灵活、个性化、数字化的产品与服务生产模式。[③]

德国"工业4.0"将向实现物体、数据以及服务等的无缝连接和互联网方向发展,生产模式将从"集中型"向"分散型"范式转换。基于此,未来机械工业生产不再只是"加工"产品,取而代之的是产品通过通信向机械传达如何采取正确的操作方式。CPS从三个方面提升德国制造业的竞争力:一是借助CPS技术和产品,推动生产模式从"集中型"向"分散智能型"转变,使生产要素可以实时、高度灵活配置,确保一次性生产且产量很低时的获利能力;二是CPS淡化了虚拟世界和现实物理世界的界限,使物联网与服务互联网一体化,传统的产业链分工被重组,客户与业务伙伴可以广泛参与业务过程和价值创造过程,由此催生新的应用和服务模式,形成新的价值链;三是实现自组织生产,CPS能够独立自动交换信息、触发动作和控制,实现"产品驱动机械"的自组织生产,将人从操作性任务中解放出来,促

---

① 裴钢、江波、(德)辜学武、郑春荣主编:《德国创新能力的基础与源泉(汉德对照)》,社会科学文献出版社,2016年,第208、209页。
② 裴钢、江波、(德)辜学武、郑春荣主编:《德国创新能力的基础与源泉(汉德对照)》,社会科学文献出版社,2016年,第209页。
③ 中国国际经济交流中心:《中国智库经济观察(2015)》,社会科学文献出版社,2016年,第193、194页。

使人在生产过程中的角色发生转变。未来的智能制造中,CPS将对自动化、生产技术、机械工程、能源、运输以及远程医疗等众多部门和领域,产生非常大的影响。CPS将推动现有业务与市场模式转变范式,并产生一批新的附加价值链和业务模式,进而使得工业生产各部门因为新的价值链而发生改变。①

德国"工业4.0"可以使生产灵活化和智能化,实现生产过程的智能控制、生产的最优决策和成本的最小化。另外,它的工程和流程可以满足消费者的个性化需求,并创造出新的商业模式,创造一个新的市场;并且能够通过提高资源和能源的生产率,应对气候变化、环境污染等问题。它还可以通过智能化的辅助系统,使人类的劳动生命延长,以分散化的生产模式达到工作和生活的平衡,创造一种新的工作与生活相结合的模式,这也可以更好地应对人口老龄化带来的挑战。② 这些都对中国未来的产业结构升级带来了艰巨的挑战。如果我国不能有效地推动产业的技术升级,伴随着我国劳动力成本的不断上升,未来我国制造业将受到德国的冲击。

(2) 中国制造业在低端海外市场竞争加剧。

发展中国家在低端市场对中国造成挤压。中国过去凭借低廉的成本在低端制造方面有出口优势,但也受到了越南、墨西哥等新兴经济体制造业的冲击。例如,2000年全球耐克鞋有四成产自中国,越南不足一成半,但2010年以后,越南已取代中国成为该鞋的最大生产国。2015年,印度在经济增长速度上超过中国,成为当前世界人口超过5000万以上国家中经济增长速度最快的大国。

著名品牌阿迪达斯也出于重新整合"全球资源的策略考量",在2012年10月关闭了在华唯一一家直属工厂,准备将其业务转移至缅甸。日本一些知名跨国公司,如本三丽鸥、三阳商会、无印良品等,也将越来越多的产品转移到东南亚生产。广东是电子IT产业的"世界工厂",其电脑配件的生产占全世界的60%,电子配套能力占全世界的90%以上。然而,目前广东已有大量的电子企业选择将生产车间转移到东南亚国家。③ 东南亚国家的工业用地价格十分便宜。据了解,越南厂房租金只相当于中国国内的

---

① 中国国际经济交流中心:《中国智库经济观察(2015)》,社会科学文献出版社,2016年,第194页。
② 郑春荣、伍慧萍:《德国发展报告(2015)》,社会科学文献出版社,2015年,第103页。
③ 王晓萍、胡峰:《中国代工制造业向东南亚转移的驱动机制研究》,《对外经贸》2014年第4期。

三分之一左右,柬埔寨土地价格每平方米只需1美元。而且东南亚国家出台的许多优惠政策也是吸引中国代工制造业转移的一大因素。如外资企业在越南可享受非常优惠的税收政策,前3年免税,第3—5年税率为5%,其后税率约为10%左右。①

中国2010年在美国服装市场所占份额为39%,在2014年中期时已经跌破37%,而越南在美国服装市场的份额已经攀升至10%以上。美国时装业协会主席Julia Hughes认为,现在"越南制造"的成本比"中国制造"低,TPP(跨太平洋伙伴关系协定)生效后,可能提供12%—32%的减税待遇,这会对中国制造业产生巨大的影响。根据越南统计总局的数据,2015年,越南生产天然生态面料3.255亿平方米,同比增长3.7%;生产合成纤维面料和人造纤维面料6.619亿平方米,同比下降4.3%;生产普通成衣32.084亿件,同比增长5.2%。②

近年来,由于全球市场疲软、支出增加、竞争激烈,电子工业生产商纷纷寻找低费用生产地,越南因优惠的外资引进政策和廉价劳动力成为首选,世界电子龙头企业三星、英特尔、LG等纷纷转移到越南投资设厂,这种趋势还将持续,越南将成为亚洲主要的电子产品出口国。据越南媒体报道,三星公司在北宁省和太原省投资额高达75亿美元,主要生产手机;LG在海防市投资15亿美元,主要生产手机和家电;微软公司在北宁省投资3.02亿美元。2015年10月,苹果公司在越南胡志明市正式注册成立"越南苹果有限责任公司",处于投资考察阶段。③ 2014年,越南跃升为全球第12大电子产品出口国,在东盟地区排第3名。2016年,越南生产手机2.0亿部,同比下降10.8%;生产电视机869.16万台,同比增长70%。2015年越南的计算机、电子产品和零件的出口额超过156亿美元,2016年出口额近190亿美元。与2000年相比,2016年越南计算机、电子产品和零件的出口额增长了24倍,平均每年增长22%,远高于同时期全国商品出口总额增长水平。④

印度作为人口大国,不仅凭借劳动力的成本优势与我国竞争,还积极利用其在电子科技、IT领域的优势,推动产业结构升级。例如,莫迪当选印

---

① 王晓萍、胡峰:《中国代工制造业向东南亚转移的驱动机制研究》,《对外经贸》2014年第4期。
② 谢林城主编:《越南国情报告(2016)》,社会科学文献出版社,2016年,第108页。
③ 谢林城主编:《越南国情报告(2016)》,社会科学文献出版社,2016年,第107页。
④ 谢林城主编:《越南国情报告(2017)》,社会科学文献出版社,2017年,第98页。

度总理后,就推出了积极的产业促进政策,致力于从制造业和信息化两个方面大规模带动印度经济社会的发展。2014年10月,印度政府发布了物联网策略,目标是2020年培育实现150亿美元的物联网产业。这项战略被认为是"印度制造"与"数字印度"之间的纽带。TechMahindra是印度一家大型IT企业,主要服务于汽车与航空等业务领域,是印度领先汽车制造商马恒达(Mahindra)集团的一员。近年来,TechMahindra已经成功"走出去",在全球52个国家或地区设有分支机构,英国电信等电信运营商、欧美大型汽车企业都是它的客户。该企业2014年营业额为40亿美元,近几年来,每年都保持着50%的增速。TechMahindra逐渐集中将经营资源投入物联网领域,2015年有5000多人从事物联网领域的相关业务,包括软件工程师、数据分析专家、售后服务等。①

二、"中国制造2025"与工业发展的战略部署

当前,新一轮产业革命正在全球范围内兴起,奥巴马政府在美国率先实施"再工业化"战略,期望通过新型制造业再繁荣来巩固并长期维持美国的超级大国地位;德国推出"工业4.0"计划,试图以工业互联网实现物理世界与虚拟世界的融合,以保障其在新一轮产业革命中抢占先机。②而随着中国经济进入发展新常态,经济增长速度、结构与动力都发生了深刻的变化,如何在新的环境下推动中国工业的转型升级,成为中国未来面临的重要问题。"十三五"时期是我国从工业化中后期走向工业化后期的关键5年,面对成本不断上升、国际环境日趋紧张、自主创新不足等方面的挑战,中国政府提出了"中国制造2025",以期推动工业的转型升级。

按照《中国制造2025》的战略部署,中国工业发展将分三步走。第一步:力争用十年时间,迈入制造强国行列。到2020年,基本实现工业化,制造业大国地位进一步巩固,制造业信息化水平大幅提升。掌握一批重点领域关键核心技术,优势领域竞争力进一步增强,产品质量有较大提高。制造业数字化、网络化、智能化取得明显进展。重点行业单位工业增加值能耗、物耗及污染物排放明显下降。到2025年,制造业整体素质大幅提升,创新能力显著增强,全员劳动生产率明显提高,两化(工业化和信息化)融

---

① 王喜文:《印度欲抓住工业4.0机遇》,《进出口经理人》2015年第6期。
② 冯飞:《以开放创新打造国家制造业创新中心》,《科学发展》2015年第9期。

合迈上新台阶。重点行业单位工业增加值能耗、物耗及污染物排放达到世界先进水平。形成一批具有较强国际竞争力的跨国公司和产业集群,在全球产业分工和价值链中的地位明显提升。第二步:到2035年,我国制造业整体达到世界制造强国阵营中等水平。创新能力大幅提升,重点领域发展取得重大突破,整体竞争力明显增强,优势行业形成全球创新引领能力,全面实现工业化。第三步:新中国成立一百年时,制造业大国地位更加巩固,综合实力进入世界制造强国前列。制造业主要领域具有创新引领能力和明显竞争优势,建成全球领先的技术体系和产业体系。

《中国制造2025》围绕经济社会发展和国家安全重大需求,选择10大优势和战略产业作为突破点,力争到2025年达到国际领先地位或国际先进水平。十大重点领域是:新一代信息技术、高档数控机床和机器人、航空航天装备、海洋工程装备及高技术船舶、先进轨道交通装备、节能与新能源汽车、电力装备、农机装备、新材料、生物医药及高性能医疗器械。高档数控机床与基础制造装备是中国迈向工业强国的关键领域,也是《中国制造2025》中的重点。高档数控机床是指具有高速、精密、智能、复合、多轴联动、网络通信等功能的数控机床,基础制造装备是制造各种机器和设备的装备之总称。高档数控机床与基础制造装备包括金属切削加工机床、特种加工机床,以及铸、锻、焊、热处理等热加工工艺装备、增材制造装备等,具有基础性、通用性和战略性的特征。

到2020年,高档数控机床与基础制造装备国内市场占有率超过70%,数控系统标准型、智能型国内市场占有率分别达到60%、10%,主轴、丝杠、导轨等中高档功能部件国内市场占有率达到50%;到2025年,高档数控机床与基础制造装备国内市场占有率超过80%,其中用于汽车行业的机床装备平均无故障时间达到2000小时,精度保持性达到5年;数控系统标准型、智能型国内市场占有率分别达到80%、30%;主轴、丝杠、导轨等中高档功能部件国内市场占有率达到80%;高档数控机床与基础制造装备总体进入世界强国行列。[①] 通过努力,2025年中国制造业的创新能力、质量效益、两化融合、绿色发展等方面都将有较大幅度的提升(参见表9.1.1)。

---

① 国家制造强国建设战略咨询委员会:《〈中国制造2025〉重点领域技术路线图》(电子版),2015年,第28、29页。

表 9.1.1 2020 年和 2025 年制造业主要指标

类别	指 标	2013 年	2015 年	2020 年	2025 年
创新能力	规模以上制造业研发经费内部支出占主营业务收入比重/(%)	0.88	0.95	1.26	1.68
	规模以上制造业每亿元主营业务收入有效发明专利数①/件	0.36	0.44	0.70	1.10
质量效益	制造业质量竞争力指数②	83.1	83.5	84.5	85.5
	制造业增加值率提高	—	—	比 2015 年提高 2 个百分点	比 2015 年提高 4 个百分点
	制造业全员劳动生产率增速/(%)	—	—	7.5 左右("十三五"期间年均增速)	6.5 左右("十四五"期间年均增速)
两化融合	宽带普及率③/(%)	37	50	70	82
	数字化研发设计工具普及率④/(%)	52	58	72	84
	关键工序数控化率⑤/(%)	27	33	50	64
绿色发展	规模以上单位工业增加值能耗下降幅度	—	—	比 2015 年下降 18%	比 2015 年下降 34%
	单位工业增加值二氧化碳排放量下降幅度	—	—	比 2015 年下降 22%	比 2015 年下降 40%

续表

类别	指标	2013年	2015年	2020年	2025年
绿色发展	单位工业增加值用水量下降幅度	—	—	比2015年下降23%	比2015年下降41%
	工业固体废物综合利用率/(%)	62	65	73	79

注：①规模以上制造业每亿元主营业务收入有效发明专利数＝规模以上制造企业有效发明专利数/规模以上制造企业主营业务收入。

②制造业质量竞争力指数是反映我国制造业质量整体水平的经济技术综合指标，由质量水平和发展能力两个方面共计12项具体指标计算得出。

③宽带普及率用固定宽带家庭普及率代表，固定宽带家庭普及率＝固定宽带家庭用户数/家庭户数。

④数字化研发设计工具普及率＝应用数字化研发设计工具的规模以上企业数量/规模以上企业总数量(相关数据来源于3万家样本企业，下同)。

⑤关键工序数控化率为规模以上工业企业关键工序数控化率的平均值。

资料来源：《中国制造2025》，人民出版社，2015年，第11、12页。

围绕《中国制造2025》，中国政府对工业发展逐步形成了"1＋X"规划体系。其中，"1"是指《中国制造2025》，"X"是指11个配套的工程实施指南、专项行动指南和发展规划指南(参见表9.1.2)。

表9.1.2　《中国制造2025》"1＋X"规划体系

《中国制造2025》"1＋X"规划体系	
工程实施指南	《制造业创新中心建设工程实施指南(2016—2020年)》
	《工业强基工程实施指南(2016—2020年)》
	《智能制造工程实施指南(2016—2020年)》
	《绿色制造工程实施指南(2016—2020年)》
	《高端装备创新工程实施指南(2016—2020年)》
专项行动指南	《发展服务型制造专项行动指南》
	《促进装备制造业质量品牌提升专项行动指南》
发展规划指南	《新材料产业发展指南》
	《信息产业发展指南》
	《医药工业发展规划指南》
	《制造业人才发展规划指南》

资料来源：徐东华主编《中国装备制造业发展报告(2017)》，社会科学文献出版社，2017年，第358页。

世界历史告诉我们,每一次工业革命,若一国能掌握制造业领先技术,率先实行产业转型升级,就能引领世界发展潮流,在全球产业竞争中占领先机。当前,全球新一轮科技革命和产业变革正在酝酿新突破,特别是新一代信息技术与制造业深度融合,正在引发影响深远的产业变革,也带来制造业创新体系的相应变化:创新载体从单个企业向跨领域多主体协同创新网络转变,创新流程从线性链式向协同并行转变,创新模式由单一技术创新向技术创新与商业模式创新相结合转变。为了适应这一变化,发达国家纷纷在借鉴优秀经验的基础上,建立了具有跨界、融合、协同特征的创新载体。建设制造业创新中心是我国制造业转型升级的内在需要。从我国制造业的发展情况来看,当前我国虽然是世界第一制造业大国,但很多领域的关键技术并没掌握,无法在全球竞争中抢占制高点。制造业创新中心是一种国家级创新平台,是由企业、科研院所、高校等各类创新主体以自愿组合、自主结合的方式形成的,以非营利机构牵头、以企业为主体的新型创新载体。创新中心旨在汇聚产学研各方面资源,面向制造业创新发展的重大需求,打通技术研发、转移扩散和产业化链条,集中攻克相关领域前沿技术和关键共性技术,及时将研发成果产业化,并逐步推广应用,同时将产业界的技术需求及时反馈给研发领域,形成跨界协同的创新生态体系。除了技术服务外,创新中心还将承担制造业创新公共服务的职责,提供标准研制和试验验证、产品检验检测、设备共享、知识产权协同运用、项目评价,以及各种形式的人才培养和培训及交流等服务,甚至还可以与金融机构合作为相关企业提供一定的技术改造融资,为相关企业提供可行的、必要的支持。① 按照《制造业创新中心建设工程实施指南(2016—2020年)》、《省级制造业创新中心升级为国家制造业创新中心条件》等文件的部署,我国在新一代信息光电子、印刷及柔性显示等22个领域进行了布局。

为推动创新,坚持创新驱动、智能转型、强化基础、绿色发展,加快从制造大国转向制造强国,中国政府还批复同意宁波等12个城市和4个城市群为"中国制造2025"试点示范城市(群)。宁波市政府发布了《宁波市推进"中国制造2025"试点示范城市建设的若干意见》,通过建立政策性融资担保体系,每年安排不少于5亿元作为"中国制造2025"专项资金用于政策补助等措施,落实试点城市建设稳步运行。②

---

① 王建伟:《加快制造业创新中心建设 提升我国创新能力》,《中国电子报》2016年11月25日。
② 徐东华主编:《中国装备制造业发展报告(2017)》,社会科学文献出版社,2018年,第359页。

第二节 供给侧结构性改革与工业发展

2015年,习近平总书记在中央财经领导小组第十一次会议上,首次提出"供给侧结构性改革"。2015年11月11日,李克强总理主持召开国务院常务会议,部署以消费升级促进产业升级,培育形成新供给新动力扩大内需。11月17日,李克强在"十三五"规划纲要编制工作会议上强调,在供给侧和需求侧两端发力,促进产业迈向中高端。12月,中央经济工作会议强调,要着力推进供给侧结构性改革,推动经济持续健康发展。按照创新、协调、绿色、开放、共享的发展理念,中国将加大结构性改革力度,矫正要素配置扭曲,扩大有效供给,提高供给结构适应性和灵活性,提高全要素生产率。

一、去产能与工业转型升级

供给侧结构性改革要求抓好"去产能、去库存、去杠杆、降成本、补短板"五大重点任务。其中,去产能又是重中之重。

钢铁产业是去产能任务的重点之一。1996年我国粗钢产量首次突破1亿吨,2000年达到1.27亿吨,2013年飙升到7.79亿吨,占全球粗钢产量近50%。中国钢铁产能迅速扩张,由此带来的供给过剩,对国内钢铁价格产生了显著的下行压力。2015年,由于钢材市场严重供过于求,国内钢材平均价格连续四年下降,导致中国一半以上的钢厂陷入亏损状态。根据官方统计,2015年国内钢厂的产能利用率下降至67%,而2000年产能利用率达到80%以上。与此同时,2015年中国粗钢产量也出现了30年以来的首度下滑,产量同比下降3%。[①]

过去,国家对钢铁行业的调控思路主要是通过事前审批方式控制产能,由于审批核准制度滞后于市场需求,致使政策调控产能的成效不佳。据统计,从2005年《钢铁产业发展政策》发布以来,国家审批的钢铁项目不足1亿吨,但全国钢铁产能却增加了7亿吨以上,行业内大规模项目建设愈演愈烈,国家在控制产能方面基本失控,相当一部分钢铁企业游离在行业管理之外,即使是一些大型国有钢铁企业,也存在大量未经审批而自行

---

① 《"供给侧结构性改革"助力中国钢铁渐入佳境》,《中国远洋海运》2018年第9期。

建设的钢铁项目,钢铁行业宏观管理走入了"死胡同"。①

工业和信息化部向各地下达了2014年工业行业淘汰落后和过剩产能的目标任务,具体为:炼铁1900万吨、炼钢2870万吨、焦炭1200万吨、铁合金234.3万吨、电石170万吨、电解铝42万吨、铜(含再生铜)冶炼51.2万吨、铅(含再生铅)冶炼11.5万吨、水泥(熟料及磨机)5050万吨、平板玻璃3500万重量箱、稀土(氧化物)10.24万吨等。②

根据与国务院国资委签订的化解过剩钢铁产能目标责任书,并结合自身产业优化布局,2016年中国宝武钢铁集团合计压减钢铁产能997万吨,其中宝钢化解过剩产能555万吨,武钢化解过剩产能442万吨。妥善处置了去产能涉及的债务问题,人员分流平稳有序,相关工作顺利通过国务院及国资委验收,为行业去产能发挥了表率作用。③

由于生产过剩,煤炭行业亏损严重,2011年仅11.10%的煤炭行业出现亏损,2015年31.52%的煤炭行业出现亏损;煤炭企业亏损金额也逐年增大,2015年行业亏损总额远高于利润总额(参见表9.2.1)。为解决煤炭企业经营困难问题,国务院于2016年2月5日发布了《关于煤炭行业化解过剩产能实现脱困发展的意见》(以下简称《意见》),明确了未来煤炭行业化解过剩产能和实现脱困发展的工作目标,即未来3—5年,产能退出和减量重组分别为5亿吨左右。安全监管总局(现应急管理部)等部门确定的13类落后小煤矿要尽快依法关闭退出。截至2015年底,全国煤矿产能总规模为57亿吨,违规项目多达8亿吨,6亿吨过剩产能有待退出。《意见》的主要任务之一是严格控制新增产能:从2016年起,3年内原则上停止审批新建煤矿项目、新增产能的技术改造项目和产能核增项目;确需新建煤矿的,一律实行减量置换。该《意见》将停止审批新建煤矿的年限设为3年,显示了政府限产、减产的决心和力度。通常在建矿的投产需3—4年,加上停止审批的3年,预计6—7年内不会有新增产能,这一举措将有效实现供给侧改革的去产能目标。《意见》的主要任务还有严格控制超能力生产:从2016年开始,按全年作业时间不超过276个工作日重新确定煤矿产

---

① 工业和信息化部原材料工业司、冶金工业信息标准研究院、世界金属导报社:《钢铁产业发展报告(2015)》,冶金工业出版社,2015年,第60页。

② 工业和信息化部原材料工业司、冶金工业信息标准研究院、世界金属导报社:《钢铁产业发展报告(2015)》,冶金工业出版社,2015年,第287页。

③ 宝钢史志编纂委员会:《宝钢年鉴(2017)》,上海人民出版社,2018年,第56页。

能,原则上法定节假日和周日不安排生产。①

表 9.2.1　2011—2015 年我国煤炭行业经营状况

年份	企业数量/家	亏损企业数/家	亏损企业比/(%)	亏损企业亏损总额/亿元	利润总额/亿元
2011 年	7611	845	11.10	73	4342
2012 年	7790	1290	16.56	240	3555
2013 年	7975	1788	22.12	457	2370
2014 年	7098	1929	27.18	782	1268
2015 年	6430	2027	31.52	973	441

资料来源:宋梅、郝旭光、朱亚旭:《我国煤炭产业供给侧结构性改革效果分析》,《中国煤炭》2018 年第 5 期。

2016 年,我国共有 25 个省市区公布关闭退出煤矿名单,涉及煤矿 2044 个,退出产能约 3.1 亿 t/a,超出 2.5 亿 t/a 的目标计划。2017 年,我国退出煤炭产能为 1.83 亿 t/a,超额完成去产能任务。截至 2018 年 2 月 26 日,已有 9 个省份公布了 2018 年煤炭去产能目标,涉及产能 6648 万 t/a。我国煤炭行业供给侧结构性改革开局良好,全国煤矿数量由 2016 年初的 12000 多处减少到 2017 年底的 7000 处左右,2016 年和 2017 年已退出煤炭产能 4.93 亿 t/a。② 相当一批国有煤矿中的小煤矿关闭,推动了行业去产能任务的完成(参见表 9.2.2)。

表 9.2.2　2016 年我国关闭煤矿分类

按照煤矿性质分类	按照规模分类	矿井个数占比/(%)	核定产能占比/(%)
国有煤矿	中型及中型规模以上	13	36
国有煤矿	小型煤矿(<30 万 t/a)	60	45
其他类型煤矿	—	27	19

资料来源:宋梅、郝旭光、朱亚旭《我国煤炭产业供给侧结构性改革效果分析》,《中国煤炭》2018 年第 5 期。

二、"降成本"与工业发展

"供给侧结构性改革"要求工业经济发展降低成本。2016 年 8 月,国务

---

① 吴达:《我国煤炭产业供给侧改革与发展路径研究》,博士学位论文,中国地质大学(北京),2016 年,第 113-114 页。
② 宋梅、郝旭光、朱亚旭:《我国煤炭产业供给侧结构性改革效果分析》,《中国煤炭》2018 年第 5 期。

院印发《降低实体经济企业成本工作方案》,开展实体经济企业成本降低工作。该方案提出,经过1—2年努力,降低实体经济企业成本工作取得初步成效,3年左右使实体经济企业综合成本合理下降,盈利能力较为明显增强。一是税费负担合理降低。全面推开营改增试点,年减税额5000亿元以上。清理规范涉企政府性基金和行政事业性收费。二是融资成本有效降低。企业贷款、发债利息负担水平逐步降低,融资中间环节费用占企业融资成本比重合理降低。三是制度性交易成本明显降低。……四是人工成本上涨得到合理控制。工资水平保持合理增长,企业'五险一金'缴费占工资总额的比例合理降低。五是能源成本进一步降低。企业用电、用气定价机制市场化程度明显提升,工商业用电和工业用气价格合理降低。六是物流成本较大幅度降低。①

根据中国财政科学研究院的调查,在降成本的政策作用下,企业每百元营业收入中的成本、费用普遍下降。从调查的总样本来看,2015—2017年,企业每百元营业收入中的成本持续下降,每百元营业收入中的费用也逐年递减。将成本与费用合并,三年来企业每百元营业收入中的成本费用也呈下降趋势,由2015年的97.96元,下降到2017年的97.36元,年均降幅为0.31%。②

江西省自2016年5月开展降成本优环境专项行动以来,出台两批共100多条含金量高的政策,供各地各部门精心组织实施。据测算,2016年5月以来,各项惠企政策的落实,为全省规模以上工业企业节约成本约320亿元。2016年全年,江西省规模以上工业企业每百元主营业务收入成本综合下降了0.3元,其中规模以上工业企业每百元主营业务收入中的成本比专项行动启动时下降了0.9元。全省38个行业大类中,有31个行业每百元主营业务中的成本较前5个月下降,下降面达81.6%。2016年融资成本也不断下降,全省规模以上工业企业利息支出下降7.9%,连续21个月负增长,全年为企业减负500亿元以上。③

---

① 《国务院关于印发降低实体经济企业成本工作方案的通知》,中国政府网,http://www.gov.cn/zhengce/content/2016-08/22/content_5101282.htm,2016年8月22日。
② 刘尚希、王志刚、程瑜、许文:《降成本:2018年的调查与分析》,《财政研究》2018年第10期。
③ 白景明、徐玉德、许文等:《关于河南、江西、湖南降低实体经济企业成本的情况调研》,《经济研究参考》2017年第43期。

第三节　新时代全面对外开放与中国工业发展

习近平总书记指出:"中国开放的大门不会关闭,只会越开越大。"[①]党的十八大以来,我国对外开放有了较大进展,逐步形成了开放的新格局,为工业发展创造了良好的外部环境。

一、"一带一路"与工业发展

2013年9月7日,国家主席习近平在哈萨克斯坦纳扎尔巴耶夫大学发表演讲,提出了共同建设"丝绸之路经济带"的畅想。同年10月3日,习近平在印度尼西亚国会发表演讲,提出共同建设"21世纪海上丝绸之路"。这二者共同构成了"一带一路"重大倡议。"一带一路"贯穿亚欧非大陆,一头是活跃的东亚经济圈,一头是发达的欧洲经济圈,中间广大腹地国家经济发展潜力巨大。

1. "一带一路"有利于缓解我国资源、能源压力

许多"一带一路"的周边国家自然资源丰富,通过"一带一路"建设,可以扩大中国工业资源利用的范围,有效降低国内资源品价格上升的压力。例如,"一带一路"地区原油供需分别约占世界总量的1/2和1/3。原油净出口量超过1亿吨的国家有5个,依次是沙特阿拉伯、俄罗斯、伊拉克、阿联酋和科威特。"一带一路"地区天然气产量约占世界总量的50%,天然气需求约占世界总量的42%。该地区天然气净出口量约3000亿立方米,主要净出口国是俄罗斯、卡塔尔、马来西亚、土库曼斯坦、印度尼西亚等国。[②]2018年,通过政府高层的推动,中哈在上合峰会期间签署了《中国石油天然气集团有限公司与哈萨克斯坦能源部关于石油合同延期及深化油气领域合作的协议》,实现了数个千万吨级油气合作项目延期。此外,中国石油天然气集团有限公司还积极在中亚天然气管道D线、中俄东线等境外项目中推广应用国内先进技术和标准,并推动与沿线资源国及主要合作伙伴的技术和标准互认,2017年以来先后与俄罗斯天然气工业股份公司签署了《标

---

① 习近平:《决胜全面建成小康社会　夺取新时代中国特色社会主义伟大胜利——在中国共产党第十九次全国代表大会上的报告(2017年10月18日)》,人民出版社,2018年,第34页。
② 中国石油化工集团公司经济技术研究院、中国国际石油化工联合有限责任公司、中国社会科学院数量经济与技术经济研究所:《中国石油产业发展报告(2018)》,社会科学文献出版社,2018年,第269、270页。

准及合格评定结果互认合作协议》及补充协议,为双方未来推动标准互认奠定了基础。2012—2017年,油气合作的设施联通实现新突破,构筑和持续完善横跨中国西北的中亚天然气管道、中哈原油管道,东北的中俄原油和天然气管道,西南方向的中缅油气管道和东部海上的四大油气战略通道。截至2017年底,沿"一带一路"跨境油气管道原油输送能力达6300万吨/年,天然气输送能力达602亿立方米每年,分别占中国石油天然气集团有限公司海外油气输送能力的53%和86%。①

2. "一带一路"建设将有助于我国消化过剩产能

许多"一带一路"沿线国家基础设施薄弱,通过"一带一路"项目的推进,我国将加强与沿线国家的合作与联系,有效化解国内过剩产能。

2015年11月3日,青岛龙海路桥集团经过与国际多家道路施工企业竞标,顺利中标吉尔吉斯斯坦104公里、造价6.3亿元人民币的伊赛克湖环湖道路工程。吉尔吉斯斯坦总理萨利耶夫出席开工仪式。此次道路施工工程不仅是龙海路桥集团的重要项目,更为我国机械设备出口开辟了一片全新的市场。为了保障此次工程施工的顺利进行,龙海路桥集团在企业原有设备的基础上,又在国内采购了一批一流的高等级公路施工设备出口至吉尔吉斯斯坦,价值5000余万元,分批运输至吉尔吉斯斯坦。其中,4000型的沥青搅拌站仅一台就使用钢材200多吨,是目前国内高等级公路施工设备中的"巨无霸",通过项目施工出口国内一流的大型设备是"一带一路"建设带来的新经济拉动点。② 中国昆明—老挝—泰国—马来西亚—新加坡的铁路发展项目,总长约3000公里,一旦该条路线建设完成,来自老挝的农产品将在2—3小时内到达中国。该项目投资规模大,产生的经济效益也很大,有助于实现沿线各国的工业化和现代化。老挝政府视该项目为促进其发展的关键所在,并把该建设项目列为国家第八个五年计划的重大优先任务之一。③

3. "一带一路"建设将助推中国工业的国际合作

"一带一路"建设还将推动中国和沿线国家的合作。马钢通过收购法国瓦顿,实现自有技术与世界领先技术的深度融合;华菱通过与FMG、安

---

① 李越强、陆如泉:《大力推动"一带一路"油气合作》,中国石油新闻中心,http://news.cnpc.com.cn/system/2018/07/24/001698896.shtml,2018年7月24日。

② 杨善民:《青岛"一带一路"城市行动(2017)》,社会科学文献出版社,2017年,第187页。

③ 王灵桂、赵江林主编:《全球视角下的"一带一路"(中外联合研究报告(No.1))》,社会科学文献出版社,2017年,第44页。

赛乐米塔尔合作,成功实现向产业链两端扩展,通过参股、合资等途径将"走出去"和"引进来"有机结合,积累了国际资本、技术合作新经验;河钢通过股权合作成功控股德高,获得世界级成熟商业网络,实现借船出海;河钢并购的塞尔维亚钢铁项目揭牌,实现中东欧布局的突破,为谋划低成本产业链垂直并购,进入海外高端装备制造业市场打下了基础;宝钢、德龙等一批企业在国外建设产业园区和加工配送中心,创造发展环境,提高终端服务能力,与用户形成利益共同体;包钢抓住"一带一路"建设和国际产能合作机遇,积极推进与蒙古和印尼相关企业的项目合作。①

白俄罗斯总统卢卡申科提出建设中白工业园。中白工业园位于白俄罗斯明斯克州斯莫列维奇区,总面积91.5平方公里,是截至目前中国境外最大的经贸合作区。截至2016年底,有9家企业在中白工业园注册,包括华为、中兴、招商局集团、纳米果胶(白俄罗斯企业)、新筑股份、中联重科、中国一拖、中国电信白俄罗斯有限责任公司和浙江永康弘福。其中,招商局集团、新筑股份和中联重科已确定园区地块。此外,宝莲华新能源集团等20多家企业与园区管委会、合资公司签署了合作意向协议。②

由中国、巴基斯坦和卡塔尔联合投资,中国电力建设集团承建及未来运营的卡西姆港燃煤电站项目,装机容量2×660兆瓦,预计年发电量将达到95亿千瓦时,能极大地缓解巴基斯坦目前的缺电局面。位于开伯尔—普赫图赫瓦省境内的巴基斯坦苏克阿瑞大型水电站,总装机容量870兆瓦,年发电量约30.81亿千瓦时,能够有效促进巴基斯坦西北部地区的经济发展。该水电站总投资约19.62亿美元,2015年12月8日中国工商银行通过了该项目的贷款审批。由中国机械设备工程股份有限公司、巴基斯坦安格鲁集团、中国国家开发银行,以及哈比布银行牵头的中巴经济走廊首个煤电一体化项目,同时也是巴基斯坦首个煤电一体化项目——塔尔煤矿二期650万吨煤矿开采及4×330兆瓦发电站,于2015年12月21日在北京签署融资协议③。

二、自贸区与中国制造升级

在新的历史时期,中国政府为适应国内外局势的变化,还积极探索了

---

① 魏建新:《关于钢铁企业参与"一带一路"建设的思考》,《冶金管理》2016年第9期。
② 李永全主编:《"一带一路"建设发展报告(2017)》,社会科学文献出版社,2017年,第184页、195页。
③ 李永全主编:《"一带一路"建设发展报告(2016)》,社会科学文献出版社,2016年,第34页。

自贸区的建设。从国际上来看,发达国家所主导的跨太平洋伙伴关系协议(TPP)、跨大西洋贸易与投资伙伴关系协定(TTIP)等自由贸易协定中,依托其产业优势、技术优势和管理优势,在行为规制和监管制度方面设置了更高的谈判标准,涉及投资保护、透明度、竞争中立、权益保护、劳工保护甚至国家安全等领域,倒逼我国加快构筑全球自贸区网络建设,以开放型竞争带动产业链的全面升级。从国内角度来看,我国对外投资的管理与利用方面的制度建设滞后,制约了开放型经济的进一步发展。①

2013年9月29日,中国(上海)自贸试验区挂牌启动。国务院批准的上海自贸区,推行贸易自由化(即没有海关监管、查禁、关税干预下的货物自由进口、制造和再出口)、投资的自由化(全面实施准入前国民待遇和负面清单管理。非禁即入,除了负面清单规定不能做的,其他都可以做)、金融国际化、行政精简化。② 2013年,上海自贸试验区制定了首份负面清单,开放度达80%,大大精简了外商投资准入特别管理措施。③ 2015年,上海自贸试验区于2015年4月27日正式扩区,由原来的28.78平方公里扩大到120.72平方公里。2015年,扩区后的自贸区以1/10的面积,创造了浦东新区3/4的生产总值,以1/50的面积创造了上海市1/4的生产总值。④以上海自贸区为代表的开放平台建设,不仅为东部地区发展注入了活力,而且为全国自贸区的建设提供了宝贵的实践经验。

2015年党中央、国务院决定在广东、天津、福建设立自由贸易试验区,2016年进一步在辽宁、浙江、河南、湖北、重庆、四川、陕西新设七个自由贸易试验区。自贸区建设的探索,一方面以更高的开放水平推动东部沿海地区发展,形成我国新的经济增长点;另一方面自贸区向内地推广,为区域协调发展注入了新的活力。

天津自贸区中的天津机场片区,面积为43.1平方公里(含天津港保税区空港部分1平方公里和滨海新区综合保税区1.96平方公里),是天津先进制造业企业和科技研发转化机构的重要集聚区。重点发展航空航天、装备制造、新一代信息技术等高端制造业和研发设计、航空物流等生产性服

---

① 赵晓雷主编:《胜在自贸区:赵晓雷和他的团队论自贸区的扩大与深化》,首都经贸大学出版社,2015年,第4,5页。
② 范恒山:《十八大以来我国区域战略的创新发展》,《人民日报》2017年6月14日。
③ 王力、黄育华主编:《中国自贸区发展报告(2017)》,社会科学文献出版社,2017年,第252页。
④ 肖翔:《改革开放以来党协调区域发展战略的历史演变与启示》,《中国特色社会主义研究》2017年第5期。

务业,形成了民用航空、装备制造、电子信息、生物医药、快速消费品和现代服务业等优势产业集群。自贸区挂牌至 2017 年一季度,机场片区新增市场主体 11877 户,注册资本(金)达 2997.26 亿元。① 天津机场片区拥有民用航空、高端装备和快速消费品三大支柱产业,以及新一代信息技术、生物医药与健康两个呈快速发展态势的主导产业。一是航空产业。航空产业是天津机场片区的重要支柱产业之一,在空客 A320 龙头项目的带动下,机场片区已相继引进了 60 多家航空制造项目,包括中航直升机、联合技术航空部件、庞巴迪公务机维修、罗克韦尔柯林斯、PPG 航空涂料、赫氏、卓达宇航、海特、透博梅卡、FTG、西飞机翼等,涉及研发设计、飞机组装、部件制造、零部件配套、航空维修、航空培训、航空物流等领域。二是装备制造业。高端装备制造业是机场片区的重要支柱产业之一,以生产制造电力装备、汽车零部件、工程机械、专用设备为主。已聚集了卡特彼勒、阿尔斯通水电、GE 医疗、麦格纳、舒勒、博格华纳、久益环球、通用电缆、百超激光等世界 500 强企业和行业龙头企业,产业迅猛发展。2015 年产值达 280 亿元,占全区工业产值比重为 15%。力争到 2020 年,装备制造业产值达到 1000 亿元。三是快速消费品制造业。机场片区快速消费品制造业以食品、日化用品等为主,目前,已有联合利华、道达尔润滑油、SK 润滑油、嘉里粮油、金佰利、统一集团等陆续投资或达产,产业规模不断壮大。2015 年产值达到 550 亿元,占全区工业产值比重为 27.5%。力争到 2020 年,快速消费品产业产值达到 1000 亿元。四是生物医药和健康产业。随着一批国内外知名的龙头项目在机场片区建成投产,生物医药和健康产业呈现快速发展态势,成为机场片区先进制造业中的主导产业之一。目前,机场片区的生物医药和健康产业汇聚了中科院工业生物所、华大基因、瑞普生物、伊宁、贝瑞康、席勒、思塔高、爱睿希等一批生物医药自主创新机构和企业,形成一定的产业规模。未来五年,机场片区将培育具有较高知名度和较强竞争力的优势产品,不断提高生物医药和健康产业发展水平。到 2020 年,力争推动生物医药和健康产业产值超过 200 亿元。五是新一代信息技术产业。新一代信息技术产业是机场片区先进制造业中两大主导产业之一,目前,机场片区新一代信息技术产业已汇聚了展讯、锐迪科、中兴通讯、沃尔沃 IT、CSC、清华紫光、东软、软通动力、科大讯飞、书生电子等龙头项目,生产

---

① 徐奇渊、毛日昇、高凌云、董维佳:《中国自贸区发展评估》,社会科学文献出版社,2018 年,第 13、14 页。

能级迅速提升。预计到2020年,将实现信息技术产业产值超过300亿元。六是现代服务业。保税区现代服务业发展强劲,聚集了以移动、联通为主的信息服务业,以美国CSC、东软、软通动力等为龙头的服务外包业,以民生金融租赁、渤海租赁、平安融资担保等为龙头的新型金融业,以中科院工业生物技术研究院、华大基因、铁三院、中兴等为龙头的研发设计和科技服务业,以贵金属交易所、散货交易市场等为龙头的交易市场集群,以及包括中国铁建大桥工程局、中冶天工、神州租车等在内的一批总部项目。2015年,保税区现代服务业增加值已占到第三产业增加值的23.6%。[①]

中国(福建)自由贸易试验区平潭片区实施范围为43平方公里。其中,高新技术产业区面积为15平方公里,其主要功能是探索两岸合作建设高新技术产业基地,联动平潭高铁中心站、中心商务区和科技文教区,加快建设研发总部聚集区、海洋产业聚集区、高端轻型制造聚集区等产业功能性平台,发挥原产地政策优势,重点发展海洋生物、医疗器械、包装材料和轻型设备制造等高新产业,推进两岸高新技术产业深度融合发展,着力于在全球范围内配置资源与开拓市场,共享全球化利益。平潭片区的主要成就可以概括为:两年时间内,平潭片区方方面面都得到了快速发展。围绕"两窗、一岛、三区"的战略定位,平潭片区落实175项重点试验任务,累计推出9批次103项创新举措。截至2017年2月底,平潭新增企业5434户,注册资本2322.36亿元。2016年游客数达289.56万人次,旅游总收入10.96亿元。平潭片区在投资、贸易、金融、监管等领域先行先试,屡屡出新,改革创新带来一系列政府职能的转变。在试验任务层面,平潭片区将215项重点试验任务纳入动态台账,实行"分类式"管理机制,截至目前已落实175项。同时,对各项试验任务制定出台了精准化的配套政策、管理办法或实施细则,力求做深做细。在制度创新层面,平潭片区挂牌以来,在全国首创47项创新举措,投资体制改革"四个一"入选全国自贸区八大最佳实践案例。2016年以来,平潭片区对3646项行政权力事项、281项公共服务事项、4635项责任事项的业务流程进行了全面梳理与再造。在前期商事登记制度改革、项目投资体制"四个一"改革成效的基础上,"三减二化一提升"进一步推动了平潭的开发建设驶入"快车道"。截至2017年2月末,平潭片区累计入驻金融及类金融企业1092家,融资租赁企业、商业保

---

① 徐奇渊、毛日昇、高凌云、董维佳:《中国自贸区发展评估》,社会科学文献出版社,2018年,第20、21页。

理企业、跨境交易中心等新型企业也纷纷落地运营。在复制推广层面,平潭片区目前已有43项创新举措被列入福建自贸区前四批70项复制推广的创新成果中。①

第四节　从工业大国向工业强国展望

一、2012年以来中国工业的发展

随着中国经济进入新常态,中国工业经济保持了中高速增长,工业在国民经济中的比例下降。2012年,第二产业占国内生产总值的比重为45.3%,2016年下降到39.8%;工业比重从38.7%下降到33.3%(参见表9.4.1)。

表9.4.1　国内生产总值的结构

年份	国内生产总值	产业结构				
		第一产业	第二产业	第三产业	农林牧渔业	工业
2012年	100.0	9.4	45.3	45.3	9.7	38.7
2013年	100.0	9.3	44.0	46.7	9.6	37.4
2014年	100.0	9.1	43.1	47.8	9.3	36.3
2015年	100.0	8.8	40.9	50.2	9.1	34.3
2016年	100.0	8.6	39.9	51.6	8.9	33.3

资料来源:国家统计局《中国统计年鉴》(2018),中国统计出版社,2018,第58页。

我国工业体系完整,总规模稳居世界前列,继续担当全球制造业增长的重要引擎。在500余种主要工业产品中,主要产品产量的位次不断前移,有220多种产品的产量位居世界第一。2010年,我国制造业产值占全球比重为19.8%,超过美国跃居世界第一。2015年,这一比重进一步提高到25%。在制造大国地位不断巩固的同时,我国制造业的国际竞争力稳步提升,连续七年被德勤《全球制造业竞争力指数》报告列为制造业最具竞争力的国家。② 大批重要工业产品产量位居世界前列。中国粗钢产量2013

---

① 徐奇渊、毛日昇、高凌云、董维佳:《中国自贸区发展评估》,社会科学文献出版社,2018年,第44、54、55页。
② 《十八大以来治国理政新成就》编写组编:《十八大以来治国理政新成就(上)》,人民出版社,2017年,第112页。

年为美国的8.96倍,2016年为美国的10.29倍;2013年为俄罗斯的11.32倍,2016年为俄罗斯的11.60倍;2013年为日本的7.05倍,2016年为日本的7.71倍(参见表9.4.2)。中国煤产量2013年是美国的4.12倍,2016年为美国的5.16倍;2013年为印度的6.08倍,2016年为印度的5.04倍(参见表9.4.3)。发电量、化肥等产量都具有较大的增长,且在国际上具有较大的优势(参见表9.4.4)。中国汽车产量2013年是美国的2倍,2016年是美国的2.3倍;2013年是日本的2.3倍,2016年是日本的3.06倍(参见表9.4.5)。

表9.4.2 世界主要国家粗钢产量　　　　　　　　　　单位:万吨

年份	中国	美国	俄罗斯	日本	德国	法国	英国	印度	巴西
2013年	77904	8695	6881	11058	—	1568	1186	8122	3418
2014年	82270	8818	7032	11066	4295	1614	1213	8653	3391
2015年	80383	7885	6937	10516	4267	1499	1078	8936	3326
2016年	80761	7848	6964	10478	4208	1441	776	9562	3127

资料来源:笔者根据历年《国际统计年鉴》相关数据整理。

表9.4.3 世界主要国家煤产量　　　　　　　　　　单位:万吨

年份	中国	美国	俄罗斯	日本	德国	法国	英国	印度	巴西
2013年	368000	89263	34778	—	19024	31	1284	60522	
2014年	387400	90686	35584		18614	26	1153	64699	
2015年	375000	81278	37204		18430	30	853	67624	
2016年	341100	66064	31169		385	30	418	67624	

资料来源:笔者根据历年《国际统计年鉴》相关数据整理。

表9.4.4 世界主要国家发电量　　　　　　　　　　单位:亿千瓦时

年份	中国	美国	俄罗斯	日本	德国	法国
2013年	51688	40582	10506	9001	4620	—
2014年	56496	40929	10559	9001	4331	5334
2015年	58106	40874	10634	9757	4331	5135
2016年	61425	40787	10871	8653	4324	5285

资料来源:笔者根据历年《国际统计年鉴》相关数据整理。

表 9.4.5 世界主要国家汽车产量　　　　　　　　　　　单位：万辆

年份	中国	美国	俄罗斯	日本	德国	法国	英国	印度	巴西
2013 年	2212	1105	218	963	572	174	160	388	374
2014 年	2372	1166	189	977	591	182	160	384	315
2015 年	2450	1210	138	928	603	197	168	413	243
2016 年	2812	1220	130	920	606	208	182	449	216

资料来源：笔者根据历年《国际统计年鉴》相关数据整理。

二、2012 年以来工业领域重大技术进步

2012 年以来，我国技术创新取得新的重大突破。大型发电成套装备、特高压输变电成套装备、智能电网成套装备等已经达到国际领先水平。掌握了以"华龙一号"、CAP1400 为代表的第三代核电核心技术，生产了世界首套 ±1100 kV 特高压输变电设备，拥有自主知识产权的中国核电产业正在成为高速铁路之后最具影响力的"走出去"项目。又如，在轨道交通领域，拥有自主知识产权的高速动车机组，成为我国制造业发展的世界名片。时速可以达到 400 千米的"复兴号"高铁，实现京沪两地对开首发。①

我国数控机床领域在多项关键技术和装备方面实现突破，已有 38 种主机产品达到国际先进水平，中档数控系统国内市场占有率从 10% 提高到 25%，高档数控系统国内市场占有率由不足 1% 提高至 5% 以上。搭载自主研发的 i5 数控平台的智能机床，实现了"在线工厂"和"机床档案"两大应用功能。② 在高档数控机床领域，我国终于拥有了可以与进口设备比肩的自主研发产品，8 万吨大型模锻压力机和万吨级铝板张力拉伸机等重型锻压及数控冲压设备的成功研制，填补了国内航空领域大型整体成形技术的空白；大型贮箱成套焊接装备成功应用于"长征五号"等新一代火箭研制，在航天领域建立了首条采用国产加工中心和数控车削中心的生产示范线，已应用于新一代运载火箭、对接机构、探月工程差动机构等 100 余种、10000 余件关键复杂零部件的加工，取得了显著的经济效益和社会效益；数控锻压成形设备的产业化成效显著，其中，汽车覆盖件冲压线国内市场

---

① 《十八大以来治国理政新成就》编写组编：《十八大以来治国理政新成就（上）》，人民出版社，2017 年，第 121 页。

② 《十八大以来治国理政新成就》编写组编：《十八大以来治国理政新成就（上）》，人民出版社，2017 年，第 121 页。

占有率超过70%，全球市场占有率已超过30%，有力推动了国产汽车装备自主化，并向美国成功出口9条汽车生产线。①

一批具有自主知识产权的关键核心技术，部分细分领域技术水平位居世界前列。载人航天与探月工程、载人深潜、北斗导航、高性能计算、新型显示、新一代移动通信等领域取得重大突破性进展。世界首颗地球同步轨道高分辨率对地观测遥感卫星"高分四号"发射入轨并交付使用，北斗卫星导航区域系统全面建成并投入运营，"神舟十一号"飞船与"天宫二号"成功交会对接，全球首颗量子卫星发射成功，C919大型客机成功首飞，ARJ21支线客机投入商业运营。载人深潜器（"蛟龙号"）、海底金属矿产勘探开发装备（"蓝鲸1号"）等进入世界第一梯队，自主研制的"海斗号"无人潜水器使我国成为继日、美之后第三个拥有万米级无人潜水器研制能力的国家，长江三峡升船机刷新世界纪录。多轴精密重型机床、400马力无级变速拖拉机等产品跻身世界先进行列。移动通信历经"2G跟随、3G突破、4G同步"，全产业链跻身国际先进行列。2016年，高新技术制造业增加值增速高于全部规模以上工业4.8个百分点，占规模以上工业增加值的比重上升到12.4%。我国产业科技创新步入跟踪、并跑和领跑并存的新阶段。②

经过新中国70年的发展，中国工业经历了"从小到大"的发展历程，现在已经成为世界第一工业大国，但中国当前还不是工业强国。随着中国的崛起，中国与世界工业强国之间的竞争将加剧。2018年开始的中美贸易摩擦中，美国加征关税的500亿美元中国出口产品，主要针对的是《中国制造2025》中包含的高科技领域，这是美国遏制中国高新技术产业追赶的表现。当前中国与世界强国相比，工业方面的差距主要体现在质量与效益上。中国工业在完成了数量赶超的基础上，应当按照制造强国"三步走"的战略，实现工业质量与效益的赶超，完成2050年步入世界工业强国前列的宏伟目标。

---

① 《国产高档数控机床取得突破性进展》，《锻压装备与制造技术》2017年第4期。
② 《十八大以来治国理政新成就》编写组编：《十八大以来治国理政新成就（上）》，人民出版社，2017年，第123、124页。

参考文献
REFERENCES

[1] 曹尔阶等.新中国投资史纲[M].北京:中国财政经济出版社,1992.

[2] 陈慧琴.技术引进与技术进步研究[M].北京:经济管理出版社,1997.

[3] 《当代中国的计划工作》办公室编.中华人民共和国国民经济和社会发展计划大事辑要[M].北京:红旗出版社,1987.

[4] 董志凯,吴江.新中国工业的奠基石——156项建设研究(1950—2000)[M].广州:广东经济出版社,2004.

[5] 冯飞.迈向工业大国——30年工业改革与发展回顾[M].北京:中国发展出版社,2008.

[6] 高伯文.中国共产党与中国特色工业化道路[M].北京:中央编译出版社,2008.

[7] 胡鞍钢.中国政治经济史论(1949—1976)[M].北京:清华大学出版社,2007.

[8] 简新华,余江.中国工业化与新型工业化道路[M].济南:山东人民出版社,2009.

[9] 金碚.大国筋骨——中国工业化65年历程与思考[M].广州:广东经济出版社,2015.

[10] 金碚,等.资源与增长[M].北京:经济管理出版社,2008.

[11] 厉以宁.工业化和制度调整——西欧经济史研究[M].北京:商务印书馆,2010.

[12] 林毅夫.经济发展与转型:思潮、战略与自生能力[M].北京:北京大学出版社,2008.

[13] 刘国光,沈立人.中国经济的两个根本性转变[M].上海:上海远东出版社,1996.

[14] 刘国光.中国十个五年计划研究报告[M].北京:人民出版社,2006.

[15] 刘世锦,等.传统与现代之间——增长模式转型与新型工业化道路的选择[M].北京:中国人民大学出版社,2006.

[16] 刘霞辉,张平,张晓晶.改革年代的经济增长与结构变迁[M].上海:格致出版社,2008.

[17] 刘小玄.奠定中国市场经济的微观基础——企业革命30年[M].上海:格致出版社,2008.

[18] [美]阿瑟·刘易斯.二元经济论[M].施炜,谢兵,苏玉宏,译.北京:北京经济学院,1989.

[19] 柳随年,吴群敢."大跃进"和调整时期的国民经济(1958—1965)[M].哈尔滨:黑龙江人民出版社,1984.

[20] 柳随年,等.六十年代国民经济调整的回顾[M].北京:中国财政经济出版社,1982.

[21] W·W·罗斯托.从起飞进入持续增长的经济学[M].贺力平,等译.成都:四川人民出版社,1988.

[22] 吕政,黄速建.中国国有企业改革30年研究[M].北京:经济管理出版社,2008.

[23] 马泉山.新中国工业经济史(1966—1978)[M].北京:经济管理出版社,1998.

[24] 马晓河,等.中国产业结构变动与产业政策演变[M].北京:中国计划出版社,2009.

[25] 谭崇台.发达国家发展初期与当今发展中国家经济发展比较研究[M].武汉:武汉大学出版社,2008.

[26] 汪海波,董志凯.新中国工业经济史(1958—1965)[M].北京:经济管理出版社,1995.

[27] 汪海波.新中国工业经济史(1979—2000)[M].北京:经济管理出版社,2001.

[28] 汪海波.中华人民共和国工业经济史(1949.10—1998)[M].太原:山西经济出版社,1998.

[29] 汪敬虞.中国资本主义的发展和不发展[M].北京:中国财政经济出版社,2002.

[30] 吴敬琏.当代中国经济改革[M].上海:上海远东出版社,2004.

[31] 吴敬琏.中国增长模式抉择(增订版)[M].上海:上海远东出版社,2008.

[32] 武力.新中国产业结构演变研究(1949—2016)[M].长沙:湖南人民出版社,2017.

[33] 杨世伟.国际产业转移与中国新型工业化道路[M].北京:经济管理出版社,2009.

[34] 杨云龙.中国经济结构变化与工业化:兼论经济发展中的国家经济安全(1952—2004)[M].北京:北京大学出版社,2008.

[35] 张建华,等.基于新型工业化道路的工业结构优化升级研究[M].北京:中国社会科学出版社,2012.

[36] 张培刚.农业与工业化(上卷):农业国工业化问题初探[M].武汉:华中科技大学出版社,2002.

[37] 章迪诚.中国国有企业改革编年史(1978~2005)[M].北京:中国工人出版社,2006.

[38] 赵国鸿.论中国新型工业化道路[M].北京:人民出版社,2005.

[39] 中国社会科学院经济研究所微观室.20世纪90年代中国公有企业的民营化演变[M].北京:社会科学文献出版社,2005.

[40] 中华人民共和国国家经济贸易委员会.中国工业五十年[M].北京:中国经济出版社,2000.

[41] 祝慈寿.中国现代工业史[M].重庆:重庆出版社,1990.

[42] [美]亚历山大·格申克龙.经济落后的历史透视[M].张凤林,译.北京:商务印书馆,2012.

[43] [匈]亚诺什·科尔内.短缺经济学[M].张晓光,等译.北京:经济科学出版社,1986.

[44] [美]H·钱纳里,S·鲁宾逊,M·赛尔奎因.工业化和经济增长的比较研究[M].吴奇,王松宝,等译.上海:上海三联书店,1995.

[45] [美]西蒙·库兹涅茨.现代经济增长[M].戴睿,易诚,译.北京:北京经济学院出版社,1989.

后 记
POSTSCRIPT

自2006年师从武力老师攻读"中华人民共和国经济史"硕士学位以来,工业化一直是我重点关注的领域。本书是我自博士论文《中国工业化中的政府作用研究1949~2010》出版之后,第二本关于工业史的专著。在博士论文写作过程中,本人主要从历史和经济学两个维度来讨论工业化,因为时间因素的制约,对工业史的梳理比较匆忙。博士论文完稿之后,一直想大修一次,将历史部分充实一下。但参加工作后,一直无法腾出大段时间进行修改,最后索性在2014年将博士论文出版。系统写一本新中国工业史,反映中国工业经济发展历程的规律与逻辑一直是我心中的夙愿。感谢武力老师主持编写的"中华人民共和国经济与社会发展研究"丛书给了我这一宝贵机会,能够让我集中力量对新中国工业经济发展的历史与逻辑进行较为系统的研究。

近年来,我收集到的工业史资料较之我写博士论文之时,已经大大丰富,如大量的工厂志、行业志等。如何在30万字左右的篇幅内较好地反映中华人民共和国工业经济的发展历程,给我提出了新的挑战。经过武力老师的指点,我将"赶超型发展"作为这本工业经济史的主线。我在本书中试图展现中国从落后的农业国向世界第一工业大国赶超的过程,并且为未来实现质量的赶超提供"历史智慧"。经过努力,终于将这一任务完成。

在本书即将付梓之际,我特别要感谢武力老师的教诲。在写作过程中,主线的确立、篇章结构的设定、难点的处理都离不开武力老师的指点与帮助。感谢中国社会科学院荣誉学部委员汪海波研究员、董志凯研究员对本人工业史研究方面的指点与启发。感谢中国社会科学院彤新春师兄、中央财经大学李扬老师在本书写作与出版过程中与我的交流。感谢中央党校周跃辉副教授给本人提供了企业调研的便利。感谢北京理工大学申晓勇老师、北京中医药大学荣文丽老师、河南理工大学李瑞芳老师,与各位老师关于国防工业、钢铁工业、煤炭工业的讨论,增进了我对工业中具体行业的理解。在本书的写作过程中,我和董香书的一批学生参与了数据收集、表格整理、文献核对等大量烦琐工作。其中包括:中央财经大学的常小娟博士,硕士生刘少阳、廉昌、毋娆、夏晓庆、白晋博、曹静等同学;首都经济贸易大学的刘保丹博士,硕士生李冯杰同学。本书能够出版还要感谢华中科技大学出版社周晓方老师的策划、督促与帮助。感谢责任编辑吕蒙蒙老师为本书出版所做的大量细致入微的工作。本书的顺利完成与家人的付出是分不开的。我的父亲肖更生教授、母亲杨晓耀女士长期物质与精神的支持是本书能够完成的必要保证。小女肖曦佳、肖曦钰给我的生活带来欢笑,为本书的写作创造了良好的环境。与好友刘思、彭咸、邓润秋、潘桂影的多次交流,有效地增进了我对市场经济的认识。

  我的外公杨仲华先生,长期在计委与工业局系统的工作经历是引发我对经济史、工业史感兴趣的重要原因。但本书写作过程中,老人已经病重,虽然病重期间我曾四度回湘,病床前也曾数十日不离左右,但已经无法就本书内容与外公进行深入交流。对于地方计划经济运行、"五小工业"等问题,外公都有丰富的一线工作经验与自己的理解。湘西自治州计划经济时期兴建的一批工厂都是外公亲自参与筹建的,老人头脑中有许多从文本上难以获取的信息与故事。我一直希望能够系统整理老人的经历,增强我对工业史研究的"实感"。外公对我的研究也长期寄予厚望。无奈时不我待,外公驾鹤。由于时间匆忙,个人能力有限,本书也许与外公的期许依旧有较大差距,只能待日后继续努力,弥补遗憾。

作者
2018 年 11 月 26 日